Deutschlands **S** Bahnen

GESCHICHTE

TECHNIK

BETRIEBE

trans press

Titelbild:
Triebzüge der Baureihe 480 auf dem Bahnhof
Buckower Chaussee in Berlin am 19. September
1993
Foto: Jörg Ott

Rückseite:
420 267 auf der S 15 nach Frankfurt (Main) Flughafen am 2. Januar 1993 in Frankfurt (Main) Hbf
Foto: Jörg Ott

Janikowski, Andreas:
Deutschlands S-Bahnen/Andreas Jankowski/
Jörg Ott. – 1. Aufl. –
Berlin: Transpress, 1994. – 192 S.:
247 Abb., davon 35 farb.
NE: 2 Verf.

ISBN 3-344-70845-7

© 1994 by transpress Verlagsgesellschaft mbH,
Borkumstr. 2, 13189 Berlin
Lektor: Dr. Rolf Neustädt
Einbandgestaltung: Jürgen Schumann
Typografie: Jürgen Schumann/Regine Bach
Satz: Druckhaus Galrev, Berlin
Druck: Rung-Druck, Göppingen
Bindung: K. Dieringer, Gerlingen

Inhalt

Einleitung

»S-Bahn« ist seit über 60 Jahren ein Synonym für den schnellen Schienenpersonenverkehr in den Siedlungs- und Wirtschaftszentren Deutschlands. Die Entwicklung dieses Schnellverkehrsmittels reicht bis in das frühe Eisenbahnzeitalter, die Zeit der Verstädterung und Industrialisierung zurück. Heute, über ein Jahrhundert später, ist die S-Bahn immer noch modern, und ihre Bedeutung wächst im Zusammenhang mit der Schonung der natürlichen Umwelt und der Entflechtung des Verkehrsgetümmels in den Ballungsgebieten. Die Vorteile der Eisenbahn, nämlich ein schnelles, leistungsfähiges, sicheres, platzsparendes und kostengünstiges Verkehrsmittel zu sein, werden bei der S-Bahn besonders deutlich.

Der Begriff S-Bahn tauchte zum ersten Mal im Nachrichtenblatt der Deutschen Reichsbahn-Gesellschaft vom 25. Dezember 1930 auf und bezeichnete zuerst nur die elektrifizierten Berliner Stadt-, Ring- und Vorortbahnen. Ab 1938 wurde auch das Hamburger Verbindungs- und Vorortbahnnetz so genannt. »S-Bahnen sind solche Bahnen, die dem Personennahverkehr in Verdichtungsräumen dienen und ausschließlich mit hierfür besonders geeigneten Fahrzeugen befahren werden. Sie sind gekennzeichnet durch einen starren Fahrplan mit relativ kurzer Zugfolge« liest man in der Vorschrift für das Entwerfen von Bahnanlagen der Deutschen Bundesbahn.

Durch den Zweiten Weltkrieg, die Jahre des Eisenbahn-Wiederaufbaus und eine zunächst einseitig auf den Straßenverkehr fixierte Verkehrspolitik dauerte es fast 40 Jahre, bis die nächsten deutschen S-Bahn-Netze, wenn auch nicht in vergleichbarer Qualität zu Berlin und Hamburg, entstanden: 1967 Düsseldorf (später Rhein/Ruhr), 1969 Leipzig und Halle, 1970 Rostock, 1972 München, 1973 Dresden, 1974 Magdeburg, 1975 Köln (Rhein/Sieg), 1978 Frankfurt (Main) und Stuttgart sowie 1987 Nürnberg. Das geschwungene S, weiß auf grünem Grund, im Kreis, Pylon oder Quadrat, wurde bald ein weitbekanntes Markenzeichen der schnellen Eisenbahn. Der Buchstabe S dürfte sich von Schnellbahn und (Berliner) Stadtbahn bzw. der Verbindung beider Begriffe ableiten.

S-Bahnen sind keine kostendeckenden Verkehrsmittel, aber vielfach wichtigster öffentlicher Verkehrsträger in unseren Großstädten und Ballungsräumen, also Regionen mit mindestens einer halben Million Einwohnern und einer Einwohnerdichte von mindestens 1000 Personen/km². Die staatliche Daseinsvorsorge erfordert hohe Investitionen und Subventionen; müßten die S-Bahnen kostendeckend betrieben werden, gäbe es sie nicht. Eine S-Bahn kann und wird auch nicht das ideale Verkehrsmittel sein, wohl aber das in möglichst vielen Bereichen sinnvollste. Verkehrsaufgabe, Betriebsweise und wirtschaftliche Führung der S-Bahnen unterscheiden sich in vielen Punkten vom übrigen Eisenbahnverkehr. Die S-Bahn als System war schon in den dreißiger Jahren durch verschiedene Kriterien definiert:

– für den Schnellverkehr zweckbezogen entwickelte oder adaptierte Fahrzeuge,
– hohe Geschwindigkeit und großes Beschleunigungsvermögen der Fahrzeuge,
– ausreichende Beförderungskapazität für Stoßzeiten durch entsprechende Inneneinrichtung der Triebwagen oder Züge, breite Fahrzeugtüren und Auffangräume,
– schneller Fahrgastwechsel bei kurzen Haltezeiten durch höhergelegte Bahnsteige für stufenloses Ein- und Aussteigen,
– leistungsfähiges Signalsystem für hohe Geschwindigkeit und kurze Zugfolgezeiten (100 s bis 20 min),
– Betrieb nach Eisenbahn-Bau- und Betriebsordnung und Eisenbahn-Signalordnung,
– starrer Fahrplan (Taktfahrplan),
– Linienbetrieb mit Netzbildung,
– kurzer Haltestellenabstand (1 bis 4 km, Innenstadt 500 bis 800 m),
– eigener Gleiskörper mit wenigen betrieblichen Berührungspunkten mit dem übrigen Eisenbahnverkehr,
– technisch-organisatorische Angliederung an das staatliche Eisenbahnwesen,
– ausreichende bauliche Anlagen für Hauptverkehrszeiten,
– eigenes Tarifsystem.

In den letzten Jahrzehnten kamen weitere Merkmale hinzu:
– Einbindung von Tarif, Betriebsplanung und Wirtschaftsführung in Verkehrs-Verbund-Gesellschaften,
– mit anderen öffentlichen Verkehrsträgern vernetztes Verkehrssystem,
– Park-&-Ride-Parkplatzanlagen für die Fahrgäste,
– Anbindung von Großflughäfen durch direkte Umsteigemöglichkeit.

Nicht allen Verkehrsmitteln der Gegenwart kann man in ihrer heutigen Form eine Zukunft voraussagen, der S-Bahn aber gewiß. Luftverkehr unter 500 km Entfernung, Straßengüterfernverkehr und sich unkontrolliert ausweitender Individualverkehr rufen Probleme der Luftverschmutzung, der Raumzerstörung und des sinnlosen Lärms hervor, die auf Dauer für das Lebenssystem Erde nicht mehr tragbar sind, weil sie schädlich geworden sind. Volkswirtschaftlicher Sinn muß mehr im Einklang mit der Umwelt stehen, die Freiheit der individuellen Mobilität wird mit anders konzipierten Fortbewegungsmitteln dennoch erhalten bleiben. Was früher selbstverständliche Daseinsvorsorge des Staates war, also das Bereitstellen von öffentlichen Dienstleistungen, beispielsweise eines flächendeckenden Eisenbahnnetzes, ist heute durch die Fortentwicklung von Wirtschaftssystem, Technik und Prosperität scheinbar nicht mehr möglich. Aber es ist nötig. Neue Verkehrsformen werden gefunden werden, was sich bewährt hat, wird bestehenbleiben: Der Öffentliche Personennahverkehr ist in den Ballungszentren die einzige Möglichkeit, die Siedlungsstruktur, den Lebensraum der Menschen nicht im Verkehr ersticken zu lassen. Erst seit etwa 20 Jahren ist dem ÖPNV dieser Stellenwert zuerkannt, mit neuen Bedienungsformen und größerem Komfortanspruch. Dort, wo es sie gibt, sind die S-Bahnen seit langer Zeit wichtigstes Verkehrsmittel oder entwickeln sich dazu nun in kurzer Zeit. Die Weiterentwicklung des Verkehrswesens, ob für die Bahn oder ihre Konkurrenten, setzt Grundsatzentscheidungen und vor allem eine tätige Verkehrspolitik voraus.

Geschichtlicher Überblick

Als im Jahre 1835 die erste deutsche Eisenbahn Nürnberg mit Fürth verband, hatte Nürnberg etwa 40 000 Einwohner. Im Jahre 1850 gab es in Deutschland überhaupt erst drei Großstädte: Berlin, Breslau und Hamburg; die Verstädterung fand vor allem um die letzte Jahrhundertwende statt: 1871 lebten nur 4,8 Prozent der Gesamtbevölkerung in Großstädten, 1890 bereits 12,1 Prozent, 1910 21,3 und 1939 31,6 Prozent (1970: 32,4). 1912 gab es genau zehnmal so viele Großstädte wie 1850, nämlich: Aachen, Augsburg, Berlin, Braunschweig, Bremen, Breslau, Danzig, Dortmund, Dresden, Düsseldorf, Erfurt, Essen, Frankfurt (Main), Hamburg, Hannover, Karlsruhe, Kassel, Kiel, Köln, Königsberg, Leipzig, Lübeck, Magdeburg, Mannheim, München, Nürnberg, Posen, Stettin, Straßburg und Stuttgart. Der Begriff Großstadt war im Jahre 1887 auf dem Internationalen Statistischen Kongreß als Stadt mit mehr als 100 000 Einwohnern definiert worden, deren Verhältnisse nicht mehr nach Augenschein beurteilbar sind und deren Verwaltung der Statistik bedarf.

Historische »große Städte« waren in Deutschland bis dahin vor allem die Residenzstädte der Königreiche und sonstigen Fürstentümer (Berlin, Karlsruhe, München, Oldenburg, Schwerin), römische Stadtgründungen, die sich zu Handelszentren entwickelt hatten (Augsburg, Köln, Mainz), Handel- und Gewerbestädte entlang der Handelswege oder an Wasserstraßen (Leipzig, Nürnberg, Thorn), Bistumsstädte (Fulda, Münster, Speyer), Städte mit Handel und Verarbeitung von Bodenschätzen (Duisburg, Elberfeld, Lüneburg) sowie die große Zahl der Hansestädte im Nord- und Ostseeraum, der Freien Reichsstädte (Patrizierstädte) oder der weniger großen Märkte. Die frühe Industrialisierung brachte erste Siedlungszentren in Schlesien, Sachsen, an Rhein und Ruhr, der Saar und im Rhein-Main-Neckar-Raum. Weitere Städte, Siedlungen ohne Stadtmauern, Gewerbe- und Dienstleistungszentren, entstanden dann in großer Zahl in der Hochzeit der Industrialisierung ab der Mitte des 19. Jahrhunderts. Entscheidend für diese mehr organisatorisch als historisch gegründeten Städte waren neben dem Entstehen großer und mittlerer Unternehmen auch das Bevölkerungswachstum und Umsiedlungsströme. Begünstigt wurde diese Entwicklung durch die Eisenbahn – sie war das Verkehrsmittel, das die Güter, ob Klein- oder Massengüter, schnell und weit transportieren konnte und das auch die Menschen selbst mobiler machte. Industrien konnten sich nun auch unabhängig von den geografischen Gegebenheiten ansiedeln. Das Reisen wurde erstmals für größere Schichten der Bevölkerung möglich, Siedlungsräume, Produktions- und Verarbeitungsstätten lagen nicht mehr unbedingt in unmittelbarer Nähe. Die Notwendigkeit leistungsfähiger Personenverkehrsmittel war entstanden.

Verkehrsentwicklung bis zur Jahrhundertwende

Mit Beginn des Eisenbahnzeitalters entstanden in Deutschland nicht nur Strecken des Fernverkehrs, wie im Plan eines allgemeinen deutschen Eisenbahnnetzes von Friedrich List ausgearbeitet, sondern auch solche Bahnen, die nahe beieinanderliegende Städte oder dicht besiedelte Räume verbanden (1835 Nürnberg – Fürth, 1838 Berlin – Potsdam, 1839/40 Frankfurt (Main) – Wiesbaden, 1840/43 Mannheim – Heidelberg – Karlsruhe, 1845/47 Bietigheim – Ludwigsburg – Stuttgart – Plochingen und Deutz – Düsseldorf – Duisburg – Dortmund, 1874 Berlin Wannseebahn). Nach der Eingemeindung der Vororte wurden diese Strecken ganz oder teilweise bald zu die Stadtteile verbindenden Bahnen und traten in Konkurrenz zu den anderen Verkehrsmitteln, sofern diese überhaupt vorhanden oder im Aufbau waren. Das Wachstum der Städte war umwälzend schnell, es veränderten sich innerhalb weniger Jahrzehnte Siedlungs- und Bevölkerungszahlen und -strukturen, es veränderte sich ein Großteil der Denkweisen im täglichen Leben, die Marktwirtschaft mit allen positiven und negativen Erscheinungen griff um sich. Provisorien, wie bisher z. B. im Chausseebau oder in der Anbindung der Häfen üblich, schieden aus, der Handel mußte ob seiner Größe und wirtschaftlichen Bedeutung nun von staatlicher Seite gesteuert werden, wo dies nicht von selbst und in richtiger Weise geschah. Um die alten Ortskerne herum entstanden, oft »auf freiem Felde«, neue Siedlungsformen, Arbeiter- und Angestellten-Siedlungen, Villenvororte und Gewerbe- oder Industriegebiete, die verkehrlich ebenso wie die Ausflugsgebiete in raschem Tempo erschlossen werden mußten. Dort, wo Geld zu verdienen war,

machte der Spekulations- und Gründergeist auch vor den Verkehrsmitteln nicht Halt, und so geschah die Verkehrsanbindung zunächst meist durch private Eisenbahngesellschaften, die dann ab Mitte des vorigen Jahrhunderts (1850/52 Übernahme der Niederschlesisch-Märkischen Eisenbahn durch den preußischen Staat) nach und nach in den sich bildenden Länderbahnen aufgingen.

Im Jahre 1871 betrug in Deutschland der Anteil der Bevölkerung, der in Gemeinden mit über 20 000 Einwohnern lebte, 12,5 Prozent, bis 1890 hatte sich diese Zahl fast verdoppelt (21,9 Prozent). 1910 waren es bereits 34,6 Prozent. Eisenbahnen wurden aus wirtschaftlichen und strategischen Gründen bald auch vom Staat als bedeutender Teil der Landesentwicklung gesehen, was der Grund für die Bildung staatlicher Eisenbahnstrecken (preußische Ostbahnen) und schließlich der Länderbahnen war, denn private Eisenbahngesellschaften orientierten sich am Gewinn, oft auch gleichzeitig an Bodenspekulationen, weniger am bestehenden Erfordernis, an Entwicklungshilfe oder gemeinwirtschaftlicher Grundversorgung. Der Stadtmensch war gewohnt, seine Arbeitsstätte innerhalb der Stadtmauern zu Fuß zu erreichen, die Städte selbst sahen eine verkehrliche Infrastruktur zunächst noch als Sache des Marktes an, die sich selber regulieren und weiterbilden würde. Im Überlandverkehr

fuhren in Deutschland bis 1885 die gelben Postautobusse, die Vorgänger der »Kraftpost«, die Post-, Courier- und Reise-Dienste waren über Jahrhunderte die einzige öffentliche Beförderungsmöglichkeit, die über die Reichweite privater lokaler Fuhrwerke hinausging. Zahlreiche Orte gehen auf Wechselstationen der Pferdeposten zurück. Das Zeitalter der Postkutsche ging mit dem Zeitalter der Eisenbahn und der ersten Massenverkehrsmittel zu Ende. Im Nahverkehr bestand das am schnellsten wachsende Verkehrsbedürfnis, hier winkte auch Profit bei überschaubarer Betriebsgröße, und so bildeten sich neben der Eisenbahn schnell ihre Konkurrenten. Aus den Pferdekutschen wurden Pferdeomnibusse (Berlin 1846) oder schienengeführte Pferdebahnlinien (Berlin 1865), schließlich entstanden nach der ersten elektrischen Straßenbahn (1881 Berlin, Lichterfelde – Hauptkadettenanstalt) zahlreiche deutsche Straßenbahnbetriebe. Die der Eisenbahn bzw. der späteren S-Bahn am ähnlichsten Schnellbahn wurde die Untergrund- oder Hochbahn, die auf die Innenstadtbereiche beschränkt war und in städtischer Trägerschaft betrieben wurde. Aufgrund der hohen Investitionskosten dieser modernen elektrischen Technik kam diese Art Schnellbahn nur für Metropolen in Frage (Berlin 1902, Hamburg 1912). Nach der Erfindung des Automobils trat ab 1895 (Benz-Kraftautobusse Siegen – Deutz) dann der Omni-

Berlin, Bf Friedrichstraße mit Droschkenparkplatz um 1900.
Foto: Landesbildstelle Berlin

bus auf den Plan. Bis nach der Jahrhundertwende jedoch blieb die Eisenbahn das modernste Verkehrsmittel. Wollten auch kleinere und kleinste Städte aus Prestigegründen ihre eigene Straßenbahn (wofür es überregionale Bau- und Betreibergesellschaften gab), waren Bahnhof und Eisenbahnanschluß doch für die verkehrliche und wirtschaftliche Entwicklung allein von Bedeutung, zumal die Eisenbahn an Schnelligkeit, Zuverlässigkeit und Beförderungskapazität am leistungsfähigsten war. Alle neuen Verkehrssysteme erforderten große Kosten, die in Form staatlich errichteter Eisenbahnen am ehesten zu verwirklichen waren.

Vorortverkehr der Länderbahnzeit

Als ab 1843 die ersten Staatsbahnen auf einzelnen Strecken eingerichtet wurden, war in Mitteleuropa die Zeit des Übergangs von feudal-aristokratischen Monarchien zu bürgerlichen Nationalstaaten. Politischer und wirtschaftlicher Umbruch kennzeichnete die Zeit. Die anhaltende Verstädterung verlangte nach Verkehrsleistungen, die nicht mehr von den vielen kleinen und privat organisierten Eisenbahngesellschaften erbracht werden konnten. Zwar legte auch die kleinste der Länderbahnen, die Oldenburgische Staatsbahn, zusätzliche Zugfahrten auf mehr belasteten Streckenabschnitten ein, ein eigentlicher »Vorortverkehr« bestand aber erst, wenn zumindest einige der (späteren S-Bahn-) Kriterien erfüllt waren: eigener Fahrplan, eigene «Haltestellen«, eigener Tarif und womöglich eigene Gleise und Fahrzeuge. Ein derartiges Verkehrsangebot war deswegen zunächst nur in einigen Großstädten zu finden, in Berlin, Hamburg, Düsseldorf, Frankfurt (Main) und München. Fahrpläne (1895 zwischen 6 und 9 Uhr elf Züge von Hamburg nach Altona auf der alten Verbindungsbahn), Fahrzeuge (von der KPEV-T 4^1, 1882, zur T 12, 1902,

Der Maler Hans Baluschek (1870 – 1935) hat in seinem Gemälde »Der Bahnhof« (1904) ein stimmungsvolles und in den Einzelheiten genaues Bild einer Berliner Eisenbahnlandschaft geschaffen.
Foto: Ullstein

Leistungssteigerung von 78 Prozent) und erste Bahnhofsanlagen für den Massenverkehr (Berlin-Charlottenburg 1878, Berlin-Gesundbrunnen 1910) zeigen, welches enorme Verkehrsaufkommen schon damals zu bewältigen war. Das Streckennetz der deutschen Eisenbahnen war 1915 (62 410 km) mehr als siebenmal so groß wie 1855 (8290 km). Während sich von 1880 bis 1913 die Fahrten pro Einzelperson (bezogen auf die Gesamtbevölkerung) von 4,8 auf 23,6 erhöhten, sank die durchschnittliche Reiselänge von 30,0 auf 23,2 km. Dieser Steigerung des Verkehrsbedürfnisses im Nahverkehr wurde mit verstärktem Streckenausbau, vermehrten Zugfahrten und besonderen Tarifen (Vororttarife in Berlin und Hamburg, 1870 Arbeiterwochenkarten) begegnet. Lediglich die Direktionsbezirke

östlich der Oder hatten weiterhin nur einen geringen Eigenverkehr, so daß es hier weder Bezirkseilzüge, noch Vorortbahnbetrieb gab. Dafür verkehrten hier aber noch bis in die 1940er Jahre viele Personenzüge über lange Strecken.

Dampfbetrieb

Für die Vorortbahnen reichten die B-, B1- oder 1B-Lokomotiven bald nicht mehr aus. Auch die »Omnibus«-Dampflokomotiven, kleine, wirtschaftliche, zweiachsige Maschinen, hatten nicht genügend Leistung. Im Bau von Tenderlokomotiven ging die Entwicklung im allgemeinen etwas schleppend voran, da deren Einsatzgebiete oft von veralteten oder zu schwachen Streckenloks übernommen werden konnten und diese Maschinen dann schließlich im Rangier- oder Lokalbahndienst landeten. Der Vorortverkehr der Großstädte stellte jedoch an die Lokomotiven Anforderungen, die nur von besonders zuverlässigen Konstruktionen erfüllt werden konnten. 1'C- und 1'C1'- Bauarten wurden die typi-

Bayerische Personenzugtenderlok Pt 3/6 von 1923, erstes Baujahr 1911.
Sammlung: Joachim Janikowski

schen Dampflokomotiven für den »beschleunigten Personenverkehr«. Viele dieser Baureihen waren so zuverlässig, daß sie noch zu DRG-Zeiten in größerer Stückzahl in Dienst standen (71^{0-1}, 71^2, 76), oder sogar noch nach dem Zweiten Weltkrieg bis in die späten sechziger Jahre (74^{0-3}, 74^{4-13} 75^5, 78^{0-5}). Der schnelle Personenzugverkehr erforderte von den Tenderloks starkes Beschleunigen und Abbremsen bei kurzen Stationsabständen und hohen Zugmassen. Die Höchstgeschwindigkeit und die Laufruhe sollten in beiden Richtungen etwa gleich sein, denn zum Drehen der Loks an den Endbahnhöfen bestanden in der Regel keine Anlagen und auch keine Zeit. Nur in den frühen Kopfbahnhöfen befand sich meist am Ende der Gleisanlagen eine Drehscheibe zum Wenden der Dampflokomotiven (1866 Berlin Görlitzer Bahnhof), die auch gar nicht zur Rückwärtsfahrt vor Zügen vorgesehen waren. Bei den Endbahnhöfen der Vorortstrecken war ein Umfahrungsgleis (benachbartes Durchfahr- oder Nebengleis) oder ein in der Mitte zweier Bahnsteiggleise befindliches Gleis (bei Kopfbahnhöfen) zum Umsetzen der Ma-

schinen die Regel. Noch heute sind diese Mittelgleise oder ihr Schotterbett auf Endbahnhöfen von Fernbahnen (Cuxhaven) oder Vorortstrecken (Potsdam Stadt) erkennbar. Anzahl und Länge der Züge mußten ständig dem wachsenden Verkehrsbedürfnis angepaßt werden. In Berlin zählte der Berufsverkehr im Jahre 1900 pro Werktag 96 200 Personen als Pendler in die oder aus der Stadt, von denen der größte Teil mit der Eisenbahn befördert wurde.

Bei der Badischen Staatsbahn gab es verstärkten regionalen Personenzugverkehr nur im Raum Basel sowie zwischen Karlsruhe, Heidelberg und Mannheim. Die badische VI b, eine Maffei-Konstruktion von 1900, war die erste 1'C1'-Tenderlok in Deutschland, die Heißdampf-VI c kam Ende der zwanziger Jahre auch in Berlin und anderen Städten im Vorortverkehr zum

Einsatz. Charakteristische Personenzugloks für den Vorortverkehr bayerischer Städte waren die D IX (München, Augsburg, Nürnberg), die D XII und die Pt 3/6 (München). Auf dem Pfälzer Netz gab es nur wenige Zugleistungen mit Vorortbahncharakter im Raum Ludwigshafen. Mecklenburg und Oldenburg besaßen mit 1177 km bzw. 681 km die kleinsten deutschen Länderbahnnetze. Unter den wenigen Lokomotiven, die aus Eigenentwicklungen hervorgingen, waren keine schnellen Tenderloks, zumal die Streckennetze überwiegend in ländlichen Regionen lagen.

Die Preußische Staatsbahn war, was Streckenlänge, Zugleistungen, Lokomotivkonstruktionen und frühen Vorortbahnverkehr angeht, dominierend. Waren zunächst viele 2'B-Lokomotiven im Nahverkehr zu finden, wurden dreifach gekuppelte Tenderdampflokomotiven die typischen Personenzugloks in den Ballungsräumen Berlin und Hamburg, im Rhein-Ruhr-Gebiet und in Frankfurt (Main). Die in über 1000 Exemplaren gebauten T 11 und T 12 wurden als (Berliner) »Stadtbahnlok« zur typischen Baureihe der Vorortzüge über drei Jahr-

Dampflokomotiven für den Vorortverkehr der Länderbahnen

	Baureihe	Bauart	Spätere Baureihenbezeichnungen	Erstes Baujahr	Anzahl
Baden	VI b	1'C1'n2	75^{1-3}	1900	173
	VI c	1'C1'h2	$75^{4,10-11}$	1914	135
Bayern	D IX	1Bn2	70^{71}	1888	55
	D XII	1'B2'n2	73^{0-1}	1897	137
	Pt 3/6	1'C2'h2	77^{1}	1911	29
Preußen[1]	T 2	Bn2, B1n2, 1Bn2	88^{76}	1870	59
	T 4$^{1-2}$	B1n2, 1Bn2	–	1870	199
	T 5^{1}	1'B1'n2	71^{0-1}	1895	329
	T 5^{2}	2'B n2	72^{0}	1899	38
	T 6	1'C1'n3	–	1902	100
	T 8	C h2	89^{0}	1905	100
	T 10	2'C h2	76^{0}	1909	12
	T 11	1'C n2	74^{0-3}	1903	480
	T 12	1'C h2	74^{4-13}	1902	1016
	T 18	2'C2'h2	$78^{0-5}, 78^{10}$	1912	536
Sachsen	IV T	1'B1'n2	71^{3}	1897	91
	XIV HT	1'C1'h2	75^{5}	1911	106
Württemberg	T 5	1'C1'h2	75^{0}	1910	96

[1] Preußische Lokomotiven fuhren auch in Oldenburg (T 2, T 5^{1}), in Württemberg (T 18) und bei der Lübeck-Büchener Eisenbahn (T 4^{1}, T 11, T 12, T 18).

zehnte. In Sachsen und Württemberg bildeten sich Vorortbahnen in Dresden, Leipzig und Stuttgart. Beide Länderbahnen lagen überhaupt in relativ dicht besiedelten Gebieten und weisen noch heute ein sehr dichtes Streckennetz auf (Sachsen das dichteste in Deutschland). Mit der sächsischen XIV HT und der württembergischen T 5 entstanden nach der Jahrhundertwende zwei weitere leistungsfähige 1'C1'-Dampflokbaureihen, die bis zu 60 Jahre in Betrieb waren.

Elektrischer Betrieb

Die Elektrifizierung der deutschen Eisenbahnen ging von kleinen Netzen in Südbayern (ab 1905), in der Provinz und im Land Sachsen (ab 1911), in Südbaden (ab 1913) und Niederschlesien (ab 1914) aus. Schon ab 1894 verkehrte in der KPEV-Hauptwerkstatt Potsdam eine elektrische Rangierlokomotive. Nach den zahlreichen Versuchsbetrieben im Berliner Raum gab es den ersten dauerhaften elektrischen Vorortverkehr in Hamburg auf der Strecke Blankenese – Ohlsdorf (1907/08), wofür von 1905 bis 1932 insgesamt 197 Doppeltriebwagengarnituren für Einphasen-Wechselstrom-Oberleitungsbetrieb beschafft wurden. In Bayern, Baden und Schlesien elektrifizierte man zunächst Bezirks-, Lokal- und Bergstrecken, während im Raum Magdeburg-Halle-Leipzig ein elektrischer Städteschnellverkehr angestrebt wurde. In Berlin wurden verschiedene Vorortstrecken mit Oberleitung (Niederschöneweide – Spindlersfeld, Wechselstrom-Oberleitung 1902/06) oder Gleichstrom-Stromschienenbetrieb befahren (Berlin – Zehlendorf, 600 V, 1900/02; Berlin – Lichterfelde Ost, 550 V, ab 1903), bis dort ab 1924 die »Große Elektrisierung« mit 800-V-Gleichstrom-Stromschienen begann. Die guten Ergebnisse des Versuchsbetriebs zwischen Niederschöneweide und Spindlersfeld veranlaßten die KPEV, die Hamburger Vorortbahnen mit Einphasen-Wechselstrom-Oberleitung zu elektrifizieren. Trotzdem wurde aber das größere Netz der Berliner Stadt-, Ring- und Vorortbahnen nicht mit einer solchen Oberleitung ausgerüstet, auch nicht nach weite-

Mit ihrer symmetrischen Hudson Achsfolge 2'C2' und dem Barrenrahmen hatte die preußische T 18, spätere 78$^{0-5}$ und 078/78^{1} gute Laufeigenschaften. Die Rostfläche von 2,44 m² erlaubte ausreichendes Dampfmachen, die Höchstgeschwindigkeit betrug vorwärts und rückwärts 100 km/h. Bei der DB war die BR 78 bis 1974, bei der DR bis 1972 im Einsatz. Zahlreiche Maschinen waren mit Wendezugsteuerung ausgerüstet. Lok 78 306 vom Bw Dillingen steht am 23. August 1987 im Bw Saarbrücken Rbf.
Foto: Joachim Janikowski

Stromschienen-S-Bahnen in Berlin und Hamburg

KPEV-Siemens-Abteiltriebwagen von 1900 für die Berliner Wannseebahn.
Sammlung: Jörg Ott

Drei Garnituren des preußischen ET 87 kamen 1945 von Schlesien nach Bayern und liefen einige Jahre im Nürnberger Vorortverkehr.
Foto: Deutsche Bundesbahn

ren Versuchen mit Triebgestellen (EB 1–3), E-Lok-Hälften (EG 509/510) oder Triebwagen (ET 1007–1010), sondern es wurde, nach einigem Zögern, dem Gleich strom-Stromschienen-Betrieb mit 800 V der Vorzug gegeben. 1922 nahm man sechs verschiedene Versuchszüge in Betrieb, die nach der späteren elektrischen Ausrüstung (der Versuchsbetrieb erstreckte sich auch auf die Türanordnung und die Raumaufteilung) auf den nördlichen Vorortstrecken (ab 1925 nach Bernau) zum Einsatz kamen. Die ersten Regel–Fahrzeuge der Berliner S–Bahn bildeten dann die 17 Halbzüge der Bauart 1924 (ET Bo 2' + EB 4 + EB 4 + ET Bo 2'), der späteren Baureihe ET/EB 169.

Die S-Bahnen in Berlin und Hamburg werden im Gegensatz zu den anderen deutschen S-Bahnen mit Gleichstrom betrieben. Die Spannung beträgt in Berlin 800 V und in Hamburg 1200 V. Der Strom wird von der Stromschiene neben dem Gleis mittels eines Gleitschuhs entnommen, der am Drehgestellrahmen des Triebzugs angebracht ist. Bei der Berliner S-Bahn wird die Stromschiene von unten, bei der Hamburger S-Bahn seitlich bestrichen. In den Weichen müssen die von unten bestrichenen Stromschienen unterbrochen oder entsprechend angepaßt werden, so daß der Stromabnehmer ab- und anlaufen kann. Derartige Vorrichtungen sind bei der seitlich bestrichenen Stromschiene nicht erforderlich. Stählerne Tragbügel (Berlin) und Stützen (Hamburg) halten die mit Porzellanisolatoren versehene Stromschiene. Sie besteht aus kohlenstoffarmem Eisen und liegt 200 mm über der Schienenoberkante.

Anfangs fanden in beiden Städten Versuche mit Wechselstrom statt. Die Königlich Preußische Eisenbahnverwaltung (KPEV) unternahm im Jahre 1903 erste Versuche auf der Strecke Niederschöneweide – Johannisthal (heute Berlin-Schöneweide – Spindlersfeld) mit 6000 V/25 Hz. Im Jahr darauf entschied die KPEV, das Stromsystem auf einem größeren Streckennetz zu erproben. Dafür wurde der Hamburger Stadt- und Vorortverkehr auserwählt. Neben dem Wechselstrombetrieb gab es auch einen Gleichstrom-Probebetrieb mit 550 V auf der Vorortbahn vom Potsdamer Ringbahnhof nach Groß Lichterfelde-Ost. Zum Einsatz kamen Triebwagen in Abteilwagenbauart.

Am 10. Dezember 1907 wurde der Stadt– und Vorortverkehr in Hamburg zwischen Blankenese und Ohlsdorf mit Wechselstrom aufgenommen. Die Spannung betrug 6300 V/25 Hz. 1937 wurde jedoch die Umstellung auf Gleichstrom beschlossen. Begünstigt wurde diese Entscheidung dadurch, daß ein Teil des Wagenparks zur Ausmusterung anstand und durch neue

S-Bahn-Wagen der Bauart 1924, später als BR 169 bezeichnet. Insgesamt wurden 34 Trieb- und 51 Beiwagen, also 17 Halbzüge, geliefert. Die Aufnahme zeigt den ET 169 013a um 1950. Der Triebwagen wurde in den Jahren 1967/68 zum U-Bahn-Triebwagen 102 050, Typ E III, umgebaut.
Foto: Zentrale Bildstelle der DR

Triebzüge ersetzt werden mußte. Der erste Halbzug mit der Nummer 1501a/b/c, später ET 171 001a, EM 171 001, ET 171 001b, wurde am 9. Dezember 1939 angeliefert. Nachdem ab Sommer 1941 genügend Gleichstrom–Fahrzeuge zur Verfügung standen, fand der S-Bahn-Verkehr im Mischbetrieb statt. Erst am 22. Mai 1955 war das S-Bahn-Netz in Hamburg gänzlich auf Gleichstrombetrieb umgestellt.

In Berlin wurde der elektrische S-Bahn-Betrieb mit Gleichstrom am 8. August 1924 auf der Strecke Berlin Stettiner Vorortbahnhof – Bernau aufgenommen.

Der Gleichstrombetrieb hat folgende Vor- und Nachteile:

- Eine hohe Beschleunigung beim Anfahren ist bis zu mittleren Geschwindigkeiten möglich.
- Sehr hohe Beschleunigungen beim Anfahren sind wirtschaftlich nur bei Rückgewinnung elektrischer Arbeit durch Nutzbremsung zu vertreten, die bei Gleichstrombetrieb in verhältnismäßig einfacher und wirtschaftlicher Weise möglich ist.
- Der Gleichstrommotor ist einfach in der Bauweise und unempfindlich in der Kommutierung, daher für Anfahren mit hohen Strömen besonders geeignet.
- Die Triebwagen müssen mit besonderen Umformern für die Steuer- und Hilfseinrichtungen versehen werden.
- Die niedrige Fahrspannung erfordert kleine Unterwerksabstände. Daher fallen hohe Stromverteilungskosten an.
- Die Stromschiene ist in der Anlage teuer, aber in der Unterhaltung billig.
- Erhöhte Unfallgefahr besteht durch unbeabsichtigtes Berühren der Stromschiene insbesondere bei Gleisbauarbeiten und bei Arbeiten im Tunnel.
- Triebzüge können nicht beliebig auf andere Strecken, die nicht dem S-Bahn-Verkehr dienen, übergehen.

Oberleitungs-S-Bahnen nach 1945

Während sich die beiden S-Bahn-Netze Berlin und Hamburg durch den klassischen Gleichstrombetrieb auszeichnen, wurden die neuen S-Bahn-Netze der DB und der DR für den Wechselstrombetrieb ausgerüstet. Durch die Angleichung an das vorhandene Stromsystem mit 15 kV und 16 2/3 Hz läßt sich der S-Bahn-Betrieb mit dem übrigen elektrischen Zugbetrieb leicht verzahnen, so daß ein schrittweiser Ausbau der S-Bahn-Netze unter weitgehender Inanspruchnahme der vorhandenen Infrastruktur möglich und volkswirtschaftlich vorteilhaft ist.

Neue Triebzüge der Baureihen ET 27 und ET 30 waren die Vorläuferbaureihen des klassischen S-Bahn-Triebzugs der Baureihe 420, der heute in den S-Bahn-Netzen München, Stuttgart und Frankfurt (Main) anzutreffen ist. Aber auch lokbespannte S-

Die Strecke München – Herrsching wird bereits seit 1925 elektrisch betrieben. 420 055 am 18. September 1991 bei Steinebach.
Foto: Andreas Janikowski

Bahn-Züge finden im Ruhrgebiet, in Köln, Nürnberg und bei der Deutschen Reichsbahn Verwendung. Bei der DR fanden ebenfalls Versuche mit Triebzügen statt (z. B. BR 280), deren Serienausführung jedoch unterblieb. Für den S-Bahn-Betrieb, der Ende der sechziger bis Anfang der siebziger Jahre anlief, griff man auf vorhandene Fahrzeuge zurück. Im Laufe der Jahre wechselten die E-Lok-Baureihen. Erst seit Beginn des Jahresfahrplans 1993/94 fahren in den Städten Rostock, Magdeburg, Halle, Leipzig und Dresden einheitlich E-Loks der BR 143. Auch bei der DB fand diese Baureihe Anklang, so daß sie nach

Umbauten im Rhein-Ruhr-Gebiet und in Nürnberg verkehrt.

Die Vor- und Nachteile des Wechselstrombetriebs lassen sich wie folgt zusammenfassen:

- Die Geschwindigkeit läßt sich durch Regelung der Spannung mittels Umspanner gleichmäßig steigern. Dadurch entstehen höhere mittlere Beschleunigungen bei größeren Stationsentfernungen.
- Die Nutzbremsung hat einen geringen Wirkungsgrad.
- Der Wechselstrommotor ist empfindlicher als ein Gleichstrommotor.
- Für die Steuer- und Hilfseinrichtungen

können die zweckmäßigsten Gebrauchsspannungen dem Fahrzeugumspanner entnommen werden.

- Durch die hohe Fahrdrahtspannung werden Unterwerke nur in Abständen von 60 bis 80 km benötigt. Dadurch ergibt sich eine billigere Stromverteilung.
- Die Unfallgefahr ist durch den Betrieb mit Oberleitung geringer. Masten und Kabel verschlechtern jedoch die Signalsicht.
- Oberleitungen sind in den Anlagekosten billiger als Stromschienen, in der Unterhaltung jedoch teurer.
- Der Fahrzeugeinsatz ist flexibler. Der Fahrweg kann ggf. geändert werden.

S-Bahn-Technik

Die S-Bahn nimmt gegenüber dem Fernverkehr eine gewisse Sonderstellung ein. Auf der maschinentechnischen Seite sind da zunächst die Triebzüge. Sie unterscheiden sich von den herkömmlichen Fahrzeugen der Eisenbahn durch eine große Antriebsleistung, eine große Zahl der Treibachsen und eine große Anfahrbeschleunigung. S-Bahn-Fahrzeuge haben eine Anfahrbeschleunigung von 0,7 bis 1,0 m/s². Dadurch werden die Bahnsteiggleise rasch geräumt, was mitentscheidend für die hohe Zugdichte ist. Des weiteren unterscheiden sich S-Bahn-Fahrzeuge von anderen Fahrzeugen durch die Aufteilung des Fahrgastraums und die großen Türen, um einen raschen Fahrgastwechsel zu ermöglichen.

Die Stromversorgung des S-Bahn-Netzes muß große Leistung auf kleine Abschnitte verteilen und unterscheidet sich daher von anderen Bahnnetzen. Selbst die Bahnbetriebswerke und die Ausbesserungswerke haben ihr besonderes Gepräge. Hier wird eine große Anzahl einheitlicher Fahrzeuge gepflegt und ausgebessert. Das führt zu weitgehender Fließbandarbeit.

Bei der betriebs- und bautechnischen Gestaltung der S-Bahn-Anlagen gibt es ebenfalls viele Eigenarten. Die Signalanlagen sind so beschaffen, daß sie eine dichte Zugfolge zulassen. Die Signale stehen in viel kürzeren Abständen als bei Fernbahnen. In Berlin und Hamburg wurde sogar ein eigenes Signalsystem entwickelt. Große Aufmerksamkeit erfordert die Fahrplangestaltung, da meist mehrere Außenstrecken zu einer Stammstrecke gebündelt werden und eine große Anzahl von Zügen die Stammstrecke belegt. Die Gleise der S-Bahn müssen besonders gepflegt werden. Durch die starke Auslastung der Strecken werden Gleise, Bettung und Unterbau sehr stark beansprucht. Die Bahnsteige müssen mit ausreichenden Zu- und Abgängen versehen sein, um so dem Massenverkehr begegnen zu können.

Die Leistung und die Wirtschaftlichkeit einer S-Bahn hängen auch von der Tarifgestaltung ab. Der Tarif muß einerseits die Wirtschaftlichkeit der S-Bahn gewährleisten, andererseits muß er für den Benutzer attraktiv sein. Hinzu kommt, daß in den meisten Fällen eine Tarifgemeinschaft mit anderen Verkehrsmitteln besteht, die den mitunter unterschiedlichen Interessen Rechnung tragen muß.

Große Bedeutung kommt der Wahl der Haltestellen zu. Je kleiner die Haltestellenabstände sind, um so größer ist das Einzugsgebiet der S-Bahn und um so geringer ist die Neigung der Fahrgäste, auf ein anderes Verkehrsmittel umzusteigen. Andererseits bestimmt der Haltestellenabstand die Reisegeschwindigkeit.

Gleisanlagen

Die Gleisanlagen der S-Bahn werden in der Regel von denen des Fern-, Bezirks- und Güterverkehrs getrennt. Zu den Gleisanlagen gehören die Streckengleise und die Gleise der Bahnhofs- und Betriebsanlagen.

Die Schienen werden meistens in einer Länge von 30 m hergestellt und zu 120 oder 180 m langen Schienen zusammengeschweißt. Bei der Verlegung werden sie zu Teilstücken von 360 m verschweißt, sofern nicht bestimmte Gesichtspunkte Schienenstöße (z.B. Signalisierung) erforderlich machen.

Schwellen bestehen heute im allgemeinen aus Beton oder Hartholz. Ihre Lebensdauer ist unterschiedlich und beträgt bei mit Teeröl unter Druck getränkten Holzschwellen bis zu 40 Jahre. Bei Betonschwellen wird sie auf mindestens 60 Jahre geschätzt.

Zur Verringerung der Bauhöhe wurde der schotterlose Oberbau entwickelt. Er wird hauptsächlich bei Brücken und Tunneln verwendet, wo ein tragfähiger Untergrund besteht. In Tunneln wird dadurch die Bauhöhe um 20 bis 55 cm verringert. In Bahnhöfen kann das Gleis leichter saubergehalten werden.

Bei der Trassierung von S-Bahnen wird von zwei Geschwindigkeiten ausgegangen. Bei Streckenabschnitten mit großem Haltestellenabstand, z. B. in den Außenbezirken, wird eine Geschwindigkeit von 120 km/h zugrunde gelegt, bei Streckenabschnitten mit kleinem Haltestellenabstand eine solche von 80 km/h.

Die Eisenbahn-Bau- und Betriebsordnung (EBO) schreibt bei der Trassierung bestimmte Grenzwerte vor. So beträgt der

Ein Triebzug der Berliner S-Bahn (BR 476) bei der Ausfahrt aus dem Bf Hohen Neuendorf/b. Berlin. Vorn die neu trassierte Strecke nach Frohnau. April 1992.
Foto: Jörg Ott

geringste Gleisabstand bei Neubauten auf freier Strecke 4,00 m, in Bahnhöfen 4,50 m und bei Signal- bzw. Lichtmasten zwischen den Gleisen 4,75 m. Für reine S-Bahn-Strecken sind bei oberirdischen Strecken 3,80 m und bei unterirdischen Strecken mit einem Schutzraum zwischen den Gleisen 4,70 m vorgeschrieben. Die Flucht- und Rettungswege dürfen bei Tunnelstrecken nicht länger als 300 m sein. Der Abstand zweier Bahnhofsgleise (von Gleismitte zu Gleismitte) wird bei Neubaustrecken nach der EBO mit 5,20 bis 8,10 m angegeben. Für den Fahrraum ergibt sich ein Mindestmaß, das sich aus den Grenzwerten für das Fahrzeug im Stillstand zuzüglich Bewegungs- und Sicherheitsräume für das fahrende Fahrzeug errechnet. Die EBO kennt die Begrenzung I als generellen Wert und die Begrenzung II für Fahrzeuge mit Stromzuführung durch Stromschiene oder Oberleitung. Die Begrenzungen I und II unterscheiden sich lediglich in der Höhe (I: 4280 mm, II: 4650 mm). Wichtigstes Maß ist die zulässige Fahrzeugbreite. Sie beträgt maximal 3250 mm. Die Begrenzung der Fahrzeugabmessung ist notwendig, weil zu beiden Seiten

Strecken- und Abstellgleise am Bf Hamburg-Altona am 10. Februar 1991.
Foto: Ewald Hauck

und über dem Gleis nur ein beschränkter lichter Raum freigehalten wird. Es wird unterschieden zwischen einem Regellichtraum, einem erweiterten Regellichtraum und verschiedenen Sonderlichträumen. Letztere bedürfen der Sondergenehmigung durch den Bundesminister für Verkehr und kommen im S-Bahn-Betrieb in Hamburg sowie in Tunnelstrecken vor.

Die EBO schreibt noch weitere Grenzwerte für den Bahnbetrieb vor. Die größte Überhöhung der freien Strecke beträgt 150 mm, der größte Überhöhungsfehlbetrag mit Rücksicht auf im Zuge stehende Fahrgäste in der Regel 100 mm, in Ausnahmefällen 130 mm. Die größte Neigung bei den im Stadtbereich in zweiter Ebene geführten Strecken ist begrenzt auf 40 ‰, im Außenbereich sollte die Neigung nicht mehr als 12,5 ‰ und bei Bahnsteiggleisen nicht mehr als 2,5 ‰ betragen. Als kleinster Ausrundungshalbmesser werden 2000 m angegeben. Der geringste Halbmesser der Bögen sollte bei Geschwindigkeiten bis 120 km/h zwischen 700 und 850 m und bei Geschwindigkeiten bis 80 km/h zwischen 300 und 380 m betragen. Bei den Triebzü-

gen der BR 420 sollte der geringste Radius nicht unter 500 m liegen, weil sonst mit erhöhtem Schienenverschleiß zu rechnen ist.

Die Leistungsfähigkeit einer Strecke hängt im wesentlichen vom Gleisplan ab. In gewissen Abständen sollten die beiden Streckengleise miteinander verbunden sein und zusätzliche Ausweich- oder Kehrgleise geschaffen werden. Somit können Züge bei Betriebsstörungen in die Gegenrichtung kehren, schadhaft gewordene Züge schnell abgestellt, Verstärkerzüge ein- oder ausge-

setzt und nicht mehr benötigte Wagen außerhalb der Hauptverkehrszeit abgestellt werden. Daraus ergeben sich Bahnhöfe mit einfachem oder doppeltem Gleiswechsel. Dabei ist der Gleiswechsel möglichst so anzuordnen, daß die Weichen stumpf befahren werden. Bei den Kehrgleisanlagen wird unterschieden nach einfacher Kehrgleisanlage mit einem Gleis, doppelter Kehrgleisanlage mit zwei Gleisen und gestaffelter Kehrgleisanlage, wobei das Umfahren eines abgestellten Zuges vom Streckengleis oder vom zweiten Kehrgleis her möglich ist. Bei Endbahnhöfen mit mehreren endenden Linien wird eine doppelte Kehrgleisanlage nicht ausreichen. Es gibt daher auch Kehrgleisanlagen mit drei oder mehr Gleisen.

Bahnhöfe

Nach der EBO gelten Bahnhöfe als Bahnanlagen mit mindestens einer Weiche, wo Züge beginnen, enden, ausweichen oder wenden dürfen. Daneben gibt es Haltepunkte als Bahnanlagen ohne Weichen, wo Züge planmäßig halten, beginnen oder

Berlin, Bf Halensee mit einem Zug der BR 275.
Foto: H. Frank

Bf Berlin-Alexanderplatz nach seinem Wiederaufbau. Aufnahme aus dem Jahr 1965.
Foto: Zentrale Bildstelle der DR

Bf Jannowitzbrücke. Die Viaduktbögen der
Stadtbahn begrenzen die Spree. Ein Zug der
BR 476.1 verläßt den Bahnhof in Richtung
Hauptbahnhof, Juni 1993.
Foto: Jörg Ott

enden. Haltestellen sind Abzweigstellen
oder Anschlußstellen, die mit einem Haltepunkt verbunden sind.

Im allgemeinen wird zwischen End- und
Zwischenbahnhöfen unterschieden. Kno-
tenpunktbahnhöfe sind besonders wichtige
Stellen im Netz. Turmbahnhöfe entstehen
dort, wo mindestens zwei Strecken einander niveaufrei kreuzen und zwischen bei-

den ein Übergang möglich ist. In einem Trennungsbahnhof trennen sich zwei oder mehrere Strecken.

Der Standort eines Bahnhofs ist abhängig von der Siedlungsstruktur, dem Fahrgastaufkommen und der Erreichbarkeit. Schwierigkeiten bereitet der große Flächenbedarf von Bahnhofsanlagen in dicht besiedelten Gebieten. Außerdem spielen struktur- und kommunalpolitische Fragen eine wichtige Rolle.

Die Architektur von Bahnhofsgebäuden reicht von der Baracke bis zum Monumentalbau. Sie drückt Repräsentationsbedürfnis, Zeitgeist und Mode aus. In der Vielgestaltigkeit der S-Bahnhöfe finden sich Repräsentativbauten aus den Anfängen der Eisenbahn ebenso wie reine Zweckbauten. Im 19. Jahrhundert wurde durch Kapitalgeber, Siedlungsgesellschaften oder den Staat der repräsentative Charakter der Gebäude betont. Schließlich sollte das Empfangsgebäude die Modernität der Eisenbahn ebenso versinnbildlichen wie die einflußreiche Stellung der Aktionäre. Nach einer Epoche der Vereinfachung und Schlichtheit in den siebziger Jahren werden heute wieder Gebäude in Anlehnung an frühere Stilepochen errichtet.

Strecken

Ein ordnungsgemäßer S-Bahn-Verkehr ist nur dann gewährleistet, wenn die Strecken vom Fernverkehr getrennt und zweigleisig ausgebaut sind. Bei den S-Bahnen in Deutschland wird häufig noch im Mischbetrieb und vereinzelt eingleisig gefahren.

Bei eingleisigen Strecken ist der Betrieb häufig nur mit einer Zugfolge von maximal 20 min und vier Zugpaaren pro Stunde möglich. An der Strecke müssen in bestimmten Abständen zuglange Kreuzungsstellen eingerichtet werden. Eingleisige Streckenabschnitte erfordern zudem besondere signaltechnische Sicherungen. Ein automatischer Streckenblock kann nicht eingerichtet werden.

Die meisten S-Bahn-Strecken sind heute zweigleisig. Es wird im Rechtsbetrieb gefahren, lediglich bei betrieblichen oder örtlichen Besonderheiten können Abweichungen vorkommen. Unterschieden wird nach Linienbetrieb und Richtungsbetrieb.

Beim Linienbetrieb hat jede Linie ihre eigenen Gleise, so daß ein unabhängiger Betrieb möglich ist und Störungen sich nicht untereinander auswirken. Ein Nachteil für den Fahrgast entsteht beim Umsteigen auf die andere Linie, weil der Bahnsteig gewechselt werden muß.

Der Richtungsbetrieb unterscheidet sich vom Linienbetrieb dadurch, daß ein Umsteigen in Fahrtrichtung am gleichen Bahnsteig möglich ist. Der Richtungsbetrieb hat jedoch erhebliche Auswirkungen auf den Betriebsablauf, wenn die Strecken nicht kreuzungsfrei ein- und ausgefädelt werden. Eine Besonderheit ist der Richtungsbetrieb zwischen S- und U-Bahn (z. B. Frankfurt/Main zwischen Hauptwache und Konstablerwache und in Berlin am Bf Wuhletal).

S-Bahn-Strecken liegen meistens auf Niveauhöhe, mitunter auch in Einschnitten und auf Dämmen. Die Hochlage gibt es bei S-Bahn-Strecken nicht. In Innenstädten wird die Tunnellage bevorzugt, deren Bau jedoch erhebliche Kosten verursacht.

Bei Vorortstrecken ist der Mischbetrieb mit Fern- und Güterverkehr häufig. Auf derartigen Strecken wird im S-Bahn-Verkehr meist im 40- oder 60minütigen Abstand gefahren. Damit der Fernverkehr nicht behindert wird, haben die meisten Bahnhöfe Überholungsgleise.

Für einen leistungsfähigen und störungsunempfindlichen S-Bahn-Betrieb sollten folgende Voraussetzungen gegeben sein:
– Vermeidung von eingleisigen Streckenabschnitten,
– Vermeidung von niveaugleichen Kreuzungen und Streckenverflechtungen zwischen stark frequentierten Linien,
– große Bogenhalbmesser,
– zeitgleiche Blockabschnitte,
– leistungsfähiges Signalsystem, um bei Betriebsstörungen die Verspätungen gering zu halten.

Streckennetzaufbau

Viele S-Bahn-Netze haben einen Verkehrsmittelpunkt, von dem die S-Bahn-Strecken strahlenförmig nach außen führen. Diese Form wird als monozentrisches S-Bahn-Netz bezeichnet. Als klassisches Beispiel dafür gilt München. Mehrere S-Bahn-Linien münden in eine Stammstrecke, um sich nach Durchlauf der City wieder in mehrere Strecken aufzuteilen. Die monozentrischen S-Bahn-Netze sind häufig durch Ausbau und Ergänzung vorhandener Eisenbahnstrecken entstanden, wobei in der City neue, meist unterirdische Streckenabschnitte gebaut (Hamburg, Frankfurt/Main, Stuttgart) oder Kopfbahnhöfe am Rande der City durch eine Tunnelbahn verbunden wurden (Berlin, München). Die Tunnelstrecken sind hochleistungsfähige Stammstrecken und lassen Zugfolgezeiten bis zu 2 min, in Berlin sogar bis zu 90 s zu.

Im Gegensatz zu den monozentrischen S-Bahn-Netzen entstand im Rhein-Ruhr-Gebiet ein polyzentrisches Netz. Es verbindet in einem großflächigen Verkehrsraum mehrere Monozentren. Einzelne Großstädte wie Dortmund, Essen oder Düsseldorf weisen ein eigenes sternförmiges S-Bahn-Teilnetz auf. Die Siedlungsstruktur des Ruhrgebiets ist vielgestaltig. So haben sich manche Städte nicht um den geographischen Ortsmittelpunkt gebildet (z. B. Oberhausen), sondern mit dem Schwerpunkt in den Randzonen. Ursächlicher Zusammenhang ist die Ausbreitung der Bergbau- und Industriezonen quer durch die Stadtgebiete. Die Entfernung von Großstadt zu Großstadt beträgt kaum mehr als 30 km und entspricht der radialen Ausdehnung eines monozentrischen S-Bahn-Netzes. Wegen der Länge der S-Bahn-Strecken in einem polyzentrischen Netz werden an die Fahrzeuge besondere Anforderungen gestellt. So entstanden die Rhein-Ruhr-Wendezüge.

Das Verkehrsaufkommen ist in mono- und polyzentrischen S-Bahn-Netzen unterschiedlich. Monozentrische S-Bahn-Netze weisen meist radiale Verkehrsströme auf, die in der City beginnen oder enden. Durchgangsströme sind nicht nennenswert. In besonders ausgedehnten S-Bahn-Netzen treten tangentiale Verkehrsströme auf, die durch Umfahren der City entstehen. Als Beispiel sei hier die ehemalige Ringbahn im Berliner S-Bahn-Netz genannt.

Im polyzentrischen Netz bestehen neben den radial, auf die einzelnen Monozentren gerichteten Verkehrsströmen zusätzliche, sich überlagernde Ströme des Durchgangsverkehrs. Dies führt zu einer gleichmäßigeren Auslastung der S-Bahn-Züge.

kombination mit einer Höchstzahl von Verknüpfungspunkten zu schaffen. Zeitverluste durch häufiges Umsteigen können durch ein ergänzendes Eilzugangebot ausgeglichen werden.

Zweigleisige Fernstrecke München – Augsburg und S-Bahn-Strecke der S 3 in Olching, 1. Februar 1992.
Foto: Andreas Janikowski

Signale

In monozentrischen S-Bahn-Netzen eignen sich zur Bewältigung des Verkehrsaufkommens im allgemeinen Durchmesserlinien. Zum Zentrum hin wächst das Verkehrsaufkommen an, während es beim Verlassen des Kernbereichs abnimmt. Bei starker Linienbündelung auf der Stammstrecke ist eine gleichgroße Anzahl von ein- und ausfädelnden Linien an den Endpunkten wünschenswert, jedoch nicht immer durchführbar, so z. B. in Stuttgart oder Frankfurt (Main). Hier bedient man sich anderer Lösungen. In Stuttgart können nicht alle sechs Linien von Norden in die beiden südlichen Endpunkte geleitet werden. Drei Linien enden daher in der unterirdischen Station Schwabstraße und befahren zum Kehren eine Wendeschleife. In Frankfurt (Main) werden die von Süden kommenden Linien über den Osten in die

Stammstrecke eingefädelt, um so einen Ausgleich zu den von Westen kommenden Linien herzustellen.

Eine Polystruktur verlangt im Gegensatz zu einer Monostruktur erheblich mehr Planungsarbeit, um einen verkehrswirtschaftlichen und sinnvollen Verkehrsablauf zu schaffen.

In einem S-Bahn-Netz ist den Verknüpfungspunkten der S-Bahn mit den übrigen Verkehrsmitteln große Bedeutung beizumessen. Die S-Bahn bildet einen wesentlichen Bestandteil im öffentlichen Personennahverkehr. Die Verknüpfungspunkte im polyzentrischen S-Bahn-Netz Rhein-Ruhr sind wegen des vielseitigen und fein verästelten Verkehrsnetzes weitaus zahlreicher als in einem monozentrischen Netz. Im monozentrischen S-Bahn-Netz kann der Fahrgast meist durch einmaliges Umsteigen auf alle anderen Linien übergehen, weil alle Linien in der Regel in die Stammstrecke aufgehen bzw. an sie herangeführt werden. Wegen der fehlenden Bündelung im polyzentrischen S-Bahn-Netz sind derartig günstige Umsteigebedingungen nicht gegeben. Daher gilt es, eine vielseitige Linien-

Im S-Bahn-Verkehr in Deutschland werden die Signale des allgemeinen Eisenbahnbetriebs der Deutschen Bundesbahn und der Deutschen Reichsbahn angewendet. Es wird unterschieden zwischen Formsignalen als Vor- und Hauptsignale, Lichtsignalen als Vor- und Hauptsignale und speziellen Lichtsignalen für die Hamburger und Berliner S-Bahn. Überwiegend finden in den deutschen S-Bahn-Netzen Lichtsignale Verwendung. Die Leistungsfähigkeit der Strecken hängt im wesentlichen vom Signalsystem ab. Hier werden besondere Anforderungen an innerstädtische Strecken wie z. B. in München, Berlin, Frankfurt (Main) gestellt, wo viele Strecken gebündelt verlaufen. Hier läßt sich mit einem herkömmlichen Signalsystem eine Zugfolge von günstigenfalls 150 s erreichen. Andere Wege beschritt die DRG bereits 1928, als sie bei der Elektrifizierung der Berliner Stadtbahn erstmalig Signalverbindungen (Sv) entwickelte. Die Sv-Signale stellen im linken Teil des Signalschirms das Hauptsignal und im rechten Teil das Vorsignal des kommenden Hauptsignals dar. Durch einen kurzen Blockabstand läßt sich damit eine Zugfolge von 90 s erreichen. Neben Berlin werden auch im Hamburger S-Bahn-Netz Sv-Signale verwendet, die im wesentlichen die Begriffe der Berliner S-Bahn zeigen.

Das Berliner Signalsystem kennt vollselbsttätige und halbselbsttätige Sv-Signale. Vollselbsttätige Signale werden als Blocksignale und als Ein- und Ausfahrsignale in Bahnhöfen ohne Weichen verwendet. Die Grundstellung dieser Signale ist grün-grün (Sv 1). Eine Besonderheit bei den vollselbsttätigen Sv-Signalen ist das

Signale

permissive Fahren, wenn das Signal gelb-gelb zeigt. Der Triebwagenführer kann nach kurzem Halt auf Sicht vorsichtig weiterfahren. Halbselbsttätige Sv-Signale werden als Deckungsignale vor Abzweigstellen und als Ein- und Ausfahrsignale in Bahnhöfen mit Weichen benutzt. Die Grundstellung dieser Signale ist rot (Hp 0, früher Sv 4).

Die letzten Sv-Signale im Berliner S-Bahn-Netz sind auf dem Abschnitt Schönholz – Priesterweg (S 2) und dem Abzweig bis Großgörschenstraße (S 1) anzutreffen. Auf allen anderen Strecken sind Lichthauptsignale (Hl) aufgestellt worden. Die Sv-Signale im östlichen Teil der Stadtbahn wurden in den Jahren ab 1984 durch das Hl-Signalsystem mit dem automatischen Streckenblock AB 70 S abgelöst, im westlichen Teil durch Kombinationssignale (Ks) im Frühjahr 1993. Lediglich im Bahnhof Friedrichstraße sind die Sv-Signale erhalten geblieben, jedoch zeigen sie die Begriffe der Hl-Signale an. Die Ablösung geschah wegen der Elektrifizierung der Stadtbahn, weil die unzureichend abgeschirmten Kabel durch die Fahrdrahtspannung von 15 kV beeinflußt worden wären.

Ein Ks-Signal im Berliner S-Bahn-Netz, Bf Charlottenburg im August 1993.

Formsignale im Frankfurter S-Bahn-Netz, Bf Rüsselsheim am 2. Januar 1993.
Fotos: Jörg Ott

Bedeutung der Sv-Signale

Signal	Signallichter	Signalbedeutung
Sv 1	grün-grün	Fahrt mit Höchstgeschwindigkeit – Fahrt mit Höchstgeschwindigkeit erwarten.
Sv 2	grün-gelb	Fahrt mit Höchstgeschwindigkeit – Halt erwarten
Sv 3	grün-grün gelb	Fahrt mit Höchstgeschwindigkeit – Fahrt mit Geschwindigkeitsbeschränkung erwarten
Sv 4	grün-grün gelb	Fahrt mit Geschwindigkeitsbeschränkung auf 40 km/h – Fahrt mit Höchstgeschwindigkeit erwarten
Sv 5	grün-grün gelb-gelb	Fahrt mit Geschwindigkeitsbeschränkung auf 40 km/h – Fahrt mit Geschwindigkeitsbeschränkung erwarten
Sv 6	grün-gelb gelb	Fahrt mit Geschwindigkeitsbeschränkung auf 40 km/h – Halt erwarten
Sv 103	gelb-gelb	Halt! Ohne Auftrag permissiv vorbei- und weiterfahren
Hp 0	rot	Halt! Vorbeifahrt nur nach Aufleuchten des Ersatzsignals oder auf schriftlichen Befehl oder auf mündlichen Auftrag

Bedeutung der Ks-Signale

Signal	Signallichter	Signalbedeutung
Ks 1	grünes Standlicht	Fahrt, Fahrt erwarten
Ks 1	grünes Blinklicht	Fahrt mit Geschwindigkeitsbeschränkung, Fahrt erwarten
Ks 2	gelbes Standlicht	Fahrt, jedoch Halt erwarten
Hp 0	rot	Halt

Die Kombinationssignale (Ks) fassen Vorsignal- und Hauptsignalaussage in einem Signalbild zusammen. Ks-Signale werden als Vorsignal, Vorsignalwiederholer, Hauptsignal oder als Mehrabschnittssignal aufgestellt. Mit einem Lichtpunkt (grün, gelb oder rot) wird angezeigt, ob die Strecke frei ist oder nicht.

Die Ks-Signale finden auf der im Dezember 1993 eröffneten Ringbahnlinie Westend – Baumschulenweg Anwendung. Sie sind in abgewandelter Form (als Sk-Signale) auch auf den S-Bahn-Strecken im Bereich der Deutschen Bundesbahn anzutreffen, jedoch meist nur auf Tunnelstrecken in reinem S-Bahn-Betrieb (z. B. München, Frankfurt/Main). Die Signalordnung der DB kennt aber nicht den Begriff grünes Blinklicht. Im übrigen finden die Hl-Signale der DB und der DR Verwendung, wobei die Signalschirme bei der DR differenziertere Begriffe anzeigen können. Das Signalbuch der DR kennt allein bei den Lichthauptsignalen 17 verschiedene Begriffe.

Das Signalsystem und die Darstellung der Begriffe sind bei den Deutschen Bahnen vielseitig. Mit der Schaffung der Ks-Signale ist der erste Schritt für ein einheitliches Signalsystem getan worden.

Gegen das unbeabsichtigte Überfahren eines auf »Halt« stehenden Signals gibt es verschiedene Sicherungsarten. Bei der Berliner S-Bahn befindet sich rechts neben dem Gleis der sog. Streckenanschlag, ein Auflaufbrett, das beim haltzeigenden Signal senkrecht zum Triebwagen steht. Die Triebwagen sind am Drehgestell mit einem Hebel ausgerüstet, der bei einem haltzei-

Einfahrt „Frei" in den Bf Schönebeck/Elbe für den S-Bahn-Doppelstockzug mit der Zuglok 142 135, 23. April 1993.
Foto: Jörg Ott

Ausfahrt Hamburg-Blankenese in Richtung Altona, 1992.
Foto: Andreas Janikowski

Ein Triebwagen der BR 275 hat hier das Sv-Signal Nr. 212, Bauart Ringbahn, am Bf Großgörschenstraße (Berlin) passiert. Das Signal ist ein vollselbsttätiges Blocksignal und zeigt zwei gelbe Lichter (Sv 103): Halt! Ohne Auftrag permissiv vorbei- und weiterfahren. 1985.
Foto: Jörg Ott

genden Signal durch den Streckenanschlag umgelegt wird. Dadurch öffnet sich ein Auslöseventil, und aus der Hauptluftleitung kann die Luft entweichen: Die Schnellbremsung wird ausgelöst. Gleichzeitig wird der Steuerstrom unterbrochen, und die Fahrmotoren sind stromlos. Zeigt das Signal »Fahrt frei«, ist der Streckenanschlag hochgeklappt.

Die mechanische Fahrsperre gab es auch lange Zeit im Hamburger S-Bahn-Netz. Inzwischen ist sie durch die induktive Zugsicherung (Indusi) ersetzt worden, die auch in allen anderen S-Bahn-Systemen installiert ist. Bei diesem System ist neben der rechten Schiene an drei Punkten ein Gleismagnet angebracht. Die Gleismagne-

te sprechen am Hauptsignal auf 2000 Hz (Zwangsbremsung), am Vorsignal auf 1000 Hz (Wachsamkeits- und Geschwindigkeitsprüfung) sowie ggf. an einem Punkt zwischen beiden Signalen auf 500 Hz (Geschwindigkeitsprüfung in besonderen Fällen) an und sind in Abhängigkeit von der Signalstellung wirksam oder unwirksam. Der Trieb- oder Steuerwagen ist auf der rechten Seite mit einem Fahrzeugmagneten ausgerüstet, der ständig die drei Frequenzen abstrahlt. Wird er über einen wirksamen Gleismagneten hinweggeführt, so muß der Triebwagenführer reagieren. Die Schnellbremsung wird bei 500 und 1000 Hz verzögert und bei 2000 Hz sofort ausgelöst.

Stromversorgung

In Deutschland werden die meisten S-Bahnen mit dem beim übrigen elektrifizierten Streckennetz üblichen Einphasenwechselstrom-Oberleitungssystem von 15 kV Spannung und einer Frequenz von 16 2/3

Erzeugung, Umformung und Speisung des Fahrstroms

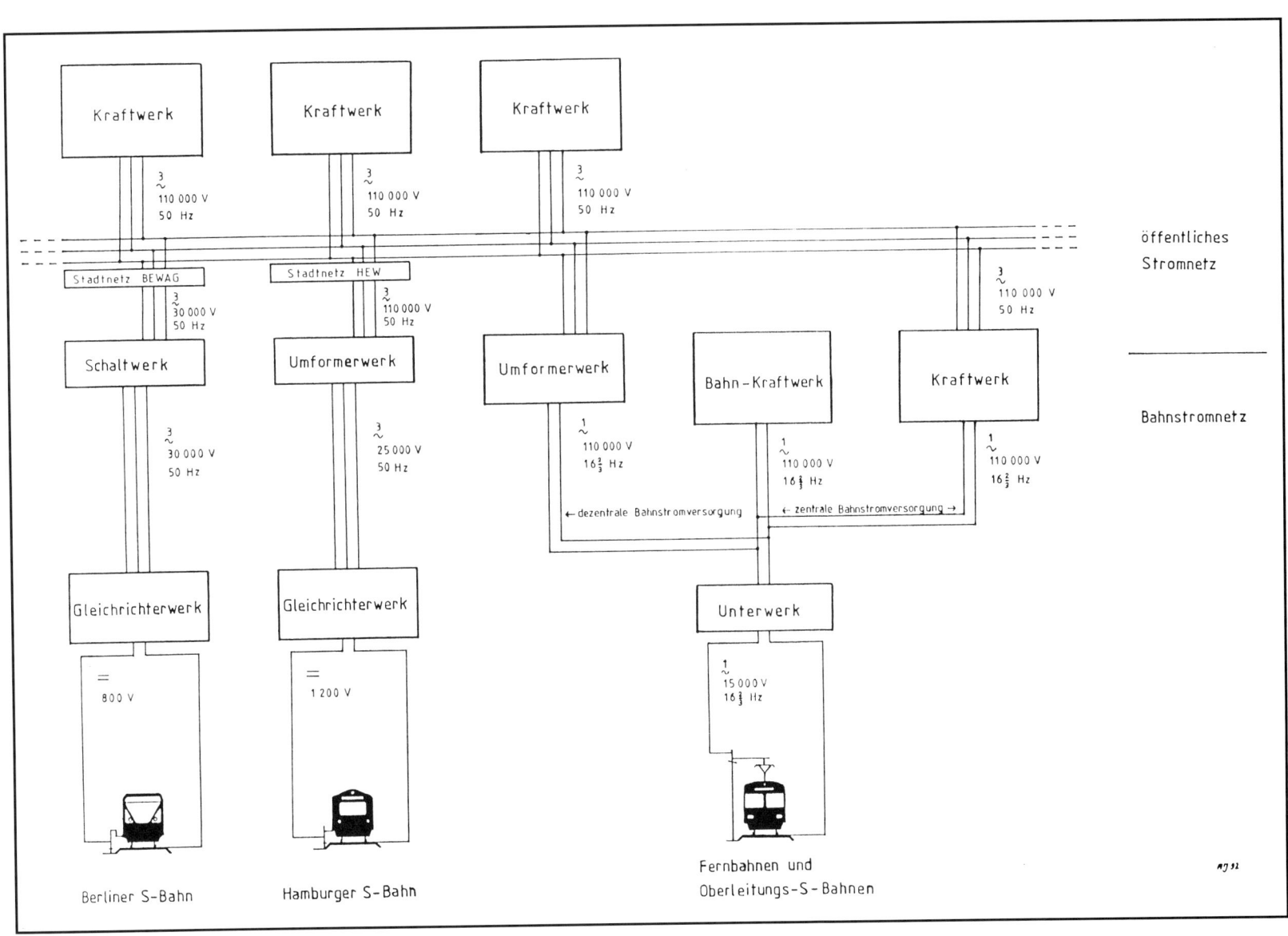

Hz betrieben. Die beiden ältesten S-Bahnen fahren jedoch im Gleichstrom-Stromschienen-Betrieb, Berlin mit 800 V und Hamburg mit 1200 V. Beim Oberleitungsbetrieb wird für den Schnellbahnverkehr die vorhandene Bahnstromversorgung mitbenutzt und ggf. das Einspeisungspotential verstärkt. Für die Stromschienen-Betriebe mit Gleichstrom ist ein eigenes Kabelnetz vorhanden, das sich direkt aus den städtischen Stromnetzen bzw. deren Kraftwerken versorgt.

Die Eigenschaften eines S-Bahn-Betriebs müssen auch bei der Energieversorgung und Fahrstrom-Einspeisung berücksichtigt werden. Die große Zahl der Züge, die hohen Anfahrbeschleunigungen, das elektrische Bremsen, der Allachsantrieb, das Befahren von Steigungsabschnitten (Tunnelrampen) und die hohe Reisegeschwindigkeit sind ursächlich für den hohen Energieverbrauch, der allerdings großen Schwankungen unterliegt. Überlagert wird der betrieblich bedingte, abrupt steigende oder fallende Strombedarf von den Verkehrsspitzen des Berufsverkehrs am Morgen und am Nachmittag. Hierbei kann er sich innerhalb weniger Minuten mehr als verdoppeln, die Stundenmittelwerte sind in der morgendlichen Verkehrsspitze am größten. Zudem ist der Energiebedarf im Winterhalbjahr ohnehin höher. Diesen wechselnden Anforderungen muß das Stromversorgungssystem gewachsen sein; alle Komponenten müssen das größtmögliche Verkehrsaufkommen berücksichtigen.

Das Bahnstromnetz der 110-kV-Überlandleitungen stellt ein eigenes Versorgungsnetz, unabhängig vom öffentlichen Hochspannungs-Drehstromnetz, dar. Um Spitzenbelastungen des Gesamtnetzes abzudecken, wird bei der dezentralen Bahnstromversorgung auch Strom aus dem öffentlichen Netz zusätzlich in das Bahnstromnetz eingespeist. Zur Umformung der Landesenergie dienen bahneigene Umformerwerke (z. B. Borken), die den Dreiphasenwechselstrom (Drehstrom) in Einphasenwechselstrom umwandeln. Die ideale, weil direkteste, kostengünstigste und am besten zu regulierende Stromversorgung geschieht mit der zentralen Bahnstromversorgung, bei der Einphasenwechselstrom von 110 kV und 16 2/3 Hz das Kraftwerk

Elektrische Eisenbahn-Betriebssysteme in Deutschland

Einphasenwechselstrom mit Oberleitung

3000 V	25 Hz	1911 – 1932	Hafenbahn Altona
5000 V	16 2/3 Hz	1905 – 1954	Murnau – Oberammergau[1]
6000 V	25 Hz	1903 – 1906	**Berlin Niederschöneweide-Johannisthal – Spindlersfeld**
		1907 – 1910	Berlin Oranienburger Rundbahn
6300 V	25 Hz	1907 – 1955	**Hamburger S-Bahn**
		1932 – 1955	Hafenbahn Altona
8800 V	25 Hz	1911 – 1958	Karlsruhe – Herrenalb[2]
10000 V	15 Hz	1911	Dessau – Bitterfeld
		1913 – 1916	Basel – Säckingen[3]
15000 V	15 Hz	1911 – 1914	Dessau – Bitterfeld
		1912 – 1916	Mittenwaldbahn[3]
15000 V	16 2/3 Hz	seit 1912	Stromsystem-Vereinbarung Preußen-Bayern-Baden
		seit 1914	Dessau – Bitterfeld
		seit 1943	DR-Regelsystem
		seit 1967	**S-Bahn Rhein-Ruhr**
		seit 1969	**S-Bahn Halle**
			S-Bahn Leipzig
		seit 1972	**S-Bahn München**
		seit 1973	**S-Bahn Dresden**
		seit 1974	**S-Bahn Frankfurt (Main)**
			S-Bahn Magdeburg
		seit 1978	**S-Bahn Stuttgart**
		seit 1985	**S-Bahn Rostock**
		seit 1987	**S-Bahn Nürnberg**
20000 V	50 Hz	1933 – 1960	Höllentalbahn[3]
25000 V	50 Hz	1962 – 1973	Hennigsdorf – Wustermark
		seit 1965	Rübelandbahn

Dreiphasenwechselstrom (Drehstrom) mit Oberleitung

550 V	45 Hz	1892	Berlin: Siemens-Werkbahn Charlottenburg[4]
750 bis 10000 V	45 Hz	1897 – 1900	Berlin: Lichterfelde – Zehlendorf[5]
9000 bis 14000 V	36 – 55 Hz	1901 – 1903	Berlin: Marienfelde – Zossen[5]

Gleichstrom mit Oberleitung

550 V		1896 – 1939	Türkheim – Bad Wörishofen
600 V		seit 1898	Trossingen Bahnhof – Trossingen Stadt
		1917 – 1964	Klingenthal – Sachsenberg-Georgenthal[2]
		seit 1923	Lichtenhain – Cursdorf[6]
		seit 1968	U-Bahn Frankfurt (Main)
650 V		1908 – 1988	Berlin: Siemens-Güterbahn
700 V		1895 – 1962	Meckenbeuren – Tettnang[6]
750 V		1897 – 1959	Bad Aibling – Feilnbach[6), 7)]
		1900 – 1955	Isartalbahn[8]
		1910 – 1959	Ravensburg – Baienfurt[2]
800 V		seit 1930	Müncheberg – Buckow[6]
		1951 – 1976	PKP Gdańsk (Danzig) – Wejherowo (Neustadt)[9]
990 V		1906 – 1986	Kölner Rheinufer- und Vorgebirgsbahnen[6]
1000 V		1908 – 1938	Berchtesgaden – Salzburg
		1909 – 1942	Berchtesgaden – Königssee[10]
1100 V		1941 – 1945	Peenemünde – Zinnowitz
1200 V		1932 – 1969	Schleiz – Saalburg
1650 V		seit 1929	Bayerische Zugspitzbahn[2]

Gleichstrom mit Stromschiene

150 V	1879	Berlin: Gewerbeausstellung Siemens-Ringstrecke[11]
550 V	1903 – 1929	**Berlin:** Potsdamer Ringbahnhof – Lichterfelde Ost[12]
600 V	seit 1900	Wuppertaler Schwebebahn[13]
650 V	1900 – 1902	Berlin: Potsdamer Wannseebahnhof – Zehlendorf[12]
750 V	seit 1902	U-Bahn Berlin (Kleinprofil)[12]
	seit 1923	U-Bahn Berlin (Großprofil)[14]
	seit 1971	U-Bahn München[14]
	seit 1975	U-Bahn Nürnberg[14]
800 V	seit 1912	U-Bahn Hamburg[14]
	seit 1924	**Berliner S-Bahn**[14]
1200	seit 1938	**Hamburger S-Bahn**[15]

[1] anfangs 5500 V 16 Hz, ab 1954 15000-V-16 $\frac{2}{3}$-Hz-Regelsystem

[2] Schmalspurbahn

[3] dann 15000-V-16 $\frac{2}{3}$-Hz-Regelsystem

[4] Drehstromzuleitung über zwei Fahrdrähte und die Fahrschienen

[5] drei Fahrdrähte

[6] Spannung in den ersten Jahren geringer

[7] 15000-V-16 $\frac{2}{3}$-Hz-Regelsystem 1959 – 1972

[8] 15000-V-16 $\frac{2}{3}$-Hz-Regelsystem 1955 – 1964

[9] mit 80 Viertelzügen ehemals ET 165 (= EW 90), ET 166 (= EW 92) und ET 167 (= EW 91), ab 1976 3000-V-Betrieb mit PKP-EN57

[10] 15000-V-16 $\frac{2}{3}$-Hz-Regelsystem bis 1966

[11] Mittelleiter

[12] Stromschiene von oben bestrichen

[13] Einschienen-Hängebahn mit Stromschiene

[14] Stromschiene von unten bestrichen

[15] Stromschiene seitlich bestrichen

Stromabnehmer eines Berliner S-Bahn-Wagens der BR 165 (Museumszug). Rechts ist der Auslösehebel der Fahrsperre erkennbar, 1993. Foto: Jörg Ott

verläßt. Neben bahneigenen Kraftwerken (z. B. Muldenstein), die ausschließlich Bahnstrom erzeugen, sind heute die meisten Stromerzeuger für den Eisenbahnbetrieb Kraftwerke der Stromerzeuger-Gesellschaften, in denen mit eigenen Generatoren und Transformatoren Bahnstrom direkt erzeugt und in Bahnstromleitungen weitergeleitet wird. Im 1924 errichteten Walchenseekraftwerk am Nordrand der Alpen sind beispielsweise vier Pelton-Freistrahlturbinen von je 13 250 kW mit vier Einphasenstromgeneratoren gekuppelt, die zusammen etwa 52 MW leisten. Ähnlich ist die Stromgewinnung bei Pumpspeicherwerken (Langenprozelten, 2 x 75 MW), Wärmekraftwerken (Datteln, 2 x 55 MW, 1 x 113 MW) oder Kernkraftwerken (Neckarwestheim, 1 x 158 MW).

Das als Ringleitung konzipierte Bahnstromnetz besteht überwiegend aus Freileitungen mit einem Mastabstand von 300 m und aus Stahlaluminium- oder Kupfer-Seilen bei 110 kV, 16 2/3 Hz und 357 bis 2460 A (4er-Bündel). Letzte Schaltstellen des Stroms auf dem Weg zum Triebfahrzeug sind die Unterwerke, die den Strom auf die Fahrspannung von 15 kV transformieren und ihn über die Speiseleitung in die Fahrleitung einspeisen. Unterwerke sind im Eisenbahnnetz etwa im Abstand von 60 bis 80 km notwendig, bei leistungsstarken S-Bahn-Betrieben ist dieser Abstand wesentlich geringer. Um den großen Schwankungen des Bahnbetriebs gewachsen zu sein, müssen die Umspannungsanlagen kurzzeitig sehr hohe Stromstärken, bis zum doppelten Betrag des Nennstroms, aufnehmen können. Bei Überlastungen und Kurzschlüssen werden Sammelschiene (Hochvoltsammelschiene, ständig unter Spannung) und Anschlußleitungen (Unterspannungsanlage) automatisch getrennt.

Anders aufgebaut ist das Versorgungsnetz der Gleichstrom-S-Bahnen in Berlin und Hamburg. Der Betrieb mit Stromschienen ist für Tunnelstrecken günstig, da das Lichtraumprofil nach oben verringert werden kann. Außerdem sind Unterhaltung und Reparatur auch bei kleinsten Zugpausen und spannungsführender Stromschiene eher möglich als bei einer Oberleitung. Die Spannung der Stromschienen (Berlin 800 V, Hamburg 1200 V) ist relativ gering, trotzdem muß der Unfallverhütung in Form von Arbeitsschemeln, Abdeckungen, Überwegen und Absperrungen, besonders im Publikumsbereich, größere Aufmerksamkeit gewidmet werden. Mit Hilfe von Gleichrichtern kann der hochgespannte Drehstrom des Landes- bzw. Stadtnetzes wirtschaftlich in Gleichstrom umgeformt werden. Die Gleichrichterwerke bewerkstelligen, wie die Unterwerke im Oberleitungsbetrieb, die Einspeisung des Fahrstroms. Da eine Stromschiene einen größeren Leitungswiderstand als eine Fahrleitung hat, wäre eine höhere Spannung unwirtschaftlich und zudem zu gefährlich (obere Grenze bei 1500 V). Um Spannungsabfall während der Anfahrten und im Spitzenverkehr zu vermeiden, sind Gleichrichterwerke in kürzeren Abständen, d. h. in der Innenstadt etwa alle 3 km, notwendig. Die Gleichrichterwerke der Streckenversorgung sind untereinander verbunden, die getrennt versorgten Streckenabschnitte können mit Isoliertrennschaltungen in den Gleichrichterwerken miteinander verbunden werden. Auf den Außenstrecken mit geringerem Energiebedarf werden mehrere Gleichrichteranlagen zusammengefaßt, so daß sich der Aufwand an Hochbauten verringert.

Bedingt durch die dichte Bebauung sind die Gleichrichterwerke untereinander durch ein Kabelnetz (Berlin: 30-kV-Drehstromkabel, Hamburg: 25-kV-Drehstromkabel) verbunden. Die 3-Leiter-Aluminium-Kabel der Hamburger S-Bahn haben einen Querschnitt von 3 x 150 mm². Der Wirkungsgrad eines Gleichrichtersatzes liegt bei 95 Prozent (Quecksilberdampfgleichrichter oder Eisengleichrichter) und sinkt auch bei Vollast nicht ab. Bei der Hamburger S-Bahn wird die elektrische Energie aus dem 110-kV-Drehstrom-Netz der Hamburgischen Elektrizitätswerke bezogen und in Verteiler-Gleichrichterwerken in das bahneigene Kabelnetz geleitet. Das städtische Stromnetz wiederum ist mit dem Hochspannungsnetz der Landesversorgung verbunden. In Berlin ist das 30-kV-Drehstromkabelnetz der S-Bahn über die Schaltwerke Markgrafendamm und Halensee an die Kraftwerke

Klingenberg und Charlottenburg (Abspannwerk West) angeschlossen.

Die Stromschiene wird vom Stromabnehmer-Schleifschuh des Fahrzeugs, in Berlin von unten, in Hamburg seitlich, bestrichen. Die Stromschienen – in der Regel 18 m lang und durch Stoßbrücken oder Schweißung verbunden – sind auf isolierten Stromschienenträgern (Abstand 5,2 bis 5,5 m) befestigt und mit Holz- oder Kunststoffabdeckungen versehen. Sie befinden sich auf der in der Hauptfahrtrichtung linken Seite. Abweichungen von dieser Anordnung ergeben sich in Bahnhöfen, engen Kurven, auf Brücken oder in Weichenstraßen. Da jedes Drehgestell der S-Bahn-Wagen mit Stromabnehmern ausgerüstet ist, können bei Bedarf Lücken in der Stromschienenanordnung bis fast zur Zuglänge vorgesehen werden.

Im Gegensatz zu den Wechselstrom-Oberleitungsbahnen muß beim Gleichstrom-Betrieb mit Stromschiene die Rückführung des Stroms nicht durch das Erdreich, sondern ausschließlich durch die Schienen erfolgen, da sonst der austretende Rückstrom Leiterenden von Stromkabeln, Gas- und Wasserleitungen zerstören könnte (Korrosion durch Kriechströme). Geschweißte Schienen (früher angelötete Schienenverbinder) und ein hoher Isolationswert des Gleises gegen Erde, die Verbindung der Fahrschienen und ein geringer Abstand der Gleichrichterwerke halten den

Rückweg des Stromes kurz und widerstandsarm. Wegen der komplizierteren Isolations- und Leitungs-Maßnahmen wird es in der Regel vermieden, auf einem Gleis gleichzeitig Stromschienen- und Oberleitungsbetrieb einzurichten.

Kupplungen

Im S-Bahn-Betrieb gelten für die Kupplungen grundsätzlich die gleichen Richtlinien wie im übrigen Eisenbahnbetrieb. Die Beanspruchung der Kupplung durch das schnelle und häufige Beschleunigen und Abbremsen sowie durch die Traktion vollbesetzter Züge über Rampen ist jedoch besonders hoch. Infolge der technischen Weiterentwicklung der Fahrzeuge beschränkt sich das Kuppeln nicht mehr auf Zughaken, Bügel und Bremsleitungen allein. Sofern Einzelwagen nicht kurzgekuppelt

Kupplung zwischen Trieb- und Beiwagen eines Berliner S-Bahn-Triebwagens der BR 475. Aufnahme 1992 im Raw Schöneweide. Foto: Jörg Ott

*Selbsttätige Scharfenbergkupplung am Trieb-
wagen 420 661.*
Foto: Andreas Janikowski

und betrieblich als Einheit eingesetzt, also nur in der Werkstatt gekuppelt werden, muß das Kupplungssystem bei Schnellbahnen in kurzer Zeit und nach Möglichkeit automatisch funktionieren.

Die in Deutschland übliche Schraubenkupplung ist im Prinzip seit Beginn des Eisenbahnzeitalters unverändert, und sie war zunächst das einzige übliche Kupplungssystem, festgelegt im Jahre 1850 durch die »Grundzüge für die Gestaltung der Eisenbahnen Deutschlands« vom Verein Deutscher Eisenbahn-Verwaltungen. Die Berliner S-Bahn-Züge A bis E und die Hamburger Oberleitungstriebwagen hatten Schraubenkupplungen.

Schon um die Jahrhundertwende vereinfachte man die zeitraubende Normalkupplung, indem man im Berliner und Hamburger Vorortverkehr einzelne Fahrzeuge (Wa-

genpaare) der betrieblich nur selten zu trennenden Wagenzüge mit einer Kurzkupplung versah. Auch bei elektrischen Triebwagen fand diese Kupplung früh Anwendung (ET 87, ET 88, Hamburg). Jeder Wagen besitzt nur noch einen Hülsenpuffer, dessen Pufferteller eine Pufferplatte am gegenüberliegenden Wagen bildet; die Schraubenkupplung ist durch eine Kreuzgelenkkupplung ersetzt. Wie ihr Name sagt, verringert die Kurzkupplung den Abstand der Fahrzeuge – ohne deren Kurvengängigkeit zu beeinträchtigen – und ermöglicht so auch eine bessere Ausnutzung der Fahrzeug-, Zug- und Bahnsteiglängen.

Um den Kupplungsvorgang zu beschleunigen und die Gefahren für die Bediensteten zu vermindern, bestand schon zur Länderbahnzeit der Wunsch nach einer einfachen Kupplung. Die Bayerische und die Württembergische Staatsbahn unternahmen Versuche mit amerikanischen Mittelpufferkupplungen, die jedoch nicht selbsttätig waren. Die Preußische Staatsbahn stellte Vergleichsversuche mit automatischen Mittelpufferkupplungen der Bauarten Atlas, Boirault, Janney, Krupp, Scharfenberg und

Scheib sowie mit einer selbst entwickelten »Saarbrückener Kupplung« an. Die DRG entschied sich nach weiteren Versuchen für die Scharfenberg-Kupplung, die dann bei der Berliner S-Bahn zur Anwendung kam, versuchsweise übrigens auch bei D-Zug-Wagen.

Die heute in Deutschland bei zahlreichen Triebwagenbaureihen und den Schnellbahnen verwendete Scharfenberg-Kupplung ist eine starre Mittelpufferkupplung, bei der die gekuppelten Kupplungsköpfe eine feste Einheit bilden. Sie besteht aus einem Kegel- und Trichterpaar, womit eine automatische Zentrierung und Kupplung ermöglicht wird. Gleichzeitig wird auch die Bremsleitung verbunden. Um auch die Steuer- und Versorgungsleitungen zu kuppeln, werden über (S-Bahnen Berlin und Hamburg, ältere DB-Triebwagen) oder unter dem Kupplungskopf (Berliner U-Bahn) bzw. seitlich des Kupplungskopfs (BR 403, 420, 480, 485) zusätzliche, durch bewegliche Lippen geschützte Leitungsübergänge angebracht. Scharfenberg-Kupplungen können sowohl von Hand als auch mit Druckluft gelöst werden. Eine leichte Bauart kuppelt nur mechanisch und pneumatisch (Schienenbusse). Alle Scharfenberg-Kupplungen lassen sich untereinander verbinden, so daß sich Einschränkungn nur auf die elektrische Ausrüstung beziehen. Müssen Fahrzeuge mit Scharfenberg- und Schraubenkupplung gekuppelt werden, wird eine Hilfskupplung mit Mittelpufferkupplungskopf am Zughaken der Schraubenkupplung befestigt.

Hochbauten und Bahnhofstypen

Die Bauten der Stadtbahnen widerspiegeln die Stilepochen der anderen öffentlichen und privaten Bauten. Klassizismus, Historismus und Neoklassizismus zeichnen viele Bauten bis in die vierziger Jahre unseres Jahrhunderts aus, daneben gab es aber schon ab 1900 moderne, erst verspielte, dann mehr sachliche Bauten. Die Bahnanlagen aus der Länderbahnzeit strahlen heute, ob restauriert oder nicht, eine

Bf Wuppertal-Elberfeld im Stil des Klassizismus um 1917.
Sammlung M. Kubinszky

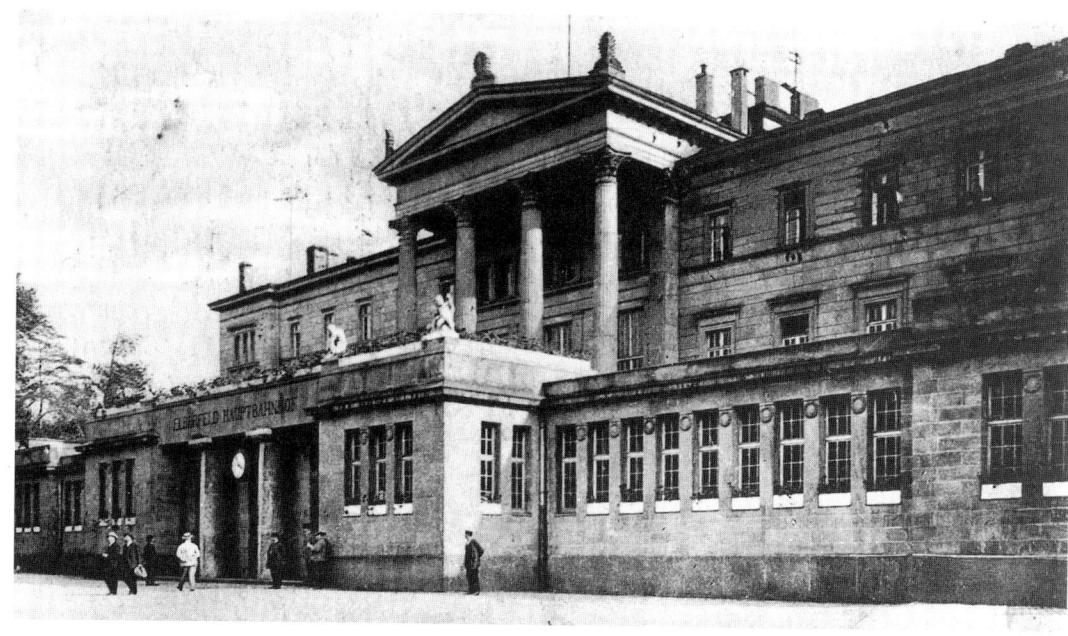

heimelige Romantik aus – Türmchen, Bogenfenster, Zinnen, streng gegliederte oder geschwungene Formen, Verzierungen im Mauerwerk und an den gußeisernen Ingenieurskonstruktionen, Erker, gewächshausartig verglaste Treppenaufgänge, Mosaikfliesen oder Reliefs machen viele Gebäude aus der »guten alten Zeit« zu denkmalgeschützten Kostbarkeiten.

Klassizistische Gebäude aus der Frühzeit der Eisenbahnen sind heute selten, bekannt sind der ehemalige Hamburger Bahnhof in Berlin, die Bahnhöfe Lüneburg (Westseite) und Döbeln, in Hamburg die ehemaligen Bahnhöfe Altona, Sternschanze und der Bahnhof Blankenese. Auch bei den Bahnhofsgebäuden zeigt der Klassizismus eine strenge, symmetrische Baugliederung, die sich jedoch nur auf die äußerliche Gestaltung der Gebäude erstreckt (Fassadenstil). Rundbogenfenster, Säulen, Giebel und Friese orientierten sich an den griechisch-römischen Vorbildern, Holz- und Eisenkonstruktionen (Hallen, Dächer) wurden meist hinter Mauerwerksverblendungen versteckt, die Gesamtanlage eines Bahnhofs sollte als Einzelbauwerk mit harmonischen Proportionen wirken. Die Fassaden waren gewöhnlich in hellem Weiß,

Bahnhofsvorplatz in Nürnberg um 1927.
Sammlung: A. Janikowski

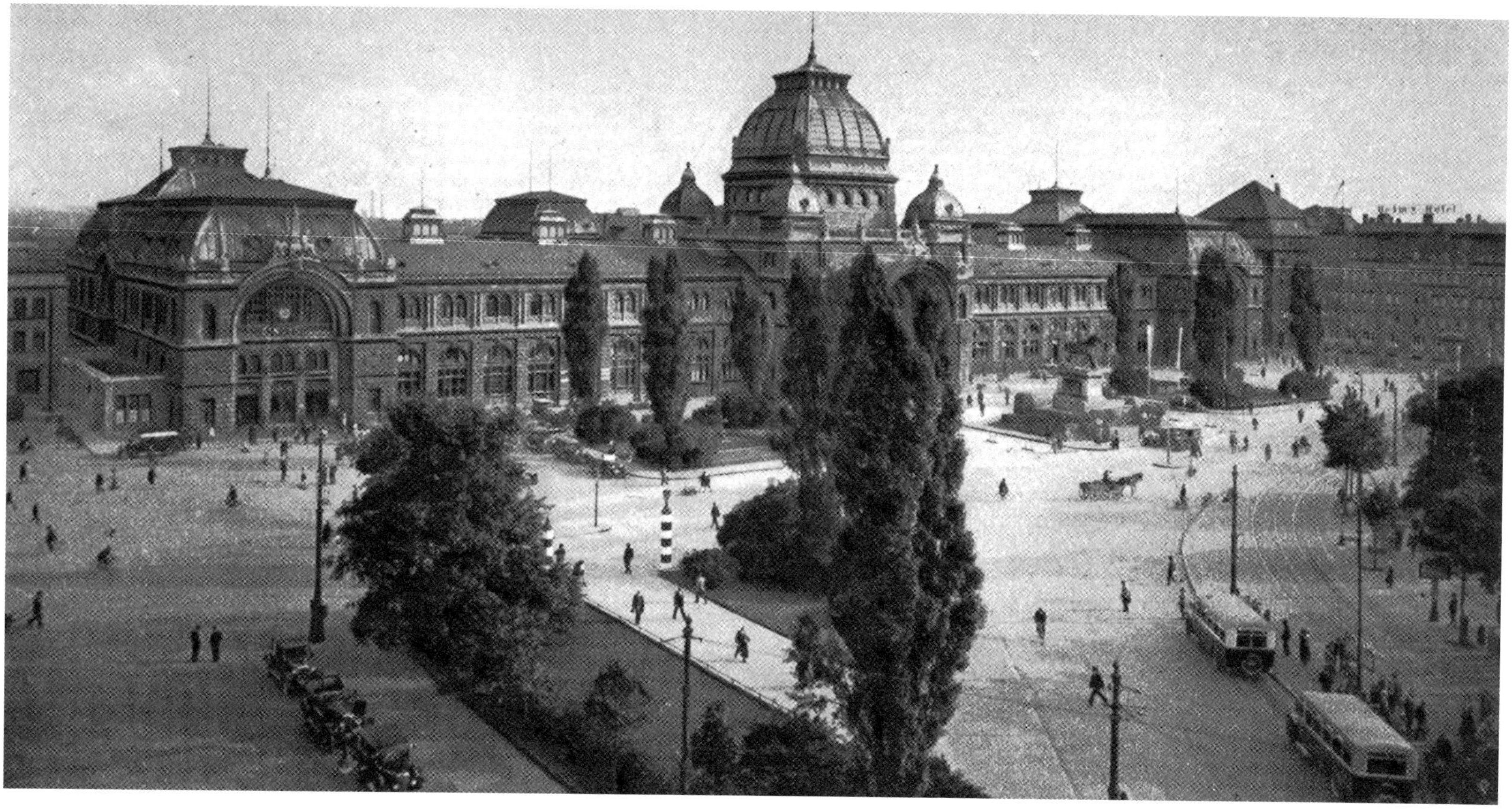

Beige oder Gelb ausgeführt. Diese Stilepo-
che war zur Zeit der ersten Eisenbahnen
jedoch schon am Zurückgehen, klassizistische Bahnbauten finden sich etwa nur bis
1880.

Im Historismus finden sich neben den
traditionell orientierten Fassaden und
Raumgliederungen erstmals bis dahin
ungewohnte große Hallenkonstruktionen
aus Eisen und repräsentativ überdimensio-
nierte Eingangsgiebel oder Kuppeln. Das
enge Zusammenarbeiten von Baumeister
und Ingenieur bzw. die alleinige Planung
durch einen Architekten ließen sehr individuelle Bahnhofsgebäude entstehen, sowohl
von der fortschreitenden Bautechnik her als
auch vom Stil, denn der von 1875 bis 1920
herrschende Historismus gilt als der Mas-
kenball der Baustile, in dem von der Antike
bis zum Spätbarock (Rokoko) die verschiedensten Baustile kopiert wurden. Unabhängig von den historisierenden Fassaden weisen die Gebäude dieser Zeit jedoch neue,
zweckbezogene Elemente auf, da Eisen und
Glas in die Konstruktionen mit einbezogen
werden konnten. Die Eisenbahn als modernes Verkehrsmittel brachte bei ihren Hochbauten eine technisch orientierte Architektur hervor, die aber dennoch auch von
Ästhetik bestimmt wurde.

Zum Historismus zählen Neoromanik,
Neugotik, Neurenaissance sowie Neubarock und Neurokoko. Neoromanik und
Neugotik, die schon vor 1875 einsetzten,
sind mit dem Begriff Romantik zu umschrei-
ben, denn nicht nur die Bauten selbst beziehen sich auf die getreue Wiedergabe mittel-
alterlicher Baukunst, sondern auch die
Umgebungsbebauung und die landschaftli-
che Lage prägen das Erscheinungsbild,
auch der Bahnhöfe der Gründerjahre. Für
die neoromanischen Bauwerke sind mäch-
tige Säulen, Halbsäulen, Bögen, Nischen
und Rundbogenfenster (Rundbogenstil

Typisch norddeutsche Backsteingotik zeigt der
Bf Nikolassee in Berlin (1979).
Foto: Andreas Janikowski

Das historische Empfangsgebäude von Wiesbaden Hbf (Neurenaissance).
Sammlung: A. Janikowski

besonders in Süddeutschland) und Gewöl-
be charakteristisch (Berlin Stettiner Bf). Die
Neugotik zeigt schlanke, nach oben stre-
bende Baumassen und eine plastische
Aufgliederung der Wände mit Zinnen, Tür-
men, Erkern, lichtdurchflutete Räume und
Spitzbogenfenster (Hamburg-Altona). Besonders im Stil der norddeutschen Backsteingotik, der auf die Architektur der Zister-
zienserkirchen basiert, wurden viele schöne
Amtsgebäude und preußische Bahnhofs-
empfangsgebäude erbaut (Berlin Frankfurter Allee, Hermannstraße, Nikolassee, Zeut-
hen).

Sparsame Dekoration kennzeichnet die
Neurenaissance, die meist italienische Vor-
bilder hat, mit Säulen, Pilastern, rechtecki-
gen Fenstern oder Bogengängen und bei
der Innenraum und Außenraum der Gebäude nur wenig differieren (Berlin Lehrter Bf,
Potsdamer Bf, Bonn Hbf, Wiesbaden Hbf).

Bei gleicher Aufteilung der Baumassen
sind die Fassaden im Neubarock reicher
und plastischer verziert, jedoch werden
durch Wandkrümmungen die Fassaden
bewegter (Dresden Hbf). Im Neurokoko
wirken die Bauten wieder strenger, die
Bauten sind durch Erker, Innenhöfe und
Pavillonanbauten mehr zergliedert.

Mit dem Ersten Weltkrieg endete die Zeit
des Historismus, auch die des nur etwa von
1895 bis 1915 währenden Jugendstils, welcher mit floralen, aber auch schon abstrak-
ten Mustern, Asymmetrie und geschwun-

Haupteingang.

Historistisch-neubarocke Fassade des Dresdner Hauptbahnhofs.
Sammlung: A. Janikowski

Neue Sachlichkeit: Oberhausen Hbf, 1954.
Sammlung: A. Janikowski

Hamburg, S-Bf Hammerbrook (1983).
Foto: Dieter Chlouba, DB

*Bf Lichterfelde-West (1872), der an eine toska-nische Villa erinnert, 1978.
Foto: Andreas Janikowski*

genen Linien zur Moderne überleitete (Berlin Botanischer Garten, Frohnau, Zehlendorf West, Untergrund- und Stadtbahnarchitektur in Berlin). Die nun folgende Prämoderne ist kein Fassadenstil mehr, sondern dient der eleganten Sachlichkeit; große Flächen und klare Linien betonen eher Funktion als Repräsentation, konstruktive Elemente werden nicht mehr mit Mauerwerk verblendet (Darmstadt Hbf). Für das Erscheinungsbild der ersten modernen S-Bahn-Netze ist der Stil der Neuen Sachlichkeit typisch, der auch durch glatte, einfache und funktionale Formen sowie eine horizontale Betonung charakterisiert ist (Berlin Feuerbachstraße,

Priesterweg, Sundgauer Straße, Wannsee, Meißen, Düsseldorf Hbf). Die Architekturentwicklung wurde durch den Zweiten Weltkrieg abermals unterbrochen, die neueren, postmodernen Bahnbauten sind stilistisch vielfältig, jedoch in Größe, Gliederung und Detail rein zweckbestimmt.

Größere Umsteigebahnhöfe

Im Vorortbetrieb gab es nur wenige reine Umsteigebahnhöfe, da hier meist nur einzelne Linien auf getrennten Strecken zu den Endbahnhöfen verkehrten. S-Bahn-Netze weisen differenziertere Verkehrsströme auf, wobei neben Linienverknüpfungen und Linienkreuzungen auch Eckverkehre (Richtungsänderung der Fahrgastströme) zu berücksichtigen sind. In größeren Umsteige-

bahnhöfen übertrifft der Umsteigeverkehr den örtlichen Verkehr um ein Vielfaches, so daß sich die baulichen Einrichtungen vor allem auf den erweiterten Bahnsteigbereich und die Übergänge erstrecken. Beim Bau oder Ausbau der Schnellverkehrsnetze werden Umsteigebahnhöfe nach Möglichkeit neu gebaut, um den günstigsten Gleisplan anlegen zu können.

Innerhalb der Schnellbahnnetze sind sowohl Turmbahnhöfe (Berlin Ostkreuz) als auch Trennungsbahnhöfe (München Donnersberger Brücke) häufig vorkommende Typen großer Umsteigeanlagen, während zwischen S- und U-Bahn meist Turmbahnhöfe (eine oder beide Bahnen in Tunnellage; Nürnberg Hbf, München Hbf, Berlin Alexanderplatz) zu finden sind. Bei Trennungsbahnhöfen werden die Bahnsteige entweder im Linienbetrieb (Züge einer Linie an einem Bahnsteig) oder im Richtungsbetrieb (Züge gleicher Richtung an einem Bahnsteig) befahren, je nachdem, in welche Richtung und auf welchen Strecken die Hauptverkehrsbelastung liegt. Bei verschränktem Richtungsbetrieb können einzelne Bahnsteige oder Gleise entsprechend dem Eckverkehr in verschiedenen Richtungen befahren werden, um den Fahrgastwechsel zu beschleunigen.

Die verschiedenen Bahnhofstypen sind nicht an die mono- oder polyzentrische Netzstruktur gebunden; individuelle Strek-

kenbelastung und Verkehrsrichtungen – die nicht immer mit der Netzstruktur im ganzen übereinstimmen müssen – sind für die Anlage bestimmend. Für den reibungslosen Verkehr von größter Wichtigkeit ist eine kreuzungsfreie Verknüpfung verschiedener Strecken durch Brückenbauwerke. In monozentrischen Netzen gibt es verhältnismäßig viele Trennungsbahnhöfe mit Richtungsbetrieb, die auch nur wenig Eckverkehr aufweisen. Werden bei stärkerem Eckverkehr auch die Zuggruppen entsprechend weitergeführt (»Kopfmachen«), kann

es bei der Einfädelung der schwächer befahrenen Strecke in den Trennungsbahnhof zu fahrplanmäßigem Linksverkehr kommen (München Ostbahnhof), um den Aufwand an Brückenbauwerken zu verringern und Kreuzungen zu vermeiden.

Bei Turmbahnhöfen werden die Bahnsteige durch kürzeste Treppenanlagen direkt verbunden. Ist der untere Bahnhofsteil für sich allein ein Umsteigebahnhof, können die Treppen zum oberen Bahnsteig auch als Verbindung der unteren Bahnsteiggleise eingerichtet werden.

Strecken-Verbindungsgleise, Falschfahrverbindungen, Abstell- und Wendeanlagen sind weitere, dem Fahrgast oft nicht auffallende Einrichtungen, um den Betrieb auch bei Störungen weiterführen zu können. Auch in monozentrischen Netzen ist es zweckmäßig, mehrere größere Umsteigebahnhöfe einzurichten, um den Umsteigeverkehr nicht auf einen Bahnhof oder einen Stammstreckenabschnitt zu konzentrieren. Eine gleichzeitige Anlage von Insel- und Außenbahnsteigen (München Hauptbahnhof) hält bei Tunnelstrecken die Breite der Bauwerke in Grenzen, ermöglicht eine schlankere Gleisführung und bewirkt durch getrennte Ein- und Ausstiegsbahnsteige einen schnelleren Fahrgastwechsel und eine bessere Verkehrslenkung zu weiteren Bahnsteigen.

Bei den heutigen oberirdischen Bahnhofsneubauten herrschen einfache Bahnsteig-Flachdächer und Fußgängertunnel vor, während bis in die dreißiger Jahre

Bf Ostkreuz. Größter Umsteigebahnhof im Berliner S-Bahn-Netz mit vier Bahnsteigen. Hier verzweigt die Stadtbahn in die östlichen Vorortstrecken. Gleichzeitig besteht eine Umsteigemöglichkeit zur Ringbahn. Im Vordergrund der Bahnsteig für den Verkehr von bzw. nach Erkner. Der auf der Ringbahn einfahrende S-Bahn-Zug der BR 485 fährt in Richtung Schöneweide (Januar 1993).
Foto: Jörg Ott

Berlin Ostbahnhof, ehemals Schlesischer Bahnhof, heutiger Hauptbahnhof. Hier beginnt die Ausfädelung der Strecken am Ostkreuz. Der Bahnhof ist wichtiger Umsteigebahnhof zur Fernbahn (1963).
Foto: Zentrale Bildstelle der DR

große Umsteigebahnhöfe im Stadtverkehr auch architektonisch durch Hallenbauten (Berlin-Schöneberg, Westkreuz, Hamburg Holstenstraße, Köln-Deutz) betont wurden, sofern sie nicht die Hallen des Fernverkehrs mitbenutzen (Hamburg Dammtor) bzw. zusätzliche Hallen angebaut wurden (Berlin Zoologischer Garten, Hamburg-Altona).

Endbahnhöfe

Bei reinen S-Bahn-Strecken sind Endbahnhöfe ausschließlich Kopfbahnhöfe, sofern es die örtliche Bebauung zuläßt. Für den Betrieb ist es praktischer, die Gleisanlagen zum Umsetzen, Bereitstellen und Abstellen der Zuggarnituren mit Durchgangsgleisen zu einem weiteren Bahnhofsteil zu verknüpfen. Bei der Planung ist zu berücksichtigen, ob der betreffende Bahnhof nur vorübergehend oder auf Dauer Endpunkt ist. Das größere Einzugsgebiet eines Endbahnhofs, der oftmals auch noch Umsteige- bzw. Anschlußbahnhof zum Bezirksverkehr ist, bedeutet einen großen Aufwand an Baulichkeiten.

Die Ausbildung des Gleisplans hängt davon ab, ob gleichzeitig und an welchen Bahnsteigen Bezirks- oder Fernzüge halten oder ggf. noch weitere Anschlußstrecken bestehen. In jedem Fall werden Gleis- und Bahnsteiganlagen großzügig bemessen,

um in den Stoßzeiten und bei Unregelmäßigkeiten genügend Reserven zu haben. Zur Vermeidung von Verspätungen werden die Ausfahrgleise der S-Bahn dabei so festgelegt, daß sie am wenigsten von anderen Zugfahrten behindert werden. Einfahrgleise sollten signaltechnisch auch Ausfahrten zulassen.

Reservezüge werden in der Regel nicht auf Endbahnhöfen, sondern im Netz-Kernbereich stationiert, weil sie dort ohne Verzögerung in den Fahrplantakt eines bestehenden und gestörten Umlaufs eingeklinkt werden können.

Am Endbahnhof, der sein größtes Verkehrsaufkommen in den Morgenstunden in die Stadt, in den Abendstunden umgekehrt hat, sind größere Gleisanlagen zum Abstellen, Bereitstellen und ggf. zum Reinigen ganzer Züge eingerichtet. Auch das Vorheizen der Fahrzeuge muß möglich sein. Falls keine Wartungsgleise vorhanden sind, werden defekte Züge ausgesetzt und in den Tagesrandlagen in das Heimat-Bahnbetriebswerk überführt. Dadurch und bei unregelmäßigen Verkehrsströmen kann es notwendig sein, nachts Leerzüge in den Außenbereich zu fahren.

Für die Streckenunterhaltung befindet sich an den Endbahnhöfen eine Bahnmeisterei oder zumindest ein Stützpunkt. Wendegleise bzw. Kehranlage und eine Abstellgruppe schließen sich am günstigsten an die Bahnsteiggleise an, bei Bahnhöfen mit

S-Bahn-Endbahnhof Hamburg-Neugraben mit City-Bahn-Zug aus Stade, 1990.

Mischverkehr, je nach Bahnsteignutzung, zwischen den weiterführenden Gleisen oder auf nur einer Streckenseite. Alle von S-Bahnen – auch bei Unregelmäßigkeiten – benutzten Gleise haben die erforderliche Bahnsteighöhe. Für das Personal der endenden bzw. beginnenden Züge sind auf den Bahnsteigen oder in der Kehranlage Dienstgebäude eingerichtet. Übernachtungsmöglichkeiten finden sich im Empfangsgebäude oder in separaten Häusern. Aufgrund des großen Einzugsgebiets und des Umsteigeverkehrs sind an Endbahnhöfen meistens Fahrkartenschalter für Fernfahrkarten und Zeitkarten zu finden. Diese Dienstleistung wird zunehmend an private Geschäftsträger übergeben.

Am S-Bahn-Endpunkt und Kreuzungsbahnhof Geltendorf der Münchener S-Bahn sind von den fünf Bahnsteiggleisen (Richtung Augsburg, Buchloe, Weilheim und München) vier für die S-Bahn benutzbar. Auf Gleis 2 ist 420 104 aus München angekommen, auf Gleis 4 wartet 218 414 mit dem E 4121 nach Weilheim. 14. August 1992. Fotos: Andreas Janikowski

Der S-Bahn-Wendezug mit der E-Lok 143 321 steht am 5. April 1993 abfahrbereit im Bf Warnemünde, einem Endbahnhof der Rostocker S-Bahn.
Foto: Jörg Ott

Zwischenbahnhöfe

Die S-Bahn-Bahnhöfe der Außenstrecken sind in der Regel Durchgangsbahnhöfe, Haltepunkte oder Haltestellen. Auch Kopfbahnhöfe können Durchgangsverkehr aufweisen, wenn nämlich Züge regelmäßig »Kopfmachen« müssen, wie das bei der Hamburger S-Bahn die S 1 von Poppenbüttel nach Wedel im Bahnhof Blankenese tut. Unabhängig von der betriebsdienstlichen Nomenklatur, der verkehrsdienstlichen Ausstattung und dem Vorhandensein

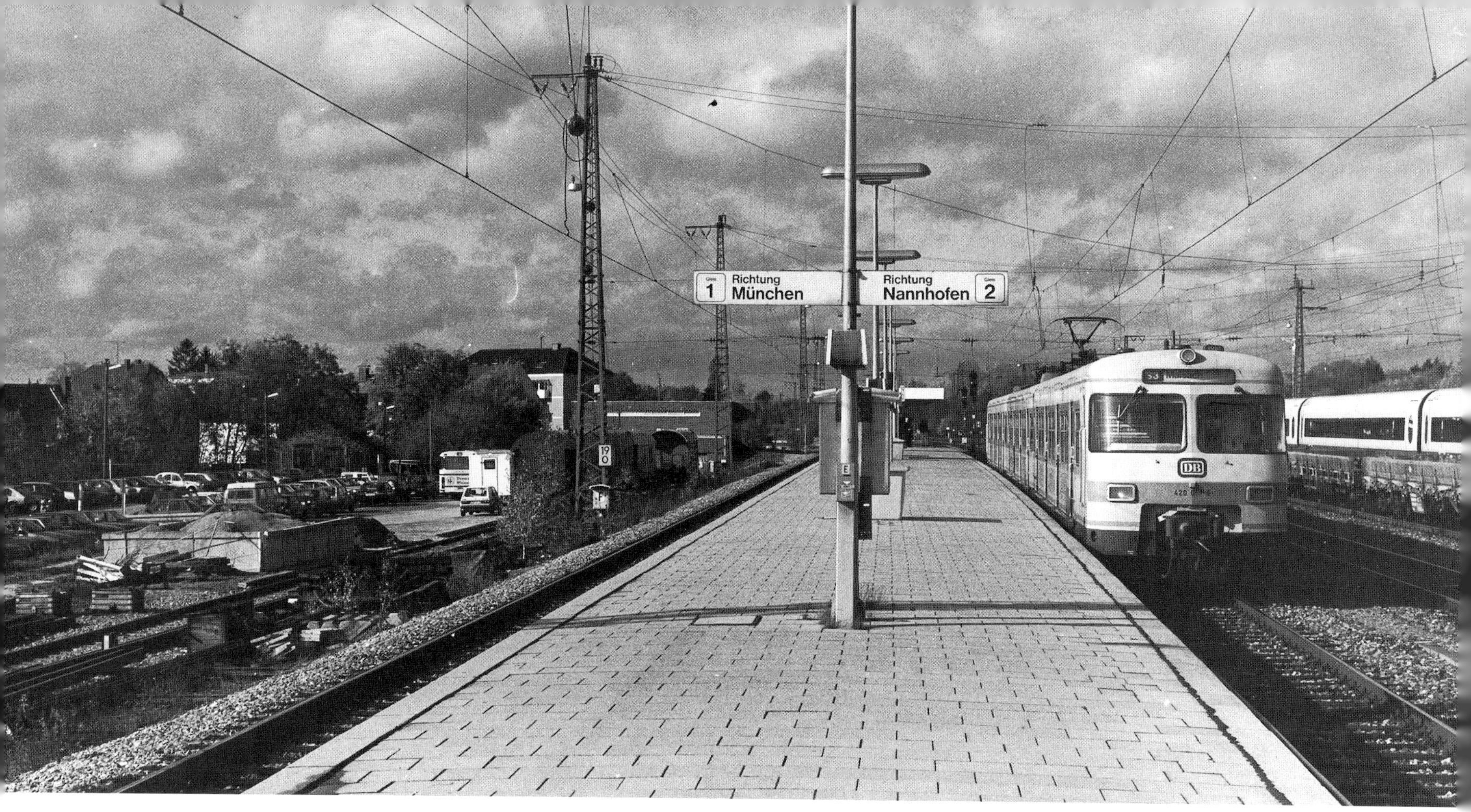
1 Richtung München
Richtung Nannhofen 2

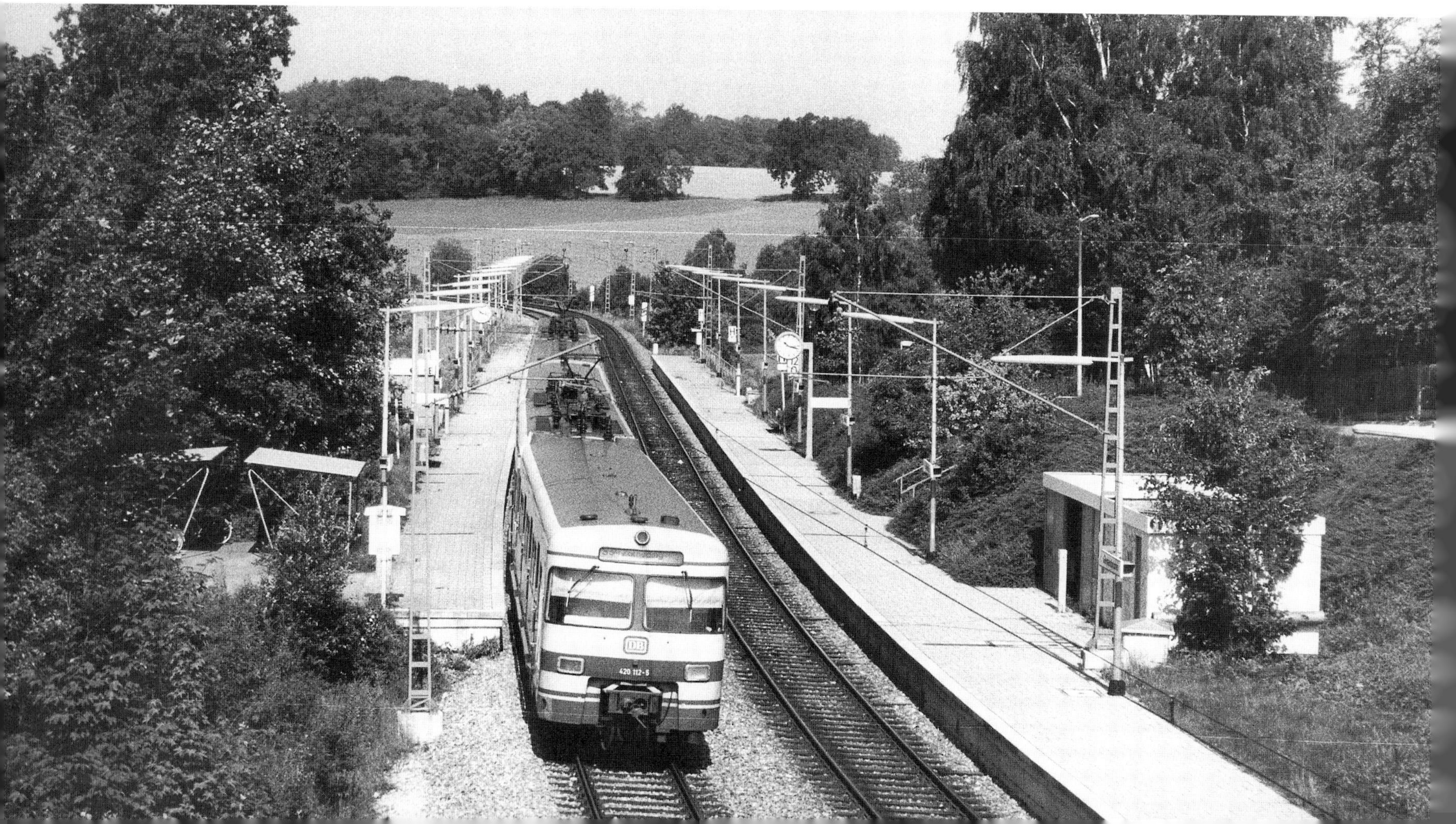

Hochbauten und Bahnhofstypen

Hp Geisenbrunn, Streckenbahnhof mit Außenbahnsteigen der Münchner S-Bahn. 420 112 als S 5 von Herrsching nach Zorneding, 5. August 1992.

420 051 am 29. Oktober 1992 im Bf Olching. Fotos: Andreas Janikowski

Hp Rostock-Bramow nach der Modernisierung im Jahr 1993.

Ein Triebzug der BR 277 hält im Bf Prenzlauer Allee, Berlin, 14. Juni 1986. Fotos: Jörg Ott

einer eigenständigen Dienststelle gelten alle S-Bahn-Stationen im allgemeinen Sprachgebrauch und im tarifrechtlichen Sinne als Bahnhöfe.

Den typischen S-Bahn-Bahnhof gibt es auch auf den Außenstrecken nicht; durch topografische Gegebenheiten kann eine Strecke ebenerdig, im Einschnitt oder auf Dämmen verlegt sein, sie kann ebensogut als «Viaduktbahn» verlegt sein. Die ebenerdige Streckenführung ist in den Randbezirken der Großstädte, wie auch im übrigen Eisenbahnnetz, der Normalfall, verlangt aber heute wegen des drastisch gestiegenen Straßenverkehrs und der großen Zugzahlen beim S-Bahn-Taktverkehr statt der niveaugleichen Bahnübergänge Brücken oder Unterführungen. An den S-Bahn-Stationen müssen diese Bauten sinnvoll in die örtliche Verkehrsplanung einbezogen werden. So können Fußgängerunterführungen als Zugangs-, Umsteige- oder Verteilergeschoß mehrerer Bahnsteige genutzt werden, sie können mit Ladenzeilen ausgestattet werden und somit die Attraktivität der Bahnhöfe erhöhen. Das Straßennetz wird bei derartigen Neugestaltungen ebenso den heutigen Bedürfnissen angepaßt, denn gerade an den Außenstrecken endete die »Bahnhofsstraße« oft blind am Empfangsgebäude, eine größere Fläche zum Aufstellen oder Wenden größerer Straßenfahrzeuge war allenfalls an der Güterhalle zu finden. Neben der Einrichtung von Bushaltestellen, Busbahnsteigen oder Zentralen Omnibus-Bahnhöfen in direkter Bahnhofsnähe sind vor allem ausgedehnte Parkmöglichkeiten für den Individualverkehr von Bedeutung, zu deren Bau sich nicht mehr genutzte, bahneigene Flächen anbieten.

Das verkehrsdienstliche Angebot eines Bahnhofs war früher umfassend. Fahrkartenschalter, Auskunft, Gepäck- und Expreßgutabfertigung waren nahezu obligatorisch.

Bei den S-Bahnen gab es aber schon Einschränkungen, indem oftmals nur noch ein reiner S-Bahn-Fahrkartenschalter und die Aufsicht auf dem Bahnsteig (die auch als Fahrdienstleiter bzw. Blockwärter, Auskunft und ggf. als Fahrkartenverkäufer tätig war) zu finden waren. Die ersten Fahrkartenautomaten tauchten bei den S-Bahnen auf. Die Mehrzahl der Streckenbahnhöfe im S-Bahn-Verkehr ist heute überhaupt nicht mehr besetzt, was aber in gewissem Umfang durch die verbesserte bauliche Ausstattung (Informationsvitrinen, zentrale Zugansage, Kameraüberwachung, Behindertenaufzüge), intelligente Fahrausweisautomaten für die verschiedensten Fahrkartenarten mit Wechselgeldrückgabe und durch das in der Regel doch urbane Umfeld (S-Bahn-Bahnhöfe liegen nicht auf der grünen Wiese) ausgeglichen wird.

Von Bedeutung für den betrieblichen Umfang der Bahnhofsanlage ist vor allem, ob die S-Bahn-Strecke zugleich vom übrigen Zugverkehr mitbenutzt wird. Wer dabei Vorrang hat, ist von Fall zu Fall verschieden. Im Verkehr in Richtung Kernbereich wird im allgemeinen die S-Bahn Vorrang haben, auch vor hochwertigen Schnellzügen (die im Hauptbahnhof enden oder einen größeren Aufenthalt haben). Im Verkehr aus der Stadt heraus haben in der Regel die höherwertigen Reisezüge Vorrang, meist Fernzüge und Züge am Anfang ihres Laufwegs. Oft sind aber auch die Endbahnhöfe der S-Bahn-Strecken gleichzeitig Umsteigebahnhöfe zu den bis dorthin durchlaufenden Bezirkseilzügen (München Hbf – München-Pasing – Geltendorf), so daß es bei planmäßig vorgesehenen Anschlüssen vorkommen kann, daß ein Eilzug bis zum Anschlußbahnhof hinter einer verspäteten S-Bahn herfahren muß. Die gegenseitige Überholung von S-Bahn und übrigem Eisenbahnverkehr wird zunehmend schwierig, da die wenigsten Bahnhöfe noch besetzt sind und aus Rationalisierungsgründen sehr viele Überholungsgleise abgebaut werden, worunter die Flüssigkeit des Betriebs leidet. Aufgrund der vereinfachten Gleispläne entstehen bei Störungen, Bauarbeiten, Lademaßüberschreitungen oder überlangen Zügen daher sofort Zwangspunkte. Bauliche Provisorien werden aus Kostengründen meist unterlassen, zumal dann, wenn früher oder später eigene S-Bahn-Gleise als notwendige und ideale Lösung vorgesehen sind.

Ein Zwischenbahnhof mit Fern- und S-Bahn-Verkehr soll zweiseitige Überholungsmöglichkeiten bieten, da sonst zu oft Fahrten der Gegenrichtung behindert werden. Bei S-Bahnen ist auch auf den Außenstrecken etwa jeder dritte Bahnhof mit Überleitungsgleisen ausgerüstet, um so über eine gewisse Distanz auf dem falschen Gleis fahren zu können. Eine besonders elegante Form stellen Bahnhöfe mit Y-Gleisplan dar. Bei nur drei Bahnhofsgleisen können gegenüber einem beidseitigen Überhol- und Überleitungsbahnhof zwei Weichen (sechs statt acht) eingespart werden. Das mittig gelegene Überholungsgleis kann für beide Fahrtrichtungen genutzt werden, ohne die jeweilige Gegenrichtung zu blockieren. Zugleich kann das Mittelgleis auch für Durchfahrten genutzt werden, was den Betrieb mit geringem baulichem Aufwand flüssig hält.

Bahnsteige

Die Ausgestaltung der Bahnsteige trägt wesentlich zum schnellen Fahrgastwechsel bei. Gerade beim Massenverkehr der Großstädte kommt den Bahnsteigen in Verbindung mit der Raumaufteilung der Fahrzeuge sowie der baulichen Angliederung an Umsteigeeinrichtungen, Empfangsgebäude und Bahnhofsvorfeld eine große Bedeutung zu, da der Fahrgaststrom möglichst schnell und zielgericht geleitet werden soll.

Bei dem am weitesten verbreiteten Inselbahnsteig richtet sich dessen Größe neben örtlichen Gegebenheiten (Gleisplan und Umgebungsbebauung) vor allem nach dem zu erwartenden Reisendenaufkommen in den Stoßzeiten. Dabei gibt es auch Bahnhöfe, bei denen in der Hauptverkehrszeit auf beiden Gleisen ein gleich großes Verkehrsaufkommen besteht, so daß der Bahnsteig mit bis zu 8 m Breite ausgeführt werden muß. Um das Ein- und Aussteigen zu beschleunigen, ist es auch möglich, Inselbahnsteige zum Einsteigen und Außenbahnsteige zum Aussteigen einzurichten (München Hauptbahnhof) oder, bei Einzellage des Gleises, zwei Außenbahnsteige zu bauen (München Marienplatz), was aber entsprechende Ansagen in den Zügen und eine Aufsicht auf beiden Zugseiten voraussetzt. Inselbahnsteige auf den Außenstrecken sind durchschnittlich 6 m breit.

Außenbahnsteige sind insofern von Vorteil, daß sie nur den Reisendenstrom eines

Kühle Eleganz der frühen sechziger Jahre: Bf Hamburg-Langenfelde (1962) mit S-Bahn nach Bergedorf.
Foto: BD Hamburg

Hausbahnsteig des 1988 fertiggestellten S-Bahn-Endbahnhofs Nannhofen. Auf Gleis 4 S-Bahn nach München, rechts Überholungsgleis und Streckengleise München – Augsburg. 6. September 1992.

Bahnsteig-Zweckarchitektur von 1972 und 1992 (Behindertenaufzug) im Bf Maisach, Februar 1993.
Fotos: Andreas Janikowski

Gleises aufzunehmen haben, daß die Streckengleisführung nicht verändert zu werden braucht und die Bahnsteige ohne größere Erdarbeiten und Zugangsbauten in das Umgebungsterrain übergehen können. Sie können, wo es nötig ist, auch versetzt angelegt werden, so daß ein zentraler Tunnel ausreicht und somit die Planung der Verkehrsanbindung und der Parkplatzanlagen erleichtert ist. Bei zunächst eingleisigem Betrieb kann ein S-Bahn-Bahnsteig als Außenbahnsteig leicht so gebaut werden, daß er später als Inselbahnsteig (München-Malching) verwendet werden kann.

Die Höhe des Bahnsteigs richtet sich danach, von welchen Fahrzeugen er angefahren wird. Bei reinem Betrieb mit S-Bahn-Triebwagen beträgt sie in Berlin 96 cm (bei den alten Vorortbahnsteigen war die Höhe 76 cm). Beim ausschließlichen Einsatz von Triebzügen der BR 420 ist die Bahnsteighöhe auf den S-Bahn-Stammstrecken 95 cm und auf den Außenstrecken (Mischbetrieb) mindestens 76 cm, wobei im ersten Fall eine Differenz von Bahnsteig und Trittstufe von nur 5 cm entsteht, im zweiten Fall von höchstens 24 cm. Bei Bahnsteigen in Gleisbögen richtet sich der Bogenradius auch nach den Fahrzeugen, da der Abstand Bahnsteigkante – Wagen trotz das Regelprofil schon überschreitender Schutzborde an den Fahrzeugen nicht zu groß werden darf.

Waren die Bahnsteige zunächst an ihren Kanten gemauert und im Mittelbereich mit kleinem Steinpflaster oder Zementglattstrich versehen, bestehen heute die Bahnsteigkanten aus Beton-Winkelträgern und die Decken aus Steinplatten, was Instandsetzungen und Umbauarbeiten erleichtert. Soweit der Bahnsteig nicht Hausbahnsteig ist und eine Überdachung sich an das Empfangsgebäude anlehnt – eine besonders in Österreich und Süddeutschland verbreitete Bauform –, ist eine eigene Dachkonstruktion erforderlich, um Reisende und Bahnsteigeinrichtungen vor Wind und Wetter zu schützen. Die heutigen Bahnsteigüberdachungen bestehen meist aus bloßen Eisen- oder Eisenzementkonstruktionen, auf denen ein Flachdach in Kastenform aufliegt.

Zu- und Abgänge zu Inselbahnsteigen erfordern überdachte Überführungen, deren bekannteste Beispiele im Gewächs-

Bf Mühlberg, Frankfurt am Main. Die erste stützenfreie unterirdische Station in Deutschland, 2. Januar 1993.

Der Ring-Bahnsteig des Bf Westkreuz (Berlin) als Mittelbahnsteig. Zur Zeit der Aufnahme im Dezember 1983 ruhte der S-Bahn-Verkehr auf der Ringbahn seit mehr als 3 Jahren. Seit Dezember 1993 rollen hier wieder die Züge. Fotos: Jörg Ott

hausstil in Berlin Gesundbrunnen, Botanischer Garten oder Hamburg Blankenese zu finden sind. Eine andere Lösung stellen Verbindungstunnel dar, die allerdings einen größeren Bauaufwand bedeuten und erst in Verbindung mit belebten Zwischengeschossen mit Ladenzeilen den Ruf der langen, dunklen Fußgängertunnel verloren.

Treppen sind bei S-Bahnen besonders breit, nicht selten herrschen Gedränge und Gegenverkehr. Die Trittstufenbreite ist größer als gewöhnlich, die Höhe geringer. Elektrisch angetriebene Fahrtreppen kamen Anfang der dreißiger Jahre auf (Bf Berlin Schöneberg) und gehören heute zur Normalausstattung der Bahnhöfe.

Die Bauten auf den Bahnsteigen haben sich heute auf das Notwendigste beschränkt, d. h. auf Aufsichtskanzel, ggf. Relaisbauten und offene Wartehallen mit Fahrkartenautomat. Welch vielfältiger Reisekomfort bestand da doch bei den Bahnsteiganlagen der alten Berliner oder Hamburger S-Bahn. Neben Bauten für Aufsicht und Wärter (»Signalbude«), ein oder zwei Pavillons für Zeitschriften und »Erfrischungen«, gab es eine beheizte Wartehalle, viele Außenbänke, Trinkbrunnen und in der Regel auch das obligate (und heute nicht minder nötige) Toilettenhäuschen. So manche Bahnsteigbude wurde zur Kneipe und trug mit ihrem Ambiente, mit Werbeschildern, Kitsch und Krempel, in Alkohol- und Havanna-Dunst (»Marke Stadtbahn – jede Minute ein Zug«) gehüllt, zu einer unverwechselbaren Atmosphäre bei. Obwohl bei der S-Bahn ein Warten an sich keine Ewigkeit dauert, verhilft gerade die immerwährende Möglichkeit, erst den nächsten Zug zu nehmen, den beliebten Bahnhofskiosken zu ihrer zum Verweilen einladenden Gemütlichkeit. Zu allen Tageszeiten war hier eine Oase für Stadtstreicher, Konzert- oder Theaterbesucher, Liebespaare oder Fabrikarbeiter.

Die Beschilderung der Bahnsteige ist, soweit nicht örtliche Gegebenheiten oder historische Gründe dagegen sprechen, einheitlichen Richtlinien unterworfen. Die kurzen Aufenthalte der S-Bahnen bedingen eine Vielzahl von Bahnhofsschildern, die beiderseits vom Gleis in ausreichender Zahl und in Augenhöhe der Reisenden anzubringen sind. Die Schriftarten richten sich nach der Mode, heute in Grotesk, d. h. Buchstaben ohne sog. Serifen, früher in gotischer (»deutscher«) oder antiker Schrift. Eine weitere Erleichterung der Fahrgastorientierung bieten Zugansagen oder Leuchtanzeigen in neueren S-Bahn-Triebzügen.

Ein wichtiges Bahnsteig-Utensil ist der Zugzielanzeiger. Urahn der modernen Geräte ist der ein- oder zweiseitige «Hampelmann», bei dem die Aufsicht oder ein Wärter die jeweiligen Zielschilder über ein Gestänge einstellen konnte, die dann wie ein Signalflügel oder Winkarm Auskunft über das Zugziel und auch weitere Angaben (Umsteigemöglichkeit, Wagenklassen) gaben. Fast ebenso altertümlich und spartanisch einfach waren Kästen, aus denen an Rollen aufgehängte Zielschilder durch die Aufsicht mit der Abfahrtskelle herausgezogen werden konnten. Beide mechanischen oder elektromechanischen Zugzielanzeigerarten waren bis in die achtziger Jahre vereinzelt bei der Berliner S-Bahn in Betrieb. Besonders bei der Berliner Untergrundbahn waren schon in den dreißiger Jahren von innen beleuchtete Zielschildkästen eingeführt worden. Nach dem Zweiten Weltkrieg kamen mit Lochkarten gesteuerte Rollbandanzeiger auf, bei den S-Bahn-Betrieben fanden dann aber vor allem elektronisch gesteuerte Fallblattanzeiger weite Verbreitung, die in jüngster Zeit durch rechnergesteuerte Digitalanzeigen ergänzt werden. Anzeigen, die nur die Richtung der Züge angeben, finden sich meist als fest installierte Schilder, wenn der Gleisplan des Bahnhofs andere Fahrten als die angegebenen ausschließt. Richtungsanzeiger als Zusatzsignal (DB Zs 2, DR Zs 4) am Ausfahrsignal zeigen Kennbuchstaben und sind von betrieblicher Bedeutung.

Alle Bahnsteigeinrichtungen werden turnusmäßig gewartet oder ausgewechselt, da die große Zahl der Anlagen (bei der Münchener S-Bahn z. B. 200 Einzelbahnsteige), die zum größten Teil unbesetzt sind, eine genaue Planung einer wirtschaftlichen Unterhaltung erfordert.

Zusätzliche verkehrliche Anlagen

Bahnhofsanlagen, Bahnhofsvorplatz und Bahnhofsumgebung haben sich im Laufe der Entwicklung in ihrem Erscheinungsbild vielfach geändert, immer jedoch ist der Bahnhof Brennpunkt der urbanen Mobilität, Kommunikation und Dienstleistungen geblieben. Der multifunktionale Komplex Bahnhof bewahrte sich durch die Mischung von zweckbezogener Architektur und funktionaler räumlicher Anlage seinen eigenen Charakter, wie er auch für jedermann so unverwechselbar nur bei wenigen anderen Gebäudetypen oder öffentlichen Anlagen zu erkennen ist.

Der Bahnhofsvorplatz diente schon früher nicht nur der räumlich-repräsentativen Betonung der Eisenbahn und ihrer Betreibergesellschaften, sondern hatte in erster Linie die Funktion der Verkehrslenkung, der An- und Abfahrt der Reisenden und Güter. Bei S-Bahn-Bahnhöfen kommt ihm die Bedeutung der Lenkung verschiedenster Verkehrsströme zu, wobei besonders diejenigen in den Stoßzeiten zu berücksichtigen sind. Auf relativ engem Raum treffen sich zudem die unterschiedlichen Verkehrsmittel, es mußten Fußgängerbereiche, An- und Abfahrten für Personenkraftwagen, Pferdefuhrwerke, Droschken und Omnibusse geschaffen werden; vor allem mußten die meist vorhandenen Straßenbahnen großzügig bemessene Haltestellenanlagen erhalten. Oft beginnen an den Bahnhöfen Straßenbahnlinien, so daß Schleifen oder Umsetzanlagen mehr oder weniger ausgedehnte Gleisanlagen erforderten. Zum Regelfall wurde hier die Haltestellenanlage (auch Mehrfachhaltestellen) mit zwei oder drei Gleisen parallel zum Empfangsgebäude und mit getrennten, hinter- bzw. nebeneinanderliegenden Haltestelleninseln für die verschiedenen Richtungen, so daß sich schon am Bahnhofseingang der Reisendenstrom teilen konnte. Die direkte Bahnhofsvorfahrt von Straßenfahrzeugen war dann nicht mehr möglich und wurde meist durch rechts und links vom Haupteingang befindliche Straßenbuchten für Schleifenfahrten ersetzt. In diesen Räumen befand sich auch der Platz für das Abstellen von Fahrzeugen und für das Aufstellen von Omnibussen, seit der Mitte unseres Jahrhunderts mit »Busbahnhöfen« mit schräg versetzt angeordneten Busbahnsteigen. Besonders bei Einschnittbahnen innerhalb der Städte können Umsteigeanlagen auch vom Bahnsteig direkt in den überquerenden Straßenbereich führen, was jedoch in Stoßzeiten zu wenig Stauraum bietet und größere Empfangsgebäude und Treppen direkt neben oder über den S-Bahn-Gleisen (Hamburg Hasselbrook, Berlin Hohenzollerndamm) oder auch zusätzliche Ausgänge zu Nebenstraßen (Berlin Hermannstraße) erfordert.

Bei den heutigen Umsteigebahnhöfen

innerhalb der Stadtgebiete werden Straßen-, Stadt- oder U-Bahnen nach Möglichkeit in Tunneln parallel, tangential oder im Winkel zu den S-Bahn-Anlagen geführt, womit Zwischengeschosse die Verteilung von Bahnsteig zu Bahnsteig bzw. zum Oberflächenverkehr oder zu Ladenpassagen übernehmen; gleichzeitig ist ein lückenloser Wetterschutz gewährleistet. Nachteilig sind die vielen Treppen, die für ältere oder behinderte Menschen beschwerlich sind. Bequeme Aufzüge sind teuer und daher nicht allzu häufig.

Mit der fortschreitenden Individualmotorisierung ergab sich die Notwendigkeit, direkt an den S-Bahn-Bahnhöfen ausreichende Parkmöglichkeiten zu schaffen, um so den Autofahrer zum Benutzen öffentlicher Verkehrsmittel zu bewegen – wenn auch nur auf einer Teilstrecke seines Weges: mit dem Auto zum Bahnhof, mit der S-Bahn ohne Verkehrsstau schnell, bequem, sicher und preisgünstig in die Innenstadt. Ausgedehnte Park-&-Ride-Anlagen befinden sich in der Regel unter freiem Himmel, nur in dicht bebauten Stadtbereichen oder in Einkaufszentren lassen sich auch Parkhochhäuser oder Tiefgaragen verwirklichen. Als Grundstücke bieten sich auch bahneigene, angrenzende Reserveflächen, stillgelegte Güteranlagen oder Streckenwinkel bei Linienverzweigungen an. Gerade auf den Außenstrecken der S-Bahn-Netze ver-

größern die Park-&-Ride-Plätze den Einzugsbereich. Bei den Münchener Schnellbahnen gab es 1972 1500 Stellplätze (2500 abgestellte Pkws), 1991 aber 15 200 Stellplätze (19 800 abgestellte Pkws)! Trotz der Schaffung weiterer Parkplätze wird auch in Zukunft aufgrund der steigenden Autozulassungen der Bedarf hinter der Nachfrage zurückbleiben. Die vorhandene Infrastruktur in Form von P-&-R-Anlagen sichert dem ÖPNV einerseits Stammkunden, ist andererseits aber ein Grund für die – gewollte – Verkehrszunahme bei den S-Bahnen.

Park-&-Ride-Plätze direkt am Bahnsteig im Bf Türkenfeld, 30. Oktober 1992.
Foto: Andreas Janikowski

Die Inanspruchnahme der Anlagen wird durch Erhebungen regelmäßig untersucht, da das Verkehrsaufkommen schwankt. Im Winter und zu Zeiten verstärkten Einkaufverkehrs sind die Anlagen im Durchschnitt um 10 bis 20 Prozent überbelegt, während die Zahlen im Sommer etwa 20 Prozent unter den Durchschnittswerten liegen.

Stuttgart, Hauptbahnhof

Straßenbahnhaltestelle und Verkehrsbuchten vor dem Stuttgarter Hauptbahnhof.
Sammlung: Andreas Janikowski

Hochbauten für den Betriebsdienst und den Betriebsmaschinendienst

Zu den Hochbauten des Betriebsdienstes und des Betriebsmaschinendienstes zählen Stellwerke, Bahnbetriebswerke und Bauten für die Stromversorgung.

Stellwerke sind in den unterschiedlichsten Bauweisen anzutreffen. Wurde früher ein großer Bahnhof von vielen kleinen Stellwerken bedient, so übernimmt in der heutigen Zeit meist ein modernes, zentral gelegenes Stellwerk diese Aufgabe. Bei der modernen Stellwerkstechnik werden selbst längere Strecken von einem Stellwerk aus bedient. In Berlin wird von zwei Zentralstellwerken in Westkreuz und Wannsee der Betrieb auf den Linien zwischen Friedrichstraße und Potsdam Stadt (30 km), zwischen Westend und Baumschulenweg (18 km) und die Fernbahnstrecke zwischen Friedrichstraße und Rehbrücke (30 km) überwacht. Stellwerke können in Aufsichtsräumen der Bahnsteige untergebracht sein, in Gebäuden über (Reiterstellwerk) oder neben den Gleisen oder abseits der Strecken.

Bahnbetriebswerke gehören zu den größten baulichen Komplexen des Betriebsmaschinendienstes. Sie dienen der Pflege und Betreuung der Lokomotiven und Triebzüge. Zu den Bauten zählen die Triebwagenhalle, die Dienstgebäude und, sofern vorhanden, die Waschhalle.

Zu den Bauten der Stromversorgung zählen Gleichrichterwerke, Schaltwerke, Umformerwerke und Unterwerke.

Stellwerke

Weichen, Signale und Gleissperren werden von Stellwerken aus fernbedient. Man unterscheidet nach der Art der Antriebs-, Stell- und Verschlußtechnik
- mechanische Stellwerke,
- elektromechanische Stellwerke und
- Drucktastenstellwerke.

Mechanische Stellwerke sind in älteren S-Bahn-Netzen wie Berlin und Hamburg noch vereinzelt anzutreffen. Elektromechanische Stellwerke der Bauart E 43 (Einreihenhebelstellwerk der Einheitsbauform, Entwicklung 1943 abgeschlossen) sind bei S-Bahnen häufig. Bei den Drucktastenstellwerken (Dr-Stellwerke) wird der Gleisplan auf dem Stelltisch schematisch dargestellt. Spurplanstellwerke sind eine moderne Ausführung der Dr-Stellwerke. Häufig ist die Bauform SpDrS 60.

Rechnergestützte Stellwerke (ebenfalls Drucktastenstellwerke) finden auch im S-Bahnbetrieb Anwendung, z. B. in Stuttgart. Wegen der dichten Zugfolge werden die Fahrstraßen im Selbststell- oder Zuglenkbetrieb automatisch gebildet. Beim Selbststellbetrieb stellt der sich dem Signal nähernde Zug die Fahrstraße selbst ein. Dafür werden die Züge mit ihrer Zugnummer und der Fahrwegkennung in die Zugmeldeanlage eingegeben, und die Zugnummern werden entsprechend dem Zuglauf von Abschnitt zu Abschnitt fortgeschaltet. Beim Zuglenkbetrieb sind die Fahrwege im Rechner programmiert und werden entsprechend der Zugnummer oder besonders eingegebener Richtungszeichen bei Annäherung des Zugs selbsttätig eingestellt.

In modernen S-Bahn-Systemen wird der Betriebsablauf in den Betriebsleitzentralen (BLZ) überwacht. So werden in der Prozeßrechneranlage der BLZ Stuttgart Informationen aus 21 Stellwerken im S-Bahn-Netz gespeichert, ausgewertet und auf

Mechanisches Stellwerk Berlin-Wilhelmsruh im Jahre 1984.

Elektromechanisches Stellwerk auf der Wannsee-Bahn in Berlin-Zehlendorf im Jahre 1984. Fotos: Klaus Lamm

Reiterstellwerk Berlin-Gartenfeld (Siemens-bahn) an der seit 1980 stillgelegten Strecke Gartenfeld – Jungfernheide, 1985.

Stellwerk auf dem Bahnsteig des Bf Griebnitz-see der wiedereröffneten Strecke Berlin-Wann-see – Potsdam Stadt, März 1993.
Fotos: Jörg Ott

471 107 vor dem Stellwerk Hamburg-Bahren-feld Baf am 4. Juli 1982.
Foto: Andreas Janikowski

dem Bildschirm dargestellt. Bei Unregel-mäßigkeiten soll der Disponent durch fern-mündliche Weisungen an die Fahrdienstlei-ter und Triebwagenführer entsprechende Maßnahmen ergreifen.

Bahnbetriebswerke

Die S-Bahn-Triebzüge sind in einem S-Bahn-Bahnbetriebswerk (S-Bw) beheima-tet. In den S-Bahn-Netzen, in denen lokbe-spannte Züge verkehren, gehören die E-Loks den örtlichen Bahnbetriebswerken (Bw) an. Folgende Bahnbetriebswerke beheimaten S-Bahn-Triebzüge oder E-Loks:

Rostock	Bw Rostock,
Hamburg	Bw Hamburg GSB (Ohlsdorf) mit Außenstelle Elbgaustraße,
Berlin	Bw Wannsee (Twh Hunde-kehle, Papestraße), Bw Friedrichsfelde (Twh Oranienburg), Bw Grünau (Twh Erkner, Bernau),
Magdeburg	Bw Magdeburg,
Rhein/Ruhr	Bw Düsseldorf 1,
Halle	Bw Halle (Saale) P,
Leipzig	Bw Leipzig Hbf West,
Dresden	Bw Dresden,
Frankfurt (M)	Bw Frankfurt/M 1,
Nürnberg	Bw Nürnberg 1,
Stuttgart	Bw Plochingen,
München	Bw München 6 (Steinhausen).

S-Bw-Grünau, Berlin am 14. Juni 1986.

Blick in die Triebwagenhalle des Bw Grünau, einer Holzkonstruktion. 14. Juni 1986.
Fotos: Jörg Ott

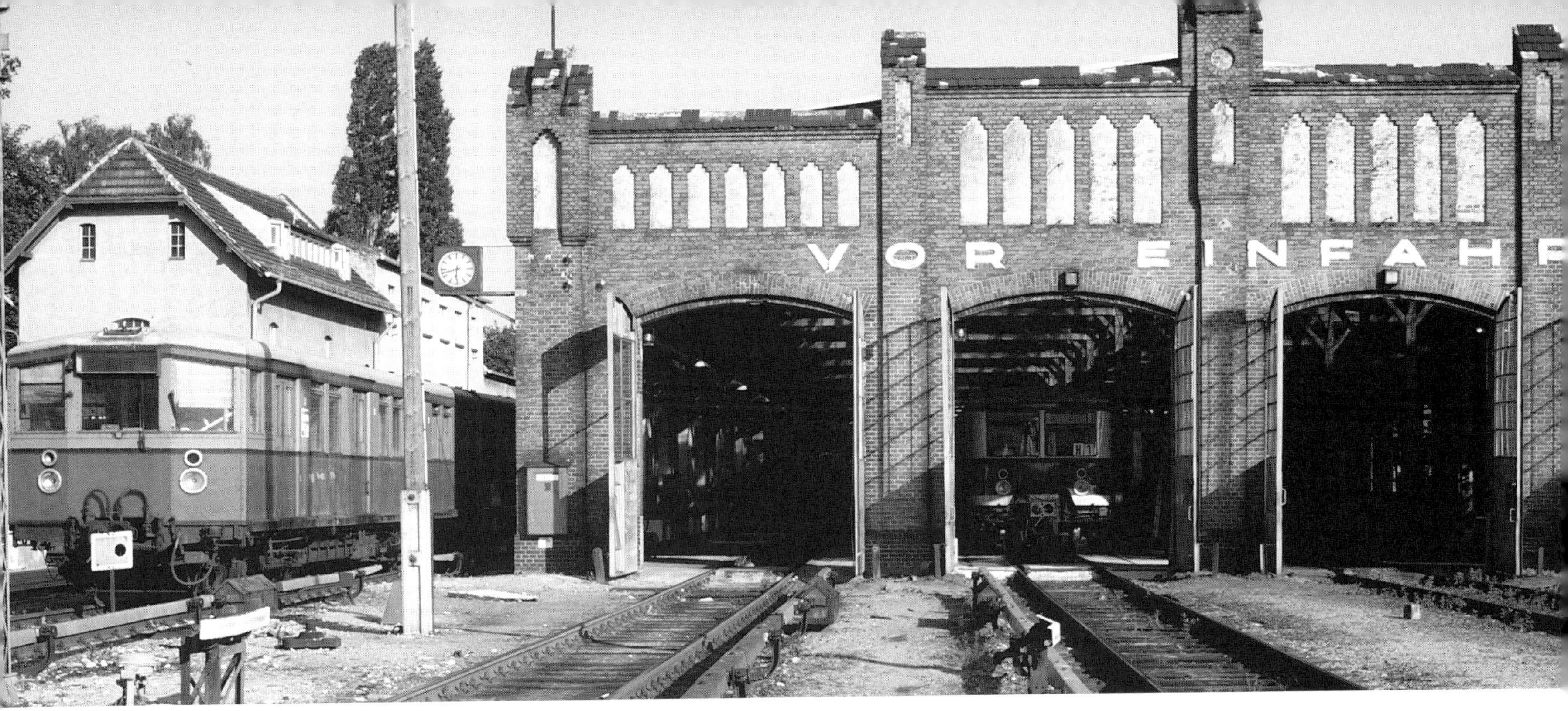
VOR EINFAH

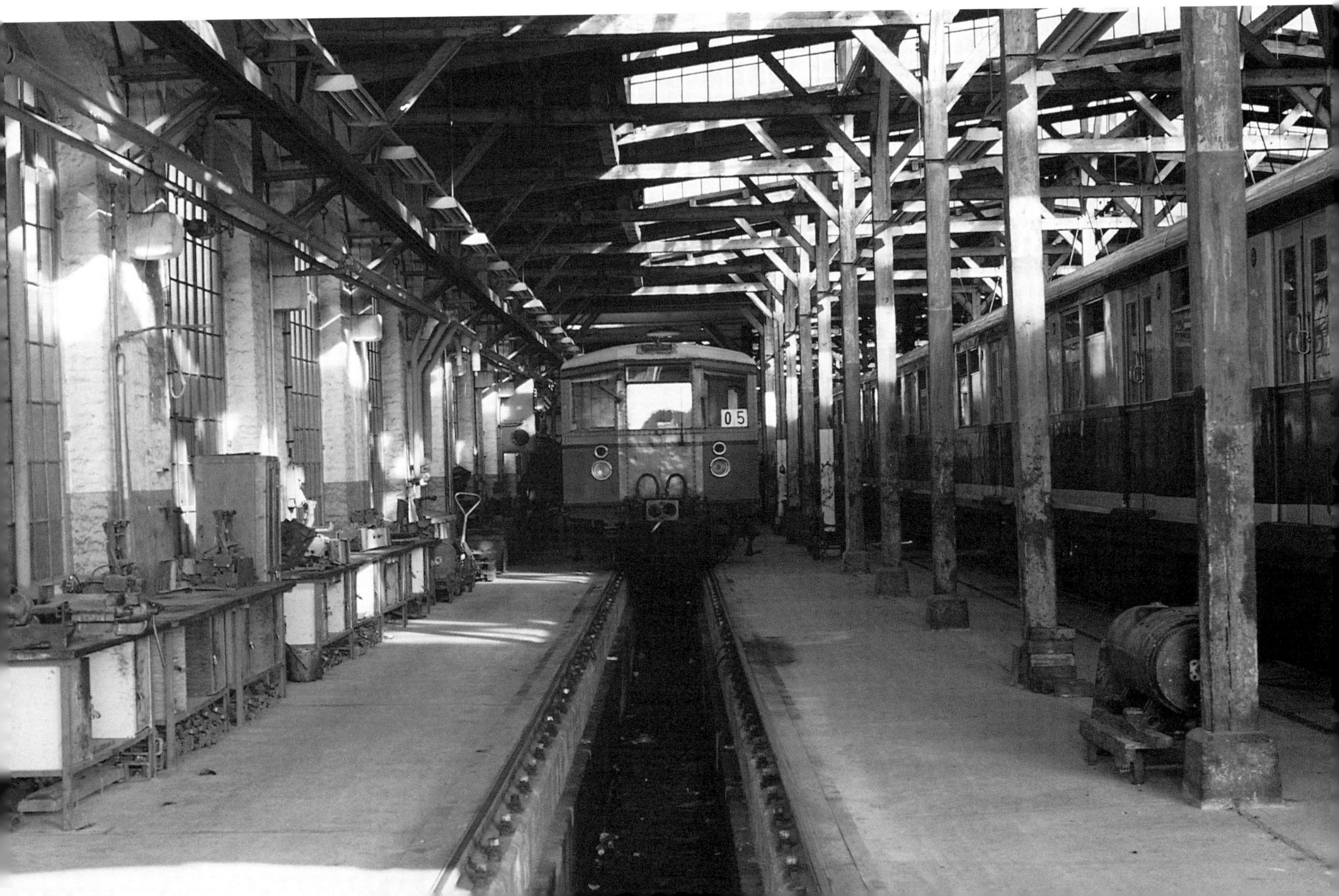
05

Die Zahl der S-Bws in Berlin war ursprünglich noch größer. Neben den in den zwanziger und dreißiger Jahren durch Umwandlung bisheriger Dampflok-Bws entstandenen Betriebswerken Grünau, Westend, Hundekehle, Friedrichsfelde, Oranienburg, Bernau, Stettiner Vorortbahnhof wurden die S-Bws Velten, Papestraße, Erkner und Wannsee neu gebaut. Das während des Krieges zerstörte Bw Westend wurde nicht wieder aufgebaut. Einige Betriebswerke wurden zu Triebwagenhallen (Twh) degradiert. Das Bw Nordbahnhof (früher Stettiner Vorortbahnhof) wird seit dem 9. Januar 1984 für andere Zwecke genutzt. Die Triebwagenhalle Velten ist seit der Einstellung des S-Bahn-Betriebs auf der Strecke Hennigsdorf – Velten eine Außenstelle der Fa. AEG Schienenfahrzeuge GmbH (ehemals LEW Hennigsdorf). Die Twh Hundekehle ist zur Zeit ohne Funktion, soll aber wieder an das Streckennetz angebunden werden.

Das S-Bahn-Gleichstromnetz in Hamburg hat nicht derart viele Bahnbetriebswerke und Außenstellen. Die Triebzüge sind im Bw Hamburg GSB (**G**leichstrom **S**-**B**ahn) in Hamburg-Ohlsdorf stationiert. Um Leerfahrten zu vermeiden, befindet sich im westlichen Teil des Hamburger S-Bahn-Netzes die Außenstelle Elbgaustraße.

Zu den Aufgaben eines Bahnbetriebswerkes gehören die Kontrolle, Erhaltung und Wiederherstellung von Betriebssicherheit und Funktionsfähigkeit der Fahrzeuge, ihre Reinigung und Pflege sowie die Zugbildung und der Zugfahrdienst. Die Anlagen eines S-Bw unterteilen sich in Gleisanlagen, bauliche Anlagen einschließlich Versorgungseinrichtungen und maschinelle Ausrüstungen. Die Gleisanlagen sollten etwa 95 Prozent der im S-Bw beheimateten Fahrzeuge aufnehmen können. Am größten ist der Zu- und Abgang vor bzw. nach der Betriebspause. Der vom Einsatz zurückkehrende S-Bahn-Zug wird auf seinen ordnungsgemäßen und betriebssicheren Zustand untersucht. Die Gleisanlagen werden im Fließ- oder Teilfließbetrieb durchlaufen. Sie sind nach folgenden Gruppen geordnet: Einfahrgruppe, Betriebsbereitschaftsgruppe, Reinigungsgruppe und Ausfahrgruppe. Zu den baulichen Anlagen zählen Triebwagenhalle, Werkstatthalle, Werkstatt, Lager, Versorgungsanlagen, Verwaltungsräume und soziale Einrichtungen.

420 643 im Ausbesserungswerk Nürnberg, 20. Oktober 1987.
Foto: Joachim Janikowski

Bei den neueren S-Bws sind die baulichen Anlagen in einem Komplexbau zusammengefaßt. Die maschinelle Ausrüstung eines S-Bws umfaßt die Fahrzeugwaschanlage, Hebezeuge und Fördermittel sowie Arbeitsmaschinen. Die Behandlungsanlagen sind Anlagenteile des Bahnbetriebswerks, die der Behandlung von Loks und Wagen dienen. Hierzu zählen bei der elektrischen Traktion die Besandungsanlage und die Untersuchungsgrube.

Bahnbetriebswerke sollten nach Möglichkeit an Stammstrecken, Linienendpunkten oder Trennungsbahnhöfen liegen. So werden unnötige Leerzugkilometer vermieden. Nach Erreichen bestimmter Laufleistungen oder Fristen, die in der Eisenbahn-Bau- und Betriebsordnung festgelegt sind, werden die Fahrzeuge einer Zwischen- oder Hauptuntersuchung zugeführt. Für die Untersuchungen gibt es verschiedene Instandhaltungsstufen:

Deutsche Bundesbahn

E0.3	außerplanmäßige Instandsetzung,
E1.0	Revision im Bw (mit vermindertem Arbeitsumfang),
E2.0	normale Revision,
E2.1	vereinfachte Revision nach Neuanlieferung,
E2.4	Revision mit verringertem Arbeitsumfang,
E2.8	vereinfachte Revision vor dem letzten Instandhaltungsabschnitt (anschließende Ausmusterung),
E2.9	Revision mit Beseitigung größerer Unfallschäden,
E3.0	Revision mit Anstrichbehandlung.

Deutsche Reichsbahn

E0.2	Bedarfsausbesserung im Bw,
E0.3	Bedarfsausbesserung im Raw,
E1	Wartung,
E2–4	planmäßige Unterhaltung in Bw,
E5	Ausbesserung (Untersuchung nach der EBO),
E6	Hauptuntersuchung,
E7	Hauptuntersuchung mit Grundüberholung.

Größere Instandsetzungsarbeiten, die aufwendige Maschinen und Einrichtungen erfordern, werden nur in den Ausbesserungswerken (AW bzw. Raw) ausgeführt. Für die Triebzüge der BR 420 sind das die AW in Stuttgart-Bad Cannstatt, München-Freimann und Nürnberg. Die Berliner S-Bahn-Triebzüge werden im Raw Schöneweide untersucht. Nach der Übernahme der West-Berliner S-Bahn durch die BVG wurde bei den Triebzügen eine E3.0 bei der Waggon-Union vorgenommen. Für die Hamburger Triebzüge befindet sich das zuständige AW neben dem Bw in Ohlsdorf. Die E-Loks erhalten ihre Ausbesserungen im Raw Dessau sowie in den AW Opladen oder München-Freimann.

Die Ausbesserungswerke haben die Aufgabe, die vorgeschriebenen Hauptuntersuchungen und mittlere und größere Bedarfsausbesserungen auszuführen sowie Hauptbauteile und Tauschteile instandzusetzen. Diese Arbeiten erfordern meist spezielle Fachkenntnisse und besondere Anlagen, wie Kräne, Prüffelder und Farbspritzanlagen.

Bauten für die Stromversorgung

Die Übertragung der elektrischen Energie von den Kraftwerken zum Fahrleitungsnetz oder zur Stromschiene erfordert besondere Bauten für die Stromversorgung, die Unterwerke oder auch Gleichrichterwerke (bei Gleichstrom-S-Bahnen) genannt werden.

Unterwerke sind Einrichtungen zur Umwandlung und Verteilung der Elektroenergie auf die Fahrleitung. Bei Wechselstrom wird die über Fernleitung herangeführte Energie auf Fahrleitungsspannung abgespannt (Transformator) und über Streckenabschnitte eingespeist. Bei Gleichstrom-S-Bahnen muß der Wechselstrom zuvor gleichgerichtet werden, bevor er auf die Stromschiene gegeben wird. Zu den Aufgaben der Unterwerke gehören außerdem, die Fahrleitungsanlagen gegen Überlastungen und Kurzschlüsse zu schützen und den Schaltzustand zu überwachen. Die Fahrleitungsschalter entlang den Strecken werden deshalb von den Unterwerken oder von einer zentralen Schaltwarte aus ferngesteuert und überwacht.

Durch die moderne Technik und zahlreiche Vereinfachungen konnte die Gebäudegröße der Schaltanlagen eines Unterwerks wesentlich reduziert werden. Eine neuere Schaltanlage benötigt nur noch 10 bis 20 Prozent des Raumes einer vergleichbaren älteren Anlage. Neben der Verringerung des Bauvolumens sind die Gebäude durch vereinheitlichte Grundrisse gekennzeichnet. Die Gebäude werden in Fertigteilbauweise errichtet. Entsprechend ihrem Einsatzzweck als Unterwerk, Blockunterwerk oder Schaltposten werden sie im Baukastenprinzip konzipiert. Transformatoren und Hochspannungsschalter stehen im Freien. Alte Unterwerke waren wesentlich größer, weil alle Transformatoren und Leistungsschaltgeräte aus Isolationsgründen in Gebäuden untergebracht werden mußten. Damit entstand ein hoch aufragender Hochspannungsbau, um den sich die 15-kV-Ebene, die Werksversorgung und die Bedienungs- sowie Schutzeinrichtungsräume gruppierten. Bei den bayerischen Unterwerken begann man schon recht früh, eine Aufteilung nach funktionalen Gesichtspunkten vorzunehmen. Die Anlagen wurden auf verschiedene Häuser verteilt oder in niedriger und kompakter Bauweise hergestellt. Auch die DRG ging bald dazu über, Hochspannungsschaltanlagen mit entsprechend guter Isolation im Freien zu errichten. Die Bundesbahn konnte durch ein völlig neues Schaltanlagenkonzept die gesamte Schalterbetätigung in einem Steuerschrank konzentrieren, so daß die Gebäude erheblich kleiner wurden.

Eine besondere Form sind fahrbare Unterwerke. Sie wurden Anfang der dreißiger Jahre von der DRG entwickelt. Die fahrbaren Unterwerke können bei Bedarf als Ersatz ortsfest oder an geeigneten Orten ohne größere Auf- und Abbauarbeiten eingesetzt werden. Ein fahrbares Unterwerk benötigt einen Haupttransformator, einen 110-kV- und mindestens zwei 15-kV-Leistungsschalter, um zwei Streckenabschnitte speisen zu können, sowie außer der Steuerung vor Ort auch eine Fernsteuerung vom nächsten Unterwerk. Die Ausrüstung wird auf einen Tiefladewagen mit zwei dreiachsigen Drehgestellen und Tragbrücke montiert. Im Gleichstrom-S-Bahn-Netz besteht das fahrbare Unterwerk aus drei Wagen, zwei Gleichrichterwagen und einem Steuerwagen.

Bei der Berliner S-Bahn sind die Schalt- und Unterwerke in besonderen Bauwerken untergebracht. Lediglich bei der Stadtbahn befinden sie sich in den Stadtbahnbögen. Die Schaltwerke bestehen meist aus mehreren mehrgeschossigen Gebäuden. Von der Schaltwarte aus können alle betrieblichen Schaltungen vorgenommen sowie der Betrieb im Werk als auch auf der Strecke und in den angeschlossenen fernbedienten Werken überwacht werden. Einzelne Anlagenteile des Hochspannungsteils sind räumlich getrennt. Damit die Gleichrichter und Schaltgeräte in die oberen Stockwerke gebracht werden können, sind Lastenaufzüge vorhanden. Die älteren Unterwerke an den Außenstrecken sind zweigeschossig. Im Erdgeschoß befinden sich die 30-kV-Schaltanlagen mit den Transformatoren, Leistungsschaltern und Sammelschienen. Im Obergeschoß sind die Gleichrichter und die 800-V-Schaltanlage untergebracht. Bei später errichteten Werken war die eingeschossige Bauweise möglich. Die Gleichrichtertransformatoren stehen in von außen zugänglichen Zellen oder im Freien auf einer Rampe. Während die unbesetzten Werke der Südstrecken der Flachbauweise ähneln, sind die Kleinwerke der Ringbahn in Einheitsbauweise ausgeführt. In der Mitte liegt die 30-kV-Schaltanlage, zu beiden Seiten schließen sich Leistungsschalter-, Transformatoren- und Gleichrichterzellen an. In den Gleichrichterräumen sind auch die Schnellschalter der 800-V-Schaltanlage aufgestellt. Die in den letzten Jahren errichteten Gleichrichterwerke entsprechen der neuesten Technologie und sind in Flachbauweise ausgeführt. Ähnliches gilt für das Hamburger S-Bahn-Netz. Ältere Gleichrichterwerke, wie z. B. das Gleichrichterwerk Sternschanze, sind sogar fünfgeschossig.

Betriebssysteme beim Fahrzeugeinsatz

Der Fahrzeugeinsatz bei S-Bahnen, ähnlichen und ergänzenden Zugleistungen muß einfach, schnell und flexibel sein. Gezogene Wagenzüge aus gewöhnlichen Reisezugwagen fallen für den S-Bahn-Verkehr heute aus, da hier andere Anforderungen an den Einstiegsbereich und die Platzeinteilung gestellt werden. Züge, bei denen die Lokomotive beim Fahrtrichtungswechsel umgesetzt werden muß, erfordern im Berufs- oder Taktverkehr zu viel Zeit und zu hohe Personalkosten und sind betrieblich, gerade in Stoßzeiten, eine Behinderung, da die Gleisanlagen aus finanziellen Gründen auch in Ballungsräumen vielfach auf das Nötigste beschränkt sind. Mit Wendezügen lassen sich viele Nachteile vermeiden, das ideale Betriebssystem für Stadtschnellbahnen ist jedoch der eigens entwickelte Triebwagen, der, unabhängig vom übrigen Schienenverkehr, auf eigenen Gleisen und mit entsprechender Energieversorgung verkehren kann. Die Entwicklung dahin wurde mit den Elektrifizierungen in Berlin und Hamburg deutlich, sie dauert heute noch an, da S-Bahn-Projekte meist in ein vorhandenes städtisches Umfeld und in vorhandene Eisenbahnanlagen integriert werden müssen. Bei einer geordneten und langsameren Stadtentwicklung war es früher möglich, die Verkehrseinrichtungen gleichzeitig mit dem Siedlungsbau – wie z. B. im Berliner Südwesten und Westen – herzustellen.

Wendezüge

Wendezüge sind heute bei fast allen großen Bahnen eine gängige Betriebsform, nicht nur in Ballungsräumen, sondern zunehmend auch im Bezirksverkehr. Für einen schnellen und kostengünstigen Betrieb weisen sie viele Vorteile auf: Weil das Triebfahrzeug einen festen Platz im Zugverband hat, in der Regel an einem Zugende, ist weniger Rangierpersonal auf Unterwegs- und Endbahnhöfen nötig, die Bremsproben entfallen, und für das zeitraubende Umfahren muß kein Gleis vorgehalten werden. Wendezugeinrichtungen in Lokomotiven, Steuerleitungen und -abteile in Wagen können in bewährte Fahrzeugtypen eingebaut werden, so daß ein Wendezugbetrieb quasi überall und ohne Änderung von Hochbauten oder der Stromversorgungstechnik eingeführt werden kann.

Einige S-Bahn-Betriebe werden ausschließlich oder überwiegend mit Wendezügen betrieben, so in Rostock, Magdeburg, Rhein/Ruhr, Halle, Leipzig, Dresden und Nürnberg; im Rhein/Ruhr-Netz und in Nürnberg mit den speziell entwickelten S-Bahn-Wagen ABx, Bx und Bxf. Bei den mitteldeutschen S-Bahnen und in den Berliner Randbezirken kommen vielfach Doppelstockzüge zum Einsatz. Neben doppelstöckigen Einzelwagen bringen Doppelstockzüge, die durch gemeinsame 3achsige Jacobs–Drehgestelle verbunden sind, und Doppelstockgliederzüge mit den zugehörigen Steuerwagen einen großen Platzgewinn bei gleichbleibender Zuglänge. Wagen dieser Bauarten wurden in großen Stückzahlen

Kenndaten Dampflokomotiven

		38[10-40] (pr. P 8)	78 (pr. T 18)	65[10]
Erstes Baujahr		1906	1912	1954
Länge über Puffer	mm	18 592	14 800	17 500
Bauart		2'C h2	2'C2'h2	1'D2'h2
Treibraddurchmesser	mm	1 750	1 650	1 600
Rostfläche	m²	2,58	2,35	2,04
Leistung	PS	1 180	1 140	1 500
Höchstgeschwindigkeit	km/h	100	100	90

Kenndaten Diesellokomotiven

		DB V 100/211, 212	DR V 180/ 118.2-4 228.2-4	DR V 100/110/ 201	DB V 168/218	DR 132/232
Erstes Baujahr		1958, 1962	1966	1966	1968	1973
Länge über Puffer	mm	12 100, 12 300	19 460	13 940	16 400	20 820
Achsfolge		B'B'	C'C'	B'B'	B'B'	Co'Co'
Leistung	PS	1 100, 1 350	2 000	1 000	2 500	3 000
Anfahrzugkraft	kN	180	235	222	240	340
Leistungsübertragung		hydraul.	hydraul.	hydraul.	hydraul.	elektr.
Höchstgeschwindigkeit	km/h	100	120	100	130/140	120

Kenndaten E-Loks

		DB E 41/141	DR E 11/211/109	DR E 42/242/142	DB 111	DR 243/143
Erstes Baujahr		1956	1961	1962	1974	1984
Länge über Puffer	mm	15 660	16 260	16 260	16 750	16 640
Achsfolge		Bo'Bo'	Bo'Bo'	Bo'Bo'	Bo'Bo'	Bo'Bo'
Stundenleistung	kW	2 400	2 920	2 920	3 620	3 720
Anfahrzugkraft	kN	220	209	245	274	240
Höchstgeschwindigkeit	km/h	120	120	100	160	120

Betriebssysteme beim Fahrzeugeinsatz

vom Waggonbau Görlitz für die Deutsche Reichsbahn gebaut und in das östliche Ausland exportiert, neuere Baumuster werden für den S-Bahn- und Bezirksverkehr beschafft.

Auch bei den mit Triebzügen betriebenen S-Bahnen gehören Wendezüge aus Nahverkehrswagen zum gewohnten Bild auf den Anschlußstrecken. Schon um 1885 tauchen in der Eisenbahngeschichte die ersten Wendezüge bei drei Eisenbahngesellschaften in Frankreich auf: NORD, ÉTAT, P.L.M. Dabei handelte es sich aber lediglich um zwei Personenwagen mit einer Dampflokomotive in der Mitte. Den Verkehr mit Wendezügen in nennenswertem Umfang gibt es erst seit etwa vier Jahrzehnten. Die Technik der Dampflokomotive brachte es mit sich, daß die meisten Baureihen nur in einer Richtung mit Höchstgeschwindigkeit fahren konnten; Steuerleitungen, Steuerabteile und geschobene Wagenzüge waren bis in die vierziger Jahre nur bei Sonderbauarten oder bei Triebwagen erprobt. Erst mit den Neubauprogrammen oder Umbauten bei DB und DR stand dann eine größere Zahl von Fahrzeugen zur Verfügung. Dabei kam anfangs neben E- und V-Loks eine Reihe von Dampflokomotiven, sogar auch Länderbahntypen, zum Einsatz, so die Baureihen 23, 38$^{10-40}$, 64, 65^{10}, 74$^{4-13}$ und 78^{10}.

Die moderne Wendezugsteuerungstechnik fand in Deutschland erstmals 1936 bei der Lübeck-Büchener Eisenbahn im Schnellverkehr Hamburg – Lübeck – Travemünde Anwendung. 1939 richtete die DRG einen solchen Betrieb zwischen Bamberg und Treuchtlingen mit einer E 04 ein.

Dampflokomotive der BR 62 mit 2 Einheiten eines vierteiligen Doppelstockzuges 2. Klasse der Gattung DB 13, später DBve, im Jahre 1962 auf dem Berliner Außenring.
Foto: Zentrale Bildstelle der DR

23 036 (Bw Saarbrücken Rbf) mit Wendezug in Saarbrücken Hbf am 13. Juli 1968.
Foto: Andreas Janikowski

V 160 007 im November 1962 in Hamburg Hbf mit Wendezug aus LBE-Doppelstockwagen und DB-Leichtschnellzugwagen.
Foto: W. Schmalfeld

*Ehemalige Stadtbahn-Lokomotive 74 1230 im Bw Wustermark, 1985.
Foto: Jörg Ott*

*Zwei Rhein-Ruhr-Wendezüge mit BR 111 in Düsseldorf-Wehrhahn am 24. August 1988.
Foto: Gerhard Lieberz*

Betriebssysteme beim Fahrzeugeinsatz

Vierteiliger Doppelstockzug 2. Klasse mit Steuerabteil der Gattung DBvq am 23. April 1993 in Wolmirstedt bei Magdeburg.
Foto: Jörg Ott

Mit den Reihen V 36 (236, 103) und E 44 (144, 244) sind später auch »wendezugfähige« Vorkriegslokomotiven verbreitet im Einsatz gewesen. Typische Wendezuglokomotiven wurden dann bei der DB die E 41 (141), E 40 (140) und BR 111, die V 80 (280), V 100 (211) und BR 218, bei der DR die V 100 (201) und V 180 (228) und die Neubau–E–Loks der ersten und zweiten Generation (E 11 [109], E 42 [142], 243).

Beim geschobenen Zug werden direkte Steuerung, bei der die unbesetzte Lokomotive mittels Steuergerät von der Zugspitze bedient wird, und indirekte Steuerung, bei der die Bedienung ein Bediener über Befehlsgerät (Anzeigetafel, Sprech- oder Klingelverbindung) übernimmt, unterschieden. Die Bremseinrichtungen (Führerbremsventil) und die Zugbeeinflussungsanlagen (Indusi) müssen sich stets an der Zugspitze befinden.

Die Technik der Wendezüge erforderte eine genaue Regelung in den Fahrdienstvorschriften, um die Sicherheit wie bei gezogenen Zügen zu gewährleisten. Die Fahrdienstvorschriften (DV 408 bei DB und DR) umreißen den Sachverhalt ähnlich, die

der DB wesentlich ausführlicher. »Wendezüge sind Einheiten, bei denen die Lokomotive beim Wechsel der Fahrtrichtung ihren Platz im Zug beibehält. Auch wenn sich die Lokomotive nicht an der Zugspitze befindet, werden Wendezüge stets von der Spitze aus gebremst und direkt oder indirekt gesteuert« (FV DR 1970). Die DB-FV von 1960 schreibt vor, daß in Wendezüge eingestellte Wagen aus Metall sein müssen und der geschobene Zugteil nur 30 Achsen (bei 2- und 3achsigen Wagen) bzw. 32 Achsen (bei 4achsigen Wagen) haben darf, die Gesamtachszahl auf 60 festgesetzt ist. Die Höchstgeschwindigkeit ist mit 4achsigen Wagen auf 120 km/h (bei direkter Steuerung), sonst auf 80 km/h beschränkt. In der DB–FV von 1972 ist die Höchstgeschwindigkeit bei 3achsigen Wagen (3yg) mit 4achsigem Spitzenwagen (BDym, BDn) auf 90 km/h erhöht worden, der geschobene Zug darf nun 40 Achsen zählen.

Zwei typische DB-Wendezüge am 6. April 1988 im Bahnhof Haltern.
Foto: Wolfgang Schmidt

Triebzüge

Findet man seit dem Einsatz des ICE in der Fahrdienstvorschrift nur noch den Begriff Triebwagen, wurde vorher zwischen Triebwagen, Triebzügen und Triebwagenzügen unterschieden. Als Triebwagen wurden Einzelwagen mit angetriebenen Radsätzen bezeichnet, die allein oder im Verband mit Steuer-, Mittel- und Beiwagen als Zug eingesetzt werden; als Triebzüge Fahrzeuggruppen aus Triebwagen, Mittel- und Steuerwagen, die im Betrieb normalerweise nicht getrennt werden (im Gegensatz zu Triebwagen); Triebwagenzüge wurden aus untereinander kuppelbaren Triebwagen oder Triebzügen gebildet. Es handelte sich generell um kurzgekuppelte, mit Mittelpufferkupplung oder mit zusätzlichen Steuerleitungen normal gekuppelte Fahrzeuge, die als Zug gemäß EBO bzw. FV verkehren. Typische Betriebseinheiten wären ET 85 mit oder ohne ES und EB (Triebwagen); ET 171a + EM 171a + ET 171b; BR 420 (Triebzüge) oder ein S-Bahn-Zug aus den Baureihen 470 + 471 (Triebwagenzug).

Während bei den U-Bahnen als kleinste Betriebseinheit früher Einzel- und heute Doppeltriebwagen vorherrschen, sind die Fahrzeugzusammenstellungen bei S-Bahnen verschiedenartiger, nicht alle elektrischen und pneumatischen Anlagen sind in den jeweiligen Einzelfahrzeugen vorhanden. Bei der Berliner S-Bahn bilden zwei Fahrzeuge, ein »Viertel«, die kleinste Betriebseinheit, während sich bei den anderen S-Bahn-Triebzügen der 3-Wagen-Zug als Kurzzug und Grundeinheit (Mittelwagen mit oder ohne Antrieb) herausbildete. Das Vorhandensein eines Führerstands hat keinen Einfluß mehr auf die Bezeichnung eines Einzelwagens als Triebwagen, ausschlaggebend sind dessen Triebdrehgestelle.

Die allen Triebwagen-Einheiten eigenen Vorteile machen den elektrischen Triebzug zum typischen S-Bahn-Fahrzeug. Antrieb, Steuer- und Fahrgasträume befinden sich

Linke Seite:
Hamburger Wechselstrom-S-Bahn. 1632b zwischen Sternschanze und Dammtor um 1938.
Foto: BD Hamburg

Entwicklung deutscher Stadtschnellbahn-Triebwagen

Jahr	S-Bahn	U-Bahn1)	Jahr
1899		Berlin 2 Probetriebwagen[1]	1899
	PREUSSISCHE STAATSBAHN bis 1920		
1900	Berlin Siemens-Versuchszug[1]		1900
1901		Berlin AI	1901
1903	Berlin A – F[2]		1903
1905	Hamburg 1501 – 1588[3]		1905
1912		Hamburg T1	1912
	DEUTSCHE REICHSBAHN-GESELLSCHAFT 1920 – 1945		
1924	ET 85 (München)[5]	Berlin BI	1924
	ET 99 Hamburg[3]		
	ET 169 Berlin[4]		
1925	ET 168 Berlin[4]		1925
1926	ET 82 (Magdeburg)[5]	Berlin CI	1926
1927	ET 165 Berlin[4]	Berlin BII	1927
1928		Berlin AII	1928
1929		Berlin CII	1929
1930		Berlin CIII, CIV	1930
1933	ET 65 (Stuttgart)[5]		1933
1934	ET 125 Berlin[4]		1934
1935	ET 25[5]		1935
1936	ET 31[5]		1936
	ET 166 Berlin[4]		
1937	ET 167 Berlin[4]		1937
1939	ET 55[5]		1939
1940	ET 171 Hamburg[6]	Hamburg 14.L.	1940
1947		Hamburg TU 1	1947

	DEUTSCHE REICHSBAHN ab 1945		DEUTSCHE BUNDESBAHN ab 1949			
	Neubau	Umbau	Neubau	Umbau		
1949				ET 182⁷⁾		1949
1950				ET 32⁵⁾		1950
1952			ET 56⁵⁾			1952
1956			ET 30⁵⁾		Berlin D	1956
1957				ET 26⁵⁾		1957
1958					Berlin EI	1958
					Hamburg DT1	
1959	ET 170 Berlin⁴⁾		ET 170.1⁶⁾		Hamburg TU 2	1959
1960				ET 65⁵⁾	Berlin A3	1960
1961					Hamburg DT2	1961
1962					Berlin EIII	1962
1963				ET 25⁵⁾		1963
1964			ET 27 (Stuttgart)⁵⁾	ET 55⁵⁾		1964
1965		ET 25.2⁵⁾			Berlin DL	1965
1966					Berlin A3L	1966
					Hamburg DT3	
1969			420 München u.a.⁵⁾			1969
1970					München A	1970
1973	280 (Magdeburg)⁵⁾	276.0⁴⁾ 277⁴⁾			Berlin F	1973
1974			472 Hamburg⁶⁾			1974
1975					Berlin G	1975
1979		275⁴⁾				1979
1980	270 Berlin⁴⁾					1980
1981					München B	1981
1982					Berlin A3L2	1982
1986			480 Berlin BVG⁴⁾			1986
1988					Hamburg DT4	1988

1)	Gleichstrom	750 V	Stromschiene
2)	Gleichstrom	550 V	Stromschiene
3)	Wechselstrom	6300 V, 25 Hz	Oberleitung
4)	Gleichstrom	800 V	Stromschiene
5)	Wechselstrom	15000 V, 16 2/3 Hz	Oberleitung
6)	Gleichstrom	1200 V	Stromschiene
7)	Gleichstrom	750 V	Oberleitung

in einer Fahrzeuggruppe, wobei alle Traktionsanlagen unterflur angeordnet sind. Der Grundriß des Fahrgastraums kann großzügig und in etwa gleicher Höhe zum S-Bahn-Bahnsteigniveau gestaltet werden. Eine automatische mechanische und elektrische Kupplung ermöglicht ein sicheres und schnelles Kuppeln, die Zugeinheiten können dem Verkehrsaufkommen und den Bahnsteiglängen flexibel angepaßt werden. Bei Veränderung der Zugeinheiten wird die Traktionsleistung gleichzeitig fast proportional mit verändert, so daß immer die Anfahrbeschleunigung bzw. die Bremsverzögerung gleich groß sind. Eine große Anzahl automatischer Türen, Auffangräume und eine Sitzplatzanordnung mit breitem Zwischengang ermöglichen einen zügigen Fahrgastwechsel mit genügend Stehplätzen für Kurzstreckenfahrer. Ob die 1. Wagenklasse vorgesehen wird, richtet sich danach, inwieweit die Züge streckenweise auch Bezirks- oder Fernverkehr übernehmen (z. B. für einen 1.-Klasse-Reisenden von Fulda über Hamburg-Altona nach Blankenese) oder neue Kunden anziehen sollen. Die Ausrüstung mit Toiletten wäre bei den wachsenden Linienlängen zwar wünschenswert, ist aber wegen der Tunnelabschnitte nur mit geschlossenen Systemen denkbar.

Schon bei den älteren Nebenbahn- und S-Bahn-Triebwagen wurde auf ein günstiges Verhältnis von bewegter Masse und großer Antriebskraft gelegt, was seit den vierziger Jahren zur Leichtbauweise führte. Die Dienstmasse der Hamburger Oberleitungstriebwagen differierte zwischen 71 und 55 t, der Berliner Stromschienen-Triebwagen ET 165/166/167 zwischen 72,3 und 60,8 t. Neubauten der Nachkriegszeit entstanden durchweg in Leichtbauweise. Neben den Berliner und Hamburger Stromschienen-Triebwagen wurde der DB-Triebzug 420 zum Grundmuster der S-Bahn-Triebzüge in Deutschland.

Wagenkasten-Konstruktion von 1906, elektrische Konstruktion von 1924, Baujahr 1927 und 47 Jahre im Dienst: 485 009 am 18. Januar 1970 im Bw München Hbf.
Foto: Andreas Janikowski

Kenndaten Gleichstrom-Triebzüge

		DRG ET 171(471) Hamburg	DB ET 170.1(470) Hamburg	DB 472 Hamburg	DRG ET 165(475) Berlin	DRG ET 167(477) Berlin	DR 270(485) Berlin	BVG/DR 480 Berlin
Erstes Baujahr		1939	1959	1974	1927	1938	1979	1938
LüP/LüK	mm	62 520	65 520	65 820	35 460	35 560	36 200	36 800
Achsfolge		Bo'Bo'+2'2'+Bo'Bo'	Bo'Bo'+2'2'+Bo'Bo'	Bo'Bo'+Bo'Bo'+Bo'Bo'	Bo'Bo'+2'2'	Bo'Bo'+2'2'	Bo'Bo'+2'2'	Bo'Bo'+Bo'Bo'
Leistung	kW	1 160	1 280	1 500	360	360	600*	720
Spannung	V	1 200	1 200	1 200	750	750	750	800
Höchstgeschwindigkeit	km/h	80	100	100	80	80	90	100
Dienstmasse	t	130	111	114	65	67	60	61
Sitzplätze 1.Kl.		68	68	66	29	34	-	-
Sitzplätze 2. Kl.		134	132	130	92	85	100	96
Bezugsgröße (Wagenzahl)		3	3	3	2	2	2	2

* Die Leistung wurde auf 480 kW gedrosselt.

Triebzug 472 011 der Hamburger S-Bahn.
Foto: BD Hamburg, Böhlke

ET 25 002 vom Bw Heidelberg in Karlsruhe Hbf
am 15. Mai 1968.
Foto: Andreas Janikowski

Linke Seite:
Hamburger S-Bahn am Bf Altona, 12. Februar
1991.
Foto: Ewald Hauck

420 115 am 31. August 1993 im Bf Geltendorf.
Foto: Andreas Janikowski

S-Bahn-Zug der Bauart Stadtbahn am
3. November 1984 im Bf Berlin-Wannsee.

Die nicht rekonstruierten Züge der Baureihe
276 wurden als Verstärkerzüge im Berufsverkehr zwischen Schöneweide und Pankow auf
der Zuggruppe M eingesetzt. Hier 276 031 am
19. Juni 1987 im Bf Schöneweide.
Fotos: Jörg Ott

430 405 am 26. Juli 1980 in Duisburg-Wedau.
Foto: L. Walter

Die S-Bahn-Betriebe

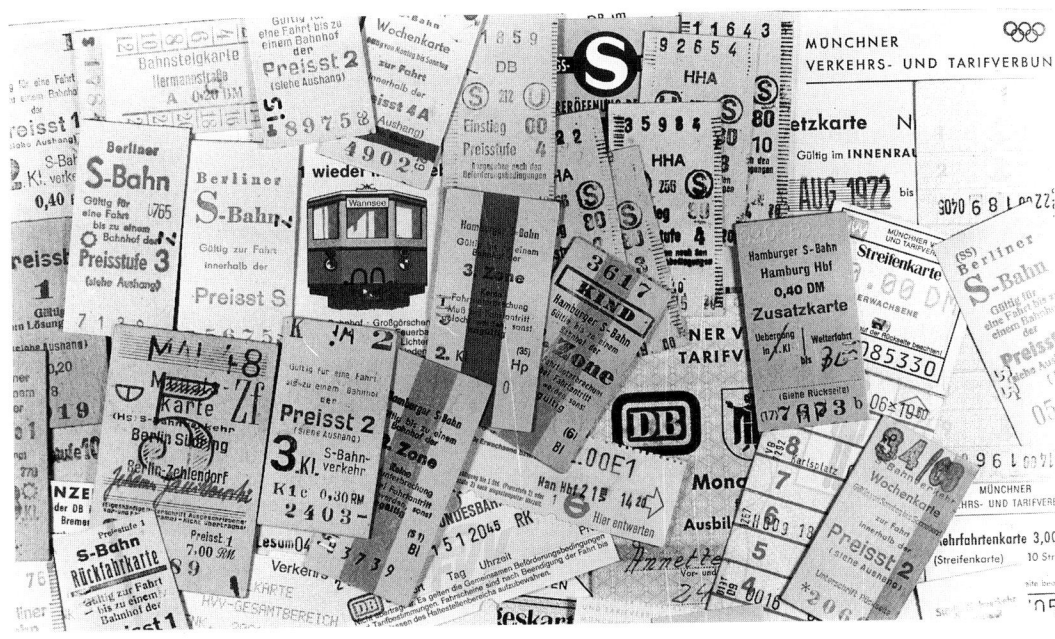

S-Bahnfahrkarten aus sechs Jahrzehnten.
Foto: Andreas Janikowski

Von den zwölf in Deutschland existierenden S-Bahnen stammen nur zwei Netze, die von Berlin und Hamburg, aus der Zeit vor 1945 und der Länderbahnepoche. Der Großteil der übrigen S-Bahnen entstand nach dem Zweiten Weltkrieg, wobei von diesen zehn Betrieben nur sechs wirkliche Netze mit mindestens drei S-Bahn-Linien haben. In Berlin, Hamburg, Frankfurt (Main), Nürnberg und München bestehen U-Bahnen als innerstädtische Ergänzung, die alle tariflich in Verkehrsverbünden angeschlossen sind.

Rostock

Rostock ist die größte Stadt in Mecklenburg-Vorpommern und hat etwa 250 000 Einwohner. In den vergangenen Jahrzehnten entstanden der Überseehafen, die Neptun- und die Warnowwerft, das Dieselmotorenwerk, Produktionsstätten für Schiffselektronik und Schiffsausrüstungen, Betriebe der Fischfang- und Fischverarbeitungsindustrie sowie das Düngemittelwerk.

Die Ansiedlung von Arbeitskräften führte ab 1962 zwischen Rostock und Warnemünde zum Neubau von Stadtteilen, wie Lütten und Groß Klein, Evershagen, Lichtenhagen und Schmarl. Anfang der achtziger Jahre begann Rostock, sich im Nordosten durch den Neubau der Stadtteile Dierkow und Toitenwinkel in Richtung Überseehafen auszudehnen. Alle Wohnungsbaugebiete und Industriestandorte liegen im Einzugsbereich der S-Bahn.

Der Abschnitt Rostock – Warnemünde ist als Teilstück der Lloyd-Bahn Neustrelitz – Warnemünde am 1. Juli 1886 als eingleisige Vollbahn in Betrieb genommen worden. Sie diente als Zubringer zum Postdampferverkehr nach Dänemark. Ab 1895 stieg der Bäderverkehr zur Ostsee deutlich an. Eine neue Bedeutung erlangte die Strecke im Jahre 1903 mit der Aufnahme des Trajektverkehrs Warnemünde – Gedser. Das Verkehrsaufkommen erforderte den zweigleisigen Ausbau der Strecke in den Jahren 1911/12. Doch damit nicht genug. 1928 mußte der Fahrplan im Tages-Vorortverkehr verdichtet und Ende der dreißiger Jahre der Stundenverkehr eingeführt werden. Bei Badewetter an Sonntagen wurden Sonder-

züge eingesetzt, so daß im 20-min-Takt gefahren wurde. Nach Ende des Zweiten Weltkrieges war der Reiseverkehr durch den Abbau von Industriebetrieben zurückgegangen. Das zweite Gleis wurde abgebaut, die Strecke hatte Nebenbahncharakter. Es verkehrten pro Tag nur 14 Züge. Erst im Jahre 1951 stieg die Personenbeförderungszahl mit dem Aufbau der Warnowwerft und in den späteren Jahren mit dem Aufbau des Fischkombinats.

Für den Reiseverkehr standen Abteilwagen zur Verfügung, die an den Haltepunkten einen raschen Fahrgastwechsel gewährleisteten. Im Berufsverkehr bestand ein Zug aus einem Gepäckwagen und zwölf Abteilwagen. Als Lokomotiven kamen bis etwa 1900 zweiachsige, bis etwa 1908 dreiachsige Tenderloks der Gattung T 3 zum Einsatz. Danach wurden Schlepptenderlokomotiven der Gattungen P 3 und P 4 eingesetzt, die ab 1932 von der BR 75[10-11] (ex bad. VI c) abgelöst wurden. Diese Baureihe wurde nach dem Krieg an andere Bahnbetriebswerke abgegeben, so daß auch Lokomotiven der benachbarten Bahnbetriebswerke Stralsund, Güstrow und Wismar neben den Rostocker Lokomotiven zum Einsatz kamen. Es wurden Loks der Baureihen 38[10], 64 und 91 einge-

setzt. Ab 1952 kamen die BR 41 und nach 1963 die BR 23 hinzu.

Am 1. Mai 1960 wurde der innerstädtische Schnellverkehr zwischen Rostock Hbf und Warnemünde eingeführt. In den Jahren von 1963 bis 1965 wurde die Strecke Rostock Hbf – Bramow wieder zweigleisig und der Bahnhof Schmarl zu einem Kreuzungsbahnhof ausgebaut. Von 1965 an übernahmen die Lokomotiven 62 006 – 62 010, 62 012, 62 014 und 62 015 den Schnellverkehr. Gleichzeitig wurde der Wendezugbetrieb mit zunächst fünf vierteiligen Doppelstockeinheiten aufgenommen, dessen Züge regelmäßig in Schmarl kreuzten. Das Platzangebot konnte somit spürbar verbessert werden. Ab 1967 standen die ersten Loks der BR V 100 zur Verfügung. Man begann mit dem Ausbau der Strecke Rostock – Warnemünde als S-Bahn. Hierzu waren der durchgehende zweigleisige Betrieb und die Anbindung von Lütten Klein erforderlich. Bis 1970 wurde der Abschnitt Bramow - Evershagen zweigleisig ausgebaut und die neue eingleisige Stichbahn Evershagen – Lütten Klein Süd in Betrieb genommen. Am 12. Juli 1970 erhielt dieser innerstädtische Nahverkehr mit der Fertigstellung der Stichbahn die offizielle Bezeichnung »S-Bahn Rostock«. Gleichzeitig trat der S-Bahn-Tarif in Kraft. Ein Teil der S-Bahn befuhr wie bisher die Strecke Rostock Hbf – Warnemünde, während zusätzliche Züge auf der Stichbahn nach Lütten Klein Süd (BR 110 mit einer DBv-Einheit) verkehrten.

In einer zweiten Ausbaustufe begann man 1972, den Abschnitt Evershagen – Lütten Klein Süd zweigleisig auszubauen und über den neuen Haltepunkt Lichtenhagen bis Warnemünde Werft zu führen.

Übersicht Rostock

S-Bahn-Linie

KBS 181 Warnemünde – Rostock Hbf – Rostock Seehafen Nord (25 km)
Rostocker Tarifverbund (RTV) seit 1. Juni 1991

Fahrzeuge
Wendezüge mit BR 143

Diese Trassenführung war besonders schwierig, weil sie durch versumpftes Gebiet führte. Zum Fahrplanwechsel im Herbst 1974 ging die neue Strecke Evershagen – Warnowwerft in Betrieb. Die alte Strecke wurde aufgelassen und der Haltepunkt Lütten Klein Süd in Lütten Klein umbenannt. Gleichzeitig wurde der 10-min-Verkehr eingeführt, der einheitlich mit zwei DBv-Einheiten und einer Lok der BR 118 gefahren wurde. Bei einer Zugfolgezeit von 10 min waren neun Wagenzüge (18 DBv) im Umlauf. Es verkehrten täglich 90 Zugpaare.

mit insgesamt 135 000 Sitzplätzen. Die weitere Zunahme des Reiseverkehrs machte ab 1978 in den Verkehrsspitzenzeiten den Einsatz von drei DBv-Einheiten pro Zug erforderlich. Waren 1976 noch 19 DBv-Einheiten in Rostock stationiert, so waren es 1985 bereits 31, davon 26 im täglichen Einsatz.

Der Berufsverkehr zum Überseehafen wurde ab 1962 mit mehreren Zugdurchläufen aufgenommen, ebenso ab 1982 zum im Aufbau befindlichen Düngemittelwerk in Poppendorf, wobei hier nichtöffentlicher Werkberufsverkehr bestand.

Ab 1982 änderte sich das äußere Erscheinungsbild der Rostocker S-Bahn. Die Doppelstockwagen erhielten im Raw Wittenberge anstatt der grünen eine meerblau/birkengraue Farbgebung. Die Umlackierung war 1985 abgeschlossen.

Zum Fahrplanwechsel am 30. September 1985 wurde der elektrische S-Bahn-Betrieb, einschließlich der Strecke Rostock Hbf – Rostock Seehafen Nord, aufgenommen.

Gegenwärtig wird der S-Bahnverkehr mit 12 Wagenumläufen bewältigt. Ein Wagenumlauf besteht aus einer E-Lok der BR 143 und sechs Doppelstockeinzelwagen (5 x DBmu + 1 x DABgbuzf). In dieser Zusammenstellung verkehren die Züge in der Hauptverkehrszeit von 5.30 bis 7.30 Uhr und von 15.30 bis 17.30 Uhr. In der übrigen Zeit reichen fünf Einzelwagen aus, in der Nacht von 23.00 bis 4.00 Uhr ein bzw. zwei Einzelwagen. Die Züge werden von Warnemünde kommend »geschoben« und in Richtung Warnemünde »gezogen«. An Werktagen verkehren zwischen Warnemünde und Rostock Hbf rund 200, zwi-

118 118 mit Doppelstockzug hat soeben den Bf Warnemünde-Werft verlassen. Ihr Weg führt vorbei an riesigen Überseeschiffen zum Endbahnhof Warnemünde, 1980.
Foto: Zentrale Bildstelle der DR

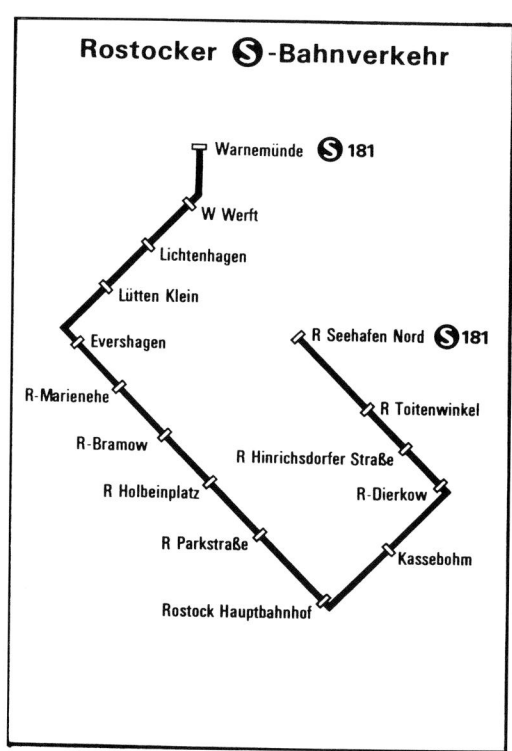

Rostocker Ⓢ-Bahnverkehr

S-Bahn-Netz Rostock

bahn AG (RSAG), Deutsche Reichsbahn (DR) und Weiße Flotte (WF) arbeiten an einem Tarifverbundsystem. Die erste Stufe wurde am 10. Mai 1991 unterzeichnet und trat am 1. Juni 1991 in Kraft. Es handelte sich um ein zusätzliches Angebot für Einwohner und Gäste der Stadt Rostock. Aufgabe der Tarifgemeinschaft bleibt es, einen Gemeinschaftstarif der Vertragspartner im Gebiet der Hansestadt Rostock zu schaffen. Ein Aneinanderreihen von Einzeltarifen soll vermieden werden. In diesen noch zu schaffenden Tarif sollen alle öffentlichen Nahverkehrslinien der RSAG, die S-Bahn-Verbindung Warnemünde – Rostock Hbf – Rostock Seehafen Nord und die öffentlichen Fährverbindungen Warnemünde – Hohe Düne und Kabutzenhof – Gehlsdorf einbezogen werden.

Die S-Bahn Rostock bildet auch in Zukunft einen stabilen Faktor des ÖPNV. Die Ausstattung der Bahnhöfe und Haltepunkte ist jedoch noch völlig unzureichend. Komfort und Fahrgastinformationen fehlen. Die Rostocker S-Bahn wurde daher zum Pilotprojekt in den neuen Bundesländern auserwählt. Es soll ein attraktives und leistungsfähiges Nahverkehrsmittel geschaffen werden. So sollen folgende Maßnahmen eingeführt werden:
– einheitliches Fahrgastinformations- und -leitungssystem,
– einheitliche Bahnsteighöhe von 550 mm, Bahnsteiglänge 210 m,
– behindertengerechte Zugänge zu den Bahnsteigen,
– Notrufanlagen,
– Fahrkartenverkaufsautomaten und -entwerter,
– Wetterschutz auf den Bahnsteigen.

schen Rostock Hbf und Rostock Seehafen Nord 38 S-Bahn-Züge. An den Wochenenden und an Feiertagen ist das Angebot geringer (154 bzw. 26 Züge).

Zum Fahrplanwechsel im Mai 1992 wurde zwischen Warnemünde und Rostock Hbf der Taktfahrplan eingeführt. Die Züge verkehren im 15-, 30- und 60-min-Takt. In den Hauptverkehrszeiten wird der Takt auf 7 1/2 min verdichtet. Zwischen Rostock Hbf und Rostock Seehafen Nord ist der Taktverkehr zur Zeit noch nicht möglich.

Wie bei allen anderen S-Bahnen in den neuen Bundesländern, ist auch in Rostock ein Rückgang des Reiseverkehrs zu verzeichnen. 1989 wurden rund 10,1 Mio. Personen befördert, 1990 waren es rund 7,4 Mio, 1991 rund 4,7 Mio und 1992 6,6 Mio.

Die Verkehrsträger Rostocker Straßen-

S-Bahn-Doppelstockzug mit modernisierten Mittelwagen und altem Steuerwagen in Rostock-Lichtenhagen am 5. April 1993.

Zwei Doppelstockzüge warten in Rostock Hbf am 5. April 1993 auf ihren Einsatz. Fotos: Jörg Ott

Hamburg

Der Großraum Hamburg erstreckt sich heute auf 3000 km² Fläche und hat über 2,5 Mio. Einwohner. Sein weiterer Einzugsbereich reicht im Norden bis Kaltenkirchen, Neumünster und Bad Oldesloe, im Osten bis Lauenburg, im Süden bis nach Winsen, Lüneburg und Buchholz und im Westen bis Buxtehude, Stade und Cuxhaven, das bis 1937 zu Hamburg gehörte. Die nördlichste Millionenstadt Deutschlands ist Bundesland und Stadtstaat, Freie und Hansestadt Hamburg. Die Elbe trennt die nördlich und südlich Hamburgs gelegenen Bundesländer Schleswig-Holstein und Niedersachsen voneinander. Dreh- und Angelpunkt Hamburgs ist sein Überseehafen.

Die Geschichte gründet sich vor allem auf die traditionsreiche Vergangenheit der hamburgischen Kaufleute und die führende Rolle der Stadt im Handel über die Nordsee zur Zeit der Hanse. Die verkehrlichen Anlagen der Stadt und des Hafens an der Elbe wurden mit dem Aufkommen der Eisenbahnen weiterentwickelt. Als erste Eisenbahn im heutigen Hamburg wurde im Jahre 1842 die Hamburg-Bergedorfer Eisenbahn eröffnet, deren 14,4 km lange Strecke ab 1846 zur Berlin-Hamburger Eisenbahn wurde (1870 in den Besitz Hamburgs, 1884 zur KPEV). Es folgten 1844 die Altona-Kieler Eisenbahn (König-Christian VIII.-Ostseebahn, 1883/86 zur KPEV), 1865 die Lübeck-Büchener Eisenbahn, 1881 die Unterelbesche Eisenbahn von Harburg nach Cuxhaven (1890 KPEV) und 1884 die Altona-Kaltenkirchner Eisenbahn. Bindeglied zwischen den Kopfbahnhöfen (Bahnhof der Bergedorfer Eisenbahn, 1846 Berliner Bahnhof und Bahnhof Altona) wurde 1866 die »Verbindungsbahn«, die schnell auch lokalen Verkehr an sich zog und zur Keimzelle des Hamburger Vorortverkehrs wurde. Diese Strecke führte vom Bahnhof Altona (an der Palmaille, Gebäude noch heute vorhanden) aus durch die Städte Altona und Hamburg und endete im Südosten am Klostertorbahnhof in der Nachbarschaft des Berliner Bahnhofs. An

der Verbindungsbahn wurden die Stationen Dammtor und Sternschanze eingerichtet, 1872 kam südlich des Berliner Bahnhofs der Venloer Bahnhof hinzu, den die Cöln-Mindener Eisenbahn für ihre die Elbe überquerende Verbindung von Harburg aus erbaute. Die Gleisanlagen waren bald überlastet, täglich fuhren etwa 100 Durchgangszüge über die teilweise im Straßenplanum verlegten Gleise und behinderten den übrigen Verkehr.

Die Streckenführungen wurden später grundlegend verbessert und im Südosten neu geordnet; als östlicher Knoten und Endpunkt von Verbindungsbahn und der Strecken nach Lübeck, Büchen und Harburg entstand 1906 der Hamburger Hauptbahnhof. 1903 waren die Bahnhöfe Dammtor und Sternschanze neu errichtet worden, der Kopfbahnhof Altona wurde schon 1898 um 400 m nach Norden versetzt und im historischen Stil mit vier Bahnsteighallen und acht Gleisen neu gebaut. 1979 wurde der schöne Altonaer Bahnhof durch einen architektonisch kläglichen Neubau im Kaufhausstil ersetzt.

Der Begriff »Vorortbahn« tauchte schon 1886 bei der Einführung eines neuen Tarifs für die Verbindungsbahn auf und bezeichnete die Verbindungsbahn selbst, aber auch ihre Fortsetzung nach Blankenese, Pinneberg, Friedrichsruh und Harburg. Als »Stadtbahn« galt tariflich bis 1911 die Strecke Altona – Hasselbrook, von da an bis Barmbeck erweitert.

Die Bedeutung des Schienenverkehrs wird neben den Vorortzügen und späteren S-Bahnen vom Fernpersonenverkehr und vom Güteraufkommen des Hafens bestimmt. Die fünf Bahnsteige im Hamburger Hauptbahnhof werden täglich von etwa 570 Zügen angefahren, die Bahnhofshalle ist die breiteste freitragende Bahnsteighalle Deutschlands. Hamburg ist der linienreichste Bahnknoten im Netz der Deutschen Bundesbahn.

Zum Hamburger Schienennahverkehr gehört wie in Berlin ein ausgedehntes U-Bahn-Netz. Die Hamburger Hochbahn AG (HHA) eröffnete im Jahre 1912 die Ringlinie Barmbeck – Kellinghusenstraße – Hauptbahnhof – Barmbeck (damals mit »c« geschrieben) mit 23 Haltestellen. 1939 bestanden fünf Umsteigebahnhöfe zur Vorort- bzw. Fernbahn (Hauptbahnhof, Barm-

bek, Berliner Tor, Rothenburgsort, Ohlsdorf). 1916 war eine Hafen-Hochbahn von Berliner Tor nach Wilhelmsburg geplant, von der heute noch die doppelstöckige Ausführung der Freihafen-Elbbrücke (neben der Norderelbbrücke der DB) zeugt. Auf dieser Brücke sollte im Untergeschoß neben einem Eisenbahngleis der Straßenverkehr Platz finden, während oben vier U-Bahn-Gleise vorgesehen waren. Im letzten Abschnitt in Wilhelmsburg sollte die Hochbahn dann als wirkliche U-Bahn weitergeführt werden. Der Erste Weltkrieg und seine wirtschaftlichen Folgen machten die Planungen zunichte.

Die frühe Entwicklung der Hamburger U- bzw. Hochbahn wurde dadurch begünstigt, daß die Bebauungspläne zwar notwendigerweise zahlreiche Stadtschnellbahnen auswiesen, die KPEV aber innerhalb Hamburgs nur in für Preußen verkehrlich bedeutsamen Relationen Eisenbahnen und Vollbahn-Vorortverkehr einrichten wollte.

Ebenso bewegt wie die Eisenbahngeschichte in ihren Pionierjahren war auch die politische Entwicklung im Hamburger Raum. 1937 kamen durch das sog. Groß-Hamburg-Gesetz die preußischen Städte Altona, Harburg-Wilhelmsburg, Wandsbek und Bergedorf zu Hamburg, verschiedene Enklaven gingen an Preußen. Seit 1618 war Hamburg Freie Reichsstadt. Schleswig, Holstein und Lauenburg waren bis 1864 – auch in den seit 1815 zum Deutschen Bund gehörenden Gebieten – durch die Dänische Krone verwaltet; der Eisenbahnbau wurde von einer 1835 eingesetzten Eisenbahnkommission als nicht sonderlich notwendig erachtet und daher privaten Gesellschaftern überlassen. Die meisten der Bahnen gingen nach 1864 an die Preußische Staatsbahn über. Die KPEV übernahm südlich der Elbe (Königreich Hannover) 1866 die Hannoversche Staatsbahn (Hannover – Harburg), 1879/80 die Cöln-Mindener Eisenbahn (Bremen – Harburg – Venloer Bahnhof) und 1890 die Unterelbesche Eisenbahn.

Die Preußische Staatsbahn hatte den Hamburger Vorortverkehr schon vor der Jahrhundertwende durch geeignete Bauten und Betriebsmittel ausgebaut, doch sollte die Traktion beschleunigt werden. Die Verbindungsbahn in ihrer ursprünglichen Form war für den Vorortverkehr ungeeignet, so

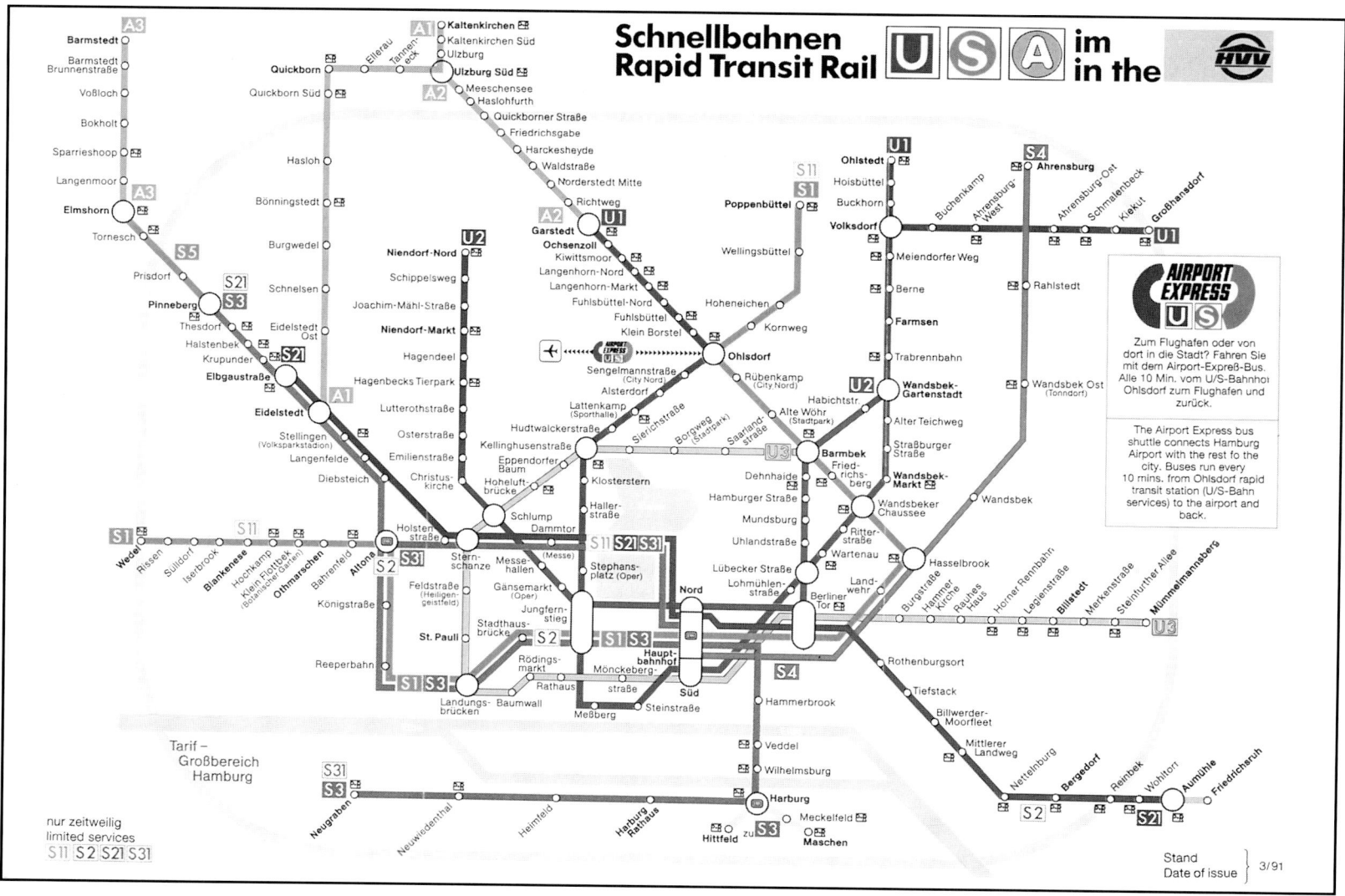

Schnellbahnen Rapid Transit Rail U S A **im in the** HVV

Stand
Date of issue } 3/91

S-Bahn-Netz Hamburg

daß als Endbahnhöfe Hasselbrook, später Ohlsdorf, und Altona (neuer Bahnhof) gewählt wurden. Zwischen 1892 und 1900 unternahm die KPEV umfangreiche Versuche für einen elektrischen Vollbahn-Betrieb, offen war nur die Frage des letztlich landesweit einzuführenden Stromsystems. Für Berlin und Hamburg (dort auch als Probenetz für die Fernbahnen) war die Elektrifizierung der Vorortbahnnetze vorgesehen. Der Oberleitungsbetrieb auf der Strecke Blankenese – Hauptbahnhof – Ohlsdorf wurde 1907 mit Einphasen-Wechselstrom von 6300 V und 25 Hz aufgenommen. Zur Energieversorgung wurde von 1905 bis 1907 ein Dampfkraftwerk nördlich des Bahnbetriebs-

werks Altona und westlich der Streckengleise gen Norden errichtet, das bis 1954 in Betrieb war. Die beiden 71 m hohen Schornsteine prägten ein halbes Jahrhundert das Bild am Altonaer Eisenbahndreieck mit. Im Kesselhaus standen 16 Wasserrohrkessel, im Maschinenhaus waren fünf Bahnstromgeneratoren installiert, im Schalthaus wurde der Strom über Transformatoren in die Speiseleitungen geführt und im Unterwerk Barmbeck wieder abgespannt. Die Leistung von 2 x 650 kVA reichte ab 1924 (Verlängerung des elektrischen Streckenabschnitts bis Poppenbüttel nach Übernahme der liquidierten Alstertalbahn) nicht mehr aus, so daß die Hamburgischen Elektrizitätswerke in ihrem Unterwerk Barmbek einen Netzkupplungsumformer zur fallweisen Einspeisung in das Bahnstromnetz einrichteten, der eine Leistung von 8600 kVA

erbrachte. Elf Speisepunkte versorgten das Oberleitungsnetz mit Fahrstrom. Die Fahrleitung war in Vielfachaufhängung à la Berlin-Spindlersfeld ausgeführt, bei zweigleisigen Abschnitten genügte ein Mast mit entsprechend langem Ausleger. Schon vor Abschluß der Elektrifizierungsarbeiten war der Hamburger Hauptbahnhof in Betrieb genommen worden, in Altona wurde der Bahnhof um eine fünfte Bahnsteighalle mit zwei Gleisen für die Vorortbahnzüge erweitert.

Die ersten beiden Vorortbahn-Triebwagen für Hamburg hatte die KPEV ursprünglich für den Versuchsbetrieb in Berlin (Spindlersfeld 1903, zwei ET mit Zwischenwagen) beschafft. Diese Wagen stammten von der AEG und hatten die Achsfolge (A1A) + 3', womit ein Viertelzug (zwei Wagen) gebildet werden konnte. Weitere für Hamburg bestimmte Wagen mit der Achsfolge Bo'1 + 1 (1A) kamen zunächst in Berlin zum Einsatz. Ab 1905 begann die Serienlieferung der Hamburger Züge mit der Achsfolge Bo'1 + 1 2' (Ausnahme: 551/552 – 651/652 Bo'1 + 1 (1A)).

Die insgesamt 140 Garnituren verteilten sich auf die Bauarten 1905 (551/552 – 669/670, LHW, VdZ/AEG, SSW), 1908 (671/672 – 719/720, LHW, VdZ/AEG), 1910 (721/722 – 769/770, LHW, VdZ/AEG, SSW) und 1912 (771/772 – 829/830, LHW, VdZ/AEG, SSW).

Die Trieb- und Steuerwagen hatten ein führendes Drehgestell, während sich am Kurzkupplungsende je Wagen eine Lenkachse befand. Bis auf einen einzigen Doppelwagen der Bauart 1908 besaßen alle anderen Dächer mit Oberlichtern. Der hölzerne Wagenkasten war an die vierachsigen Abteilwagen der KPEV angelehnt, die Garnituren hatten die 2. und 3. Wagenklasse (44 bzw. 80 Sitzplätze pro Doppelwagen) mit sieben Abteilen pro Fahrzeug. Ein Vollzug bestand aus vier Doppelwagen (Viertelzügen) und konnte bis 1000 Fahrgäste befördern. Ab 1923 wurde ein Teil der Triebwagen in drei Serien umgebaut (Achsfolge Bo' 1 + 1 2', Reihenschlußmotoren mit sechs Steuerstufen). Zusätzlich entstanden weitere 57 Triebwagen, nämlich die Bauarten 1924 (1589 – 1623, Wismar, Wumag/BBC, Wasseg) und 1927/1932 (1624 – 1645, Wismar, Wumag/Wasseg),

die alle die Achsfolge Bo'2'2' mit Jacobs-Drehgestellen in der Mitte hatten; die Wagenkästen bestanden aus Stahl und wiesen Tonnendächer auf. Der Innenraum wurde mit nur noch sechs Abteilen großzügiger gestaltet (34 bzw. 71 Sitzplätze pro Doppelwagen).

Die Einwohnerzahl Hamburgs betrug 1852 179 594, 1890 mit 323 923 schon fast das Doppelte. 1925 war die Millionengrenze überschritten (1 079 126), bis 1961 stieg sie auf 1 832 427. Die Hauptsiedlungsgebiete liegen traditionell nördlich der Elbe und im Alstertal, dieses Gebiet erschloß die 26,5 km lange elektrifizierte Vorortbahn, Vorgängerin der späteren S-Bahn. Im Jahre 1914 betrug die Fahrzeit von Blankenese über Altona, Hauptbahnhof und Barmbeck nach Ohlsdorf 52 min (1992 mit der S 11: 44 min). Die Zugfolge betrug höchstens 20 min (Betriebsbeginn und -ende werktags 4.40/1.17 Uhr), zwischen Barmbeck und Groß Flottbeck-Othmarschen von 17.30 bis 0.30 Uhr 10 min, auf der eigentlichen Verbindungsbahn tagsüber meist 5 min. Von Blankenese nach Wedel verkehrten werktags 19 Züge, zum Ausflugsverkehr an Sonntagen sogar 27 Züge, worunter sich auch Triebwagenzüge befanden. Diese Strecke war am 29. November 1883 »für den Personen- und den Milch-Verkehr« durch die Altona-Kieler Eisenbahn eröffnet worden, der Betrieb oblag aber von Anfang an der KPEV (ab 1886 in deren Eigentum).

Die anderen Vorortbahnen mit entsprechendem Tarif waren nicht minder frequentiert, sie führten nördlich nach Elmshorn, östlich nach Friedrichsruh und südlich nach Harburg-Wilhelmsburg Hbf. Auf ihnen verkehrten vor allem preußische Tenderloks der Baureihen T 12 bzw. 74 (von der inzwischen elektrifizierten Berliner Stadt-, Ring- und Vorortbahn) und 78, bis nach dem Zweiten Weltkrieg mit Abteilwagenzügen und dazugehörigen Steuerwagen (aus ausgemusterten Triebwagen). Die KPEV-Abteilwagen waren ab den 1890er Jahren dreiachsig und hatten offenen Seitengang, sie waren bei den Vorortbahnen in den Kombinationen B3-B3, B3-C3, C3-C3 oder C3-CPw3 kurzgekuppelt. Der Nahverkehr nach Ahrensburg oblag der LBE und war zunächst nicht in den Hamburg-Altonaer Stadt- und Vorortverkehr einbezogen.

Das elektrifizierte Vorortbahnnetz, die erste mit Wechselstrom betriebene Stadtbahn in Europa, blieb auf den 32,5 km langen Abschnitt Blankenese – Poppenbüttel beschränkt. Insgesamt waren 197 Wechselstrom-Triebwagen gebaut worden, von denen zu Beginn des Zweiten Weltkriegs noch 145 Einheiten in Betrieb waren. Die Deutsche Reichsbahn-Gesellschaft entschloß sich Ende der dreißiger Jahre, das Wechselstrom-Oberleitungssystem in ein Gleichstrom-Stromschienensystem, das auch auf die übrigen Vorortlinien ausgeweitet werden sollte, umzuwandeln. Zwar lief

Baureihenaufteilung und Umzeichnungen der Hamburger S-Bahn-Fahrzeuge

Nummern-schema	Wechselstromfahrzeuge 25 Hz	6 kV	Gleichstromfahrzeuge 1200 V			
	Bauarten 1905, 1908 1910, 1912	Bauarten 1924, 1927 1932	Anschaffungsjahr 1939	Anschaffungsjahr 1959	Anschaffungsjahr 1974	Planung
KPEV	551 – 830					
DRG ab 1923	1501 – 1588	1589 – 1645				
DRG ab 1939	ET 99 (EB 99)		(1501 – 1547) ET 171a/b (EM 171)			
DB ab 1949			ET 171a/b (EM 171)	ET 170.1a/b (EM 170.1)		
DB ab 1968			471.1/471.4 (871.0)	470.1/470.4 (870.1)	472.0/472.5 (473)	(475) 474

der Betrieb mit den Oberleitungstriebwagen reibungslos und hätte von der Kapazität her ausgedehnt werden können, jedoch waren die Fahrzeuge zu langsam und die Abteilwagen veraltet. Zudem hätte auch das Bahnkraftwerk erneuert werden müssen. Die Beschleunigungswerte der alten Triebwagen waren hoch, und eine geplante Wechselstrom-Neubauserie hätte bessere Anfahrbedingungen gebracht, als die Gleichstrom-Triebwagen in Berlin aufwiesen. Nicht zuletzt gaben aber die Planungen für eine Erneuerung der Hamburger Bahnanlagen den Ausschlag für den Gleichstrom-Stromschienenbetrieb, da in der Innenstadt zahlreiche Tunnel vorgesehen waren, deren Profil – und damit der Bauaufwand – so kleiner gehalten werden konnte, übrigens auch im Untergeschoß einer geplanten Elbbrücke. Eisenbahntechnisch mußte von der Stromversorgung über die Gleisisolierung, den Stromschienenbau bis zu den Fahrzeugen praktisch eine neue S-Bahn konzipiert werden, wobei in der Übergangsphase der Betrieb beider Systeme möglich sein sollte.

Das Groß-Hamburg-Gesetz von 1937 hatte einen nicht minder großen General-Bebauungsplan zur Folge, dieser wiederum noch größere Verkehrsplanungen. Der S-Bahn wurden dabei immense Verkehrsaufgaben zugedacht. Im Nordwesten sollten Wedel und Pinneberg mit einer zweigleisigen S-Bahn angeschlossen werden, bis Bergedorf sollte die S-Bahn ebenfalls zwei eigene Gleise neben der doppelgleisigen Fernstrecke Hamburg – Berlin bekommen (Unterbau und Brücken wurden gebaut). Im Süden war ein gewaltiger Schnellbahnring geplant, der östlich am Mittleren Landweg von der Bergedorfer Strecke abzweigen, südlich von Harburg auf einer kolossalen Autobahn- und Eisenbahn-Brücke die Elbe überqueren und dann westlich von Bahrenfeld in die S-Bahn einmünden sollte. Auch vom Hauptbahnhof nach Harburg war eine Gleichstrom-S-Bahn geplant, ebenso eine Stichbahn von Altona in Richtung Landungsbrücken.

Der Umbau der Streckenanlagen mit Stromschienen, Stromversorgung und Anpassung der Bahnsteige begann 1938 auf dem Abschnitt Poppenbüttel – Blankenese, konnte aber erst nach dem Weltkrieg abgeschlossen werden. Der letzte Wech-

Übersicht Hamburg

S-Bahn-Linien

S 1	KBS 101.1	Wedel – Blankenese – Altona – Landungsbrücken – Hauptbahnhof – Berliner Tor – Hasselbrook – Wandsbeker Chaussee – Barmbek – Ohlsdorf – Poppenbüttel (41,4 km)
S 2	KBS 101.2	Altona – Landungsbrücken – Hauptbahnhof – Berliner Tor – Bergedorf (22,2 km)
S 3	KBS 101.3	Pinneberg – Elbgaustraße – Eidelstedt – Diebsteich – Altona – Landungsbrücken – Hauptbahnhof – Harburg – Neugraben (43,4 km)
S 11	KBS 101.11	Blankenese – Altona – Holstenstraße – Dammtor – Hauptbahnhof – Berliner Tor – Hasselbrook – Wandsbeker Chaussee – Barmbek – Ohlsdorf – Poppenbüttel (32,4 km)
S 21	KBS 101.21	Pinneberg – Elbgaustraße – Eidelstedt – Diebsteich – Holstenstraße – Dammtor – Hauptbahnhof – Berliner Tor – Bergedorf – Aumühle (44,2 km)
S 31	KBS 101.31	Altona – Holstenstraße – Dammtor – Hauptbahnhof – Harburg – Neugraben (28,3 km)
S 31	KBS 101.31	Altona – Holstenstraße – Dammtor – Hauptbahnhof – Berliner Tor (7,9 km)

Ergänzungsstrecken

DB	(S 3)	KBS 110	Harburg – Maschen (7 km)
	(S 3)	KBS 120	Harburg – Hittfeld (9 km)
	S 4	KBS 101.4	Hauptbahnhof – Ahrensburg (21 km)
	S 5	KBS 101.5	Elmshorn – Pinneberg (15 km)
		KBS 100	Aumühle – Friedrichsruh (2 km)
AKN	A 1	KBS 137	Kaltenkirchen – Eidelstedt (30 km)
	A 2	KBS 138	Ulzburg Süd – Garstedt (10 km)
	A 3	KBS 139	Elmshorn – Ulzburg (25 km)

Hamburger Verkehrsbund (HVV) seit 1. Dezember 1965

Fahrzeuge

Triebzüge BR 470, 471, 472 (Gleichstrom-S-Bahn)
Wendezüge mit BR 141, 211/212, 218
Triebzüge AKN VT (Ergänzungsstrecken)

Streckenlängen

S-Bahn	110 km
U-Bahn	98 km
Regionalbahn DB	54 km
Regionalbahn AKN	65 km

selstrom-Oberleitungstriebwagen verkehrte am 22. Mai 1955.

Als zukünftiges S-Bahn-Fahrzeug war von der DRG der ET 171 entwickelt worden, dessen Grundeinheit aus drei Wagen bestand (Achsfolge Bo'Bo' + 2'2' + Bo'Bo', Bezeichnung ETa + EM + ETb), womit Züge von drei, sechs oder neun Wagen (62520, 125040 oder 187560 mm Wechselstrom-ET 99 dagegen 29940, 59880, 89820 oder 119760 mm) gebildet werden konnten. Beim ET 171 hatten die Endwagen 3.-Klasse-Großräume (später 2. Klasse), während der Mittelwagen 2. Klasse (später 1. Klas-

se) war. Neu für den Fahrgast waren die druckluftbetriebenen Türen. Die Gestaltung des Innenraums lehnte sich an die Berliner ET 165/166 an. Ab 1939 wurden die ersten neuen Züge in Betrieb genommen; bis 1945 kamen 47 Einheiten (1501 – 1547, ab 1941 ET 171 001 – 047) zur Ablieferung.

Im Zweiten Weltkrieg wurde ein großer Teil der Fahrzeuge zerstört, so daß nur noch 43 Gleichstrom- und 90 Wechselstromzüge (91 bzw. 62 Prozent) übriggeblieben waren, aber nicht alle betriebsfähig. ET 171 008, 027 und 036 wurden

Zeittafel Hamburg

30.9.1865	Verbindungsbahn Hamburg – Altona
5.12.1906	Hamburg-Altonaer Stadt- und Verbindungsbahn von Blankenese nach Ohlsdorf
1.10.1907	elektrischer Wechselstrom-Oberleitungsbetrieb auf der Stadt- und Vorortbahn; Einrichtung der Werkstätte in Ohlsdorf
12.3.1924	Verlängerung Ohlsdorf – Poppenbüttel
1933	letzte Lieferung von Wechselstrom-Triebwagen
26.1.1937	mit Groß-Hamburg-Gesetz auch Neuplanung eines S-Bahn-Netzes mit Gleichstrom-Stromschienen-Betrieb
1938	Beginn der Umbauarbeiten für eine Systemumstellung
1.10.1939	Lieferung der ersten Gleichstrom-Triebzüge ET 171
14.5.1950	S-Bahn Blankenese – Sülldorf
20.5.1954	Verlängerung Sülldorf – Wedel
22.5.1955	S-Bahn-Betrieb nach Mischbetrieb nur noch mit Gleichstrom; erstes Zugfunk-Leitsystem Deutschlands bei der AKN
1959	DB-Neubau-Triebzug ET 170.1
4.10.1959	S-Bahn Berliner Tor – Bergedorf
22.2.1962	S-Bahn Holstenstraße – Langenfelde
26.5.1965	Verlängerung Langenfelde – Elbgaustraße
11.9.1965	Hamburger Verkehrs-Verbund HVV, erster Verbund in Deutschland unter Beteiligung aller ÖPNV-Betriebe
22.9.1967	Verlängerung Elbgaustraße – Pinneberg; AKN-Strecke Eidelstedt – Kaltenkirchen im HVV
1.6. 1969	Verlängerung Bergedorf – Aumühle
1974	Triebzugbaureihe 472
30.5.1975	City-S-Bahn-Abschnitt Hauptbahnhof – Landungsbrücken
18.4.1979	Fertigstellung der City-S-Bahn zwischen Landungsbrücken und Altona mit Neubau Tunnelbahnhof Hamburg-Altona S-Bahn
31.5.1981	Verbindung Altona – Diebsteich (– Pinneberg)
25.9.1983	S-Bahn-Strecke Hamburg Hbf – Hamburg-Harburg – Harburg Rathaus
4.8. 1984	Verlängerung Harburg Rathaus – Neugraben
28.5.1989	Anschlußbedienung des Elbe-Weser-Dreiecks durch City-Bahn Neugraben – Stade, Regionalschnellbahn Richtung Cuxhaven (1992) und Streckenübernahmen der EVB (1992/93)

Am 31. Dezember 1958 beheimatete das Bw Hamburg-Ohlsdorf 72 Gleichstrom-Triebzüge: ET 171 001 – 044, 051, 052, 061 – 086. Mit Einführung des EDV-Nummernschemas 1968 erhielt die BR ET 171 die Bezeichnung 471 bzw. 871 (ET bzw. EM).

Es fanden weitere Nummernänderungen statt:

471 103, 403/871 003 ➔ 730 001, 401/ 731 001
471 133, 433/871 033 ➔ 730 002, 402/ 731 002
871 025 ➔ 871 079II ➔ 871 044II.

Bei der BR 730/731 handelte es sich um Stromschienen-Enteisungswagen, also um Bahndienstfahrzeuge.

Ab 1984 wurden 22 gut erhaltene Triebzüge der BR 471 rekonstruiert, da sich der Neubau bzw. die Neuentwicklung der Nachfolgefahrzeuge für inzwischen drei Triebzugbaureihen verzögerte und die an sich fällige Ausmusterung der ET 171 (der ältesten im Plandienst stehenden elektrischen Triebfahrzeuge der DB) verschoben werden mußte. Diese sog. »Herrichtung zum Weiterbetrieb« nach Ablauf der Nutzungszeit betraf die 471 102, 105, 109 – 112, 116, 117, 122 – 124, 126, 128, 130, 132, 134, 135, 137, 138, 140, 142 und 143. Die Arbeiten wurden im AW Stuttgart-Bad Cannstadt ausgeführt und 1987 vorzeitig beendet. Bei der Aktion wurden alle tragenden Teile aufgearbeitet, der Wagenkasten erhielt neben einem neuen ozeanblau-beigen Anstrich an der Stirnfront Doppelscheinwerfer und drei neue, einzeln eingefaßte Fenster. Die Schiebefenster im Fahrgastraum wurden gegen doppelverglaste, feste und gerahmte Fenster mit Lüftungsklappe ausgetauscht. Alle Wagen erhielten Metallschiebetüren. Die Aufarbeitung von Motoren, Verkabelung und Fahrschaltung geschah im Bahnbetriebswerk Hamburg-Ohlsdorf.

Nachdem im Frühjahr 1955 die Strecke Poppenbüttel – Blankenese von Oberleitungs- auf Stromschienenbetrieb umgestellt war, begann der eigentliche Netzaufbau der Hamburger Gleichstrom-S-Bahn. Parallel mit der Systemumstellung wurde auch die Gleichstrom-Elektrifizierung des eingleisigen Abschnitts von Blankenese nach Sülldorf (1950) und weiter nach Wedel

wieder aufgebaut, während der ET 171 046 verschrottet werden mußte. Um den S-Bahn-Betrieb ganz auf Gleichstrom-Triebzüge umstellen zu können, wurden die zerstörten oder zur geplanten Bauserie (68 Stück) noch fehlenden Fahrzeuge neu in Auftrag gegeben, die dann von 1954 bis 1955 als ET 171 061 – 081 geliefert wurden. 1958 folgte eine weitere Nachbauserie (ET 171 082 – 086). In und nach dem Kriege gab es nach Unfällen und Zerstörung einige Umbauten und damit Nummernänderungen:

ET 171 008a ➔ ET 171 027aII

EM 171 008	➔ EM 171 036II
ET 171 015a	➔ ET 171 008aII
ET 171 027a	➔ ET 171 028aII
EM 171 027	➔ EM 171 008II
ET 171 027b	➔ ET 171 017bII
ET 171 028a	➔ ET 171 036aII
ETa + EM + ETb 171 036	➔ ETa + EM + ETb 171 051
ET 171 038b	➔ ET 171 015aII
ET 171 039a	➔ ET 171 027bII
ETa + EM + ETb 171 045	➔ ETa + EM + ETb 171 038II
ETa + EM + ETb 171 047	➔ ETa + EM + ETb 171 052.

S-BAHN HAMBURG
NEUER 3-TEILIGER STADTBAHNZUG

LHW

LINKE-HOFMANN-WERKE A. G. BRESLAU

Bis 1955 waren in Hamburg Oberleitungs- und Stromschienen-S-Bahnen gleichzeitig in Betrieb. ET 99 und ET 171 westlich von Dammtor.
Foto: BD Hamburg

den 1.-Klasse-Mittelwagen. Es blieb bei der Raumaufteilung mit vier Doppelschiebetüren pro Wagenseite, die Stirnwagen erhielten Doppelscheinwerfer und Panoramascheiben an den Ecken. Die Fenster im Fahrgastraum sind unten fest, ihr oberes Drittel ist zur Lüftung klappbar.

Am 4. Oktober 1959 ging die Gleichstrom-S-Bahn vom Hauptbahnhof nach Bergedorf mit den Stationen Berliner Tor (oben), Rothenburgsort (neben dem nicht mehr in Betrieb genommenen HHA-Bahnhof), Tiefstack, Billwerder-Moorfleet, Mittlerer Landweg und Bergedorf in Betrieb. Der zurückgegangene Fernverkehr auf der Strecke nach Berlin machte einen Mischbetrieb möglich (Überleitung östlich vom Berliner Tor). Der Bahnhof Berliner Tor wurde zum Schnellbahnknoten östlich des Hauptbahnhofs für den Umsteige-Eckverkehr zwischen den S-Bahnen von Bergedorf und Poppenbüttel und dem von der Ringlinie befahrenen U-Bahn-Bahnhof, der wenige Jahre später auch die Billstedter Linie aufnahm. Der starke Bevölkerungszuwachs im östlichen Hamburg und die steigende regionale Bedeutung Bergedorfs führten zur Verlängerung der S-Bahn über Reinbek, Wohltorf bis Aumühle (1. Juni 1969). Diese Strecke war außerdem für den regen Ausflugsverkehr der Hamburger in den Sachsenwald von Bedeutung. Im östlichen Bahnhofskopf von Aumühle befindet sich auch der Lokschuppen des Vereins Verkehrsfreunde und Museumsbahnen (VVM), in dem mehrere historische Eisenbahnfahrzeuge untergebracht sind und unterhalten werden (Museumsbahn Schönberg). Zwischen Aumühle und Friedrichsruh kann man die Nahverkehrszüge Richtung Büchen zum S-Bahn-Tarif benutzen. Zum Anschluß der Neubaugebiete wurde am 1. Dezember 1969 zwischen Mittlerer

(1954) ausgeführt. Um das Netz erweitern zu können, mußten neue Triebwagen beschafft werden. Ein Entwicklungsauftrag ging 1958 an die Firma MAN; die neue Baureihe ET 170.1 (ET 170.0 war durch Neubauten bei der Berliner S-Bahn belegt) sollte sich in der Konzeption an den ET 171 anlehnen und auch mit ihm im Verband verkehren. Der neue Triebzug in Leichtbauweise erhielt Triebdrehgestelle mit Tatzlagermotoren und Einzelachsantrieb (Achsfolge Bo'Bo' + 2'2' + Bo'Bo'), seine Höchstgeschwindigkeit betrug 100 km/h.

Die Länge einer 3-Wagen-Einheit belief sich auf 65 520 mm. Von 1959 bis 1970 wurden insgesamt 45 Züge gebaut: ET 170 101 – 124 (1959/60, 1967) und 470 125 – 145 (1968 – 1970). Bei der Umnumerierung 1968 wurde aus der Baureihe ET 170 die BR 470, aus ET 170 109a + EM 170 109 + ET 170 109b beispielsweise 470 109 + 870 109 + 470 409. Die Farbgebung des Wagenkastens erfolgte analog zum ET 171: Grundfarbe dunkelblau, beige Zierlinien unterhalb von Fenstern und Dach sowie durchgehendes beiges Fensterband an

Landweg und Bergedorf ein weiterer Haltepunkt, Nettelnburg, eröffnet.

Neben der traditionsreichen S-Bahn nach Poppenbüttel gehen zwei weitere Linien nach Norden, und zwar nach Pinneberg und Ahrensburg. Die S 4 nach Ahrensburg ist eine Ergänzungsstrecke und wird mit Dieselloks betrieben.

Die Verbindung Hamburg – Ahrensberg – Bad Oldesloe – Lübeck ist die am stärksten belastete, nicht elektrifizierte Hauptstrecke der Deutschen Bundesbahn. Sie wurde durch den Schnellverkehr mit Doppelstockwagen und stromlinienförmig verkleideten Dampfloks der Lübeck-Büchener Eisenbahn (LBE) bekannt. Als Privatbahn konnte die LBE dem Hamburger Vorortverkehr auf ihrem Abschnitt Hauptbahnhof – Berliner Tor – Wandsbek keine allzu große Bedeutung beimessen, da bei ihr 78 Prozent der Zugkilometer auf Personenzüge entfielen, diese aber nur 42 Prozent der Einnahmen erbrachten. Der Schnellverkehr der LBE wurde 1936 eingeführt, die Vorortzüge Hauptbahnhof – Hasselbrook – Wandsbek – Ahrensburg wurden jedoch weiterhin mit der T 12 bespannt und erst später mit Doppelstockwagen bedient (vier Wagen werktags, ein Wagen sonntags). Die LBE wurde 1938 verstaatlicht. Nach 1945 kamen die verbliebenen LBE-Doppelstockwagen zusammen mit DB-Neubauten (Doppelstockeinzelwagen) und den neuen Leichtschnellzugwagen im Verkehr Hamburg – Ahrensburg – Lübeck zum Einsatz. Die Bespannung der Züge mit der BR 74 oder 78 ging nach deren Ablieferung auf V 160 (»Lollo«) und V 200 über, später auf die Baureihen 216, 220/221 und 218. Charakteristisch für diese Bahn waren Wendezüge mit zwei Steuerwagen an den Enden und der Lokomotive in Zugmitte, wobei die jeweils hinteren Wagen als an Wendezüge angehängte Wagen (FV) galten. Die S 4 wird heute mit Loks der BR 218 und Wendezügen aus Nahverkehrswagen betrieben.

Parallel zur Hauptstrecke nach Elmshorn – Westerland bzw. – Neumünster – Flensburg/Kiel liegt im Nordwesten Hamburgs die S-Bahn-Linie nach Pinneberg. Der Vorortverkehr in Richtung Eidelstedt – Pinneberg – Elmshorn begann über ein halbes Jahrhundert lang im Bahnhof Altona. Die Elektrifizierung der S-Bahn-Richtung Pinneberg ging jedoch vom Bahnhof Holsten-

straße aus, wo die Strecke in weitem Bogen von der Verbindungsbahn abzweigt, wie das bis dahin nur die Fernbahn-Verbindungsgleise aus Richtung Hauptbahnhof in Richtung Flensburg taten. Das erste Teilstück der S-Bahn über Diebsteich bis Langenfelde wurde am 22. Februar 1962 in Betrieb genommen, am 26. Mai 1965 folgte die Verlängerung über Eidelstedt bis Elbgaustraße. Die Station Stellingen wurde erst ein Jahr darauf, am 22. Mai 1966 eröffnet. Schon kurze Zeit später, am 22. September 1967, wurde die S-Bahn von Elbgaustraße über Krupunder, Halstenbek und Thesdorf nach Pinneberg verlängert. Dieser Abschnitt wurde ab Krupunder erst ab 1982 zweigleisig betrieben, was den 5-min-Takt Pinneberg – Hauptbahnhof ermöglichte. Zwischen Pinneberg und Elmshorn besteht ein Pendelverkehr mit Diesel-Wendezügen (S 5), der Anschluß zur Linie A 3 der AKN nach Barmstedt bzw. Ulzburg (ab 31. Mai 1992) hat, ehemals Elmshorn-Barmstedt-Oldesloer Eisenbahn (EBOE). Im Zuge des Neubaus vom Bahnhof Altona und einer zweiten Innenstadtlinie wurde auch die Verbindung von Altona nach Diebsteich gebaut, so daß Züge aus Pinneberg/Elbgaustraße entweder über Holstenstraße/Dammtor oder über Altona zum Hauptbahnhof fahren können. Auf dem 520 m langen Brückenzug südlich Diebsteich (Überbrückung von Fern- und S-Bahn-Gleisen) erreicht die S-Bahn eine Höhe von 30 m über NN.

Für den Verkehr auf den Streckenneubauten der siebziger und achtziger Jahre mußten weitere Triebzüge beschafft werden. Infolge des ständig steigenden Verkehrsbedarfs war an die Ausmusterung älterer Züge nicht zu denken, Neubauten konnten nur im Rahmen des Mehrverkehrs beschafft werden. Die neue Triebzuggeneration der Baureihe 472 wurde ab 1975 ausgeliefert, sie lehnte sich im wagenbaulichen Teil an die DB-Oberleitungs-S-Bahnen der BR 420 an. Die Länge einer Triebzugeinheit des 472 beträgt 65 820 mm (470: 65 520 mm, 471: 62520 mm) und hat 196 Sitzplätze (470: 200, 471: 202). Beim 472, der eine um über 17 Prozent höhere Nennleistung als sein Vorgänger 470 hat, sind alle Achsen, also auch die des Mittelwagens 473, angetrieben (Bo'Bo' + Bo'Bo' + Bo'Bo'). Die Fahrgastraumaufteilung mit

vier Türen pro Wagenseite wurde bei den Endwagen beibehalten, der 1.-Klasse-Mittelwagen hingegen hat nur drei Schwenkschiebetüren. Ungewohnt war auch das neue »Gesicht« der Hamburger S-Bahn, denn der 472 hat auf der Stirnseite nur ein mittiges Fenster, das von einer ozeanblauen Fläche umgeben ist. Die neuen Triebzüge wurden im ozeanblau-beigem Farbschema abgeliefert (Fensterband und Stirnfläche dunkel), was eine Abkehr von der traditionellen Farbgebung in Hamburg war, aber auch nicht mit der Ausführung anderer DB-S-Bahnen übereinstimmte.

Von der Baureihe 472 wurden zwei Serien beschafft: von 1974 bis 1976 die Triebzüge 472 001 – 030, von 1982 bis 1984 die Triebzüge 472 031 – 062. Für den 1980 ausgemusterten Mittelwagen 473 021 wurde 1982 ein Ersatzfahrzeug 473 021II mit der zweiten Serie gebaut. Bei der zweiten Bauserie ist der Innenraum übersichtlicher gestaltet, zur Erhöhung der Sicherheit haben diese Züge an den Kurzkupplungsenden Fenster. Die Baureihe 472 kann mit ihren beiden Vorgängerbaureihen gemeinsam im Zugverband eingesetzt werden, was mit den Vorkriegsfahrzeugen aber seltener geschieht, da der 471 nicht für 100 km/h zugelassen ist.

Nach dem Ausbau in den sechziger Jahren bestand das Gleichstrom-S-Bahn-Netz im wesentlichen aus zwei Linien, die auf dem Abschnitt Berliner Tor – Hauptbahnhof – Holstenstraße gemeinsam die Hamburger City nördlich tangierten. Schon ohne den Bau weiterer Strecken erwies sich dieses Stück der Verbindungsbahn als betrieblicher Zwangspunkt. Bereits zu Länderbahnzeiten waren Stadtschnellbahnen in der Innenstadt zwischen Binnenalster und Elbe für nötig befunden worden, die dann als Hoch- bzw. U-Bahn auch zur Ausführung kamen. Dienstleistungsbetriebe, Hafengewerbe und Schiffsverkehr (lokaler Hafenverkehr, Ausflugsverkehr und – heute seltener – Überseeschiffahrt) ließen schon lange auch eine S-Bahn-Spange als Fernstreckenzubringer nötig erscheinen; ebenso notwendig für das Netzsystem waren die Entlastung durch eine zweite Innenstadtverbindung und die direkte Fahrmöglichkeit zu den Innenstadtbrennpunkten und dem Elbufer im Bereich Landungsbrücken/St. Pauli/Altona Süd.

Einige ES 99 wurden als Steuerwagen bei Dampfzügen weiterverwendet. Wedel, 14. Mai 1950.
Foto: Hans-Jürgen Sievers

Teuerste Schnellbahnstrecke aller Zeiten: Bau der City-S-Bahn in der Alster und im Alsterfleet, 3. August 1970.
Foto: Hamburger Abendblatt

14. Mai 1950. Elektrische S-Bahn bis Sülldorf, weiter mit Dampf nach Wedel. BR 74 mit Abteilwagen-Wendezug und Triebwagenzug ET 171.
Foto: Rehbock

78 524 und P 8 vor Abteilwagenzug in Hamburg-Harburg, Juli 1957.
Sammlung J. Janikowski

Ein Bauvorhaben von über 14 Jahren wurde 1967 in Angriff genommen, dessen kühnster Bauabschnitt die Unterfahrung der Binnenalster im Bereich des Hauptbahnhofs (Lombardsbrücke) mit dem Schnellbahnknoten Jungfernstieg (S-Bahn-Tunnel ober- und unterhalb von U-Bahn-Linien) war. Der Streckenneubau über 7,8 km Länge von Hamburg Hbf über Jungfernstieg, Stadthausbrücke, Bf Landungsbrücken, Reeperbahn und Königstraße bis zum Bf Altona umfaßte im dicht bebauten Stadtgebiet außer der Unterfahrung von Binnenalster und Alsterfleet weitere schwierige Bauabschnitte. Die Bauplanung lag bei der Deutschen Bundesbahn, während die Bauausführung zwischen der DB und der Hamburger Baubehörde aufgeteilt war. Der S-Bahn-Bereich des Hamburger Hauptbahnhofs wurde beim Bau der City-S-Bahn grundlegend umgestaltet, da die drei S-Bahn-Gleise in der Haupthalle allein den steigenden Verkehr nicht mehr hätten bewältigen können. Wie schon in den vierziger Jahren geplant, entstand östlich, direkt neben den Hallenfundamenten und an den Bahnsteigbereich anschließend, ein Tunnelbahnhof mit Mittelbahnsteig, der die benachbarten Hallengleise (wovon zwei dem S-Bahn-Verkehr verblieben) entlastet. Dieser Umbau ist bereits ein Bauabschnitt der S-Bahn Harburg gewesen. Vom Ausfädelungsbauwerk am westlichen Bahnhofskopf aus führt die Trasse mit einer größten Steigung von 39,4 ‰ im Bogen unter der Binnenalster zum Hp Jungfernstieg (Übergang zu zwei U-Bahn-Linien, Straßenbahn – bis 1978 –, Bus und Alsterschiffahrt) mitten im Herzen der Stadt. In diesem Bereich konzentrieren sich auf einem Raum von nur 3,5 km² etwa 200 000 Arbeitsplätze (etwa ein Fünftel von ganz Hamburg), hinzu kommt der Verkehr zu den Einkaufs- und Wohnstätten. Die Strecke läuft von hier über den Hp Stadthausbrücke in Richtung Elbe, wo am Bf Landungsbrücken zu einer weiteren U-Bahn-Linie umgestiegen werden kann. Bis hierhin erschließt die S-Bahn weitere 100 000 Arbeitsplätze.

Im folgenden Abschnitt mußte die Strecke wegen der Bebauung und der Sielanlagen im Schildvortrieb gebaut werden, sie weist hier Steilrampen von 40 ‰ auf. Der Haltepunkt Reeperbahn ist besonders für die Wohngebiete in St. Pauli von Bedeutung. Über den Hp Königstraße wird schließlich der Bahnhof Hamburg-Altona erreicht und nach einer 40-‰-Steigung endlich auch wieder das Tageslicht.

Noch umfassender als am Hauptbahnhof waren die Umbauten im Bf Altona. Vom Hauptbahnhof Altona der Königlich Preußischen Eisenbahn blieben praktisch nur die Gleisanlagen der Fernbahnsteige über. Bahnhofshallen, Seitenbauten und das architektonisch bemerkenswerte und schöne, durchaus nicht baufällige Empfangsgebäude wurden nach und nach abgerissen. Es entstanden ineinander verschachtelte Neubauten, die den Gleisbereich umfassen und alle erforderlichen Kundenschalter und Nebenbetriebe sowie eine große Zahl von Dienststellen beherbergen, darunter ab 1979 (zunächst in einem Auslagerungsgebäude) auch die erste reine S-Bahn-Dienststelle, Bf Hamburg-Altona S-Bahn. Blickfang, architektonisch und räumlich beherrschend, ist jedoch ein Kaufhaus. Der »neue Bahnhof Altona« ist freilich ein schönes Gebäude, und man hat sich zwangsläufig längst an ihn gewöhnt.

Für die S-Bahn entstand unter dem Dienstleistungsbereich und dem Vorplatz und auf Höhe der alten S-Bahn-Halle ein moderner und leistungsfähiger Tunnelbahnhof mit vier Gleisen und zwei Mittelbahnsteigen, die erforderlichenfalls im Richtungsbetrieb befahren werden können. Es schließen sich das Rampenbauwerk und die Verzweigungen in Richtung Bahrenfeld/Diebsteich/Holstenstraße an. Im Tunnel Richtung Königstraße befindet sich ein Kehrgleis, weitere Aufstellmöglichkeiten sind im nördlichen Außenvorfeld. Der S-Bahn-Bahnhof Altona, bis dahin Zwischenbahnhof einer einzigen Linie, ist heute ein Verkehrskreuz des Hamburger Westens, Knoten von vier S-Bahn-Strecken und Busbahnhof mit sieben Zubringerlinien. Hinzu kommt die direkte Umsteigemöglichkeit in hier meist beginnende Bezirkszüge oder den nationalen und internationalen Fernverkehr, eine seltene Konzentration von Verkehrsmöglichkeiten, wie es sie in Hamburg gleich zweimal gibt.

Die City-S-Bahn wurde in zwei Stufen in Betrieb genommen. Seit 30. Mai 1975 verkehren die Züge vom Hauptbahnhof bis Jungfernstieg, seit 19. April 1979 auf der gesamten Strecke.

471 430 bei der Ausfahrt aus dem noch örtlich besetzten Bf Friedrichsberg in Richtung Barmbek im Jahre 1980. Rechts das Gütergleis nach Ohlsdorf und Eidelstedt, lange Zeit die nördlichste mit Oberleitung elektrifizierte DB-Strecke.
Foto: Andreas Janikowski

Östliches Gleisvorfeld Hamburg Hbf mit jeweils zwei parallel aus- und einfahrenden S-Bahn-Zügen, 17. Januar 1985.
Foto: Ewald Hauck

472 520, Ausfahrt aus dem Bf Dammtor in Richtung Hauptbahnhof, 26. Mai 1983.

S-Bahn-Strecke aus Poppenbüttel am Berliner Tor, links U-Bahn-Strecke aus Barmbek, rechts Fernbahn Hamburg – Lübeck. 1982.
Fotos: Andreas Janikowski

Die erste feste Verbindung über die Elbe zwischen Hamburg und dem hannoverschen Harburg stellten die Eisenbahnbrücken der Cöln-Mindener Eisenbahn dar, die am 1. Dezember 1872 ihre Strecke vom Bf Harburg zum Venloer Bahnhof in Hamburg eröffnete. Das preußische Unterelbegebiet wurde 1927 neu geordnet, es entstand die Stadt Harburg-Wilhelmsburg mit 115 000 Einwohnern, die seit dem 1. April 1938 endgültig zur Hansestadt Hamburg gehört. Schon seit 1906 galt der Hamburg-Altonaer Stadt- und Vorortbahn-Tarif auch auf der Strecke Hamburg Hbf – Veddel – Elbbrücke – Oberhafen – Harburg Hbf, ab 1938 bis Neugraben. Nach 1945 war das Verkehrsaufkommen zwischen Hamburg und Harburg um ein Drittel gestiegen, die Gleisanlagen waren durch den Fern-, Bezirks-, Vorort- und Güterverkehr überlastet, ebenso wie der Harburger Bahnhof selbst, der für die Züge Richtung Neugraben – Buxtehude – Stade – Cuxhaven zudem noch eine Spitzkehre darstellte. Als einzig sinnvolle Lösung erkannte die Gemeinsame Landesplanung Hamburg und Niedersachsen, den Süderelberaum an das Netz der Gleichstrom-S-Bahn in Form einer Neubaustrecke anzuschließen, die den Harburger Bahnhof und auch den Kernbereich Harburgs unterfahren sollte. Im Jahre 1965 wurde der Planungsauftrag an die DB erteilt. Nach Zustimmung der Hamburger Bürgerschaft begannen 1973 die Bauarbeiten.

Die zweigleisige Harburger S-Bahn fädelt sich östlich des Hauptbahnhofs (Richtungsbetrieb) aus den Strecken nach Poppenbüttel und Aumühle aus, ein Überwerfungsbauwerk führt die Linie vor dem Berliner Tor Richtung Süden. Durch das heute gewerblich geprägte Hammerbrook verläuft sie aufgeständert. Hier befindet sich der »Hochbahnhof« Hammerbrook, ein Haltepunkt mit Mittelbahnsteig und einer futuristischen, harmonisch-flachen Hallenkonstruktion, die in ihrer knallroten, langgestreckten Form und wegen der seitlichen Einzelfenster an einen Schnellfahrzug erinnert. Im Bogen werden nun Bahnanlagen überquert, es folgt eine Fachwerkbrücke über den Billhafen. Die Strecke trifft kurz darauf auf die Ferngleise aus Richtung Hauptbahnhof und verläuft weiter östlich neben diesen. Direkt neben den vorhande-

ET 171 (471) in der Ursprungsausführung im Einschnitt zwischen Berliner Tor und Landwehr am 5. März 1980.

470 442 ist aus Richtung Altona im Bf Blankenese eingefahren, 10. Juni 1982.
Fotos: Andreas Janikowski

nen Brücken überquert sie auf drei Stabbogenbrücken die Norderelbe. Der anschließende Hp Veddel wurde neu errichtet, ebenso der Hp Wilhelmsburg. Auch für die Überquerung der Süderelbe waren neue Brücken (Fachwerkträger) notwendig. Südlich hiervon verläßt die Trasse die parallelen Strecken und führt in weitem Bogen (Tunnelmund an der Neuländer Straße) zum Bf Harburg, den sie im rechten Winkel zu den Ferngleisen unterquert. Das gesamte Umfeld des Bahnhofs wurde verändert. Die S-Bahn wurde unter vollem Betrieb der Strecken nach Hannover/Maschen/Bremen/Cuxhaven gebaut. Die Tunnelstrecke verläuft weiter zum dreigleisigen Bahnhof Harburg Rathaus. Hier endete der erste Bauabschnitt, der am 25. September 1983 in Betrieb genommen wurde. Richtung Nordwesten verläuft die S-Bahn weiter als Tunnelstrecke durch das Harburger Stadtgebiet bis zum Hp Heimfeld, hinter dem sie wieder an die Oberfläche gelangt und mit einer Spannbetonbrücke die Stader Straße überquert. Nun verläuft das letzte Teilstück der Harburger S-Bahn parallel zu den Fernbahngleisen Harburg – Cuxhaven. Die Stationen Heimfeld und Neuwiedenthal ersetzen die aufgegebenen Haltepunkte Tempowerk und Hausbruch. Für den S-Bahn-Linienendpunkt Neugraben waren umfangreiche Bauarbeiten notwendig. Endende und beginnende S-Bahn-Züge haben hier zum Bezirksverkehr Richtung Buxtehude/Stade (Cuxhaven) direkten Anschluß, nur einzelne Züge aus dem Unterelbegebiet fahren bis Hamburg Hauptbahnhof durch. Auf der Nordseite des Bahnhofs befindet sich ein Park-&-Ride-Komplex, auf der Südseite ein Busbahnhof, beide über eine Fußgängerbrücke mit den Bahnsteigen direkt verbunden. Eine Abstellanlage hat Platz für 25 S-Bahn-Züge. Der Verkehr der S 3/S 31 bis Neugraben wurde am 4. August 1984 aufgenommen. Neben der großen Verkehrsfunktion für den enormen Pendlerstrom in die Hamburger City – werktäglich 16 000 Reisende aus dem Raum Stade/Harburg – hat diese Strecke auch Bedeutung für den Ausflugsverkehr in die Harburger Berge, dem Geestrand südlich der Elbe. Als Schnellbahnanschluß verkehrt von Neugraben über Buxtehude nach Stade seit 1987 eine City-Bahn, die mit modernisierten Nahverkehrswagen und E-Loks der BR 141 gefahren wird. Die Eisenbahn- und Verkehrsbetriebe Elbe-Weser GmbH (EVB) wird in Zukunft mit neuen Dieseltriebwagen auch das Gebiet Bremerhaven-Bremervörde-Buxtehude an den Unterelberaum und Hamburg anschließen.

Die Größe und die spezielle Technik des Hamburger S-Bahn-Netzes erfordern eine zentrale Betriebsführung, um den Umlauf der Fahrzeuge, den Betriebsablauf im einzelnen und den Personaleinsatz effektiv zu gestalten. In Altona befinden sich die Betriebsleitzentrale für die gesamte S-Bahn und eine Zentrale Zugabfertigung für die nicht örtlich besetzten Stationen. Die Leitstelle für den Triebzugeinsatz ist im

472 012 im Bf Barmbek, 16. April 1983.
Foto: Andreas Janikowski

BR 472 im neuen Bf Wilhelmsburg am 23. September 1983.
Foto: Gerd Garbrecht

Kaltenkirchen-Neumünster (AKN), die Kraftverkehr GmbH (KVG), die Pinneberger Verkehrsgesellschaft (PVG), die HADAG Seetouristik und Fährdienst AG und eine Park-&-Ride-Betriebsgesellschaft. Von 1967 bis 1991 hat sich die Einwohnerzahl im HVV-Verkehrsraum nur wenig erhöht, nämlich von 2 440 000 auf 2 500 000 (+ 2,45 %); im gleichen Zeitraum erhöhte sich der Pkw-Bestand aber von 373 000 auf 684 000 (+ 83,37 %); die Anzahl der Verbundfahrgäste erhöhte sich dennoch von 406 Mio. auf 451 Mio. (+ 11,08 %), was nicht auf den kompletten Neubau eines Netzes (wie in München und anderswo) zurückzuführen ist, sondern auf den konsequenten Ausbau und die Verbesserung der Beförderungsqualität.

Der Verkehrsraum Hamburg wird in Zukunft auch gemischte Trabantenstädte wie Hannover/Langenhagen mit Wohn- und Dienstleistungscharakter in größerer Entfernung von der City entstehen lassen (Kaltenkirchen, Neuwulmsdorf, Schwarzenbek), da jegliche Zersiedelung (»Siedlungsbrei«) innerhalb der Hamburger Grenzen in ökologisch sensible Gebiete reicht. Für den Ausbau und die Leistungsverbesserung der S-Bahn sind neue Fahrzeuge dringend notwendig, Modernisierungen der Baureihen 470 und 471 können nur Interimslösungen sein. Für die bereits entwickelte Triebzugbaureihe 474 waren zunächst 62 Einheiten geplant; 45 Stück wurden letztlich in Auftrag gegeben, deren begonnener Bau aber wegen einer selten unglücklichen Stornierung seitens der HVB bzw. der Bundesregierung vorerst zurückgestellt ist. Im Herbst 1993 hat das Bundesbahn-Zentralamt München offiziell den Auftrag zum Bau der Triebzüge erteilt. Um die Netzstruktur zu verbessern, wäre der Ausbau der Verbindung nach Ahrensburg als Gleichstrom-S-Bahn wünschenswert. Konkrete Planungen befassen sich bereits mit einer zwei-

Bahnbetriebswerk Hamburg-Ohlsdorf, dem Heimat-Bw aller Gleichstrom-S-Bahnen. Da die Deutsche Bundesbahn nur in Hamburg Gleichstrom-Triebfahrzeuge beheimatet hat, ist dem Bw Ohlsdorf auch ein AW-Teil angegliedert, der die bahnamtlichen Hauptuntersuchungen ausführt. Am Bf Elbgaustraße befindet sich für Fristarbeiten und Bedarfsausbesserungen eine weitere, kleine Triebwagenhalle. Das Bw Hamburg-Ohlsdorf beheimatete 1992 62 Triebzüge der BR 471, 45 der BR 470 und 62 der BR 472, ferner zwei Diesel- und eine Akku-

Kleinlok und einen Enteisungswagen, den 731 001II, ex 732 001, ex 515 505, ex ETA 150 505, der von Kleinloks befördert werden muß.

Hamburg war im Jahre 1965 die erste Stadt der Welt, in der ein Verkehrsverbund eingerichtet wurde. Von Anfang an war die S-Bahn Rückgrat des Schnellverkehrs. Gesellschafter des HVV waren 1993 die Hamburger Hochbahn AG, die Deutsche Bundesbahn (Bundesbahndirektion Hamburg), die Verkehrsbetriebe Hamburg-Holstein AG (VHH), die Eisenbahn AG Altona-

Die alte Bahnsteighalle des S-Bf Holstenstraße am 23. September 1991.

472 032 Einfahrt Bf Berliner Tor am 23. September 1991.
Fotos: Hubertus Ametsbichler

gleisigen Flughafen-S-Bahn von Ohlsdorf nach Fuhlsbüttel. In der Innenstadt ist zur Erschließung des sich nicht nur gewerblich entwickelnden Elbegebiets im Bereich Großmarkt-Speicherstadt-Binnenhafen-Baumwall eine Schnellbahnlinie – möglicherweise als automatisches Bahnsystem - von Berliner Tor über Hammerbrook, Zollhafen und Landungsbrücken vorgesehen, die im Osten bis Jenfeld, im Westen bis Neumühlen/Övelgönne weitergeführt werden könnte.

Berlin

Die Zeit bis 1928

Die Geschichte der Berliner S-Bahn beginnt mit der ersten Eisenbahn in Preußen, der Berlin-Potsdamer Eisenbahn, die 1838 ihren Betrieb aufnahm. Mit zunehmender Siedlungsdichte innerhalb Berlins und in den umliegenden Orten wie Schöneberg, Steglitz und Zehlendorf wurde die »Fernbahn« nach Potsdam mit einer Fahrzeit von etwa 40 min bald auch zum Zubringer der westlichen Randgemeinden, an Wochenenden zum beliebten Freizeitvergnügen. Noch heute sind große Teile der Stammbahn wieder bedeutende Streckenabschnitte innerhalb des Berliner S-Bahn-Netzes, nämlich der Abschnitt Großgörschenstraße – Zehlendorf (Wannseebahn) der S 1 und der Streckenteil Griebnitzsee – Potsdam Stadt der S 3, S 7.

Berlin entwickelte sich als Hauptstadt und Residenz des Königreiches Preußen im 19. Jahrhundert zum Zentrum des norddeutschen Raumes zwischen Hamburg und Danzig/Königsberg, zum Dreh- und Angelpunkt des sich bildenden Deutschlands, schließlich zur Reichshauptstadt. Entsprechend gewaltig war der Bevölkerungszuwachs: zwischen 1852 und 1871 von 511 000 auf 913 984 und bis 1913 auf 4 026 000. Ebenso schnell war Berlin auch zur Mitte zahlreicher strahlenförmig auf die Metropole zulaufender Strecken geworden. Bis 1878 waren die wichtigsten Strecken nach Wittenberge (1846), Stralsund (1878), Stettin (1843), Küstrin, Frankfurt (Oder) (1867), Cottbus (1866), Dresden (1875), Leipzig (1874), Halle (1859) und Stendal (1871) als Privatbahnen, mit Ausnahme der staatlichen Preußischen Ostbahn, fertiggestellt worden. So, wie in Hamburg, Wien, Paris und London, wurden um den alten Stadtkern herum verschiedene einzelne Kopfbahnhöfe gebaut, die untereinander zunächst nicht verbunden waren. Die meisten dieser Bahnhöfe bestehen heute nicht mehr, ihre Namen sind jedoch noch bekannt, prägten sie doch das Siedlungsbild in ihrem Umkreis und die Struktur des innerstädtischen Eisenbahnnetzes. Neben der Lage waren aber auch Größe und Verkehrsaufkommen der Berliner Kopfbahnhöfe verschieden. Alle befanden sie sich außerhalb der Stadtmauer – der sog. Aksisemauer, d. h. der Steuergrenze –, die meisten im heutigen Berliner Südosten. Neben dem Personenfernverkehr und dem Güterverkehr dienten die Eisenbahnstrecken bald auch dem zunehmenden »Localverkehr«, neue Stationen wurden eingerichtet; an den Achsen der Bahnlinien bildeten sich schnell neue Siedlungs- oder Gewerbegebiete, und die Eisenbahn wurde zum Kristallisationsgerüst geplanter Wohn- und Industriegebiete außerhalb Berlins. In der Nähe der Kopfbahnhöfe entstanden Güterverladebahnhöfe, denn der Versorgungsbedarf Berlins stieg sprunghaft an; gerade im Güterverkehr sind Menge und Vielfalt der Güter und der Arbeitsaufwand, auch des Weitertransports, nicht mehr mit den heutigen Gütertransportsystemen vergleichbar.

Die Verbindung der Kopfbahnhöfe untereinander geschah mit Gepäckkarren, Fuhrwerken und Droschken. Eine erste Schienenverbindung – und damit die Möglichkeit zum direkten Fahrzeugaustausch – bot von 1851 bis 1871 die Verbindungsbahn, deren Bau ab 1850 durch die Mobilmachung des preußischen Heeres auch aus militärischen Gründen vorangetrieben wurde. Im Straßenplanum liegend, mit zahlreichen Straßenübergängen versehen, stellte sie nur ein erstes Provisorium dar. Die alte Verbindungsbahn, die teilweise entlang der ehemaligen Stadtmauer führte, ist heute etwa mit dem Verlauf Stettiner Bf (Nordbahnhof) - Invalidenstraße (Abzweig Hamburger Bf) – Überquerung Invalidenstraße – Bogen über Moltke-Brücke zum Platz der Republik – Brandenburger Tor – Potsdamer Platz (Friedrich-Ebert-Straße) - Stresemannstraße (vorher Abzweige Potsdamer Bf und Anhalter Bf) – Hallesches Tor – Gitschiner Straße – Wassertor-Platz – Abzweig Görlitzer Bf – Lausitzer Platz – Eisenbahnstraße – Überquerung Mühlenstraße – Vorfeld Frankfurter Bf (Höhe Wriezener Gbf) vorstellbar. Der Betriebsführer der (alten) Verbindungsbahn war die Berlin-Hamburger Eisenbahn, typische Lokomotiven waren 2A-Maschinen amerikanischer Bauart. Für die Netzstruktur der Eisenbahnen in Berlin noch heute bestimmend sind die nach der ersten Bauperiode (Privatbahnzeit) entstandenen Ring- bzw. Durchmesserlinien, die Ringbahn (fertiggestellt 1877), die Stadtbahn (1882), sowie der S-Bahn-Nord-Süd-Tunnel (1939) aus der Reichsbahnzeit, dann der nach dem Zweiten Weltkrieg geschlossene Außenring.

Als Ersatz für die eingleisige und oft durch dichte Wohnbebauung führende alte Verbindungsbahn beauftragte die preußische Regierung 1865 die Niederschlesisch-Märkische Eisenbahn, eine neue Verbindungsbahn zu planen, welche, zweigleisig, nicht nur die Berliner Kopfbahnhöfe verbinden, sondern dem steigenden Lokalverkehr und den Industrieanschlußgleisen Rechnung tragen und außerdem als »Gürtelbahn« Gebiete weit außerhalb der Stadt erschließen sollte. Die ersten Planungen ein Jahr darauf sahen die Strecke Moabit – Stralau – Schöneberg vor, die dann ab 1867 auch gebaut wurde, allerdings vom preußischen Staat, da eine finanzielle Einigung unter den die Strecke benutzenden Privatbahnen nicht erzielt werden konnte. Im Osten wurde die Bahn teilweise auf Dammaufschüttungen gebaut, wie es später in Form der gemauerten Bögen typisch für viele Berliner Bahnanlagen wurde. So behinderte die Eisenbahn den übrigen Verkehr am wenigsten, und der Raum konnte, wie bei den späteren Stadtbahnbögen, doppelt genutzt werden. Das erste Teilstück der Neuen Verbindungsbahn ging am 17. Juli 1871 für den Güterverkehr in Betrieb (für den Personenverkehr am 1. Januar 1872), gleichzeitig wurde die Alte Verbindungsbahn stillgelegt. Betreiber der Neuen Verbindungsbahn war die Niederschlesisch-Märkische Eisenbahn, die aber seit dem 1. Januar 1852 Staatseigentum war und 1880 in die Königliche Eisenbahndirektion Berlin überging. Zur Ringbahn, dem Herzen des späteren S-Bahn-Netzes, wurde die Verbindungsbahn durch ihre Verlängerung von Schöneberg nach Moabit, die am 15. November 1877 in Betrieb ging.

Die rege Siedlungstätigkeit zwischen Schöneberg, Grunewald und Charlottenburg führte bald zum Bau weiterer Zwischenstationen. Um die Beförderungskapazität zu erhöhen, wurden von 1872 bis 1882 auch zweiachsige, doppelstöckige

Personenwagen (III. und II./III. Klasse) eingesetzt, die später noch auf Vorortbahnstrecken, z. B. nach Werder, Verwendung fanden. Speziell für die Ringbahn lieferte Krauss, München, 1873 bis 1875 15 B1n2-Dampflokomotiven. Der Ringbahnlokalverkehr wurde zur Keimzelle eines innerstädtischen schnellen Personenzugdienstes, der von den Doppelstockzügen über Omnibuszüge (ab 1879 mit kleinen B-Lokomotiven im Einmannbetrieb und einem Doppelstockwagen) und Dampftriebwagen (1879 bis 1890 vier Stück von Gruson und Schwartzkopff) schließlich zum typischen Berliner Ringbahn- und Stadtbahnzug mit Dampfloks der KPEV-Baureihe T 4 (deren Vorgänger sechs Loks Bauart Moabit der Berlin-Hamburger Eisenbahn waren) und kurzen, zweiachsigen Abteilwagen wurde. Diese Stadtbahnabteilwagen hatten vier Abteile in der II. Klasse (34 Sitzplätze) oder fünf Abteile in der III. Klasse (39 Sitzplätze).

Obwohl die Ringbahn als Neue Verbindungsbahn alle acht großen Berliner Kopfbahnhöfe miteinander verband, wurde diese betriebliche Möglichkeit fast nur im Güterverkehr genutzt. Die Fernreisenden waren weiterhin zum Umsteigen zwischen Zügen des Nord- oder Südringes oder zum Benutzen anderer Verkehrsmittel gezwungen. Baurat Orth schlug 1871 eine die Stadt von West nach Ost durchquerende Eisenbahnstrecke in Hochlage vor, die sowohl dem Fern- als auch dem Lokalverkehr (Ringbahnanschluß) dienen und im Verlauf der Spree und des ehemaligen Festungsgrabens von Charlottenburg bis zum Schlesischen Bahnhof die Innenstadt durchfahren sollte. Der Bahnbau wurde der Berliner Stadteisenbahngesellschaft übertragen, an der die Magdeburg-Halberstädter, die Berlin-Hamburger und die Berlin-Potsdam-Magdeburger Eisenbahn beteiligt waren. Im Jahre 1882 war die Strecke fertig, und fortan liefen alle Fernzüge der Ostbahn und der Schlesischen Bahn über die neue Strecke. Weiter hinzugenommene Züge anderer Strecken wurden jedoch wieder zum Görlitzer, Potsdamer oder Lehrter

Bf Alexanderplatz im Jahre 1905.
Foto: Landesbildstelle Berlin

Zeittafel Berlin 1838 – 1927

22.9.1838	erste Eisenbahn in Preußen: Berlin – Zehlendorf
29.10.1838	Berlin-Potsdamer Eisenbahn auf der gesamten Strecke in Betrieb
3.11.1838	Preußisches Eisenbahngesetz regelt staatliche Aufsicht über die privaten Eisenbahngesellschaften
1.7.1841	Berlin-Anhaltische Eisenbahn Berlin – Jüterbog
1.8.1842	Berlin-Stettiner Eisenbahn Berlin – Eberswalde
23.10.1842	Berlin-Frankfurter Eisenbahn Berlin – Frankfurt (Oder)
15.10.1846	Berlin-Hamburger Eisenbahn Berlin – Spandau – Boitzenburg
27.7.1849	Königliche Direktion der Ostbahn, die erste preußische Staatsbahn
15.9.1851	Verbindungsbahn Stettiner Bf – Hamburger Bf – Potsdamer Bf – Anhalter Bf
15.10.1851	Verbindungsbahnverlängerung Anhalter Bf – Frankfurter Bf
13.9.1866	Berlin-Görlitzer Eisenbahn Berlin – Cottbus
1.10.1867	Preußische Ostbahn (Königsberg –) Gusow – Berlin
1.2.1871	Berlin-Lehrter Eisenbahn Spandau – Wustermark (– Gardelegen)
15.7.1871	Eröffnung des Lehrter Bahnhofs
17.7.1871	Ringbahn Moabit – Rixdorf – Schöneberg (Personenverkehr ab 1.1.1872)
1.11.1872	neuer Potsdamer Bf in Betrieb
17.6.1875	Dresdener Bahn Dresdener Bf – Marienfelde – Rangsdorf
10.7.1877	Nordbahn Gesundbrunnen – Oranienburg
15.11.1877	Vollendung der Ringbahn Schöneberg – Tempelhof
9.9.1878	Omnibuszüge Berlin – Grünau
15.4.1879	Wetzlarer Bahn Charlottenburg – Grunewald – Wannsee – Beelitz – Blankenheim (15.5. auch Personenverkehr)
31.5.1879	erste elektrische Eisenbahn von Siemens auf der Berliner Gewerbeausstellung
21.2.1880	KED Berlin eingerichtet
15.6.1880	neuer Anhalter Bf
16.5.1881	erste elektrische Straßenbahn in Lichterfelde

1.8.1881	erster Teilstreckentarif bei der ABOAG
7.2.1882	Lokalverkehr auf der Stadtbahn Charlottenburg – Jannowitzbrücke
1.5.1887	alle Fernbahnen in Berlin bei der KPEV
1.1.1890	5-Stationen-Tarif auf der Stadtbahn
1.10.1891	neue Wannseebahn
1.10.1891	erster Vororttarif
1.4.1892	Niederschöneweide-Johannisthal – Spindlersfeld
16.6.1892	Vorortbahnverkehr vom Nordbahnhof aus
1.10.1893	Vorortstrecke Schönholz – Velten
1.5.1897	neue Trasse Stettiner Bf – Gesundbrunnen – Pankow-Schönhausen
1.5.1898	Stettiner Vorortbahnhof
1.5.1898	Vorortstrecke Lichtenberg – Friedrichsfelde – Werneuchen
13.7.1900	elektrischer Versuchsbetrieb Wannseebahn
18.2.1902	erste U-Bahn-Strecke: Stralauer Tor – Potsdamer Platz
1.9.1902	Strecke Wildpark – Nauen
1.7.1903	elektrischer Betrieb Potsdamer Ringbahnhof – Groß Lichterfelde-Ost
15.8.1903	elektrischer Betrieb Niederschöneweide-Johannisthal – Spindlersfeld
5.6.1905	erster Automobil-Omnibus (Bf Lichtenrade – Buckow)
1.5.1908	Bankierszüge Potsdamer Fernbahnhof – Wannsee
23.5.1909	Abzweig Heerstraße – Stadion – Rennbahn Grunewald
1.7.1910	Vorortstrecke Rixdorf – Baumschulenweg
5.9.1911	Vorortstrecke Rennbahn – Spandau Hbf
3.6.1913	Vorortstrecke Wannsee – Stahnsdorf (Friedhofsbahn)
30.1.1923	erste Großprofil-U-Bahn Stettiner Bf – Hallesches Tor
8.8.1924	Beginn der großen S-Bahn-Elektrifizierung mit 800 V Gleichstrom, erste Strecke Stettiner Vorortbf – Bernau in Betrieb
15.3.1927	Gemeinschaftstarif U-Bahn – Straßenbahn – Omnibus

Bahnhof – später auch nach Lichtenberg und Niederschöneweide – geführt, da die Verbindung schnell überlastet war. Die vier Bahnsteige am westlichen Endpunkt Charlottenburg gehörten den drei Betreibergesellschaften sowie der Wetzlarer Bahn. Der Betrieb auf der viergleisigen Stadtbahn (je ein Gleispaar für den Fern- und Lokalverkehr) oblag von Anfang an der Staatsbahn. Stadt- und Ringbahn ergänzten sich gegenseitig, denn auf der Ringbahn befuhren nicht alle Züge den ganzen Ring oder Vollring (über Potsdamer Ringbahnhof), sondern teilweise nur den Nordring (Charlottenburg – Gesundbrunnen – Warschauer Straße) bzw. Südring (Warschauer Straße – Schöneberg – Charlottenburg). Kurze Stationsabstände, kurvenreiche Strecken, hohe Zugdichte, große Geschwindigkeit und große Zugmassen stellten besondere Anforderungen an die Lokomotiv- und Wagenkonstruktionen. Die Stadtbahnlokomotiven der Bauarten 1Bn2 (T 2, 1881/82), B1n2 (T 2, 1884) und 1Bn2 (T 4, 1882/94) wurden zusammen mit den kurzen Abteilwagen zu den häufigsten Zuggarnituren. Mit der Ausdehnung des Vorortbahnbetriebs kamen auch 1B1n2-Lokomotiven (T 5, 1895/01) zum Einsatz.

Der Betrieb mit Abteilwagen hatte gegenüber den alten Ringbahnwagen den Vorteil, daß der Fahrgastwechsel durch die Vielzahl der Türen beschleunigt werden konnte. Um die Sitzplatzkapazität auf den Vorortstrecken zu erhöhen, wurden ab 1887 längere, dreiachsige Abteilwagen hergestellt, die auch als kurzgekuppelte Doppelwagen eingesetzt wurden. Ein Wagen II. Klasse hatte fünf Abteile (32 Sitzplätze), ein Wagen III. Klasse sechs Abteile (40 Sitzplätze). Von diesen, schon nach preußischen Normalien gebauten Dreiachsern wurden die Typen AB 3, B 3, BC 3, C 3, D 3 und Pw 3 in großen Stückzahlen beschafft.

Parallel der Wannseebahnstrecke Berlin-Wannseebahnhof – Zehlendorf-Mitte – Wannsee wurden die Gleise der Potsdamer Stammbahn zwischen Berlin Potsdamer Fernbahnhof und Zehlendorf-Mitte für die «Bankierszüge» elektrifiziert. Hier ein Probezug im Jahr 1933 am Bf Botanischer Garten.
Foto: Zentrale Bildstelle der DR

Die Berliner Kopfbahnhöfe

Bahnhof	Zeitraum	Bahn	Stadtbezirk	Straße bzw. Platz
Anhalter Bahnhof (I)	1841 – 1874	Berlin-Sächsische Eisenbahn 1846 Berlin-Anhaltische Eisenbahn	Kreuzberg	Askanischer Platz
Anhalter Bahnhof (II)	1874 – 1880	Interimsbahnhof Berlin-Anhaltische Eisenbahn	Kreuzberg	Verlängerte Trebbiner Straße
Anhalter Bahnhof (III)	1880 – 1952	Berlin-Anhaltische Eisenbahn 1882 KPEV 1924 DRG	Kreuzberg	Askanischer Platz
Cüstriner Bahnhof		siehe Ostbahnhof (I)		
Dresdener Bahnhof	1875 – 1883	Berlin-Dresdener Eisenbahn 1877 Niederschlesisch-Märkische Eisenbahn	Kreuzberg	Verlängerte Schöneberger Straße
Frankfurter Bahnhof	1842 – 1868	Berlin-Frankfurter Eisenbahn 1845 Niederschlesisch-Märkische Eisenbahn = Niederschlesisch-Märkischer Bahnhof 1852 KPEV = Schlesischer Bahnhof (I)	Friedrichshain	Stralauer Platz
Görlitzer Bahnhof	1866 – 1951	Berlin-Görlitzer Eisenbahn 1882 KPEV 1924 DRG	Kreuzberg	Spreewaldplatz
Hamburger Bahnhof	1846 – 1884	Berlin-Hamburger Eisenbahn	Tiergarten	Invalidenstraße
Lehrter Bahnhof	1871 – 1951	Magdeburg-Halberstädter Eisenbahn 1879 KPEV 1924 DRG	Tiergarten	Friedrich Karl Ufer (Washington Platz)
Militärbahnhof „Berlin"	1874 – 1945	Königlich Preußische Militär-Eisenbahn 1915 KPEV 1924 DRG = Bf Kolonnenstraße	Schöneberg	Kolonnenstraße
Niederschlesisch-Märkischer Bahnhof		siehe Frankfurter Bahnhof		
Nordbahnhof (I)	1892 – 1898	Berliner Nordbahn 1878 KPEV	Prenzlauer Berg	Schwedter Straße

Die Farbgebung der Wagen war 1874 von der KPEV festgelegt worden: I. Klasse gelb, II. Klasse grün, III. Klasse braun, IV. Klasse grau. Für den Betrieb auf der Stadt-, Ring- und Vorortbahn Berlins wurden bei den von der KPEV beschafften Zwei- und Dreiachsern die Sitzbänke auf einer Seite verkürzt, so daß innerhalb der Wagen ein schmaler Seitengang entstand. Die ab 1892 eingeführten vierachsigen Drehgestell-Abteilwagen (AB 4, ABC 4, C 4) kamen ab 1903 u. a. auf der Strecke Potsdamer Ringbahnhof – Groß Lichterfelde-Ost zum Einsatz und lei-

teten zu den Wagenkastenbauarten der ersten elektrischen Triebwagen über. Typisch für alle Abteilwagen waren neben den vielen Türen und Fenstern die durchgehenden Trittbretter und die Oberlichtaufsätze.

Das Fahrgastaufkommen auf der Stadt- und Ringbahn machte schon vor der Jahrhundertwende Zugfolgen von nur 10 oder 5 min notwendig. Im Jahre 1890 wurden die verschiedenen Tarife einander angeglichen, so daß auf der Ringbahn, der Stadtbahn und einigen Vorortstrecken derselbe 5-Stationen-Tarif galt, ab 1891 ein 2-Zonen-Tarif

und auf den Vorortstrecken ein ermäßigter Entfernungstarif. Dieser Vororttarif, Vorgänger des späteren S-Bahn-Tarifs, wurde entsprechend dem Bedarf und dem Verkehrsangebot (Zugdichte, Fahrplan, Gleisanlagen, Bauten) nach und nach auf weitere Strecken ausgedehnt. Bis 1927 waren die Vorortbahnen bis Bernau, Lichtenberg, Erkner, Grünau, Mariendorf, Lichterfelde-Ost, Potsdam (über Zehlendorf), Spandau und Borgsdorf mit eigenen Gleisen ausgerüstet.

Versuchs- und Vergleichsfahrten zur

Bahnhof	Zeitraum	Bahn	Stadtbezirk	Straße bzw. Platz
Nordbahnhof (II)		siehe Stettiner Bahnhof		
Ostbahnhof (I)	1867 – 1882	Preußische Ostbahn KPEV= Cüstriner Bahnhof	Friedrichshain	Cüstriner Platz (Franz-Mehring-Platz)
Ostbahnhof (II)		siehe Schlesischer Bahnhof (II)	.	
Potsdamer Bahnhof (I)	1838 – 1869	Berlin-Potsdamer Eisenbahn 1844 Berlin-Potsdam-Magdeburger Eisenbahn	Tiergarten	Potsdamer Platz
Potsdamer Bahnhof (II) = Potsdamer Fernbahnhof	1872 – 1945	Berlin-Potsdam-Magdeburger Eisenbahn 1880 KPEV 1924 DRG	Tiergarten	Potsdamer Platz
Potsdamer Ringbahnhof = Potsdamer Vorortbahnhof	1891 – 1944, 1945 – 1946	KPEV 1924 DRG	Tiergarten	Potsdamer Platz, Köthener Straße
Potsdamer Wannseebahnhof	1891 – 1939	KPEV 1924 DRG	Tiergarten	Potsdamer Platz, Link Straße
Schlesischer Bahnhof (I)	.	siehe Frankfurter Bahnhof		
Schlesischer Bahnhof (II)	1869 –	KPEV 1882 Umbau 1903 Stadtbahnanschluß, Durchgangsbahnhof 1924 DRG 1950 = Ostbahnhof (II) 1987 = Berlin Hauptbahnhof	Friedrichshain	Stralauer Platz
Stettiner Bahnhof	1842 – 1952	Berlin-Stettiner Eisenbahn 1876 Neues EG 1879 KPEV 1903 östlicher Erweiterungsbau 1950 = Nordbahnhof (II)	Mitte	Invalidenstraße
Stettiner Vorortbahnhof	1898 – 1946	KPEV 1924 DRG 1945 = Nordbahnhof (II)	Mitte	Zinnowitzer Straße
Wriezener Bahnhof	1903 – 1949	KPEV, dem Schlesischen Bahnhof (II) vorgelagert 1924 DRG	Friedrichshain	Fruchtstraße (Straße der Pariser Kommune)

Ermittlung von Lokomotivleistungsdaten haben in Berlin Tradition, hier waren namhafte Lokomotivfabriken angesiedelt, und dem Bw Grunewald benachbart war die Lokomotiv-Versuchsanstalt der KPEV. Im Jahre 1903 fanden auf der Strecke nach Grünau Vergleichsfahrten zwischen Loks der Baureihen T 6, T 11 und T 12 statt, bei denen die T 12 die besten Leistungs- und Verbrauchswerte hatte. Zwei Jahre später wurden auf der Strecke Grunewald – Nedlitz die Schwesterbaureihen T 11 und T 12 verglichen, wobei die Heißdampf-T 12 33,7

Prozent Kohleersparnis und 40,0 Prozent Wasserersparnis zeigte. Drei Naßdampf- und vier Heißdampf-Lokomotiven der Achsfolgen C und 1'C wurden im Jahre 1906 auf der Strecke Grunewald – Belzig Vergleichsfahrten unterzogen, wobei der Unterschied zwischen der Baureihe T 8 und der neueren T 11 ermittelt werden sollte, zudem wurde wieder der Unterschied zwischen Naßdampf- und Heißdampf-Loks deutlich. Die jüngere T 11 (Naßdampf) benötigte gegenüber einer Heißdampf-T 8 eine bis zu 2,4fache Kohlenmenge, jedoch

war die T 8 als Güterzuglok mit einem Treibraddurchmesser von 1350 mm und schlechter Laufruhe nicht für den Stadtbahnbetrieb geeignet. Nachfolger der T 5 wurde schließlich die T 11 (dann T 12), die in ihren Abmessungen für den Berliner Vorortverkehr ideal war, und als Heißdampfmaschine T 12 zur bekanntesten Berliner Dampflok wurde. Sie war von der Leistung her konkurrenzlos und beherrschte den Betrieb bis zur Elektrifizierung. Im Rangierdienst und auf Außenstrecken war sie bis in die fünfziger Jahre im Einsatz.

Bahnhöfe der Berliner Ringbahn

Bahnhofsbezeichnung	Bahnhofseröffnung	Personenverkehr	Elektrischer Betrieb
Gesundbrunnen	17. 7. 1871		
Schönhauser Allee	1. 8. 1879	1. 1. 1872	1. 2. 1929
Prenzlauer Allee	1. 5. 1892	1. 1. 1872	1. 2. 1929
Weißensee/Greifswalder Straße/Ernst-Thälmann-Park	1. 2. 1875	1. 1. 1672	1. 2. 1929
Landsberger Allee/Leninallee	1. 5. 1895	1. 1. 1872	1. 2. 1929
Zentralviehhof/Storkower Straße	4. 5. 1881	1. 1. 1872	1. 2. 1929
Frankfurter Allee/Stalinallee	15. 11. 1877	1. 1. 1872	1. 2. 1929
Stralau-Rummelsburg/Ostkreuz	1. 5. 1903	1. 1. 1872	1. 2. 1929
Treptow/Treptower Park	1. 2. 1875	1. 1. 1872	1. 2. 1929
Kaiser-Friedrich-Straße/Sonnenallee	1.10. 1912	1. 1. 1872	6. 11. 1928
Rixdorf/Neukölln	17. 7. 1871	1. 1. 1872	6. 11. 1928
Herrmannstraße	1. 2. 1899	1. 1. 1872	6. 11. 1928
Tempelhof	1. 1. 1872	1. 1. 1872	6. 11. 1928
Papestraße	1. 1. 1901	15. 11. 1877	6. 11. 1928
Papestraße		15. 11. 1877	6. 11. 1928
Potsdamer Ringbahnhof	1. 4. 1891	1. 4. 1891	18. 4. 1929
Ebersstraße[1]		1. 4. 1891	18. 4. 1929
Schöneberg	1. 3. 1933	1. 4. 1891	18. 4. 1929
Ebersstraße[1]	1. 5. 1897	15. 11. 1877	6. 11. 1928
Schöneberg[2]	17. 7. 1871	15. 11. 1877	6. 11. 1928
Insbrucker Platz	1. 7. 1933	15. 11. 1877	6. 11. 1928
Wilmersdorf/Bundesplatz	15. 11. 1877	15. 11. 1877	6. 11. 1928
Schmargendorf/Heidelberger Platz	15. 12. 1883	15. 11. 1877	6. 11. 1928
Hohenzollerndamm	1. 11. 1910	15. 11. 1877	6. 11. 1928
Grunewald/Halensee	15. 11. 1877	15. 11. 1877	6. 11. 1928
Ausstellung/Westkreuz	18. 4. 1929	15. 11. 1877	18. 4. 1929
Witzleben	1. 4. 1916	15. 11. 1877	18. 4. 1929
Charlottenburg/Westend	15. 11. 1877	15. 11. 1877	1. 2. 1929
Jungfernheide	1. 5. 1894	15. 11. 1877	1. 2. 1929
Moabit[2]	17. 7. 1871	15. 11. 1877	1. 2. 1929
Beusselstraße	1. 5. 1894	1. 1. 1872	1. 2. 1929
Putlitzstraße	1.10. 1898	1. 1. 1872	1. 2. 1929
Wedding	1. 5. 1872	1. 1. 1872	1. 2. 1929
Gesundbrunnen	17. 7. 1871	1. 1. 1872	1. 2. 1929

[1] Ebersstraße bis 1.3.1933, [2] bis 1.5. 1894

Bahnhöfe der Berliner Stadtbahn

Bahnhofsbezeichnung	Bahnhofseröffnung	Personenverkehr	Elektrischer Betrieb
(Ausstellung/Westkreuz)	10.12. 1928		
Charlottenburg	7. 2. 1882	1. 6. 1882	11. 6. 1928
Savignyplatz	1. 8. 1896	7. 2. 1882	11. 6. 1928
Zoologischer Garten	7. 2. 1882	7. 2. 1882	11. 6. 1928
Tiergarten	5. 1. 1884	7. 2. 1882	11. 6. 1928
Bellevue	7. 2. 1882	7. 2. 1882	11. 6. 1928
Lehrter Stadtbahnhof	7. 2. 1882	7. 2. 1882	11. 6. 1928
Friedrichstraße	7. 2. 1882	7. 2. 1882	11. 6. 1928
Börse/Marx-Engels-Platz/Hackescher Markt	7. 2. 1882	7. 2. 1882	11. 6. 1928
Alexanderplatz	7. 2. 1882	7. 2. 1882	11. 6. 1928
Jannowitzbrücke	7. 2. 1882	7. 2. 1882	11. 6. 1928
Schlesischer Bahnhof/Ostbahnhof/Hauptbahnhof	16. 8. 1869	7. 2. 1882	11. 6. 1928
Warschauer Straße	11. 8. 1884	16. 8. 1869	11. 6. 1928
(Stralau-Rummelsburg/Ostkreuz)	1. 5. 1903	1.10. 1867	11. 6. 1928

Der Beschluß zur Elektrifizierung der Berliner Stadt-, Ring- und Vorortbahnen basierte auf einem Planungskonzept der KED Berlin von 1909, das sich jedoch noch nicht auf ein bestimmtes Betriebssystem festlegte. Es dauerte 15 Jahre, bis am 8. August 1924 die erste Strecke im heutigen System vom Stettiner Vorortbahnhof nach Bernau befahren wurde und dann ab 1926 die Bauarbeiten für die »Große Elektrisierung« begannen. Vorangegangen waren zahlreiche Versuchsbetriebe der Industrie, auch die KPEV richtete solche mit verschiedenen elektrischen Systemen auf einzelnen Vorortstrecken ein. Da der Betrieb mit Dampflokomotiven im allgemeinen reibungslos verlief, wurde auch für die Beibehaltung der bewährten Traktionsart von Seiten der Öffentlichkeit (z. B. in der 1912 erschienenen Broschüre »Das Vaterland in Gefahr«) und der Lokomotivhersteller gekämpft. Beschaffungskosten, Lärm, Umsetzungszeiten in den Kopfbahnhöfen, Beschleunigungswerte, Traktionsleistung wurden diskutiert. Höhepunkt der Auseinandersetzungen waren nächtliche Versuchsfahrten mit einem 300-t-Zug auf dem Nordring, bei dem am 20. Februar 1913 eine eigens durch den Verband Norddeutscher Lokomotivfabriken von Henschel gebaute »Kampflokomotive« (1'D1'h3, Fabr.-Nr. 11692) zum Einsatz kam, ferner eine T 12 (2103 Berlin). Bei den Versuchsfahrten sollte die effektive Fahrzeit um 23 Prozent verkürzt werden (entsprechend den Vorgaben eines elektrischen Betriebs), was von den Dampflokomotiven auch »spielend« erreicht wurde: Die T 12 kam auf eine Zugfolge von 38 Zügen pro Stunde, die »Kampflokomotive« sogar auf 42. Zusammen mit einer weiteren dreizylindrigen 1'D1'-Maschine aus Deutschland gelangte die Versuchslokomotive, zuletzt »8508 Breslau«, nach dem Ersten Weltkrieg nach Frankreich zur Region Est, wo sie die Nummer 4651 erhielt und im Rbf Lumes (Ardennen) zum Einsatz kam. Von den zahlreichen ebenfalls abgegebenen preußi-

Die Stadtbahn führt zwischen den Bahnhöfen Hackescher Markt und Friedrichstraße durch historische Kulisse. Hier ein Triebzug der Baureihe 477 am Bode-Museum, Juni 1993. Foto: Jörg Ott

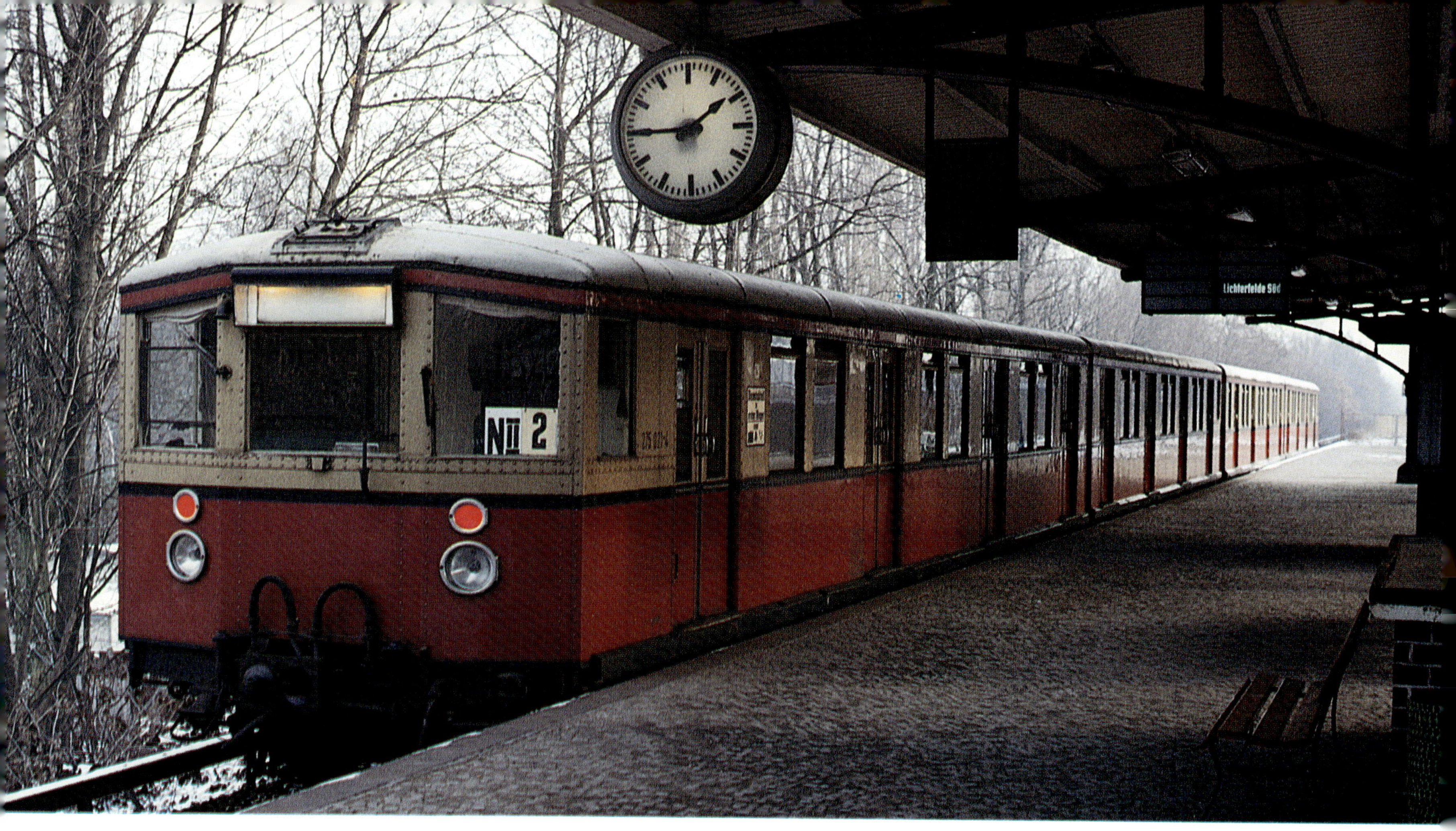
NII 2
Lichterfelde Süd

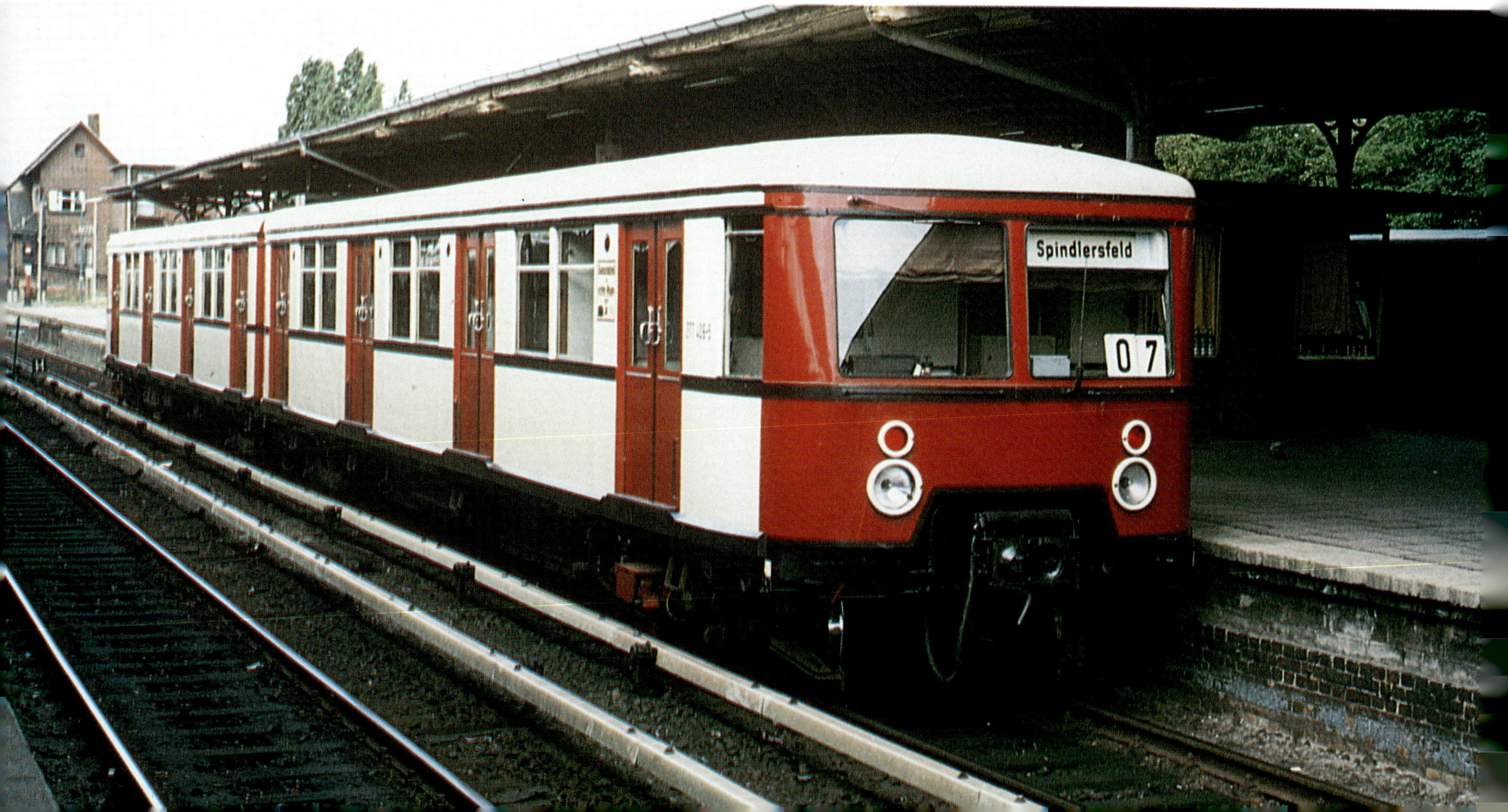
Spindlersfeld
07

Berliner S-Bahn in Farbe

Der Prototyp der Baureihe 270 im Einsatz auf der Zuggruppe U nach Spindlersfeld. Hier im Bf Schöneweide im Jahre 1987.
Foto: Jörg Ott

275 971 (Bauart Wannseebahn, ohne Nieten) am 15. August 1987 im Bf Mahlsdorf.
Foto: Rüdiger Berg

275 513 bei der Ausfahrt aus dem Bf Berlin-Wannsee im Oktober 1987.
Foto: Jörg Ott

275 753-2 am 13. Dezember 1987 auf der S 1 bei der Einfahrt in den Bf Zehlendorf.
Foto: Jörg Ott

Links:
275 022 auf der Zuggruppe N II im Endbahnhof Heiligensee im Dezember 1983. Vor dem 13. August 1961 fuhren die Züge weiter bis Velten. Seit dem 9. Januar 1984 ruht hier der Zugverkehr.
Foto: Jörg Ott

277 406, ein ehemaliger Triebwagen aus Peenemünde, hier mit einer Versuchslackierung im Sommer 1984 im Bf Schöneweide.
Foto: Sammlung Ott

Prototriebzug 480 002/502 + 480 001/501 (kristallblau) am 13. Dezember 1987 in der Nähe des Bf Sundgauer Straße.

Paßviertelzug am 24. September 1988 kurz vor der Einfahrt in den Bf Schöneberg.
Fotos: Jörg Ott

Berliner U-Bahn-Wagen des Typs E III, entstanden aus älteren S-Bahn-Wagen, am 29. August 1987 im U-Bw Friedrichsfelde. 101 024 (ex ET 168 047), 105 116 (ex 275 827), 101 016 (ex ET 168 028).
Foto: Jörg Ott

Vor der Abstellung des letzten Paßviertels noch einmal Planbetrieb auf der S 1 Wannsee – Anhalter Bahnhof, hier beim Halt am 24. September 1988 im Bf Sundgauer Straße.
Foto: Rüdiger Berg

485 156 am 8. Juli 1992 bei der Probefahrt auf dem AEG-Versuchsgleis Hennigsdorf – Velten.

Auf der am 2. Juli 1990 wieder eröffneten Verbindung Friedrichstraße (Bahnsteig Ost) – Lehrter Stadtbahnhof ein Triebwagen der BR 277. Fotos: Jörg Ott

Drei S-Bahn-Farbgebungen auf einem Bild. 485 094 bei der Einfahrt in den Lehrter Stadtbahnhof. Auf dem rechten Gleis fährt ein Triebzug der BR 476 in Richtung Bf Friedrichstraße. Im Hintergrund die zum Bezirk Mitte gehörende Charité. 2. April 1992. Foto: Joachim Janikowski

485 013 noch in der alten Farbgebung im Januar 1993 im Bf Alexanderplatz.

Einsatz von Paßvierteln im Dezember 1980 auf der S I von Wannsee nach Friedrichstraße.
Fotos: Jörg Ott

Dampflokomotiven auf der Berliner Stadt-, Ring- und Vorortbahn

Naßdampflokomotiven				Heißdampflokomotiven			
Länderbahnbez.	Achsfolge	erstes Baujahr	Baureihe	Länderbahnbez.	Achsfolge	erstes Baujahr	Baureihe
T 2	B n2	1870	-				
T 2	B1 n2	1870	-				
T 3	C n2	1878	$89^{70\text{-}75}$				
T 4^1	1B n2	1870	-				
T 5^1	1'B1'n2	1895	71				
T 5^2	2'B n2	1899	72^0	T 5^2	2'B h2	1900	72^0
T 6	1C1 n3	1902	-				
T 7	C n2	1877	89^{78}				
				T 8	C h2	1905	89^0
T 9^1	C1'n2	1892	$90^{0\text{-}2}$				
T 9^2	1'C n2	1892	$91^{0\text{-}1}$				
T 11	1'C n2	1903	$74^{0\text{-}3}$	T 11	1' C h2	1926	$74^{0\text{-}3}$
				T 12	1' C h2	1902	$74^{4\text{-}13}$
T 13	D n2	1910	$92^{5\text{-}10}$				
				T 14	1' D1' h2	1914	$93^{0\text{-}4}$
				(T14)	1' D1' h3	1913	-

schen T 14 setzte die Region ÉTAT einige im Vorortbetrieb von Paris Saint Lazare aus ein. Im Inventar 1938 der neugegründeten SNCF wurde die Henschel-Lok noch als 141 TA 651 geführt, sie diente zuletzt als Heizlok im Bahnhof Nancy Ville.

Die positiven Erfahrungen des elektrischen Vorortbahnbetriebs in Hamburg und der Versuchsbetriebe in Berlin gaben dann letztlich doch den Ausschlag für die Elektrifizierung, zumal es sich um ein auf Berlin begrenztes Einsatzfeld handelte und noch keine Folgerungen für Fernstrecken getroffen wurden, wogegen vor allem das Militär Bedenken hatte.

Von 1928 bis 1945

Das Jahr 1928 wird in der Berliner S-Bahn-Geschichte auch das Jahr der Großen Elektrisierung genannt. Obwohl die nördlichen Vorortstrecken nach Velten, Oranienburg und Bernau schon elektrifiziert betrieben wurden, gilt der 11. Juni 1928 als Geburtsstunde des elektrischen S-Bahn-Verkehrs. An diesem Tage konnte der elektrische Betrieb auf der Stadtbahn zwischen Charlottenburg und Schlesischer Bahnhof sowie auf den Strecken nach Potsdam und Erkner mit fünf neuen Wagenzügen aufgenommen werden. Vorweg waren umfang-

reiche Umbaumaßnahmen erforderlich. Genannt sei nur die Erhöhung der Bahnsteige auf 96 cm, wofür eine Sondergenehmigung erforderlich war, denn die Eisenbahn-Bau- und Betriebsordnung ließ nur 76 cm zu. Vor Erteilung der Sondergenehmigung mußte auf dem Bahnhof Tempelhof ein Versuchsbahnsteig gebaut werden. Nach Erteilung der Genehmigung wurden 93 Bahnsteige im elektrisch betriebenen Teil umgebaut.

Der elektrische Probebetrieb auf der Stadtbahn begann im Januar 1928. Gleichzeitig wurde auch das neue Signalsystem mit selbsttätiger Streckenblockung erprobt. Hierfür erließ die Deutsche Reichsbahn-Gesellschaft »Vorläufige Sondervorschriften über die selbsttätige Zugsicherung für den elektrischen Betrieb auf der Berliner Stadtbahn«. Am 7. Oktober 1928 war der durchgehende und regelmäßige elektrische S-Bahn-Verkehr von Potsdam bis nach Erkner möglich. Da weitere S-Bahn-Züge angeliefert wurden, konnte dann schließlich am 20. März 1929 ein rein elektrischer Betrieb auf der Stadtbahn und den abzweigenden Vorortstrecken aufgenommen werden. Das führte zu einer Fahrzeitersparnis bis zu 30 Prozent. Im Berufsverkehr kamen in einer Stunde 28 S-Bahn-Züge zum Einsatz anstelle von bisher 24 Dampfzügen pro Richtung. Außerhalb des Berufsverkehrs waren es 24 S-Bahn-Züge anstatt 18 Dampfzügen.

Für die große Elektrifizierung mußten neue S-Bahn-Züge beschafft werden. Der vorhandene Wagenpark, bestehend aus den Versuchszügen A – F mit 24 Trieb- und 36 Beiwagen sowie den S-Bahn-Wagen der Bauart 1924 (ET/EB 169) mit 34 Trieb- und 51 Beiwagen und der Bauart 1925

Links:
480 007/507 als S 2 nach Blankenfelde läuft in den Bf Priesterweg ein.
Foto: Joachim Janikowski

Rechts:
Bau der Nord-Süd-S-Bahn am Anhalter Bahnhof.
Foto: Landesbildstelle Berlin

Bau der Nord-Süd-S-Bahn. Einsturzunglück in der Hermann-Göring-Straße (spätere Ebertstraße) am Brandenburger Tor im August 1935. Foto: Landesbildstelle Berlin

Neukölln und weiter nach Stralau-Rummelsburg und über Köllnische Heide nach Grünau, aufgenommen. Als weitere Strecken kamen am 1. Februar 1929 der Nordring von Charlottenburg über Gesundbrunnen nach Baumschulenweg hinzu. Am gleichen Datum ging die ehemalige Wechselstrom-Versuchsstrecke Niederschöneweide-Johannisthal – Spindlersfeld an das 800-V-Gleichstromnetz. Abgeschlossen wurde die große Elektrifizierung mit der Schließung des Ringes am 18. April 1929 zwischen Halensee und Westend und den Verbindungen von der Ringbahn zum Potsdamer Ringbahnhof. Zum Fahrplanwechsel am 15. Mai 1929 wurden die letzten dampfgeführten Züge von der Ringbahn abgezogen und der volle elektrische Betrieb auf-

(ET/EB 168) mit 50 Trieb- und 50 Beiwagen, reichte für das elektrifizierte Netz nicht mehr aus. Die DRG bestellte daher bei mehreren Firmen insgesamt 638 Trieb- und 638 Beiwagen. Beteiligt waren Orenstein & Koppel (Berlin), Wumag (Görlitz), Wegmann (Kassel), Vereinigte Westdeutsche Waggonfabriken (Köln-Deutz), Linke-Hoffmann (Breslau) und Busch (Bautzen). Die S-Bahn-Wagen wurden als Bauart 1927/28, 1929 und 1930 (ET/EB/ES 165.0–6) eingereiht. Da sie zur Zeit der Stadtbahnelektrifizierung beschafft wurden, nannte man sie auch Stadtbahnwagen. Sie unterschieden sich von den vorangegangenen Baureihen schon durch den zweifarbigen Anstrich. Unterhalb der Fenster waren sie bordeauxrot und darüber ockerfarben (3. Klasse) bzw. blau (2. Klasse) lackiert. Das Dach erhielt einen silberfarbigen Anstrich. Ausgerüstet wurden die Triebwagen mit nur einer Streckenlaterne in der Stirnwandmitte und einer darunter liegenden Signallampe für Fahrten auf dem falschen Streckengleis. Die Serienlieferung begann 1928 und endete drei Jahre später.

Am 6. November 1928 wurde der elektrische Betrieb auf dem Südring, ausgehend von Charlottenburg über Halensee nach

Zeittafel Berlin 1928 – 1945

11.6.1928	Aufnahme des elektrischen Zugbetriebs auf den Strecken Potsdam – Berlin-Wannsee – Charlottenburg, Charlottenburg – Schlesischer Bahnhof, Schlesischer Bahnhof – Stralau-Rummelsburg – Erkner
7.10.1928	regelmäßiger und durchgehender elektrischer Zugverkehr Potsdam – Stadtbahn – Erkner
2.7.1929	Umstellung des elektrischen Betriebs Potsdamer Ringbahnhof – Lichterfelde Ost von 550 V auf 800 V Gleichstrom
1.12.1930	Einführung der Bezeichnung S-Bahn, weißes S auf grünem Grund
1932	S-Bahn-Wagen der Bauart 1932 (ET 165.8) in Dienst gestellt
1.3.1933	Eröffnung des Umsteigebahnhofs Schöneberg, Schließung des Bahnhofs Ebersstraße
4.2.1934	Baubeginn des Nord-Süd-Tunnels
Mai 1935	erster S-Bahn-Zug der Bauart 1934/36 (ET 166) in Dienst gestellt
20.8.1935	Einsturz des Tunnels der Nord-Süd-S-Bahn in der Hermann-Göring-Straße (heute: Ebertstraße)
28.7.1936	Nord-Süd-S-Bahn-Tunnel Humboldthain – Unter den Linden eröffnet, Stettiner Vorortbahnhof geschlossen
1938	S-Bahn-Wagen der Bauart 1937/40 (ET 167) in Dienst gestellt
15.4.1939	Nord-Süd-S-Bahn-Tunnel Unter den Linden – Potsdamer Platz eröffnet
8.10.1939	Wannseebahnhof des Potsdamer Bahnhofs geschlossen
9.10.1939	durchgehender S-Bahnbetrieb durch den Nord-Süd-Tunnel, Potsdamer Platz – Großgörschenstraße
6.11.1939	Potsdamer Vorortbahnhof stillgelegt
3.7.1944	Einstellung des Ringbahnverkehrs zum Potsdamer Ringbahnhof, Schließung der Bahnhöfe Kolonnenstraße und Potsdamer Ringbahnhof
25.4.1945	S-Bahnverkehr kommt infolge der Kriegshandlungen vollständig zum Erliegen

genommen. Damit betrug die elektrifizierte Streckenlänge insgesamt 229,48 km. Im selben Jahr wurde die am 8. Juli 1903 in Betrieb genommene Strecke Potsdamer Vorortbahnhof – Lichterfelde Ost von 500 V auf 800 V Gleichstrom umgestellt. Zu Beginn der großen Elektrifizierung wurde zwischen den Siemenswerken und der DRG eine Vereinbarung getroffen, von Jungfernheide nach Gartenfeld eine Stichbahn zu bauen. Die Baukosten von rund 14 Mio. Reichsmark wurden zu zwei Dritteln von Siemens und zu einem Drittel von der DRG getragen. Die Strecke ging am 18. Dezember 1929 in Betrieb.

Die Kosten der großen Elektrifizierung beliefen sich auf 159,767 Mio. Reichsmark. Davon entfielen rund 60 Mio. Reichsmark auf den Bau von Fahrzeugen.

Am 15. Dezember 1930 war die Inbetriebnahme der Strecke Kaulsdorf – Mahlsdorf, die erst nach Gewährung eines Kredits von 2,8 Mio. Reichsmark durch die Stadt Berlin gebaut werden konnte.

Der Vorortverkehr mit Dampfzügen hatte noch eine Streckenlänge von ca. 300 km. Hierzu gehörte auch die älteste Vorortstrecke Berlin-Potsdamer Bahnhof – Wannsee. 1931 begannen auch hier die Arbeiten zur Elektrifizierung. Am 15. Mai 1933 konnte der elektrische Betrieb vom Wannseebahnhof am Potsdamer Bahnhof in Berlin über Zehlendorf nach Berlin-Wannsee aufgenommen werden. Gleichzeitig elektrifizierte man die Gleise der Potsdamer Stammbahn für die Bankierszüge von Berlin Potsdamer Fernbahnhof bis nach Zehlendorf, die hier in die Wannseebahn einmündeten.

Für den elektrischen Betrieb hatte man rechtzeitig neue S-Bahn-Wagen der Bauart 1932 und 132a (ET/EB 165.8) bestellt. Es wurden 51 Trieb- und Beiwagen beschafft, die der letzten Lieferung der Stadtbahnwagen (Bauart 1929 und 1930) ähnelten. Äußerlich konnte man die Bauart 1932 durch ihre »glatte Außenhaut« von den Vorgängern mit sichtbaren Nieten unterscheiden. Für die Bankierszüge bestellte die DRG insgesamt 18 Viertelzüge der Bauart 1934, 1935a und 1937/38, die späteren ET/EB 125. Sie unterschieden sich äußerlich durch eine abgerundete Kopfform und erreichten eine Höchstgeschwindigkeit von 120 km/h. Vier Viertelzüge waren für eine Geschwindigkeit von 140 km/h vorgesehen. Für die Strecke Potsdamer Bahnhof – Zehlendorf benötigten sie 11 min.

1933 fiel die Entscheidung für ein ehrgeiziges Tunnelprojekt, das bereits seit 1910 in der Diskussion war: die Untertunnelung der Innenstadt auf einer Länge von 5,8 km zwischen Stettiner Bahnhof und Anhalter Bahnhof. Die Trassierung der Strecke gestaltete sich recht schwierig, zumal die Spree, der Landwehrkanal, zwei U-Bahn-Linien und zahlreiche Häuser zu unterqueren waren. Am 4. Februar 1934 begannen die Bauarbeiten. Überschattet wurde der Tunnelbau durch verschiedene Unglücksfälle, zumal unter Zeitdruck gearbeitet wurde. Das schwerste Unglück ereignete sich am 20. August 1935 in der Hermann-Göring-Straße (heute: Ebertstraße) nahe dem Brandenburger Tor, als die Absteifungen des S-Bahn-Schachts, der an dieser Stelle in offener Bauweise gebaut wurde, wie Streichhölzer wegknickten. Von 23 verschütteten Arbeitern überlebten nur vier. Die Arbeiten für das Prestigeobjekt der damaligen Regierung gingen trotzdem weiter. Am 28. Juli 1936 konnte ein Teilstück des Tunnels zwischen den Bahnhöfen Humboldthain und Unter den Linden eröffnet werden. Gleichzeitig wurde der Stettiner Vorortbahnhof, einer der verkehrsreichsten Bahnhöfe Berlins, geschlossen. Teile der Bahnanlagen wurden in das S-Bahn-Bw Stettiner Bahnhof (später Nordbahnhof) integriert. Am 15. April 1939 wurde als weiteres Teilstück Unter den Linden – Potsdamer Platz der Bestimmung übergeben. Schon ein halbes Jahr später, am 9. Oktober 1939, ging das letzte Teilstück vom Potsdamer Platz bis Großgörschenstraße in Betrieb. Einen Tag zuvor hatte man den Wannseebahnhof des Potsdamer Bahnhofs geschlossen. Die Wannseebahn durchfuhr fortan den Nord-Süd-Tunnel, während die Ringbahnzüge weiter den Potsdamer Bahnhof anliefen. Der Wannseebahnhof wurde nun ebenfalls für den Fernverkehr genutzt. Nach der Elektrifizierung der Strecke Priesterweg – Mahlow wurde die Bahn von Mahlow am 6. November 1939 durch den zweiten Tunnelmund zwischen den Bahnhöfen Yorckstraße und Anhalter Bahnhof in den Nord-Süd-Tunnel eingefädelt. Gleichzeitig wurde der Potsdamer Vorortbahnhof geschlossen. Der Zug-

verkehr fand nun mit folgenden Zuggruppen statt:

Zuggruppe 1: Oranienburg – Gesundbrunnen – Potsdamer Platz – Großgörschenstraße – Zehlendorf – Wannsee

Zuggruppe 2: Bernau – Blankenburg – Gesundbrunnen – Potsdamer Platz – Yorckstraße – Mahlow

Zuggruppe 3: Velten – Tegel – Gesundbrunnen – Potsdamer Platz – Yorckstraße – Lichterfelde Ost

Während des Krieges elektrifizierte die DRG nur noch zwei Strecken: Mahlow – Rangsdorf (Inbetriebnahme am 6. Oktober 1940) und Lichterfelde Ost – Lichterfelde Süd (9. August 1943). Das Vorhaben, von Rangsdorf nach Zossen zu elektrifizieren, wurde aufgegeben. Das S-Bahn-Netz wies nun eine Gesamtlänge von 536 km auf, wovon 283,63 km elektrisch betrieben wurden. 1939 fuhren täglich rund 3500 S-Bahn-Züge, in denen etwa 1,2 Mio. Fahrgäste befördert wurden.

Im Jahr 1941 begann die Umzeichnung der S-Bahn-Wagen von dem bisher gebräuchlichen vierstelligen Nummernsystem in ein neues sechsstelliges. Die S-Bahn-Wagen erhielten eine dreistellige Stammnummer von 165 bis 169, wobei für die schnelleren Wagen die Stammnummer 125 vorgesehen war, sowie eine dreistellige Ordnungsnummer. Triebwagen und Beiwagen erhielten die gleichen Nummern. Sie unterschieden sich nur durch ein vorangestelltes ET (Triebwagen), ES (Steuerwagen) oder EB (Beiwagen). Die Umzeichnungsaktion dauerte bis in das Jahr 1942.

Am 3. Juli 1944 endete der Ringbahnverkehr zum Potsdamer Ringbahnhof. Gleichzeitig wurden der Bahnhof Kolonnenstraße und der Potsdamer Ringbahnhof stillgelegt. Luftangriffe auf Berlin und Stromsperren erschwerten den S-Bahn-Betrieb, so daß fahrplanmäßiger Betrieb nicht mehr gewährleistet war. Am 25. April 1945 kam der S-Bahn-Verkehr völlig zum Erliegen. Während der Bombenangriffe war der Nord-Süd-Tunnel ein sicherer Abstellort für die Züge. Mit der Sprengung der Tunneldecke am Landwehrkanal in den Morgenstunden des 2. Mai 1945 erlitt die Nord-Süd-Bahn nachhaltige Schäden.

Elektrifizierung der Berliner S-Bahn 1924 – 1945

Datum	Streckenabschnitt	Länge km	Anmerkung
8. 8.1924	Stettiner Vorortbahnhof – Bernau	22,73	a) b)
5. 6.1925	Gesundbrunnen – Birkenwerder	18,23	b) c)
4.10.1925	Birkenwerder – Oranienburg	8,01	
16. 3.1927	Schönholz-Reinickendorf – Velten	21,51	b) d)
11. 6.1928	Potsdam – Wannsee – Friedrichstraße – Erkner	57,20	b) e)
10. 7.1928	Wannsee – Stahnsdorf	4,24	f)
23. 8.1928	Charlottenburg – Spandau West	10,00	g)
6.11.1928	Charlottenburg – Südring – Grünau	27,5	b) h)
6.11.1928	Neukölln – Warschauer Straße	5,20	b) i)
6.11.1928	Schlesischer Bahnhof – Kaulsdorf	11,07	
1. 2.1929	Charlottenburg – Nordring – Baumschulenweg	25,79	b) j)
1. 2.1929	Frankfurter Allee – Warschauer Straße	0,73	
1. 2.1929	Niederschöneweide-Johannisthal – Spindlersfeld	4,05	
18. 4.1929	Potsdamer Ringbahnhof – Papestraße	3,39	k) l)
18. 4.1929	Potsdamer Ringbahnhof – Ebersstraße	1,07	k) l)
18. 4.1929	Halensee – Westend	2,72	m)
2. 7.1929	Potsdamer Ringbahnhof – Lichterfelde Ost	8,07	k) n) o)
18.12.1929	Jungfernheide – Gartenfeld	4,46	p)
15.12.1930	Kaulsdorf – Mahlsdorf	1,59	
15. 5.1933	Potsdamer Wannseebahnhof – Wannsee	18,61	q)
15. 5.1933	Potsdamer Bahnhof – Zehlendorf Mitte (Stammbahngleise)	12,06	r)
15. 5.1933	Verbindung Stammbahn – Wannseebahn Zehlendorf Mitte	1,04	p)
28. 7.1936	Gesundbrunnen – Unter den Linden	3,38	
28. 7.1936	Heerstraße – Reichssportfeld	1,42	
15. 4.1939	Unter den Linden – Potsdamer Platz	0,96	
15. 5.1939	Priesterweg – Mahlow	11,79	b) s) t)
9.10.1939	Potsdamer Platz – Großgörschenstraße	4,22	q)
6.11.1939	Anhalter Bahnhof – Yorckstraße	1,24	
6.10.1940	Mahlow – Rangsdorf	7,47	s) t)
9. 8.1943	Lichterfelde Ost – Lichterfelde Süd	2,55	n)
		302,30	

a) Stettiner Vorortbahnhof 1936 stillgelegt (Inbetriebnahme Nord-Süd-Tunnel)
   Humboldthain – Stettiner Vorortbahnhof 1945–1947 in Betrieb
b) am 13.8.1961 unterbrochen (Berliner Mauer)
c) Gesundbrunnen – Frohnau 9.1.1984 – 30.9.1984 eingestellt
d) Schönholz – Heiligensee ab 9.1.1984 eingestellt
e) Restbetrieb Potsdam Stadt – Griebnitzsee ab 9.10.1961 eingestellt
f) am 13.8.1961 unterbrochen (Berliner Mauer) und stillgelegt
g) Westkreuz – Spandau West ab 28.9.1980 eingestellt
h) Charlottenburg – Köllnische Heide ab 28.9.1980 eingestellt, seit 17.12.1993 wieder in Betrieb
i) Neukölln – Sonnenallee ab 28.9.1980 eingestellt
j) Charlottenburg – Westend 1945 stillgelegt
k) Potsdamer Ringbahnhof 1939 stillgelegt, nochmals in Betrieb 1945–1946 (Wannseebahn)
l) nach 1945 nicht wieder in Betrieb genommen (Vollringabzweig Schöneberg – Vp – Potsdamer Ringbahnhof – Vdp – Papestraße)
m) westliche Ringbahn ab 28.9.1980 eingestellt, seit 17.12.1993 wieder in Betrieb
n) (Anhalter Bahnhof –) Yorckstraße – Lichterfelde Ost – Lichterfelde Süd ab 9.1.1984 eingestellt
o) 1903–1929 bereits mit 550 V Gleichstrom
p) ab 28.9.1980 eingestellt
q) Potsdamer Wannseebahnhof 1939 stillgelegt. Anhalter Bahnhof – Großgörschenstraße – Wannsee 28.9.1980 – 31.1.1985 eingestellt
r) nach 1945 nicht wieder in Betrieb genommen
s) Restbetrieb Mahlow – Rangsdorf ab 9.10.1961 eingestellt
t) Lichtenrade – Blankenfelde am 31.8.1992 wiedereröffnet

Nicht vermerkt sind Streckensperrungen mit Ende des Zweiten Weltkrieges
und wegen Umbauarbeiten oder Renovierungen.

Mit dem Kriegsende am 8. Mai 1945 waren zahlreiche Strecken und das Fernsprechnetz unterbrochen und die Signalanlagen ausgefallen. Von dem gesamten Wagenpark waren nur noch 534 Wagen betriebsfähig, 1118 Wagen hatten teils schwere, teils leichtere Schäden davongetragen.

Von 1945 bis 1961

Die Berliner S-Bahn der Nachkriegsjahre war nicht mehr von technischem Fortschritt geprägt. Ruinen entlang den zerstörten, schwer beschädigten oder behelfsmäßig wieder instandgesetzten Eisenbahnanlagen prägten das Bild der Vier-Sektoren-Stadt. Nur langsam lief der elektrische S-Bahn-Betrieb, zunächst ohne Rücksicht auf die Grenzen, zwischen dem sowjetischen, dem amerikanischen, dem britischen und dem französischen Sektor, wieder an. Die vier Sektoren waren am 12. Juli 1945 gebildet worden. Als erste Strecke ging am 21. Juli 1945 die S-Bahn-Strecke Wannsee - Großgörschenstraße wieder in Betrieb (ab 6. Juni 1945 bereits Einzelfahrten), bis Februar 1946 auch das übrige Netz. Da der Nord-Süd-Tunnel überflutet

Deutsche Reichsbahn
Reichsbahndirektion Berlin

Nr.

Der Bedienstete der Deutschen Reichsbahn

*[...]nikowski,
[...]lln, Siegfriedstrasse 39*

hat sich zur Arbeit gemeldet und ist zur Dienstleistung herangezogen worden.

Wir bitten, Genannten nicht für andere Arbeiten heranzuziehen.

Seine Wohnung darf nicht beschlagnahmt werden.

Für seinen Dienst ist er berechtigt, ein Fahrrad zu benutzen.

Berlin, [...]. Juni 1945.

war, wurden die Abschnitte Stettiner Fern-bahnhof – Humboldthain (Betrieb 19. Juli 1945 – 31. Januar 1947) und Potsdamer Ringbahnhof – Wannseebahn (– Großgör-schenstraße) (Betrieb 6. August 1945 – 27. Juni 1946) vorübergehend elektrifiziert. Der S-Bahn-Tunnelabschnitt konnte erst ab November 1947 wieder vollständig befah-ren werden. Nicht wieder in Betrieb genom-men wurden die Teilstrecken Charlotten-burg – Westend (Nordring), Potsdamer Ringbahnhof – Südring (– Papestraße bzw. – Schöneberg) und die Bankierszüge-Glei-se Potsdamer Fernbahnhof – Zehlendorf – Wannsee (Neue Wannseebahn).

Statt des pulsierenden Weltstadtlebens mit all seinem bunten Treiben herrschte nun Not, viele Triebwagen waren nur notdürftig instand gesetzt oder mußten ausgemustert werden (28 ET/EB 165, ein EB 167, zwei ET 168, zwei EB 168), andere wurden nach Polen (mindestens 54 ET 165, 53 EB 165, elf ET 166, elf EB 166, 27 ET 167, 17 EB 167) oder in die Sowjetunion abtranspor-tiert (82 ET 165, 91 EB 165, zwei ET 166,

Eisenbahner-Dienstausweis im Berlin der unmittelbaren Nachkriegszeit vom Sommer 1945.
Foto: Andreas Janikowski

Германская железная дорога
Железнодорожная дирекция
Берлин

№ 21

Состоящий на службе германской железной дороги *Юозеф Яниковски Берлин Нейкелли Зиегфриедстр. 3...* явился для регистрации на службу и привлечён к работе.

Просим вышеуказаннаго не задер-живать и к другим работам не привлекать.

Его квартира не должна быть занята для других целей.

Для исполнения своих служебных обязанностей он должен пользо-ваться велосипедом.

Берлин, *27* -ое Июня 1945 г.

Zeittafel Berlin 1945 – 1961

6.6.1945	erste Wiederaufnahme des elektrischen S-Bahn-Betriebs seit 25.4.1945 Wannsee – Schöneberg
19.7.1945	Humboldthain – Stettiner Vorortbahnhof wegen Überflutung des Nord-Süd-Tunnels elektrifiziert
6.8.1945	provisorische Wiederinbetriebnahme des Potsdamer Ringbahnhofs wegen Überflutung des Nord-Süd-Tunnels (bis 27.6.1946)
11.8.1945	die Sowjetische Militär-Administration übergibt die Eisenbahnen in Berlin an die deutschen Eisenbahner
1.11.1946	Abschaffung der 2. Klasse bei der S-Bahn
24.6.1948	Währungsreform, Berliner Blockade (bis 12.5.1949)
1.8.1949	Trennung BVG Ost – BVG West
17.5.1952	West-Berliner Reisende dürfen nur noch nach Ost-Berlin, nicht in die DDR
3.6.1956	3. Klasse wird zur 2. Klasse
28.9.1956	Außenringstrecke Golm – Saarmund, Berliner Außenring geschlossen
17.3.1958	erster Schnellverkehr auf dem Außenring nach Werder und Falkensee
13.8.1961	Bau der Berliner Mauer und Trennung der S-Bahn

zwei EB 166, 56 ET 167, 54 EB 167; davon 1952 zurück: 61 ET 165, 61 EB 165, acht ET 167 und acht EB 167), eine größere Anzahl blieb vermißt. Zur Deutschen Bun-desbahn gelangten schließlich noch ein ET 165 und ein EB 165. Da schon während des Krieges 45 ET 165, 45 EB 165, ein ET 166, zwei EB 166, fünf ET 167, neun EB 167, 14 ET 168, zwölf EB 168, zehn ET 169 und 15 EB 169 ausgemustert werden mußten und in der unmittelbaren Nachkriegszeit nur ein ET 165, ein EB 166, neun ET 167 und 20 EB

167 als Neubauten, Wiederaufbauten oder Übernahme (Peenemünde) hinzugekom-men waren, lag der Fahrzeugbestand mit 1476 Fahrzeugen (ET/ES/EB) rund ein Drit-tel unter dem der Vorkriegszeit.

Auf den Berliner Bahnsteigen waren Flüchtlinge mit all ihrem Hab und Gut zu sehen, ebenso Hamsterkäufer aus der Stadt, Schwarzmarktschieber, Kriegsheim-kehrer, Hausfrauen mit Einkaufstaschen oder alte Männer mit zerschlissenen Regenmänteln und zerbeulten Aktenta-

Elektrifizierung der Berliner S-Bahn 1945 – 1961

Datum	Streckenabschnitt	Länge km	Anmerkung
Wiederinbetriebnahme des Netzes nach dem Zweiten Weltkrieg am 16.2.1946 abgeschlossen			u)
7. 3. 1947	Mahlsdorf – Hoppegarten	4,29	
15. 6. 1948	Zehlendorf – Düppel	2,51	p)
1. 9. 1948	Hoppegarten – Fredersdorf	6,10	
31.10. 1948	Fredersdorf – Strausberg	4,93	
30. 4. 1951	Grünau – Königs Wusterhausen	14,01	
7. 7. 1951	Lichterfelde Süd – Teltow	2,60	f)
30. 7. 1951	Spandau West – Falkensee	7,59	b) v)
3. 8. 1951	Spandau West – Staaken	3,47	p)
28. 8. 1951	Jungfernheide – Spandau	6,17	p)
25.12. 1952	Schönhauser Allee – Pankow	3,00	
3. 6. 1956	Strausberg – Strausberg Nord	8,98	
		63,65	

b)	am 13.8. 1961 unterbrochen (Berliner Mauer)
f)	am 13.8. 1961 unterbrochen (Berliner Mauer) und stillgelegt
p)	ab 28.9. 1980 eingestellt
u)	Stillegungen siehe Tabelle 1924-1945 a) j) k) l) q) r)
v)	Restbetrieb Albrechtshof – Falkensee ab 9.10.1961 eingestellt

schen – sie alle drängelten sich in die überfüllten S-Bahnen, man war froh, daß die S-Bahn regelmäßig fuhr. Noch war sie das Hauptverkehrsmittel in beiden Stadtteilen, die unterschiedliche Wirtschafts- und Gesellschaftsstruktur Ost- und West-Berlins verursachte auch in den darauffolgenden Jahren weiterhin einen regen Austausch zwischen beiden Hälften. Man fuhr zum Arbeiten, Einkaufen oder Opernbesuch ganz selbstverständlich in den jeweils anderen Teil der Stadt.

Typisch für die Umgebung der Bahnhöfe der fünfziger Jahre waren auf den Grundstücken zerbombter Häuser entstandene Ladenzeilen aus flachen, aus Holz oder Betonteilen gefertigten Pavillons mit großen Schaufenstern, Messingrahmen, Mosaikflächen und Leuchtreklame, wo von Kartoffeln über Koks, Zigarren, Briefmarken, Büchern, Musikinstrumenten oder Blumen all das wieder zu kaufen war, was das Leben des Großstadtmenschen ausmacht. Die S-Bahn-Bahnhöfe als kleine Verkehrsknoten des wiedererwachten Lebens boten gleichzeitig Hoffnung und Tristesse (letztere in West-Berlin bis 1984). Im Osten wurden die Bahnhöfe instand gesetzt oder schlichtmodern rekonstruiert und erweitert, im Westen unterblieben, bis auf wenige Ausnahmen (Charlottenburg, Halensee, Hermannstraße oder den einzigen »Neubau« Zehlendorf-Süd) größere Investitionen, so daß Bahnhöfe und deren Umfeld lange Zeit von der städtebaulichen Weiterentwicklung ausgespart blieben. Die sich abzeichnende Teilung der Stadt in den Jahren des Kalten Krieges verhinderte eine gemeinsame Prosperität, der Wiederaufbau war im Westen deutlicher an Hochhäusern, bunter Leuchtreklame und dem dichten Autoverkehr zu sehen, entsprechend richteten sich Interesse, Verkehr und Abwanderungsströme mehr und mehr in Richtung Westen. Von den Vorstufen zur endgültigen Teilung (Währungsreform, Blockade, Teilung der BVG, Reisebeschränkungen und Kontrollen an den Sektorengrenzen) war die S-Bahn zwar nicht direkt betroffen – es gab immer noch Züge, die von Ost nach West fuhren, aber auch »Durchläufer« Friedrichstraße – Potsdam, ohne Halt im Westen –, jedoch war der S-Bahn-Verkehr zwischen den Sektoren für die meisten Berliner zu einem Unterfangen

geworden, das von Unsicherheit und Angst begleitet war.

Das Eisenbahnwesen in ganz Berlin war durch die Sowjetische Militäradministration in Deutschland (SMAD) ab dem 1. September 1945 »den deutschen Eisenbahnern« übergeben worden (Befehl vom 11. August 1945). Dabei blieb es in der Vier-Sektoren-Stadt: Die Deutsche Reichsbahn hatte die Betriebsrechte der Eisenbahnen in ganz Berlin inne, also auch im Westteil. Während im Osten Betrieb und Organisation relativ reibungslos weitergeführt und wieder eingerichtet wurden und mit dem DR-Streckennetz verknüpft waren, war die Situation im Westteil komplizierter. Die Betriebsrechte des Personen- und Güterverkehrs der DRG waren auf die Deutsche Reichsbahn übergegangen, die Eigentumsrechte der Bahnanlagen und Fahrzeuge (soweit sie vor 1945 gebaut worden waren) oblagen hingegen einer »Verwaltung des ehemaligen Reichsbahnvermögens« (weswegen nur Neubauten das DR- oder später das BVG-Emblem führen durften). Die Planungshoheit für neue Bauprojekte lag beim Land Berlin. Umstritten waren die Kontroll- und Aufsichtsrechte, die für verkehrliche Dinge bei der Bahnpolizei (die teilweise »aus dem Osten« kam), für ordnungsrechtliche bei der Berliner Polizei, für zollrechtliche beim Zoll, für alle hoheitlichen Rechte aber grundsätzlich bei den Alliierten lagen. Diese komplizierte Aufteilung galt auch bei der S-Bahn.

Ost und West waren trotz allem auf eine funktionierende S-Bahn angewiesen, auf ein zuverlässiges und die Hauptverkehrsströme der Stadt bedienendes Verkehrsmittel, die DDR nicht zuletzt auf die Fahrgeldeinnahmen in westlicher Währung (Einführung der Ost-Mark am 23. Juni 1948, der West-Mark am 24. Juni 1948). Trotz aller Verflechtungen und betrieblich-organisatorischer Zusammengehörigkeit bildeten sich nach und nach auch bei der S-Bahn die Betriebsteile Ost und West heraus. Ganz in Ost-Berlin verblieben jedoch die Oberbetriebsleitung, die Rbd-Dienststellen und die Ausbesserung der Fahrzeuge.

Da sich Ost-Berlin zur Hauptstadt der DDR entwickelte, fanden hier und in den angrenzenden Bezirken Frankfurt (Oder)

S-Bahn-Prospekt der Deutschen Reichsbahn von 1958.
Repro: Andreas Janikowski

ET 169 002a kurz vor dem Umbau in einen U-Bahn-Wagen des Typs E III. In den Jahren 1956/58 wurden die acht erhalten gebliebenen Halbzüge der BR 169 überholt und modernisiert. Sie wurden äußerlich und technisch der BR 165 angeglichen. Die Aufnahme entstand 1967.
Foto: Zentrale Bildstelle der DR

Mitte der fünfziger Jahre wurde der Halbzug ET/EB 169 002 auf der Strecke Zehlendorf – Düppel-Kleinmachnow eingesetzt. Sammlung: Jörg Ott

Ein Halbzug der BR 170 im Jahr 1961 zwischen Warschauer Straße und Ostbahnhof.

Drei Fahrzeug-Generationen im Jahr 1961: ET 165 476, ET 167 032 und ET 170 003a. Fotos: Zentrale Bildstelle der DR

und Potsdam die meisten Streckenneubauten, Elektrifizierungen und Modernisierungen von Anlagen und Fahrzeugen statt. Galt es nach dem Krieg zunächst Bausubstanz und Gleisanlagen – auf vielen Strecken war das zweite Gleis als Reparationsleistung abmontiert worden – zu sichern, begann bald darauf der Ausbau des S-Bahn-Netzes. Zwischen 1945 und 1961 entstanden neben 38,38 km neu elektrifizierter S-Bahn-Abschnitte auf den Außenstrecken im Norden, Osten und Süden der Stadt (im Westteil: 17,67 km) auch solche, die die Sektorengrenze bzw. die Grenze von West-Berlin zur DDR überschritten: die Verlängerung der S-Bahn (Priesterweg –) Lichterfelde Süd – Teltow (7. Juli 1951; 2,60 km), die schon in den vierziger Jahren als Verbindung Lichterfelde Ost – Teltow – Stahnsdorf – Wannsee

geplant war, ferner der Abschnitt Spandau West – Falkensee (14. August 1951; 7,49 km) im Nordwesten.

Die politische Entwicklung brachte es mit sich, daß die Deutsche Reichsbahn bemüht war, möglichst viele Zugläufe auf den Ost- bzw. den Westteil der Stadt zu beschränken. Besonders für die Bevölkerung des nördlichen, westlichen und südlichen Umlands bedeutete »eine Fahrt nach Berlin« oft große Umwege und enormen Zeitaufwand. Der 1956 geschlossene Berliner Außenring (BAR) von Berlin über Schönefeld, Großbeeren, Potsdam, Wustermark, Hennigsdorf Nord, Schönfließ (NAR = Nördlicher Außenring: Satzkorn – Wuhlheide Rbf, SAR = Südlicher Außenring: Wuhlheide Rbf – Satzkorn) brachte zwar viele neue und schnellere Zugläufe, doch blieb diese Umgehungsbahn eine unnatürliche

Zwangslösung. Im Gebiet um den Bahnhof Gesundbrunnen (Nordkreuz) wurde das S-Bahn-Bahnbetriebswerk Nordbahnhof direkt mit einem östlich der Nord-Süd-Bahn gelegenen, elektrifizierten Gleis (Zufahrtsgleise Stettiner Bahnhof) über Humboldthain mit dem Bahnhof Gesundbrunnen und der Ringbahn verbunden, um Überstellfahrten zum Raw Schöneweide beschleunigen zu können. Ferner wurden 1952 die Gütergleise zwischen Bahnhof Schönhauser Allee und Abzweig Pks (– Pankow-Schönhausen) elektrifiziert, um zwischengeschobene Zugfahrten Ostbahnhof/Ostkreuz – Schönhauser Allee – Pankow – Blankenburg ohne das Wenden im Bahnhof Gesundbrunnen zu ermöglichen.

Auch ein neuer Triebwagenzug tauchte 1959 auf der Berliner S-Bahn auf: der von der Deutschen Reichsbahn und LEW Hennigsdorf/Waggonbau Ammendorf entwickelte ET 170, der in seiner Fahrzeugkonfiguration (vierteiliger Halbzug Bo'(2)Bo'Bo'(2)Bo'), seiner rundlichen Fahrzeugkastenform und seiner Farbgebung (hellblauer Wagenkasten, silberner Zierstreifen, weißes Fensterband, blaugraues Dach) sich deutlich von den traditionellen Wagen unterschied. Ein Vollzug ET 170 bestand aus vier zweiteiligen Einheiten, die jeweils durch ein Jacobs-Drehgestell verbunden waren. Die vier Wagen eines Halbzugs hatten Faltenbalg-Übergänge. Der ET 170 konnte nur als Halb- oder Vollzug eingesetzt werden. Es wurde nur ein Vollzug gebaut: ET 170 001a/001b – ET 170004a/004b, der beim Bw Erkner beheimatet wurde und sporadisch zwischen Erkner und Friedrichstraße zum Einsatz kam. Lauf- und Bremsverhalten, Belüftung des Fahrgastraums, Stromumformer und Schaltwerk waren allerdings ungenügend, so daß ein Weiterbau der Baureihe unterblieb. Zudem standen nach dem Bau der Berliner Mauer 1961 wieder genügend Fahrzeuge zur Verfügung (Verkehrsrückgang im Westen). Der Halbzug ET 170 001/002 wurde 1963 abgestellt und 1969 ausgemustert, während der zweite Halbzug weiter unterhalten wurde. Er erhielt die Einrichtung für den Einmannbetrieb und eine neue Lackierung in rot/ocker; in Betrieb stand er bis 1971, so daß er auch noch die neuen Fahrzeugnummern 278 201, 203, 205, 207 erhielt. 1972 wurden auch diese Wagen

ausgemustert, womit der ET 170.0 wieder von der Bildfläche verschwand.

Betrachtet man den Zeitraum vom Kriegsende bis zum Bau der Berliner Mauer, wird deutlich, daß es der Deutschen Reichsbahn gelungen war, das S-Bahn-Netz trotz großer Schwierigkeiten binnen kurzer Zeit wieder in Betrieb zu setzen, und zwar in ganz Berlin. Es entstanden daneben immerhin 63,65 km neu elektrifizierter S-Bahn-Strecken. Bei der Netztrennung 1961 standen der Berliner S-Bahn 781 Trieb-, drei Steuer- und 730 Beiwagen der Baureihen ET 165, ET 166, ET 167, ET 168, ET 169 und ET 170 zur Verfügung.

Ost-Berlin von 1961 bis 1989

Berlin war über 28 Jahre in radikaler Weise in zwei Teile geteilt, die sich in allen Bereichen grundlegend voneinander unterschieden. Neben den schwierigen Kontakten zwischen Verwandten, Freunden oder Bekannten waren alle offiziellen Verbindungen von Sachzwängen der Politik bestimmt. Die Eisenbahn, insbesondere die Berliner S-Bahn, stellte eines der wenigen,

wenn auch nicht für jedermann frei benutzbaren Verbindungsglieder dar.

In der Zeit der Berliner Mauer wurde die S-Bahn in der Hauptstadt der DDR zum vorbildlichen großstädtischen Schnellverkehrsmittel. Während der westliche Betriebsteil der S-Bahn von der Insellage West-Berlins, dem zunehmenden Individualverkehr und der Verschuldung der anderen öffentlichen Verkehrsmittel geprägt war, blieb die S-Bahn in Ost-Berlin unverzichtbares Verkehrsmittel, das weit in das Berliner Umland reichte und mit dem Regional-, Bezirks- und Fernverkehr eng verknüpft war. Das S-Bahn-Netz war 1961 nur bedingt auf die Halbierung des Innenstadtnetzes, die Abtrennung von Außenabschnitten, den plötzlichen Verkehrszuwachs und die Umleitung der Verkehrsströme im Norden, Westen und Süden vorbereitet. In kurzer Zeit mußte das elektrische Streckennetz den neuen Gegebenheiten angepaßt werden: Wichtigster Teil des Ost-Netzes wurden die östliche Stadtbahn Friedrichstraße – Ostkreuz und der nordöstliche Bogen der Ringbahn (Schönhauser Allee – Ostkreuz – Treptower Park) mit seinen Verlängerungen Richtung Schöneweide bzw. Pankow –

Zeittafel Ost-Berlin 1961 – 1989

19.11.1961	Anbindung des verbliebenen elektrischen Inselbetriebs nach Oranienburg durch elektrischen S-Bahn-Verkehr Blankenburg – Hohen Neuendorf
10.12.1961	S-Bahn-Verbindung Schönhauser Allee (Ring) – Pankow, da die Bahnhöfe Bornholmer Straße und Gesundbrunnen zur West-S-Bahn gehören
26.2.1962	Anbindung des Flughafens Schönefeld an die elektrische S-Bahn
3.5.1965	erster Einmannbetrieb Friedrichstraße – Erkner, Gesamtnetz bis 1.11.1968 umgestellt
1.1.1969	BVG Ost Teilbetrieb vom Kombinat Berliner Verkehrs-Betriebe BVB
1.7.1974	erster Nichtraucherbahnhof (Berlin-Schöneweide)
30.12.1976	S-Bahn Friedrichsfelde Ost – Marzahn
15.12.1980	Verlängerung Marzahn – Otto-Winzer-Straße (heute: Raoul-Wallenberg-Straße)
23.5.1982	das elektrische Streckennetz der DDR erreicht den Berliner Raum (südlicher Außenring)
30.12.1982	Verlängerung Otto-Winzer-Straße – Ahrensfelde
20.12.1984	S-Bahn Springpfuhl – Hohenschönhausen
2.6.1985	Außenring vollständig mit Oberleitung elektrifiziert
20.12.1985	Verlängerung Hohenschönhausen – Wartenberg
15.12.1987	Umbenennung des Ostbahnhofs in Berlin Hauptbahnhof
9.11.1989	Öffnung der Berliner Mauer
11.11.1989	Bf Friedrichstraße wieder für freien Verkehr geöffnet
11.12.1989	erster S-Bahn-Sonderzug der DR erreicht über Bf Friedrichstraße den Bf Charlottenburg

Ost-Berlin von 1961 bis 1989

Ein Vollzug der BR 1650 verläßt den Mitte der sechziger Jahre wieder aufgebauten Bf Alexanderplatz in Richtung Strausberg. Der im Bahnhof stehende Zug der BR 167 wird seine Fahrt in Richtung Friedrichstraße fortsetzen. Die Aufnahme entstand 1965.

Ein Vollzug der BR 165 fährt in den Bf Alexanderplatz ein. Deutlich sind die Stadtbahnbögen zu erkennen.

Ein Triebzug der BR 165 in der Nähe von Schönefeld im Jahr 1966.
Fotos: Zentrale Bildstelle der DR

Blankenburg. Zwischen Schönhauser Allee und Pankow mußte jedoch ein neues Gleispaar für die S-Bahn gebaut werden, da der Mischbetrieb keinen dichteren Verkehr mehr zuließ. Direkt hinter bzw. in den Grenzanlagen mußten die beiden Fern- und S-Bahn-Gleise Platz finden. Am 10. Dezember 1961 wurde der 2,09 km lange Neubauabschnitt in Betrieb genommen. Um im Norden den Abschnitt (ehemals Frohnau –) Hohen Neuendorf – Oranienburg weiter elektrisch betreiben zu können, ging am 19. November 1961 die S-Bahn Blankenburg – Schönfließ – Hohen Neuendorf in Betrieb, zunächst wurden dabei teilweise die Gleise des Außenrings elektrifiziert, bis die S-Bahn einen eigenen Gleiskörper (1962 Schönfließ – Abzw. Bergfelde, 1984 Abzw. Akw Blankenburg/Karower Kreuz – Schönfließ) erhielt.

Der Bau der Berliner Mauer unterbrach folgende S-Bahn-Strecken:

1. Verbindung Gesundbrunnen – Pankow nordöstlich der Bornholmer Straße (Einstellung),
2. Nordring zwischen Gesundbrunnen und Schönhauser Allee (Einstellung),
3. die Zufahrt zum S-Bahn-Bw Nordbahnhof südlich Humboldthain (Einstellung, da außer der Verbindung über den Ring auch eine Verbindung zur Nord-Süd-S-Bahn bestand),
4. der Nord-Süd-S-Bahn-Tunnel zwischen Humboldthain und Nordbahnhof (Weiterbetrieb der Tunnelstrecke durch Westnetz ohne Halt – außer Friedrichstraße – auf den im Osten gelegenen Bahnhöfen),
5. die Stadtbahn zwischen Lehrter Stadtbahnhof und Friedrichstraße (Weiterbetrieb, Bahnhof Friedrichstraße getrennter Endbahnhof für östliche und westliche Stadtbahn),

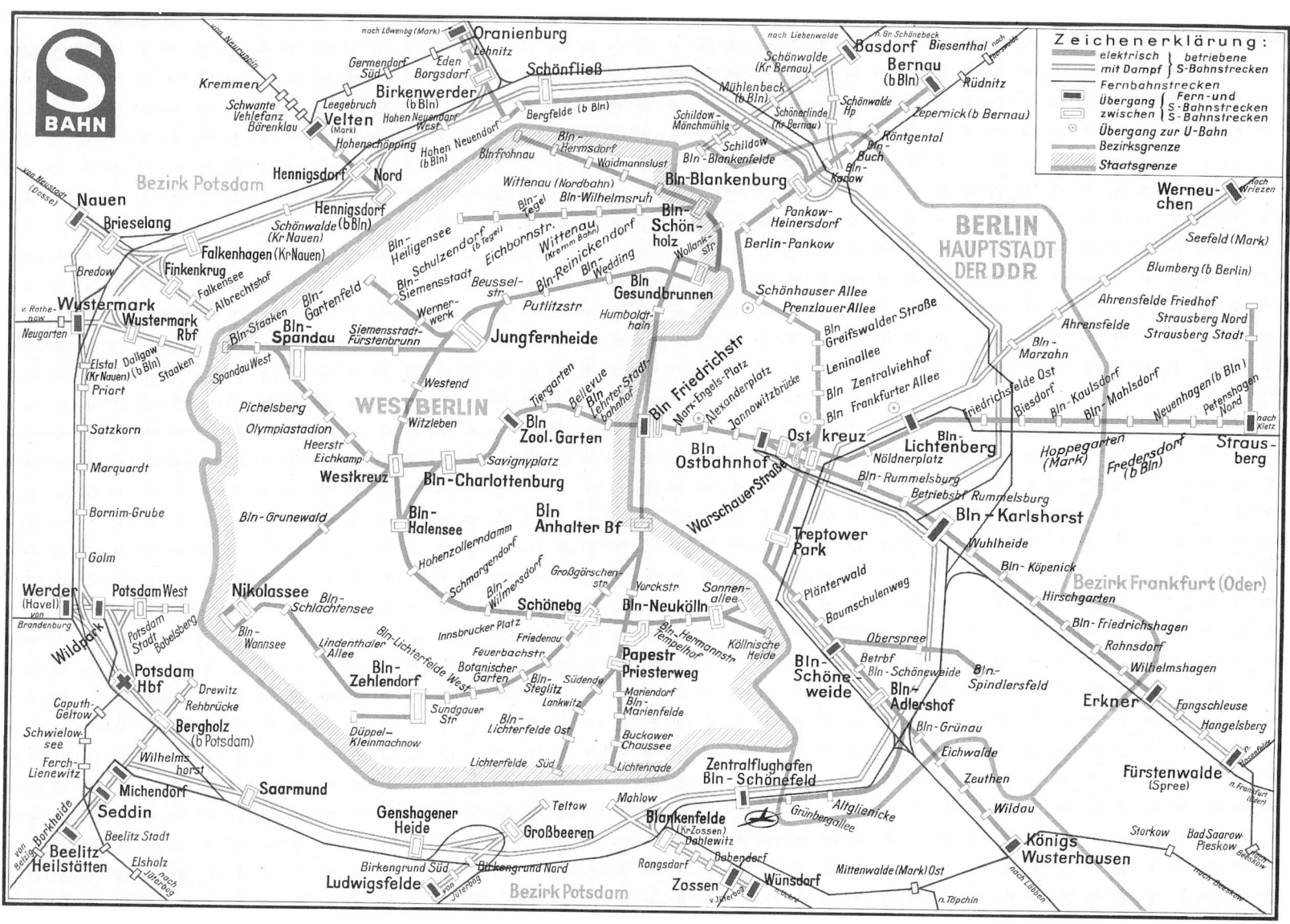

S-Bahn-Netz Berlin 1968.

Elektrifizierung der Berliner S-Bahn 1961 – 1989 (Ost-Berlin)

Datum	Streckenabschnitt	Länge km	Anmerkung
19.11. 1961	Hohen Neuendorf – Blankenburg	17,40	
10.12. 1961	Schönhauser Allee – Pankow (östlich)	2,09	
26. 2. 1962	Grünauer Kreuz – Flughafen Schönefeld	5,61	
30.12. 1976	Friedrichsfelde Ost – Marzahn	3,80	
15.12. 1980	Marzahn – Otto-Winzer-Straße/Raoul-Wallenburg-Straße	1,70	
30.12. 1982	Otto-Winzer-Straße – Ahrensfelde	1,90	
20.12. 1984	Springpfuhl – Hohenschönhausen	4,70	
20.12. 1985	Hohenschönhausen – Wartenberg	1,15	
		44,20	

6. südlicher Nord-Süd-S-Bahn-Tunnel zwischen Potsdamer Platz und Anhalter Bahnhof (Weiterbetrieb, siehe 4.),

7. Südring zwischen Sonnenallee und Treptower Park (Einstellung),

8. Verbindung Köllnische Heide – Baumschulenweg (Einstellung),

9. Strecke Priesterweg – Lichtenrade – Rangsdorf zwischen Lichtenrade und Mahlow (Einstellung),

10. Streckenabschnitt Lichterfelde Süd – Teltow (Einstellung)

11. Strecke Wannsee - Dreilinden - Stahnsdorf zwischen Wannsee und Dreilinden (Einstellung der ganzen Strecke),

12. Strecke Wannsee – Potsdam zwischen Wannsee und Griebnitzsee (Einstellung),

13. Strecke Spandau – Falkensee zwischen Spandau West und Albrechtshof (Einstellung),

14. Strecke (Schönholz –) Heiligensee – – Hennigsdorf – Velten zwischen Heiligensee und Hennigsdorf (Einstellung),

15. Strecke (Schönholz –) Frohnau – Hohen Neuendorf – Oranienburg zwischen Frohnau und Hohen Neuendorf (Einstellung).

Auf den vom übrigen Netz der elektrischen S-Bahn abgetrennten Streckenteilen gab es einige Wochen lang noch elektrische Inselbetriebe, so zwischen Mahlow und Rangsdorf, Babelsberg und Potsdam Stadt und von Albrechtshof nach Falkensee (bis 9. Oktober 1961). Die Unterhaltung der Triebwagen (Triebwagenhallen waren nur in Velten und Oranienburg vorhanden) und die elektrische Versorgung konnten jedoch nicht weiter gesichert werden. Der Streckenteil Hohen Neuendorf – Oranienburg war schon ab November 1961 wieder an das S-Bahn-Netz angeschlossen, während als einziger elektrischer Inselbetrieb die Strecke Hennigsdorf – Velten bis zum 21. September 1983 verblieb. Die West-S-Bahn verlief von Gesundbrunnen (nördliche Ausfahrt) bis zur Einfahrt Schönholz auf Ost-Berliner Gebiet, wurde aber weiter betrieben. Der Bahnhof Wollankstraße nahm dabei eine Sonderstellung ein, da er zwar auf Ost-Berliner Gebiet lag, aber nur vom Westen her zugänglich war und auch unter BVG-Regie mit Reichsbahn-Personal besetzt wurde.

Um Berlin an den Flughafen Schönefeld anzubinden, ging am 26. Februar 1962 die S-Bahn von Abzweig Grünauer Kreuz bis Schönefeld in Betrieb, hier entstand ein neuer Verkehrsknoten. Die folgenden Elektrifizierungen erschlossen die teilweise erst neu zu Berlin eingemeindeten und entstehenden Wohngebiete im Nordosten von Berlin. Von Friedrichsfelde Ost aus wurde parallel zur Wriezener Bahn eine S-Bahn-Strecke nach Marzahn (1976) – Otto-Winzer-Straße (1980) – Ahrensfelde (1982) gebaut. Auch entlang des nordöstlichen Außenrings wurde der Stromschienen-S-Bahn-Verkehr aufgenommen, zunächst von Springpfuhl bis Hohenschönhausen (1984) und weiter bis Wartenburg (1985). Diese Tangentenstrecke soll später vom Karower Kreuz im Nordosten bis zum Grünauer

Kreuz im Südosten führen und wird die dritte Nord-Süd-Verbindung der S-Bahn sein, womit auch der Bahnhof Ostkreuz entlastet werden wird.

Der Kapazitätsbedarf öffentlicher Verkehrsmittel war in den sechziger, siebziger und achtziger Jahren im Osten sehr groß, da einerseits die Individualmotorisierung gering war, andererseits S-Bahn-, U-Bahn, Straßenbahn und Autobus auch den entsprechenden Stellenwert (z. B. bei der verkehrlichen Erschließung von Neubaugebieten) genossen. Fast die Hälfte aller öffentlichen Personenverkehrsleistungen in Ost-Berlin entfiel auf die S-Bahn (1982: 160 Mio. Fahrgäste). Allein auf der Stadtbahn, die von fast 70 Prozent der S-Bahn-Benutzer befahren wurde, konnten pro Stunde 48 000 Personen befördert werden; die Zugfolge betrug 90 s bis höchstens 5 min (1987). Hoher Fahrzeugbedarf, Fertigungsengpässe der Fahrzeugindustrie und der Ausbesserungswerke (auch durch Exportaufträge) und die geringen Fahrgeldeinnahmen durch die niedrig gehaltenen Fahrpreise machten lange Zeit die Anschaffung neuer S-Bahn-Fahrzeuge unmöglich. Infolge des Verkehrsrückgangs im Westen konnte der Fahrzeugbestand zwar aufgestockt werden, es lief aber schon bald ein

Ein Triebzug der Baureihe 277 bei der Einfahrt in den Bf Prenzlauer Allee, 14. Juni 1986.
Foto: Jörg Ott

Rekonstruktionsprogramm von S-Bahn-Wagen an. Auch die älteren Fahrzeuge wurden dringend gebraucht, zumal im Raw Schöneweide von 1962 bis 1990 insgesamt 112 Wagen der Typen ET/EB 165 (275, 277), ET/EB 168 und ET 169 zu Großprofil-U-Bahn-Zügen (BVB-Typen EIII/1 bis EIII/5) umgebaut wurden.

In einem Programm von 1965 bis 1968 (im Westen 1967 bis 1969) wurde der Großteil der S-Bahn-Fahrzeuge auf Einmannbetrieb (EMB) umgebaut und damit die Zugabfertigung per Funk eingeführt (Funkwechselsprechanlage und Sicherheitsfahrschaltung in ET/ES, Änderung der Steuerungsleitungen in ET/ES/EB), wodurch die Aufgaben des Triebwagenbegleiters vom Triebwagenführer übernommen werden konnten. Parallel dazu begann auch ein großes Rekonstruktionsprogramm der S-Bahn-Wagen:

– Die Baureihe ET 165 hatte zwischen 1955 und 1959 eine Generalreparatur erhalten. Einige Wagen hatten grüne Kunstlederpolster (außer in den Traglastabteilen) bekommen. Die Falschfahrt-Lampen unter dem Frontscheinwerfer wurden ausgebaut. Im Rahmen des Umbaus auf Einmannbetrieb veränderte sich das gewohnte Gesicht des ET 165 (ab 1970 Baureihe 275) noch mehr, weil die charakteristischen »Ohren« (Oberwagenlaternen) entfielen und statt des einzelnen Spitzenlichts zwei Doppelscheinwerfer eingebaut wurden. Bei einigen Wagen blieb das äußere Bild unverändert, diese waren nur mit den EMB-Steuerleitungen versehen und können als sog. Paßviertel nur in der Mitte von Zügen eingestellt werden.

– Bei den ET 166 (276.0), den Olympia- und Bankierszügen, fand eine Generalreparatur zwischen 1958 und 1964 statt. Technik und Äußeres blieben zunächst weitgehend unverändert.

– Die ET 167 (277) hatten zwischen 1959 und 1964 ihre Ausbesserungen erhalten, bei denen Kunstledersitze eingebaut, die Seiten- und Zwischenwände mit hellen Kunststoffplatten versehen und ein Leuchtstofflampenband in Fahrzeugmitte installiert wurden. Die in West-Berlin verbliebenen Peenemünder Viertelzüge erhielten 1965 eine Generalreparatur, jedoch ohne Veränderung des Fahrgastraums.

– Eine zweite Modernisierungsphase begann 1973: Im Rahmen einer Hauptausbesserung wurden die Triebwagen 276.0 (ET 166) und 277 (ET 167) einer grundlegenden Erneuerung unterzogen, um sie für einen längeren Zeitraum betriebstüchtig zu erhalten. Der Umfang der Arbeiten erstreckte sich auf neue Drehgestelle, Revision des Bordnetzes (110 V), Änderung des Fahrgastraums (neue Wandverkleidungen, Polstersitze, Wegfall der Zwischenwände, Beleuchtung), feststehende Fenster mit Lüftungsklappe, elektrische Steuerung (wie 275.9 Bauart Wannsee), vollautomatische Kupplungen und eine Türschließ-Warnanlage. Völlig neu gestaltet wurde auch die Stirnfront mit zwei Doppelscheinwerfern und nur noch zwei Fenstern (steilere Stirnfront bei der BR 276.1). Die modernisierten Triebwagen BR 277 (ex ET 167) behielten ihre Betriebsnummern, auch die Peenemünder 276 (ex ET 166) wurden nachträglich in die Baureihe 277 mod. eingereiht. Schließlich wurden später auch die Triebwagen der BR 276 zu 277 umgezeichnet, um die Baureihe 276 für modernisierte Wagen der Baureihe 275 (ex ET 165) freizumachen. Beim Umbau der BR 275 ab 1979 erhielten auch diese die neugestalteten Stirnpartien. Ende der siebziger Jahre wurde nach mehreren Farbversu-

chen damit begonnen, ein neues, dunkelrot-weißes Farbschema bei allen Baureihen einzuführen. Die ab 1989/90 neu gelieferten Serienfahrzeuge der Baureihe 270 erhielten jedoch einen vollkommen roten Farbanstrich des Wagenkastens.

Auf den »mit Dampf betriebenen S-Bahn-Strecken«, wie es lange in der Legende der Netzspinne zu lesen war, wurde nach den Dampflokomotiven der Baureihen 38$^{10-40}$, 52, 62, 74 u. a. bis zu der Elektrifizierung mit Oberleitung vor allem die V 180 (später 118, jetzt 228) zum typischen Triebfahrzeug. Anfang der sechziger Jahre mußten vorübergehend auch weniger geeignete Fahrzeuge aushelfen, so kamen zum Beispiel zwischen Babelsberg und Potsdam Stadt Dieseltriebwagen VT 137.0–2 (später 185) und sogar SVT zum Einsatz; der bekannte Schienenbus der Baureihe 771/772 ex 171/172 ex VT 2.09.0–2 hielt sich auf weniger frequentierten Abschnitten bis in die neunziger Jahre.

Außer dem Einzelgänger ET 170 von 1959 bekam die Berliner S-Bahn erst 1980 (BR 270 DR) bzw. 1986 (BR 480 BVG) neue Triebzüge zur Verstärkung des Wagenparks. Für die Baureihe 270, heute 485/885, begannen die Planungen Anfang der siebziger Jahre bei LEW Hennigsdorf. Der neue Triebzug entstand in Leichtmetallbauweise mit Gleichstromsteller-Steuerung, die das Anfahrverhalten verbessert und beim Bremsen elektrische Energie in das Netz zurückspeisen kann. Infolge der Starkstromleitung der BR 270 kam es zu kurzzeitiger Überlastung der Unterwerke, die heute durch Mitnahmeschaltungen (bei Trennungsstellen) und Strom-Zeit-Überwachungsgeräte ausgeschaltet ist. Völlig neu entwickelt ist auch der Wagenkasten mit vier seitlichen Doppelschwenkschiebetüren, festsitzenden Fenstern und einer geneigten geraden Stirnfront mit zwei Fenstern (unterschiedliche Fenstergröße und Scheinwerferform bei der Nullserie). Der Musterzug 270 001/002 – 270 007/008 wurde im Sommer 1980 in Dienst gestellt und kam, noch im traditionellen Anstrich, für Versuchsfahrten und im Alltagsbetrieb (je ein Halbzug) zum Einsatz. Ab 1983, nach einer Probezerlegung, liefen alle Fahrzeuge zwischen Friedrichstraße und Erkner/Königs Wusterhausen. Nachdem 1987/88 die Nullserie 270 009/010 – 270 023/024 geliefert wurde,

wurden bis 1990 alle Fahrzeuge des Musterzugs ausgemustert. Die Serientauglichkeit des modernen Zuges war durch den intensiven Probebetrieb längst gegeben, jedoch bestanden Kapazitätsengpässe bei der Fahrzeugindustrie. Die Lieferung der ersten Serienfahrzeuge, 270 025/026 ff. begann erst im Februar 1990, im Oktober 1992 war die vierte und letzte Bauserie (bis 485/885 170) ausgeliefert.

West-Berlin von 1961 bis 1989

In den Nachtstunden vom 12. zum 13. August 1961 begann ein düsteres Kapitel der Berliner S-Bahn-Geschichte. Um Mitternacht wurden alle auf östlichem Gebiet befindlichen Stellwerke und Bahnhöfe an der Sektorengrenze zu West-Berlin von der Staatssicherheit besetzt. Nachdem die letzten Züge die Sektorengrenze passiert hatten, begann die NVA mit der Demontage der Gleise. Züge endeten in Ost und West auf dem letzten Bahnhof vor der Sektorengrenze bzw. vor den Toren der Stadt. West-Berlin konnte mit der S-Bahn aus dem Ostteil der Stadt bzw. dem Umland nicht mehr erreicht werden. Neue Endpunkte für die West-Berliner S-Bahn wurden die Bahnhöfe Friedrichstraße, Wannsee, Staaken, Spandau West, Frohnau, Heiligensee, Lichterfelde Süd, Lichtenrade, Gesundbrunnen, Köllnische Heide und Sonnenallee. Mit welcher Sorgfalt bei der »Sicherung der Staatsgrenze« vorgegangen wurde, verdeutlicht ein Vorfall zwischen den Bahnhöfen Sonnenallee und Treptower Park. Hier stand wochenlang ein S-Bahn-Zug im Sperrgebiet, weil er weder nach Sonnenallee noch nach Treptower Park gelangen konnte. Vor bzw. hinter dem Zug hatte man die Gleise entfernt. Erst später konnte der Zug nach einer provisorischen Gleisverlegung wieder auf östliches Gebiet zurückgezogen werden.

Da der 13. August 1961 auf einen Sonntag fiel, waren viele Ost-Berliner und Bewohner aus den Vororten am Samstag zu Besuch bei ihren Verwandten und Bekannten in den Westteil der Stadt gefahren. Am Sonntag spielten sich an den Sektorenübergängen und an der Stadtgrenze immer wieder die gleichen Szenen ab. So auch z. B. am Übergang Düppel-Klein-

Zeittafel West-Berlin 1961 – 1989

17.8.1961	DGB ruft zum S-Bahn-Boykott auf; in der Folge werden auf bestimmten Abschnitten zur S-Bahn parallel verlaufende Omnibuslinien eingerichtet
1.7.1966	S-Bahn-Einzelfahrkarte von 20 Pf auf 30 Pf erhöht
1.10.1969	Einführung des S-Bahn-Einmannbetriebs abgeschlossen
1.9.1972	S-Bahn-Einzelfahrkarte auf 50 Pf erhöht
20.12.1972	Bf Zehlendorf Süd in Betrieb
1.7.1976	S-Bahn-Einzelfahrkarte auf 80 Pf erhöht
1.11.1977	S-Bahn-Einzelfahrkarte auf 1 DM erhöht
1.12.1979	S-Bahn-Einzelfahrkarte auf 1,30 DM erhöht
17.9.1980	Eisenbahnerstreik (bis 28.9.), in der Folge erste Streckenstillegungen
1.8.1981	S-Bahn-Einzelfahrkarte auf 1,50 DM erhöht
1.8.1982	S-Bahn-Einzelfahrkarte auf 1,80 DM erhöht
1.10.1983	S-Bahn-Einzelfahrkarte auf 2 DM erhöht
9.1.1984	Übernahme der S-Bahn durch die BVG; Betrieb auf der S 2 Anhalter Bahnhof – Lichtenrade und auf der S 3 Charlottenburg – Wannsee
3.2.1984	Beginn der Generalüberholung von S-Bahn-Zügen der BR 275 bei der Waggon Union
1.5.1984	Wiederinbetriebnahme der Streckenabschnitte Anhalter Bahnhof – Gesundbrunnen (S 2) und Charlottenburg – Wannsee (S 3)
1.2.1985	Wiederinbetriebnahme der Wannseebahn Anhalter Bahnhof – Wannsee (S 1)
22.10.1986	Vorstellung der S-Bahn-Prototypen der BR 480 bei der Waggon Union
22.12.1986	durchgehend zweigleisiger Betrieb auf der Strecke Wittenau (Nordbahn) – Frohnau
31.8.1987	letzter generalüberholter Viertelzug der BR 275 wird von der Waggon Union an die BVG übergeben
25.9.1989	Beginn der Bauarbeiten zur Wiederherstellung des Südrings

machnow, der unmittelbar am gleichnamigen S-Bahnhof lag. Der Pendel-S-Bahn-Zug vom Bahnhof Zehlendorf kam an, Leute mit gefüllten Taschen eilten zu dem Straßenübergang, Stacheldrahtverhaue wurden zurückgezogen, und die Menschen verschwanden, ohne vielleicht auch nur zu ahnen, daß es fast 30 Jahre dauern würde, bis sie den Weg zurückgehen könnten.

Am 17. August 1961 riefen der Deutsche Gewerkschaftsbund (DGB) und der damalige Regierende Bürgermeister von Berlin, Willy Brandt, zum Boykott der Berliner S-Bahn auf. Gewerkschafter standen vor den S-Bahnhöfen und übten psychologischen Druck auf die Fahrgäste aus, in dem sie sich Schilder umhängten, auf denen zu lesen war: »Du zahlst noch Westgeld für Ulbricht?« oder »Jeder Westberliner S-Bahnfahrer bezahlt den Stacheldraht«.

Die BVG richtete parallel zu den S-Bahn-Strecken Busverkehr ein. Innerhalb kürzester Zeit sanken die Fahrgastzahlen im S-Bahn-Verkehr. Damit begann eine 23jährige Ära, die in einem Siechtum endete. Bahnanlagen und Fahrzeuge wurden mutwillig zerstört. Empfangsgebäude und Bahnsteige verrotteten. An den Strecken wurden nur die notwendigsten Arbeiten ausgeführt. Parallel dazu wurde der Ausbau des U-Bahn-Netzes forciert. Zählte man ein Jahr vor dem Mauerbau noch 417 Mio. S-Bahn-Reisende in ganz Berlin, so waren es ein Jahr nach dem Mauerbau nur noch 215 Mio. und 1983 gar nur noch 158 Mio. Die S-Bahn in West-Berlin stellte für die wenigen Benutzer eine preisgünstige Alternative zum Beförderungsentgelt der BVG dar. Aber auch die Reichsbahn merkte sehr schnell, daß Fahrpreiserhöhungen die verbliebenen Fahrgäste nicht zur BVG abwandern ließ, zumal der Preis für eine S-Bahn-Fahrt immer noch unter dem für eine Fahrt bei der BVG lag. Ab 1. Juli 1966 kostete eine Einzelfahrt mit der S-Bahn statt bisher 20 Pf nun 30 Pf. Später ging die Reichs-

bahn dazu über, ihre Fahrpreise wenige Monate nach der Erhöhung durch die BVG ebenfalls zu erhöhen. Die genauen Daten der Fahrpreiserhöhung können der Zeittafel entnommen werden. Im Ostnetz blieb der Fahrpreis bis 1990 stabil. Eine Fahrt in der Preisstufe I kostete 0,20 M, die in der höchsten Preisstufe 1,30 M. Die Einteilung in Preisstufen entfiel in West-Berlin am 1. Juli 1966 mit der Schaffung eines Einheitspreises und der Erhöhung auf 0,30 DM. Stattdessen galt mit jeder Preiserhöhung eine neue Preisstufe. Mit der Fahrpreiserhöhung am 1. Dezember 1979 galt Preisstufe 8 zu 1,30 DM. Ab 1. August 1981 gab es nur noch die Preisstufe S. Das brachte den Vorteil, daß die Drucker nicht jedesmal umgestellt werden mußten.

Trotz des defiziären Betriebs wurden auch die S-Bahn-Triebwagen im West-Netz auf Einmannbetrieb (EMB) umgebaut. Die Umstellung begann am 1. November 1967 mit der Zuggruppe H (Staaken – Friedrichstraße) und war mit der Umstellung der Zuggruppen 2 und 3 (Heiligensee – Lichterfelde Süd – Schönholz – Lichtenrade – Heiligensee) abgeschlossen. Ausgenommen von der Umstellung blieb die Strecke Zehlendorf – Düppel, da es auf dem Bahnhof Düppel kein Bahnhofspersonal gab. Daher verkehrte auf dieser Strecke weiterhin ein Paßviertel mit Triebwagenschaffner. An der Strecke wurde auch der einzige neue Bahnhof im West-Netz gebaut: Der S-Bahnhof Zehlendorf Süd an der Clauertstraße wurde am 20. Dezember 1972 in Betrieb genommen, nachdem er längere Zeit im Rohbau fertiggestellt war. Warum überhaupt auf dieser Strecke ein neuer Haltepunkt eingerichtet wurde, bleibt unklar. Der S-Bahn-Verkehr von Zehlendorf nach Düppel hatte mehr oder weniger eine Alibi-Funktion. Saßen doch in dem Zug, der im 20-min-Abstand pendelte, nur ganz wenige Fahrgäste, meistens war er leer. Den Zubringerdienst zu dem Vorort Kleinmachnow hatte die S-Bahn am 13. August 1961 verloren. Auch die in der Nähe des Bahnhofs Düppel Mitte der sechziger Jahre entstandene Wohnsiedlung konnte den S-Bahn-Verkehr nicht wiederbeleben. Parallel zur S-Bahn-Strecke richtete die BVG die Buslinie A 66 ein, was die S-Bahn unattraktiv machte.

Im August 1980 kündigte die Deutsche

Ende der S-Bahn-Strecke Wannsee – Potsdam am Einfahrsignal des Bf Griebnitzsee, 1966.
Foto: Joachim Janikowski

ET 165 auf der Ringbahn, Einfahrt in den Bf Halensee am 2. September 1968.
Foto: Andreas Janikowski

Bis etwa Ende 1981 fuhren zwei Peenemünder-Viertelzüge in West-Berlin und zwar im Abendverkehr zwischen Charlottenburg und Friedrichstraße. 276 076 setzt hier am 19. Dezember 1980 in Berlin-Wannsee ein.
Foto: Jörg Ott

Reichsbahn für den Winterfahrplan 1980/81 wegen der geringen Nachfrage eine Verlängerung der Zugfolge an. Aus der Bevölkerung hagelte es Proteste. Doch damit nicht genug. Die Reichsbahner im »Westen« waren mit den Arbeitsbedingungen und den Sozialleistungen unzufrieden. Hinzu kam die Forderung nach höheren Löhnen. Das führte dazu, daß die Triebwagenführer am Abend des 17. September 1980 ihre Arbeit niederlegten und damit der S-Bahn-Verkehr auf fast allen Strecken zum Erliegen kam. Am 18. September 1980 fuhr keine S-Bahn mehr, lediglich der Verkehr zwischen den Bahnhöfen Friedrichstraße und Lehrter Stadtbahnhof wurde aufrechterhalten. Der Streik wirkte sich auch auf den Fernverkehr aus. Die Generaldirektion der DR war jedoch nicht bereit, mit den Streikenden zu verhandeln.

Viertelzug 275 747/748 passiert zwischen Düppel und Zehlendorf einen Bahnübergang am Hp Zehlendorf Süd, 7. November 1979.
Foto: Andreas Janikowski

Auch der West-Berliner Senat unter dem damaligen Regierenden Bürgermeister Stobbe sah keinen Anlaß, mit der Ost-Berliner Seite zu verhandeln. Die Transportpolizei griff hart durch. Nachdem am 22. September 1980 das Stellwerk des Bahnhofs Zoo geräumt war, lief der Fernverkehr langsam wieder an. Am 28. September 1980 wurde der S-Bahn-Betrieb wieder aufgenommen. Die Initiatoren des Streiks und die etwa 300 Eisenbahner, die trotz Drohungen den Dienst nicht aufnehmen wollten, wurden entlassen. Das führte dazu, daß auch im Westen DDR-Personal eingesetzt wurde, obwohl ab 28. September 1980 nur noch folgende Linien betrieben wurden:

S I: Friedrichstraße – Wannsee (vormals Zuggruppe L)

N I: Frohnau - Lichtenrade (vormals Zuggruppe 1/3)

N II: Heiligensee – Lichterfelde Süd (vormals Zuggruppe 2/3).

Stillgelegt bzw. eingestellt wurden:

Zuggruppe 1: Wannsee – Anhalter Bhf (– Frohnau)

Zuggruppe A: Köllnische Heide/Sonnenallee – Gesundbrunnen

Zuggruppe B: Gartenfeld – Beusselstraße

Zuggruppe C: Sonnenallee – Zoologischer Garten

Zuggruppe E: Spandau West – Friedrichstraße

Zuggruppe H: Staaken – Friedrichstraße

Zuggruppe N: Spandau West – Beusselstraße.

Das in West-Berlin betriebene S-Bahn-Netz hatte damit praktisch aufgehört zu existieren.

Doch der S-Bahn-Streik hatte Bewegung in die politische Landschaft gebracht. Plötzlich entsann man sich des einstigen Verkehrsmittels, freilich nicht ohne Hintergedanken. Denn im Jahre 1981 standen die Wahlen zum Abgeordnetenhaus an. Der SPD/FDP-Senat unter Vogel/Brunner kündigte zu Beginn des Jahres 1981 eine baldige Lösung des S-Bahn-Problems an. Dabei kamen Hans-Jochen Vogel als ehemaligem Oberbürgermeister von München seine Erfahrungen beim Aufbau des dortigen S-Bahn-Netzes zugute. Auch die CDU konnte nicht abseits stehen. Nachdem sie am 10. Mai 1981 die Wahl gewonnen hatte, bildete sie eine Kommission, die ein S-Bahn-Konzept erarbeiten sollte. Der Senator für Stadtentwicklung und Umweltschutz Volker Hassemer legte auf der Sitzung des Verkehrsausschusses des Berliner Abgeordnetenhauses am 22. Juni 1982 folgendes Konzept vor:

Bis auf die Strecke Friedrichstraße – Charlottenburg ist die S-Bahn stillzulegen und der Betrieb nach Modernisierung abschnittsweise wieder aufzunehmen:

1991: Wannseebahn Gleisdreieck – Wannsee

1995: S-Bahn Gleisdreieck – Lichtenrade

1995: Stadtbahn Charlottenburg – Westkreuz

1998: Ringbahn Sonnenallee – Jungfernheide

2000: Ring-/Nordbahn Jungfernheide – Frohnau

2003: S-Bahn Priesterweg – Lichterfelde Süd

2004: S-Bahn Westkreuz – Wannsee

2005: S-Bahn Westkreuz – Staaken.

Die Höhe der veranschlagten Investitions- und Betriebskosten ließen jedoch die Vermutung aufkommen, daß man eher auf die S-Bahn verzichten als sie reaktivieren wollte. Proteste aus der Bevölkerung veranlaßten den West-Berliner Senat, den Weiterbetrieb der drei Linien S I, N I und N II zu garantieren sowie die beschleunigte Wiedereröffnung der Wannseebahn in Aussicht zu stellen.

Bundesregierung und Senat erörterten intensiv die Finanzierungsmöglichkeiten und die Bedingungen einer S-Bahn-Integration. Die DDR ließ im Sommer 1983 in Gesprächen mit der Bundesregierung erkennen, daß sie an einer Lösung des S-Bahn-Problems in West-Berlin interessiert sei. Den Bewohnern der Hauptstadt der DDR könne nicht länger zugemutet werden, für das Defizit des S-Bahn-Betriebs im Westteil der Stadt aufzukommen. Nachdem die Westalliierten ihre Zustimmung gegeben hatten, begannen am 31. Oktober 1983 die Verhandlungen mit der Reichsbahn, die nach nur zehn Verhandlungsrunden am 23. Dezember 1983 abgeschlossen wurden. Am 30. Dezember 1983 wurde die S-Bahn-Vereinbarung von Reichsbahn-Hauptdirektor Meißner und Senatsrat Hinkefuß in Ost-Berlin unterzeichnet; am 28. Dezember 1983 hatten die Westalliierten dem Vertrag zugestimmt. Wesentliche Punkte der Vereinbarung waren:

– Die Deutsche Reichsbahn (Rbd Berlin) wird den Betrieb der S-Bahn in Berlin/West am 9. Januar 1984, 3 Uhr, einstellen. Die Betriebsführung der S-Bahn einschließlich Unterhaltung, Verkehrssicherung oder Nutzung aller S-Bahn-Strecken nebst den dazugehörigen Anlagen, Einrichtungen und Betriebsmitteln wird vom gleichen Zeitpunkt an von einer vom Senat zu bestimmenden Stelle aus Berlin (West) wahrgenommen.

– Auf dem Streckenabschnitt Lehrter Stadtbahnhof – Friedrichstraße werden die S-Bahn-Züge mit Zugpersonal der DR besetzt.

– Statusfragen bleiben durch diese Vereinbarung unberührt.

Die DDR hatte damit auf eine Übernahme bisher entstandener Kosten bzw. auf die Abgeltung der zu übernehmenden Betriebseinrichtung verzichtet. Auf Ost-Berliner Seite war man froh, sich eines »unliebsamen Kindes« entledigt zu haben.

Langfristig sah nun der West-Berliner Senat die Reaktivierung von 117 km von vormals 145 km S-Bahn-Strecken vor, das waren rund 80 Prozent der bis September 1980 betriebenen Strecken. Nicht wiedereröffnet werden sollten folgende Strecken:

Neukölln – Köllnische Heide	1,8 km
Jungfernheide – Gartenfeld	4,6 km
Jungfernheide – Spandau	6,2 km
Schönholz – Heiligensee	13,1 km
Zehlendorf – Düppel	2,6 km.

In den letzten Betriebstagen vor der Übernahme erlebte die S-Bahn eine unerwartete Renaissance. Erstmals seit 1961 waren die Züge wieder überfüllt. Die »Fahrgastinitiative Berlin« hatte zu mehreren Sternfahrten mit Kundgebungen (z. B. wegen der Stillegung der Strecke nach Frohnau) aufgerufen. Die letzten Züge verließen Heiligensee um 21.00 Uhr und Frohnau um 20.30 Uhr. Der letzte fahrplanmäßige Zug verließ den Bahnhof Wannsee um 21.07 Uhr in Richtung Friedrichstraße. Der um 21.27 Uhr nur bis Charlottenburg fahrende Personalzug wurde als »letzter Zug« verabschiedet. Auf dem überfüllten Bahnsteig kam es zur »Abschiedsfeier mit Kranzniederlegung«. Es wurden Kerzen und Windlichter entzündet, als der Halbzug 275 557/558 + 552/551 den Bahnhof Wannsee als letzter S-Bahn-Zug mit Fahrgästen verließ. Zu bedienen war in den Abend- und

Wiederinbetriebnahmen der Berliner S-Bahn 1984 – 1989 (West-Berlin)

Datum	Streckenabschnitt	Länge km	Anmerkung
1. 5. 1984	Charlottenburg – Wannsee	12,80	w)
1. 5. 1984	Anhalter Bahnhof – Gesundbrunnen	6,70	w)
1.10. 1984	Gesundbrunnen – Frohnau	12,40	w)
1. 2. 1985	Anhalter Bahnhof – Wannsee	18,40	p)

p)   ab 28.9. 1980 eingestellt
w)   ab 9.1. 1984 eingestellt

Nachtstunden der Abschnitt Charlottenburg – Friedrichstraße (Grenzverkehr). Dieser Zug war auch der letzte Viertelzug, der um 2.30 Uhr den Bahnhof Friedrichstraße verließ. Es gab mehrere Unterwegshalte, in denen sich der DR-Dienststellenleiter des Bahnhofs Zoologischen Garten von den Bahnhofsaufsichten verabschiedete. Um 2.53 Uhr erreichte der Zug den Endbahnhof Charlottenburg, 7 min vor Übergabe an die Berliner Verkehrsbetriebe. Die Reichsbahn-Ära beim S-Bahn-Verkehr in West-Berlin ging damit vorläufig zu Ende.

Die BVG übernahm am 9. Januar 1984 mit Betriebsbeginn den S-Bahn-Betrieb in West-Berlin. Nach dem Senats-Schnellbahnkonzept wurde der Betrieb lediglich auf den insgesamt 21,1 km langen Streckenabschnitten

Lichtenrade – Anhalter Bahnhof (Linie S 2) und

Friedrichstraße – Charlottenburg (Linie S 3) aufgenommen. Die Streckenabschnitte Wannsee – Anhalter Bahnhof und Wannsee – Charlottenburg mit einer Gesamtlänge von 12,8 km dienten Betriebsfahrten zum einzigen funktionstüchtigen S-Bahn-Betriebswerk in Berlin-Wannsee. Auf den restlichen bis zum 8. Januar 1984 bedienten Strecken ruhte der Verkehr oder wurde ganz eingestellt.

Nach den Vereinbarungen zwischen dem West-Berliner Senat und der DDR übernahm die BVG 115 Viertelzüge der Baureihe 275, den Gerätezug des Bw Wannsee (2 Vz), den S-Bahn-Schnellgüterzug des Bw Nordbahnhof (2 Vz) und ein motorloses Paßviertel. Von den 119 betriebsfähigen Viertelzügen waren 87 im Westnetz vorhanden und weitere 32 wurden aus dem Ost-

netz überführt, die bereits schon einmal im Westnetz eingesetzt waren. Sie waren in den Jahren 1975 bis 1979 wegen des geringen Bedarfs aus dem Westnetz abgezogen worden. Von dem Wagenpark waren 95 Viertelzüge mit Sicherheitsfahrschalter und Funk für den Ein-Mann-Betrieb ausgerüstet. 20 Viertelzüge waren sog. Paßviertel und noch nicht mit dieser Technik ausgestattet.

Für die übernommenen Fahrzeuge war eine Generalüberholung unbedingt erforderlich. Erschwerend kam hinzu, daß Konstruktionspläne nicht vorhanden waren. Daher mußten erst neue Konstruktions- und Schaltpläne sowie Prüfprogramme für künftige Überholungen aufgestellt werden. Die Generalüberholung der Züge übernahm die Firma Waggon-Union in Berlin-Reinickendorf. Beteiligt waren auch die Firmen Siemens und AEG. Der erste Viertelzug wurde am 3. Februar 1984 zur Waggon-Union überstellt. Der letzte überholte Viertelzug kam am 31. August 1987 zur BVG. Die Fahrmotoren wurden generalüberholt, die gesamte elektrische Ausrüstung aufgearbeitet bzw. neu verkabelt. Von den 20 Paßvierteln wurden zwölf ab Herbst 1985 aufgearbeitet und in »Sifa-Steuerviertel« für den Ein-Mann-Betrieb umgebaut. Zu erkennen sind die ehemaligen Paßviertel an dem Führerstand im Steuerwagen. So konnten in verkehrsschwachen Zeiten statt Halbzüge nun Viertelzüge eingesetzt werden. Dies geschah in den Abendstunden auf der S 1.

Die technischen und baulichen Anlagen befanden sich in einem betriebssicheren Zustand. Sie entsprachen aber bei weitem nicht dem gewohnten Standard der U-Bahn. Es machte sich bemerkbar, daß die

Deutsche Reichsbahn im Westteil der Stadt die S-Bahn »abgefahren« hatte, ohne für die notwendige Erhaltung und Instandsetzung zu sorgen. Viele Stellwerke wurden gemeinsam für Fern-, Güter- und S-Bahn-Verkehr benutzt. Die BVG mußte mit der Entflechtung zwischen DR-Fernbahn und der S-Bahn beginnen. Dazu zählte auch die Strom- und Wasserversorgung. Die Gleisanlagen und der Unterbau befanden sich in einem desolaten Zustand. Nicht umsonst hieß die S-Bahn im Westteil auch »Schüttelbahn«. Geräte für die Fahrgastselbstabfertigung (Fahrscheinautomaten, Entwerter) fehlten völlig. So wurden Fahrscheinautomaten und Entwerter aus dem Ersatzbestand der U-Bahn aufgestellt, weitere auf den U-Bahnhöfen demontiert.

Das sog. Einstiegsnetz wurde in der Öffentlichkeit auch spöttisch »Schrumpfnetz« bezeichnet. Heftig kritisiert wurde die Einstellung der Wannseebahn und des Verkehrs durch den Nord-Süd-Tunnel nach Frohnau. Die BVG hatte anfangs mit personellen Problemen zu kämpfen, denn von den 872 ehemaligen Reichsbahnern waren nur 60 Triebwagenführer und 46 Stellwerker, und nicht alle wollten von der BVG übernommen werden. Ein Teil der Reichsbahner hatte das 65. Lebensjahr vollendet. So halfen bis zum 31. Mai 1985 18 Triebwagenführer und ein Fahrlehrer aus Hamburg aus. Die Hamburger S-Bahner waren nur kurz in die Berliner S-Bahn-Technik einzuweisen, denn das Betriebssystem in Hamburg ist dem Berliner ähnlich.

Verhandlungen zwischen der Deutschen Reichsbahn und dem Bundesverkehrsminister führten dazu, daß der Abschnitt Anhalter Bahnhof – Gesundbrunnen am 1. Mai 1984 (6,7 km) wieder in Betrieb genommen wurde. Die Verhandlungen waren deshalb erforderlich, weil die Strecke durch Ost-Berliner Gebiet führte. Die Reichsbahn blieb für den im Ostteil befindlichen Abschnitt zuständig und führte Reparaturen in eigener Regie nach Absprache mit der BVG aus. Der Senat hatte für die Benutzung der Gleisanlagen eine Transitkostenpauschale zu entrichten. Die Triebwagenführer der BVG konnten die Züge durchgehend fahren, während auf der Stadtbahn zwischen Lehrter Stadtbahnhof und Friedrichstraße die S-Bahn-Züge seit der Übernahme durch die BVG ausschließlich von Personal der Deutschen Reichsbahn geführt werden durften. Der Triebwagenführerwechsel fand regelmäßig auf dem Lehrter Stadtbahnhof statt.

Ebenfalls am 1. Mai 1984 wurde der Betrieb von Charlottenburg nach Wannsee (12,8 km) aufgenommen. Und am 1. Oktober 1984 ging der Streckenabschnitt Gesundbrunnen – Frohnau (12,4 km) in Betrieb, trotz technischer und personeller Probleme.

Im Sommer 1984 begannen die Arbeiten für die Wiederinbetriebnahme der Wannseebahn. Die Arbeiten standen unter starkem Zeitdruck. Hinzu kam ein strenger Winter mit Temperaturen bis zu minus 20 °C. Dennoch konnte die Strecke bereits am 1. Februar 1985 feierlich eröffnet werden. Somit waren nach einem reichlichen Jahr nach Übernahme der S-Bahn 71,5 km Strecke in Betrieb.

Im Sommer 1985 begannen die Bauarbeiten für den zweigleisigen Ausbau der S 2 im Abschnitt Wilhelmsruh – Frohnau. Ab 5. Mai 1986 wurde die Strecke zwischen Wittenau (Nordbahn) und Frohnau zunächst für ein Jahr gesperrt. Doch schon am 22. Dezember 1986 ging der Streckenabschnitt nach einer Neutrassierung wieder in Betrieb, diesmal durchgehend zweigleisig. Die Züge verkehrten im 10-min-Takt.

Im September 1987 entschloß sich die BVG, auch das zweite Gleis zwischen Mariendorf und Lichtenrade wieder aufzubauen. Mit den Arbeiten wurde im Juni 1988 begonnen. Vom 8. August bis zum 1. Oktober 1988 wurde der Abschnitt Marienfelde – Lichtenrade voll gesperrt.

Ein Jahr später, am 25. September 1989, begannen die Arbeiten für ein großes, sich über mehrere Jahre hinziehendes Projekt. Am stillgelegten S-Bahnhof Westend (Ringbahn) wurde mit dem Abriß der Anlagen und damit mit dem Wiederaufbau der Ringbahn begonnen.

Für das Einstiegsnetz reichte der vorhandene Wagenpark aus. Mit der Eröffnung weiterer Strecken wurde die Anzahl der Reservezüge immer knapper. Prekär wurde die Lage mit der Eröffnung der Wannseebahn (S 1). Bei zahlreichen EMB-Viertelzügen waren die Motoren wegen der starken Kälte und infolge von Flugschnee ausgefallen. Die BVG entschloß sich, auf die abgestellten, aber noch betriebsfähigen Paßviertel zurückzugreifen. So waren bis zu acht Paßviertel über mehrere Wochen im Einsatz.

Die BVG und eine Arbeitsgemeinschaft aus den Firmen AEG, Siemens und Wag-

Rollout der neuen S-Bahn-Züge der BR 480 am 22. Oktober 1986 bei der West-Berliner Firma Waggon-Union. 480 002/502 in kristallblau und 480 003/503 im traditionellen creme-rot. Foto: Bodo Schulz

gon-Union hatten bereits im Sommer 1984 einen Entwicklungsvertrag für den Bau des Prototyps der Baureihe 480 abgeschlossen. Gefördert wurde das Projekt vom Bundesminister für Forschung und Technologie und vom Senator für Wissenschaft und Forschung. Ein Modell aus Holz im Maßstab 1 : 1 wurde der Presse am 1. Juli 1985 vorgestellt. Die Viertelzüge 480 002/502 in kristallblau und 480 003/503 im traditionellen creme-rot wurden am 22. Oktober 1986 bei einem »Rollout« der Presse und prominenten Gästen vorgestellt. Die neuen Züge unterschieden sich von den bisherigen Nahverkehrszügen durch modernste Technik. Mit den neuen Zügen sollten die Attraktivität für den Fahrgast gesteigert, die Umweltbelastung gemindert, Energie eingespart, die Instandhaltungskosten gesenkt, die Arbeitsbedingungen für den Triebwagenführer verbessert und die Beschaffung wirtschaftlich gestaltet werden. Bei der Erarbeitung des Fahrzeugkonzepts wurde der Senkung der Betriebskosten (Energie, Wartung, Reparatur) besondere Bedeutung beigemessen. Dies wurde durch den Einsatz von Mikrocomputern und den Antrieb mit Drehstrommotoren erreicht. Doch in den Folgejahren wurde auch Kritik laut. Die Deutsche Reichsbahn hatte mit der BR 485 für das Ost-Netz ein durchaus attraktives Pendant beschafft, das in keiner Weise der BR 480 nachstand. Ausschlaggebend für die Kritiker waren die erheblich günstigeren Produktionskosten und der Verzicht auf eine hochmoderne und damit anfällige Technik.

Mit den Prototypen 480 001/501–480 004/ 504 folgten umfangreiche Probefahrten. Hierzu wurde das ehemalige Streckengleis von Wannsee nach Potsdam bis vor die Brücke am Teltowkanal in Kohlhasenbrück wiederhergestellt. Die ersten Einsätze im Fahrgastverkehr fanden am 24. und 31. Juli 1987 statt. Die Abnahme durch die Aufsichtsbehörde war am 20. Oktober 1987. Danach waren die Prototypen etwa zwei Jahre im Einsatz. Bei der 100000-km-Inspektion wurden Haarrisse an einigen Drehgestellen festgestellt, so daß die Fahrzeuge bis März 1990 abgestellt wurden. Die Serienproduktion begann im März 1989 und war im Juli 1992 abgeschlossen. Die Serienlieferung umfaßte 41 Doppeltriebwa-

gen (480 005/505 – 480 045/545). Vom Designer wurde anfangs die Ausführung in kristallblau favorisiert. Aufgrund von Protesten aus der Bevölkerung organisierte die BVG eine Abstimmung, bei der 81 Prozent für die traditionellen Farben rubinrot/sandgelb votierten, so daß die Serienfahrzeuge in diesen traditionellen Farben lackiert wurden. Die Triebwagen 480 001/501 und 480 002/502 haben bis heute jedoch die kristallblaue Lackierung behalten.

Die Zeit nach der Wende

Die Ereignisse des 9. November 1989 nahmen einen wesentlichen Einfluß auf den öffentlichen Personennahverkehr in Berlin und im Umland. Der große Besucherstrom von Ost nach West hatte erhebliche Auswirkungen auf den West-Berliner S-Bahn-Verkehr. Das Potential an S-Bahn-Fahrzeugen war dem großen Andrang nicht gewachsen. Die BVG setzte den gesamten betriebsfähigen Bestand ein. Bis in die Nacht vom 12. zum 13. November 1989 bestand auf Teilstrecken der S 2 und S 3 durchgehend Nachtverkehr. In der Nacht zum 11. November 1989 wurden zwei S-Bahn-Vollzüge zur Verstärkung von Ost- nach West-Berlin gegeben. Auf der S 3 verkehrten erstmals nach vielen Jahren wieder Vollzüge. Die S 1 wurde kurzfristig bis Gesundbrunnen verlängert. Insgesamt hatte die S 3 die Hauptlast im S-Bahn-Verkehr zu tragen. Einerseits wurden die Bahnhöfe Friedrichstraße und Lehrter Stadtbahnhof von den Besuchern aus Ost-Berlin und andererseits der Bahnhof Wannsee von den Besuchern aus Potsdam am meisten genutzt, um in die Innenstadt zum Bahnhof Zoologischer Garten zu gelangen.

Die Wartungsarbeiten an den Fahrzeugen und an den Strecken konnten nur in der Woche während der kurzen Betriebspause in den Nachtstunden ausgeführt werden. Als problematisch erwies sich die Wartung der DR-Züge, weil die BVG-Züge nach der Übernahme modernisiert und Teile nach westlichen Normen eingebaut wurden. So wurden die DR-Züge zu Wartungsarbeiten im Tausch in das Ostnetz überführt, und zwar über ein mit Stromschiene versehenes Fernbahngleis im Bahnhof Friedrichstraße. Auch vor der

Maueröffnung diente das Gleis der Zu- bzw. Rückführung von S-Bahn-Zügen (z. B. zum Raw Schöneweide). Allerdings konnte die Stromschiene nur für Überführungsfahrten unter Strom gesetzt werden. Ein Signal zeigte den DDR-Grenzorganen auf dem Fernbahnsteig an, daß die Stromschiene stromlos war und ein eventueller Durchbruch eines S-Bahn-Zugs nicht möglich war.

Im Laufe der Wochen ging der Ansturm der Besucher zurück, so daß ab 14. Januar 1990 auf der S 3 nur noch Dreiviertelzüge eingesetzt wurden. Nach Schätzungen der BVG wurden allein an dem Wochenende 11./12. November 1989 etwa 4 Mio. Fahrgäste auf dem Westnetz befördert. Bei der S-Bahn waren statt der üblichen 64 immerhin 86 Viertelzüge (Verstärkung auf Dreiviertel- bzw. Vollzüge) eingesetzt.

Für die fehlende S-Bahn-Verbindung Wannsee – Potsdam wurde am 22. Januar 1990 eine Nahverkehrsverbindung mit Doppelstock-Wendezugeinheiten eröffnet. Gezogen bzw. geschoben wurden die Wagen von Diesellokomotiven der BR 118 (jetzt 228). Im Grenzbahnhof Griebnitzsee bestand ein längerer Kontroll-Aufenthalt, der später auf etwa 10 min reduziert wurde.

Verkehrssenator Nagel stellte am 1. März 1990 die Planungen für den grenzüberschreitenden S-Bahn-Verkehr im Rahmen einer Pressekonferenz vor:
– Mittelfristig wird der S-Bahnhof Bornholmer Straße als Verknüpfungspunkt wiederhergestellt. Provisorisch wird ein Bahnsteig »Ost« gebaut, der ein Anhalten der Züge auf dem Abschnitt Pankow – Schönhauser Allee erlaubt.
– Wiederherstellung des S-Bahn-Verkehrs auf den Strecken Lichtenrade – Blankenfelde, Frohnau – Hohen Neuendorf, Köllnische Heide – Baumschulenweg, Wannsee – Griebnitzsee. Die Rodungsarbeiten auf den ersten drei Trassen waren bereits im März 1990 abgeschlossen.
Seit dem 1. April 1990 entfiel der Personalwechsel DR/BVG auf dem Lehrter Stadtbahnhof. Die BVG hatte die Betriebsführung auf dem Abschnitt bis zum Bahnhof Friedrichstraße übernommen. Zum gleichen Zeitpunkt wurde auch das Ausfahrsignal des Lehrter Stadtbahnhofs in Richtung Friedrichstraße wieder als Selbstblocksignal umgerüstet. Bisher war die Ein-

Zeittafel Berlin ab 1989

22.1.1990	erste Nahverkehrsverbindung zwischen Potsdam und Wannsee als Ersatz für die fehlende S-Bahn-Verbindung
2.7.1990	durchgehender S-Bahn-Verkehr zwischen Erkner – Wannsee, Königs Wusterhausen – Wannsee, Flughafen Schönefeld – Charlottenburg
1.9.1990	Wiedereröffnung der Bahnhöfe Unter den Linden und Nordbahnhof
Dez.1990	Wiederinbetriebnahme des Bahnhofs Bornholmer Straße
1.3.1992	durchgehender S-Bahn-Betrieb durch den Nord-Süd-Tunnel wieder möglich
1.4.1992	Wiederinbetriebnahme der S-Bahn-Strecke Potsdam – Wannsee
31.5.1992	Wiederinbetriebnahme der S-Bahn-Strecke Frohnau – Hohen Neuendorf
31.8.1992	Wiederinbetriebnahme der S-Bahn-Strecke Lichtenrade – Blankenfelde
17.12.1993	Wiederinbetriebnahme des Südrings Westend – Papestraße – Neukölln mit dem Abzweig nach Baumschulenweg

fahrt auf Ost-Berliner Gebiet von der Zustimmung des Fahrdienstleiters des Stellwerks Friedrichstraße West abhängig.

Im Juni 1990 begann die Deutsche Reichsbahn, die Gleisverbindung im Bahnhof Friedrichstraße Richtung Westen wiederherzustellen. Am 1. Juli 1990 fielen die DDR-Grenzkontrollen weg, und innerhalb des Stadtgebiets und in das Umland war wieder ein freier Verkehr möglich. So konnte am 2. Juli 1990 der durchgehende S-Bahn-Verkehr zwischen Erkner und Wannsee, Wannsee und Königs Wusterhausen sowie Charlottenburg und Flughafen Schönefeld aufgenommen werden. Die Züge wurden von der DR gestellt, lediglich sieben Umläufe nach Königs Wusterhausen wurden mit der BR 275 der BVG gefahren. Am gleichen Tag wurde der Bahnhof Oranienburger Straße auf der Nord-Süd-Strecke wiedereröffnet. Im gleichen Monat begannen die Arbeiten auf den Bahnhöfen Unter den Linden und Nordbahnhof, die am 1. September 1990 wiedereröffnet wurden.

Zur gleichen Zeit wurde die S 2 (Lichtenrade – Anhalter Bahnhof) bis Gesundbrunnen verlängert. Somit wurde auf der Nord-Süd-Bahn ein 5-min-Verkehr geschaffen. Im weiteren Verlauf der S 1 konnte dann im Dezember 1990 der Bahnhof Bornholmer Straße in Betrieb genommen werden.

Im Oktober 1990 hatte die Berliner CDU anläßlich der bevorstehenden Wahl ein Verkehrskonzept für ganz Berlin vorgelegt. Für die S-Bahn wurden folgende Aussagen getroffen:
– umgehende Inbetriebnahme des Vollrings,
– Wiederherstellung der Strecken Lichtenrade – Rangsdorf, Lichterfelde Süd – Teltow, Wannsee – Potsdam, Spandau – Staaken, Spandau – Falkensee, Schönholz – Velten, Frohnau – Oranienburg, Neukölln – Baumschulenweg,
– Anbindung des Abschnitts Pankow – Schönhauser Allee an die Nord-Süd-Bahn und Umbau des Knotenpunkts Gesundbrunnen,

– Neubau einer S-Bahn-Strecke vom Potsdamer Platz über Platz der Republik zum Zentralbahnhof (Lehrter Bahnhof),
– Verlängerung der S-Bahn von Wartenberg zum Karower Kreuz,
– Umbau des Bahnhof Ostkreuz.
Einige dieser Vorhaben waren bereits in Angriff genommen worden, andere erschienen in Anbetracht der leeren Staatskasse etwas überzogen. Die DR als künftiger Betreiber aller S-Bahn-Strecken hatte eigene Vorstellungen, die sie anläßlich einer Pressekonferenz am 21. April 1991 bekanntgab. Dennoch soll das S-Bahn-Netz bis zum Jahr 2000 dem Stand vor dem 13. August 1961 entsprechen, mit Ausnahme der Strecke Jungfernheide – Gartenfeld. Folgende S-Bahn-Strecken sollen neu gebaut werden: Teltow – Stahnsdorf – Wannsee, Falkensee – Nauen, Staaken – Wustermark, Wartenberg – Karower Kreuz.

Fast zwei Monate später stellte Verkehrssenator Haase die S-Bahn-Planung des Senats bis zum Jahre 2000 in einer Pressekonferenz vor:
– Bis zum Jahresende 1992 sollen die Strecken Frohnau – Hohen Neuendorf, Lichtenrade – Blankenfelde, Wannsee – Potsdam als Lückenschluß wiederhergestellt sein.
– Innerhalb von fünf Jahren sollen die Strecken Westend – Baumschulenweg (Südring), Westend – Gesundbrunnen (Nordring) Priesterweg – Lichterfelde Süd wiederhergestellt sowie der Ring zwischen Schönhauser Allee und Gesundbrunnen, Sonnenallee und Treptower Park geschlossen werden.
– Für die Strecken Westkreuz – Falkensee und Schönholz – Hennigsdorf wird vorerst eine Teilinbetriebnahme angestrebt.
– Bau eines Nord-Süd-Tunnels von Gleisdreieck über Potsdamer Platz, Lehrter Stadtbahnhof zum Nordring.
Im Jahre 1990 hatte sich die Deutsche Reichsbahn entschlossen, den Nord-Süd-Tunnel instand zu setzen und mit der Modernisierung der Anlagen zu beginnen. Die Arbeiten sollten nacheinander in zwei Bauabschnitten ausgeführt werden: Abschnitt 1 vom S-Bahnhof Friedrichstraße bis Anhalter Bahnhof und Abschnitt 2 vom S-Bahnhof Friedrichstraße bis Bahnhof Gesundbrunnen, und zwar bei völliger Betriebsruhe im jeweiligen Abschnitt. Ver-

Wiederinbetriebnahmen der Berliner S-Bahn seit 1989

Datum	Streckenabschnitt	Länge km	Anmerkung
1. 4.1992	Wannsee – Potsdam	8,95	b) e)
31. 5.1992	Frohnau – Hohen Neuendorf	4,50	b)
31. 8.1992	Lichtenrade – Blankenfelde	5,70	b) s)
17.12.1993	Westend – Baumschulenweg	18,40	b) p)

b)	am 13.8.1961 unterbrochen (Berliner Mauer)
e)	Restbetrieb Potsdam Stadt – Griebnitzsee ab 9.10.1961 eingestellt
p)	ab 28.9.1980 eingestellt
s)	Restbetrieb Mahlow – Rangsdorf ab 9.10.1961 eingestellt

Übersicht Berlin

S-Bahn-Linien

S 1	KBS 201.1	Berlin-Wannsee – Nord–Süd-Bahn – Oranienburg (52 km)
S 2	KBS 201.2	Schönholz – Nord-Süd-Bahn – Blankenfelde (29 km)
S 3	KBS 201.3	Potsdam Stadt – Stadtbahn – Erkner (57 km)
S 5	KBS 201.5	Berlin-Charlottenburg – Stadtbahn – Berlin-Lichtenberg – Strausberg Nord (48 km)
S 6	KBS 201.6	Westkreuz – Stadtbahn – Königs Wusterhausen (43 km)
S 7	KBS 201.7	Potsdam Stadt – Stadtbahn – Ahrensfelde (47 km)
S 8	KBS 201.8	Bernau – Ostring – Grünau (41 km)
S 9	KBS 201.9	Westkreuz – Stadtbahn – Berlin-Schönefeld (33 km)
S 10	KBS 201.10	Birkenwerder – Ostring – Berlin-Schöneweide – Berlin-Spindlersfeld (44 km)
S 45	KBS 201.45	Westend – Südring – Berlin-Schönefeld (30 km)
S 46	KBS 201.46	Westend – Südring – Grünau (26 km)
S 75	KBS 201.75	Wartenberg – Berlin-Lichtenberg – Warschauer Straße (14 km)
S 86	KBS 201.86	Berlin-Pankow – Ostring – Berlin Hauptbahnhof (13 km)

Ergänzungsstrecken

R 1	KBS 204.1	Werder – Berlin-Schönefeld – Königs Wusterhausen (64 km)
R 2	KBS 204.2	Berlin-Schöneweide – Wünsdorf (38 km)
R 3	KBS 204.3	Brandenburg – Wildpark – Potsdam Stadt (10 km)
R 4	KBS 204.4	Nauen – Falkenhagen (– Wustermark) – Potsdam Stadt (42 km)
R 5	KBS 204.5	Nauen – Wustermark (– Brieselang) – Jungfernheide (33 km)
R 6	KBS 255	Berlin-Wannsee – Beelitz-Heilstätten (25 km) (– Belzig)*
R 7	KBS 204.7	Berlin-Lichtenberg – Werneuchen (26 km) (– Wriezen)*
R 8	KBS 204.8	Berlin-Karow – Basdorf (13 km) (– Liebenwalde/Groß Schönebeck)*
R 9	KBS 204.9	Nauen – Falkenhagen – Falkensee (16 km)
R 10	KBS 280	Berlin-Lichtenberg – Oranienburg (38 km)
R 11	KBS 204.11	Hennigsdorf – Velten – (7 km) (– Neuruppin)
R 12	KBS 204.12	Berlin-Schöneweide – Ludwigsfelde (36 km) (– Jüterbog)*
R 13	KBS 200	Berlin Hbf – Erkner – Fürstenwalde (46 km) (– Frankfurt Oder)*
R 14	KBS 204.14	Oranienburg – Falkenhagen (– Nauen) – Potsdam – Ludwigsfelde (72 km)
R 15	KBS 298	Berlin-Lichtenberg – Strausberg (30 km) (– Küstrin-Kietz/Buckow (Märkische Schweiz))*
R 16	KBS 210	Berlin-Lichtenberg – Königs Wusterhausen (31 km) (–Lübbenau)*
R 18	KBS 290	Berlin-Lichtenberg – Hohenschönhausen – Bernau (27 km) (–Angermünde)*
R 22	KBS 204.22	Teltow – Ludwigsfelde (10 km)

* Endpunkte der Regionalbahnlinie außerhalb des S-Bahn-Tarifbereichs

Fahrzeuge:

Triebzüge BR 475, 476.1, 477, 480, 485
Wendezüge mit BR 109, 112, 142, 143, 201 (Ergänzungsstrecken)

Streckenlängen

S-Bahn	281 km (Dezember 1993)
	292 km (Dezember 1994)
U-Bahn	134 km
Regionalbahn	369 km

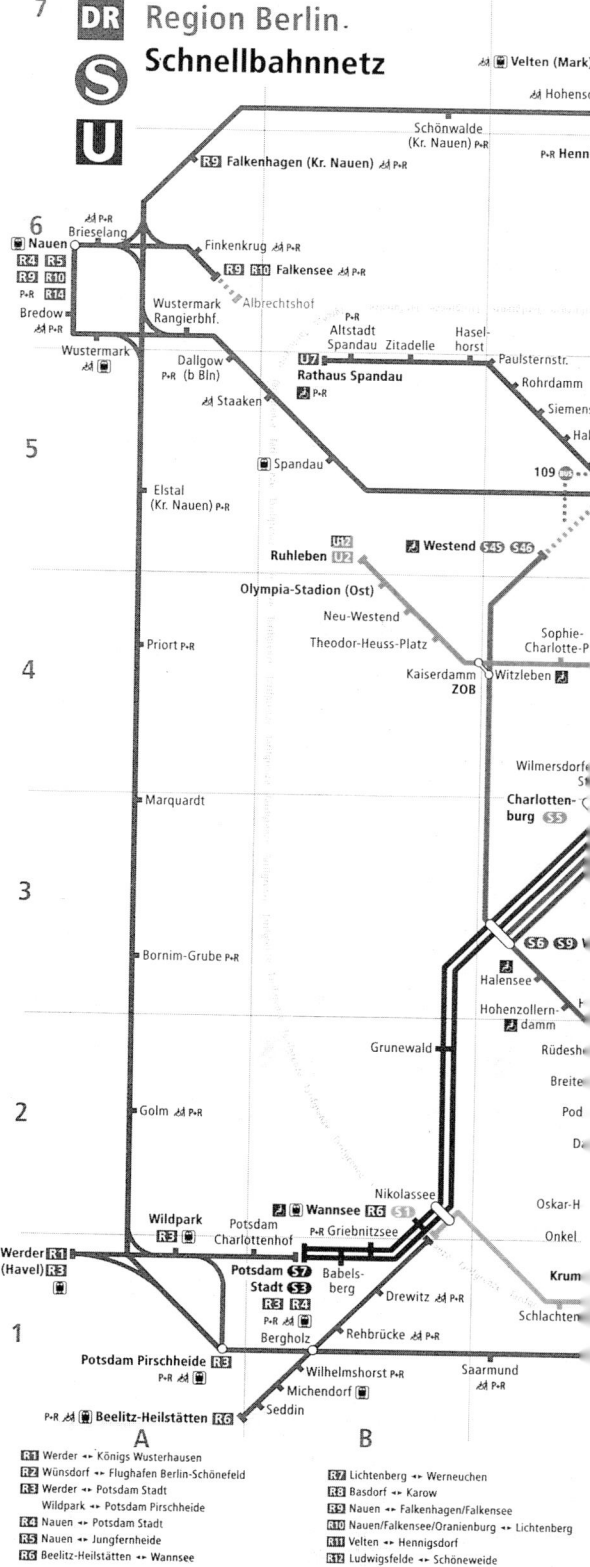

S-Bahn-Netz Berlin, 1993

Die Zeit nach der Wende

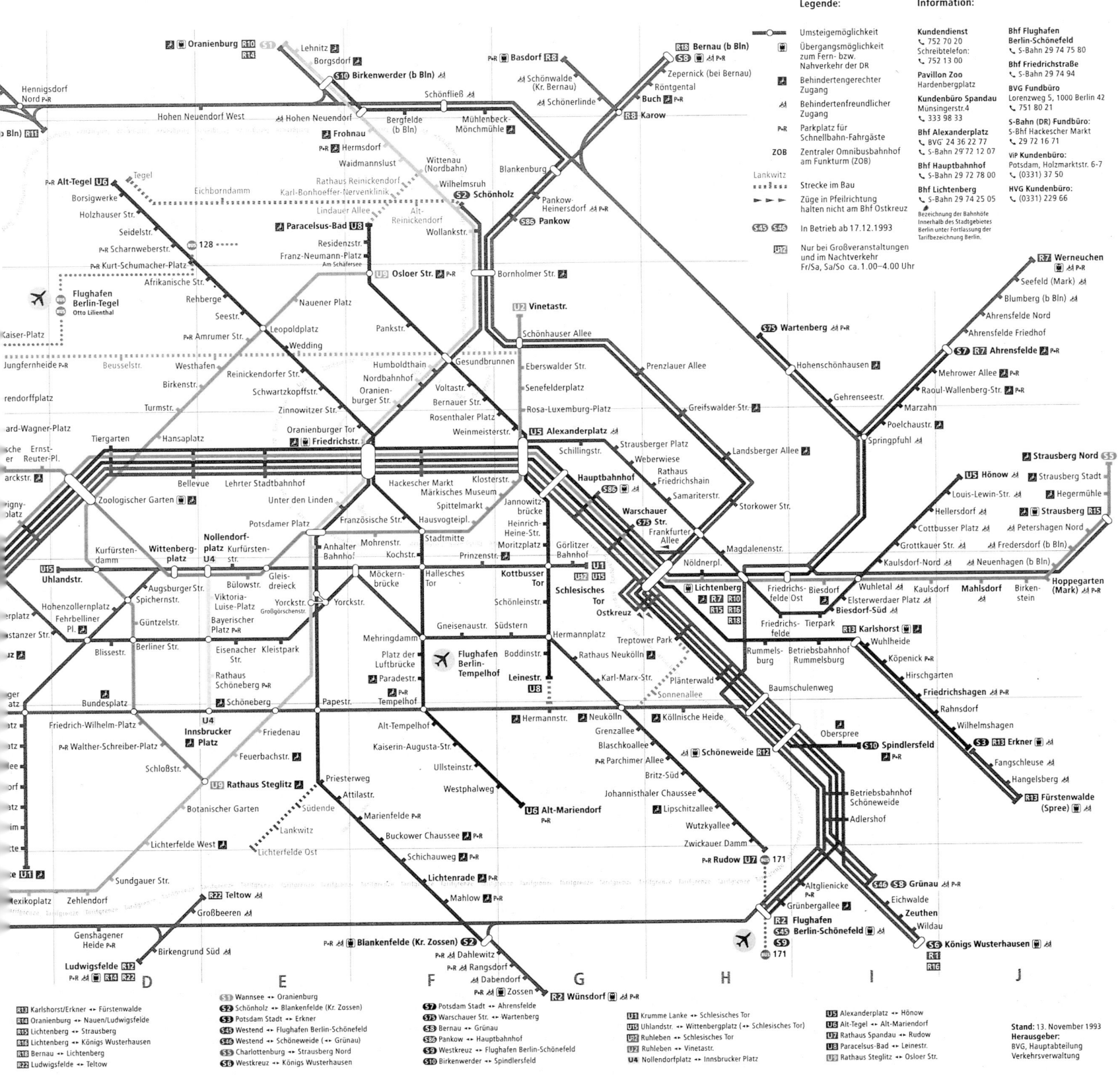

Seit dem 2. Juli 1990 fahren auch Fahrzeuge der BR 277 auf der westlichen Stadtbahn. Hier ein Zug der BR 477 (ex 277) am 31. Januar 1993 auf der S 3 nach Erkner bei der Einfahrt in den Bf Bellevue.

Der Triebwagen 480 050/550 am 2. September 1993 auf Probefahrt im Werksgelände der AEG Schienenfahrzeuge GmbH (ASF) in Hennigsdorf. Die Werksgleise sind nicht mit einer Stromschiene ausgerüstet, daher muß für Probefahrten ein Dachstromabnehmer installiert werden.
Fotos: Jörg Ott

anschlagt wurden die Arbeiten mit vier Monaten pro Abschnitt.

Die Umweltschutzaspekte führten jedoch zu einer erheblichen Einschränkung des Betriebes. Durch Asbestkonzentration mußte z. B. der Bf Unter den Linden zeitweise stillgelegt werden. Da sich noch weitere Probleme einstellten, entschloß sich die Deutsche Reichsbahn, den Nord-Süd-Tunnel ab 18. August 1991 total zu sperren. Die Arbeiten dauerten insgesamt zehn Monate. Am 1. März 1992 konnte der durchgehende Betrieb wieder aufgenom-

men werden. Bis zu diesem Zeitpunkt waren Kosten von etwa 60 Mio. DM entstanden.

Das Jahr 1992 sollte das Jahr der Streckeneröffnungen werden. Den Anfang machte die Strecke Potsdam – Wannsee am 1. April 1992. Am 31. Mai 1992 folgte der Abschnitt Frohnau – Hohen Neuendorf. Seitdem fährt die BVG S-Bahn-Züge von Wannsee nach Oranienburg, während die DR-Züge von Flughafen Schönefeld nach Birkenwerder verkehren. Schließlich wurde am 31. August 1992 die Strecke Lichtenra-

de – Blankenfelde eröffnet. Damit wurden drei wichtige Verbindungen in das Umland geschaffen. Am 17. Dezember 1993 ging die Strecke Westend – Neukölln – Köllnische Heide – Baumschulenweg (Südring) nach völliger Sanierung wieder in Betrieb.

Die Strecke Schönholz – Tegel sollte bereits kurz vor Weihnachten 1992 in Betrieb gehen. Anfang Dezember 1992 erklärte jedoch ein Vertreter der Deutschen Reichsbahn, daß diese Strecke am 9. Januar 1984 nicht mit den übrigen S-Bahn-Strecken an den Berliner Senat übergeben worden sei, sondern sich immer noch in der alleinigen Verfügung der Deutschen Reichsbahn befinde. Der Betrieb soll nun im Herbst 1994 aufgenommen werden. Die neue Linie soll über die Nord-Süd-Bahn bis nach Lichterfelde Ost geführt werden, weil zum gleichen Zeitpunkt der Streckenabschnitt Priesterweg – Lichterfelde Ost in Betrieb gehen soll.

Am 2. September 1993 wurde der Viertelzug 480 050/550 bei der AEG Schienenfahrzeuge GmbH vorgestellt. Er gehört zu den 40 Viertelzügen, die die Deutsche Reichsbahn nachbestellt hat. Davon werden 30 Viertelzüge bei der Waggon Union und zehn bei der AEG gebaut. Doch nicht nur mit dem Neubau von S-Bahn-Fahrzeugen hat sich die AEG Schienenfahrzeuge GmbH beschäftigt. So kehrten im August 1993 die beiden Viertelzüge 485/885 114 und 115 nach Hennigsdorf zurück. Unter Regie des Versuchswesen B2E4 hatte in der Fahrzeugendmontage die Umrüstung der Fahrzeuge begonnen. Ziel der Aktion ist es, die Viertelzüge mit einem zusätzlichen Dieselgeneratorsatz auszurüsten, der den Betrieb der Züge auch auf stromschienenlosen Streckenabschnitten des S-

Zur Bewältigung des S-Bahn-Verkehrs nach Öffnung der Berliner Mauer lieh die DR Züge der BR 275 an die BVG aus. 275 611 (Ost) und 275 700 (West) am 12. November 1989 im Bf Wannsee.

480 545/045, 532/032, 505/005 passieren als S 2 Schönholz – Blankenfelde am Eröffnungstag der Strecke Lichtenrade – Blankenfelde das ehemalige Bahnhofsgebäude Mahlow der preußischen Militäreisenbahn, 31. August 1992. Fotos: Jörg Ott

Baureihenaufteilung und Umzeichnungen der Berliner S-Bahn-Fahrzeuge

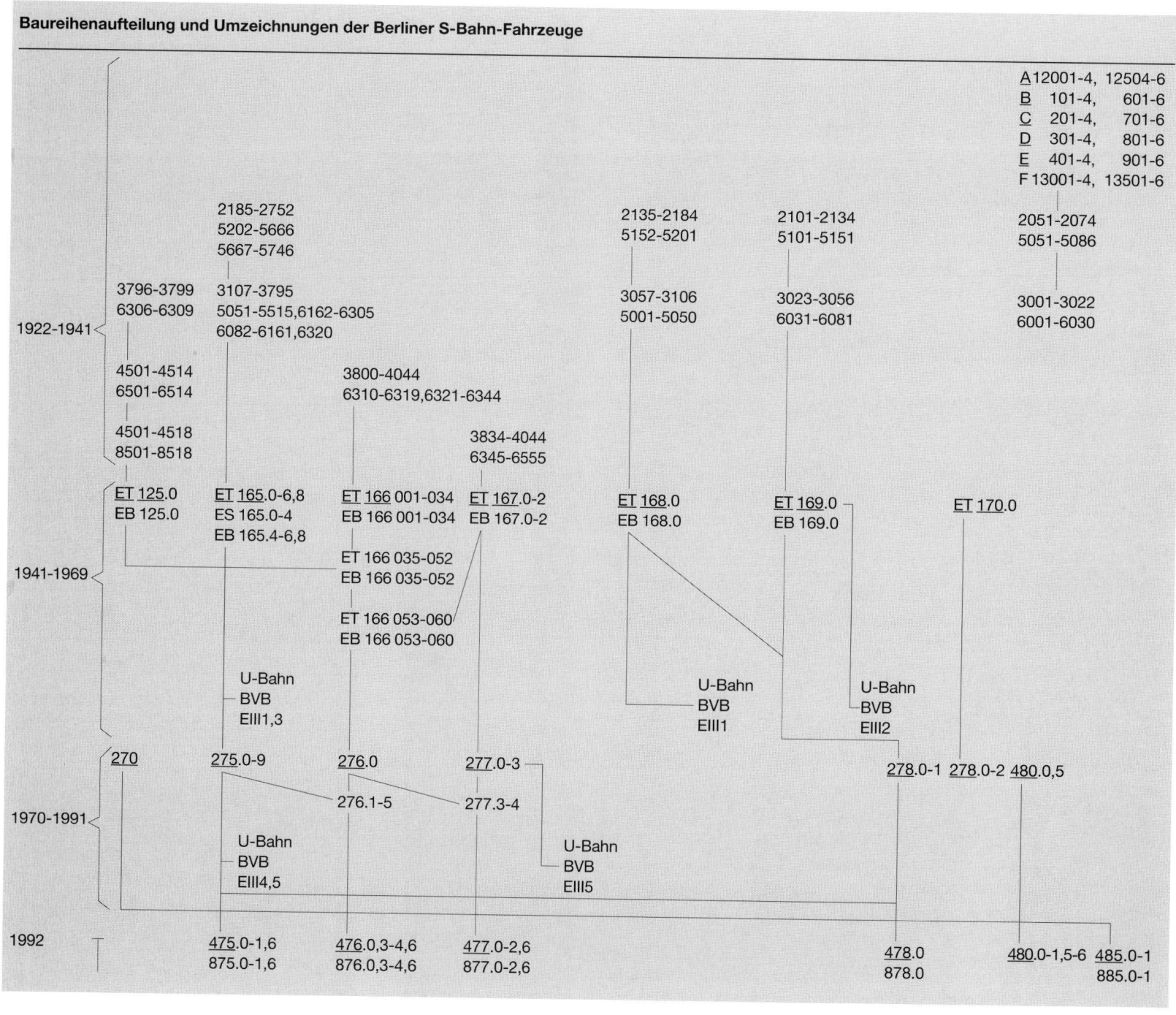

Bahn-Netzes ermöglichen soll. Mit solchen Fahrzeugen kann im Berliner Raum und im Umland bis zum endgültigen Ausbau der Stromversorgungseinrichtungen der S-Bahn gefahren werden. Dabei ist eine schnelle Umschaltung von elektrischem Betrieb auf Dieselbetrieb oder umgekehrt möglich. Für 1994 ist die Betriebserprobung auf dafür geeigneten Strecken vorgesehen, z. B. Hennigsdorf – Birkenwerder – Oranien-

burg. Die Fahrzeuge erhalten eine zusätzliche Trittstufe, um sie auch für niedrige Bahnsteige geeignet zu machen. Am 30. September 1993 bestellten die DB/DR 100 S-Bahn-Züge der neuen Baureihe 481 bei der Deutschen Waggonbau AG. Beteiligt werden soll auch die AEG Schienenfahrzeuge GmbH. Der erste Viertelzug soll bis Ende 1995 fertiggestellt werden.

Die S-Bahn im Westteil der Stadt unter-

stand fast auf den Tag zehn Jahre der BVG. Seit dem 1. Januar 1994 untersteht sie der Deutschen Bahn AG.

Es gibt noch viel zu tun, beim Ausbau bzw. bei der Instandsetzung des Berliner S-Bahn-Netzes. Folgen der Teilung der Stadt und ein marodes S-Bahn-Netz im Westteil haben ihre Spuren hinterlassen. Es wird noch Jahre dauern, bis die letzten Spuren eines düsteren Kapitels beseitigt sind.

Magdeburg

Die Planung der S-Bahn begann in den sechziger Jahren. Aufgabe des S-Bahn-Betriebs sollte die Erschließung des Umlands mit dem Knoten Magdeburg sein, insbesondere in einer Nord-Süd-Relation für die Hauptpendlerströme aus den Bereichen Haldensleben (20 000 Einwohner), Wolmirstedt (12 000 Einwohner) und Schönebeck/Elbe (44 000 Einwohner). Des weiteren sollte die S-Bahn den Berufsverkehr für die nördlichen und südlichen Industriegebiete von Magdeburg übernehmen, die wichtigen Naherholungsgebiete (Schwimmbad Zielitz, Barleber See, Kurpark und Gradierwerk Schönebeck-Salzelmen) erschließen sowie innerstädtische Beförderungsaufgaben wahrnehmen.

Als nördlichster Punkt wurde Zielitz und als südlichster Punkt Schönebeck-Salzel-

S-Bahn-Strecke Magdeburg

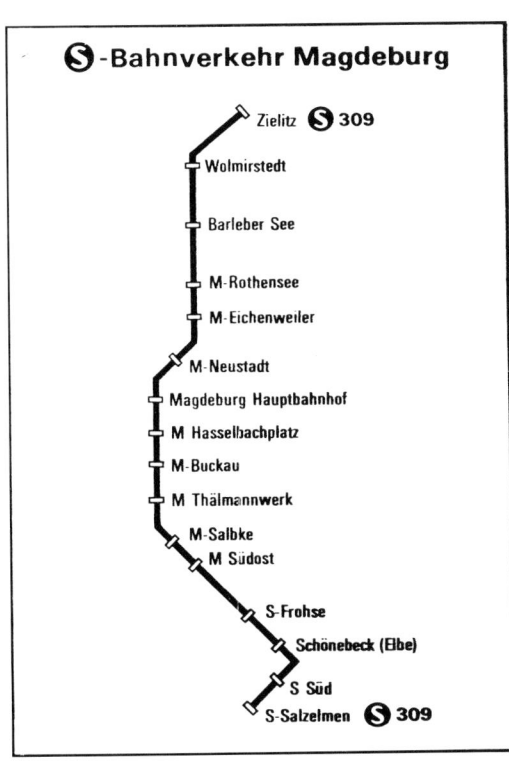

men gewählt. Bevor mit dem Bau der S-Bahn im Jahre 1969 begonnen wurde, hatte die Deutsche Reichsbahn schon einige Bauten, die der Verbesserung des Reise- und Berufsverkehr dienten, fertiggestellt und in Betrieb genommen. In der Nähe des Kaliwerks in Zielitz wurde 600 m nördlich vom alten Bahnhof eine neue Verkehrsanlage gebaut. Dabei mußten die Aufgaben eines Endbahnhofs für den S-Bahn-Verkehr mit dem Durchgangsverkehr auf der Strecke Rostock – Magdeburg und dem Güterverkehr zum Kaliwerk Zielitz in Übereinstimmung gebracht werden. Der neue Bahnhof mit vier Bahnsteigen, davon zwei für den S-Bahn-Verkehr, wurde am 7. Oktober 1972 eingeweiht. Im Bahnhof Wolmirstedt wurden die drei Bahnsteiggleise elektrifiziert. Mit dem Aufbau des Kaliwerks in Zielitz gewann auch die Kreisstadt Wolmirstedt an Bedeutung. Hier entstanden über 1500 Neubauwohnungen. Nachdem die Strecke durch einen 100 m langen Tunnl den Mittellandkanal unterquert hat, wird der Haltepunkt Barleber See erreicht, der bereits 1966/67 gebaut und im Frühjahr 1967 in Betrieb genommen wurde. Der Barleber See liegt in unmittelbarer Nähe des Haltepunkts und ist das größte Naherholungszentrum im Norden von Magdeburg. Der Haltepunkt wird nur von Mitte Mai bis Anfang Oktober bedient. Unmittelbar hinter dem Haltepunkt befindet sich die Abzweigstelle Glindenberg. Hier werden die zweigleisige Güterzugstrecke Schönebeck/Elbe – Abzw. Glindenberg ausgefädelt bzw. die eingleisige Hauptbahn Abzw. Glindenberg – Haldensleben – Oebisfelde eingefädelt. Dieser Knotenpunkt ist betrieblich oftmals ein Engpaß. Für den S-Bahn-Betrieb wurde westlich der alten Trasse eine 3,3 km lange zweigleisige Strecke gebaut, um den Rangierbahnhof Magdeburg-Rothensee zu umgehen. Die alten Gleise dienen nun ausschließlich dem Güterverkehr. Im Zuge der Neutrassierung wurde der Bahnhof Magdeburg-Rothensee geschaffen und im Dezember 1971 in Betrieb genommen. In Höhe des alten Lokschuppens Rothensee mündet die Strecke wieder auf die alte Trasse. Im südlichen Teil des Rangierbahnhofs, an der Pettenkoferstraße, wurde der Haltepunkt Eichweiler angelegt und am 3. Juni 1973 in Betrieb genommen. Von hier aus ist der Magdeburger Zoo sehr günstig

zu erreichen. Des weiteren bieten die beiden Haltepunkte Rothensee und Eichweiler günstige Verkehrsmöglichkeiten für das Wohngebiet Magdeburg-Nord. Nach Verlassen des Haltepunkts Eichweiler in südlicher Richtung werden die Güterzuggleise unterquert, und die Strecke verläuft nun östlich bzw. südlich der Trasse. Der dann folgende Bahnhof Magdeburg-Neustadt wurde bereits 1873 in Betrieb genommen. Er bietet Umsteigemöglichkeiten zu den Strecken nach Burg (KBS 260), Loburg (KBS 259) und Zerbst (KBS 254).

Im Bahnhof Magdeburg Hbf steht für den S-Bahn-Verkehr lediglich das Gleis 5° am Bahnsteig 1 zur Verfügung. Es wird von den S-Bahnen sowohl nach Zielitz als auch nach Schönebeck-Salzelmen benutzt. Nahverkehrszüge von bzw. nach Haldensleben halten ebenfalls an diesem Bahnsteig. Zwischen Magdeburg-Rothensee und Schönebeck gilt in diesen Zügen ebenfalls S-Bahn-Tarif. Der eingleisige Gleisabschnitt vom Nordende des Bahnsteigs 1 bis zum Südende des Haltepunkts Magdeburg Hasselbachplatz dient nur dem S-Bahn-Betrieb. In dem zweigleisigen Haltepunkt kreuzen die S-Bahn-Züge sowie die Nahverkehrszüge von bzw. nach Haldensleben. Südlich des Haltepunkts Hasselbachplatz fädelt sich die S-Bahn in die zweigleisige Hauptbahn Magdeburg – Halle – Leipzig (sog. Leipziger Gleise) ein.

Die folgenden Bahnhöfe Buckau und Thälmannwerk liegen im großen Industriegebiet Buckau/Fermersleben/Salbke. Beide Bahnhöfe werden auch von den Nahverkehrszügen der KBS 315 Magdeburg – Halberstadt bedient, die die Strecke bei Fermersleben in Richtung Westen verlassen. Der Haltepunkt Magdeburg-Thälmannwerk wurde 1968/69 errichtet und am 7. Oktober 1969 seiner Bestimmung übergeben. Zwischen Magdeburg-Buckau und Magdeburg-Thälmannwerk überqueren die Gleise die Güterzugstrecke Schönebeck/Elbe – Abzw. Glindenberg. Die S-Bahn-Strecke verläuft nun wieder westlich der Trasse. Im Stadtgebiet folgen noch die Bahnhöfe Magdeburg-Salbke und Magdeburg-Südost.

Für die Aufnahme des S-Bahn-Betriebs zwischen den Bahnhöfen Südost und Schönebeck wurde die Strecke viergleisig und für eine Geschwindigkeit von 100 km/h ausgebaut. Zwei Gleise dienen dem Güterverkehr. 1975 wurde der nördlich von Schönebeck gelegene Haltepunkt Frohse fertiggestellt. Bevor der Bahnhof Schönebeck erreicht wird, mündet die Strecke von Blumenberg (KBS 316) ein.

In Schönebeck, einer Industriestadt, befand sich das größte und modernste Werk des DDR-Landmaschinenbaus, das Traktorenwerk. In Schönebeck endet der Vorortverkehr aus Haldensleben. Südlich vom Bahnhof zweigt die S-Bahn-Linie von der Strecke Magdeburg – Halle in den zweigleisigen Streckenabschnitt Schönebeck/Elbe – Schönebeck-Salzelmen ab.

In einer langgezogenen Kurve wird der Haltepunkt Schönebeck Süd erreicht, der erst 1989 am Rande einer Neubausiedlung in Betrieb genommen wurde. Der letzte Bahnhof und zugleich südlicher Endpunkt der S-Bahn-Linie ist Schönebeck-Salzelmen, ein Kurort. Gegenüber dem Bahn-

35 1112 in Magdeburg Hbf im September 1972. Sammlung J. Janikowski

Übersicht Magdeburg

S-Bahn-Linie

KBS 309 Zielitz – Magdeburg Hbf – Schönebeck-Salzelmen (39 km)

Fahrzeuge

Wendezüge mit BR 143

hofsgebäude befinden sich das Gradierwerk und dahinter der Kurgarten.

Die Gleisanlagen des Bahnhofs wurden so umgebaut, daß ein S-Bahn-Betrieb gewährleistet und das Abstellen von S-Bahn-Zügen möglich ist. Von hier führt eine eingleisige Hauptstrecke (KBS 335) nach Güsten.

Für die Aufnahme des S-Bahn-Betriebs war der Wiederaufbau des zweiten Streckengleises Schönebeck-Salzelmen – Schönebeck/Elbe, des zweiten Güterzuggleises Schönebeck/Elbe – Magdeburg Südost und Magdeburg-Buckau – Magdeburg Hbf erforderlich. Ferner mußten die Abschnitte Schönebeck/Elbe – Schönebeck-Salzelmen, Magdeburg Hbf – Zielitz elektrifiziert werden. Die Bahnsteiganlagen wurden von

300 auf 550 mm über Schienenoberkante erhöht und für eine Zuglänge von 220 m hergerichtet. Die Signalanlagen wurden auf das Lichtsignalsystem umgestellt.

Am 29. September 1974 wurde die S-Bahn-Linie A Zielitz – Schönebeck-Salzelmen feierlich eröffnet. Den Eröffnungszug zog die E-Lok 211 036 (heute 109 036), die 1969 auch den Eröffnungszug in Leipzig gezogen hatte. Als Wendezüge kamen vier vierachsige Mitteleinstiegwagen der Gattung 29-14 und ein Steuerwagen der Gattung 80-14 zum Einsatz. Die Züge wurden überwiegend mit der E-Lok-Baureihe 211 bespannt, wobei in Einzelfällen auch die BR 242 (heute: 142) und Dieselloks der BR 118 (heute: 228) Verwendung fanden. Später kamen nur noch E-Loks der BR 242 zum

Zeittafel Magdeburg

1969	Beginn der Bauarbeiten für einen S-Bahn-Betrieb
29.9.1974	Eröffnung der S-Bahn-Linie A

Unten:
211 023 mit Wagen der Bauart Bghe am 29. Februar 1976 in Schönebeck.
Foto: Klaus Einbeck

118 540 mit ständigem Reserve-S-Bahn-Zug in Magdeburg Hbf. 1986.
Foto: Sven Klein

Einsatz. Bis 1993 verkehrten drei Doppelstockeinzelwagen der Baureihe Dbm (zwei) und Dbmq (ein Steuerwagen). Seit dem Frühjahr 1993 fahren die neuen Doppelstock-Steuerwagen der Gattung DABgbuzf und die Baureihe 143.

Auf der Strecke Haldensleben – Schönebeck/Elbe wurde ein sog. verdichteter Vorortverkehr eingerichtet und als Linie B bezeichnet. Es handelt sich jedoch nicht um eine S-Bahn-Linie. Lediglich für Fahrten zwischen Schönebeck/Elbe und Magdeburg-Rothensee gilt der S-Bahn-Tarif. Diese Züge werden als Wendezüge mit der BR 112 (heute: 202) gefahren.

Die S-Bahn-Züge verkehren stündlich (Taktfahrplan). In den Verkehrsspitzenzeiten fahren zusätzliche Züge.

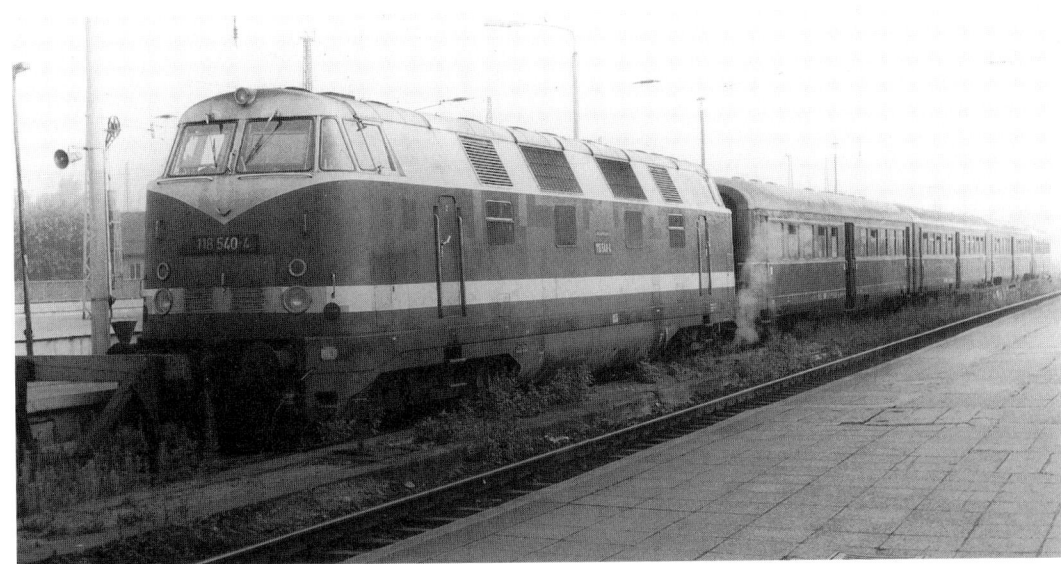

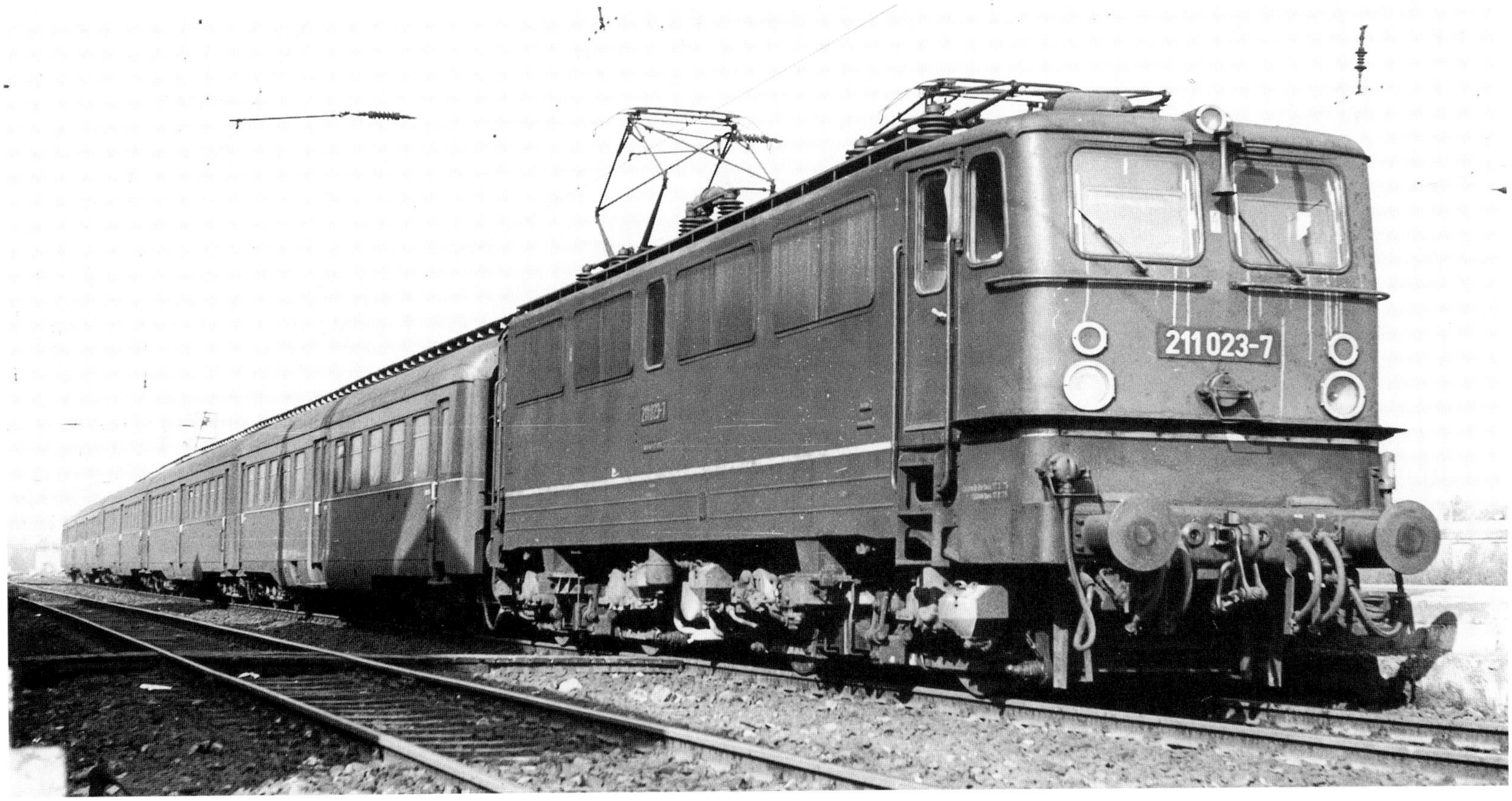

S-Bahn-Doppelstockzug bei der Ausfahrt aus dem Bf Wolmirstedt, 23. April 1993.

280 005 bei Probefahrten im Magdeburger S-Bahn-Netz um 1978.

142 109 am 23. April 1993 bei der Unterquerung des Mittellandkanals bei Wolmirstedt.
Fotos: Jörg Ott

Rhein-Ruhr und Rhein-Sieg

Der größte Ballungsraum in Deutschland an **Rhein, Ruhr** und Wupper hat in Ost-West-Richtung eine Ausdehnung von rund 110 km und in Nord-Süd-Richtung von rund 75 km. Auf einer Fläche von etwa 5000 km² leben 7,4 Mio. Einwohner. Das Gebiet ist durch eine polyzentrische Struktur gekennzeichnet. Das S-Bahn-System unterscheidet sich daher von den anderen Betrieben. So fehlt eine besonders ausgelastete Stammstrecke, auf die die Vorortstrecken mit von außen nach innen anwachsendem Verkehrsaufkommen radial zulaufen. Anders als bei anderen S-Bahnen gibt es mehrere, gleichartige Verkehrsbänder mit gleichmäßiger Belegung. Der Verkehrsraum reicht im Norden bis Oberhausen, im Westen bis Mönchengladbach, im Süden bis Köln und im Osten bis Unna.

Die Entwicklung des Nahschnellverkehrs im Ruhrgebiet geht bis in das Jahr 1909 zurück. Eine ständig anwachsende Bevölkerungszahl zwang die Kommunen zum Entwurf eines Städteschnellbahnkonzepts. Der Preußischen Staatsbahn wurden Pläne zum Bau einer Rheinisch-Westfälischen Schnellbahn Dortmund – Duisburg – Düsseldorf – Köln mit elektrischen, im Taktverkehr betriebenen Fahrzeugen auf eigenem Gleiskörper vorgelegt. Die Streckenlänge sollte 184,6 km betragen. Diese Pläne wurden jedoch im Jahre 1912 abgelehnt. Zudem machte der Beginn des Ersten Weltkriegs im Jahre 1914 alle Vorhaben zunichte. Erst im Jahre 1921 griff die neugegründete »Studiengesellschaft für die Rheinisch-Westfälische Schnellbahn« den Plan erneut auf und erhielt 1924 auf 99 Jahre eine Konzession für das von ihr ausgearbeitete Schnellbahnkonzept. Nachdem die Konzession erteilt worden war, erhoben der Bergbau und die DRG Einspruch und machten die Pläne erneut zunichte. 1927 verpflichtete sich die DRG, auf ihren eigenen Anlagen eine Alternative des zwischenstädtischen Verkehrs anzubieten. Dabei sollten die wichtigsten Strecken im Laufe der Zeit um ein weiteres Gleispaar ergänzt werden. Geplant war ein Fahrplan im Viertelstunden-Takt mit kurzen Aufenthaltszeiten. Die Gesamtfahrzeit sollte sich um ein Drittel verkürzen.

Am 2. Oktober 1932 wurde auf der Strecke Essen – Dortmund der Ruhrschnellverkehr offiziell eingeführt. Er war so erfolgreich, daß er ab 1. Februar 1933 auf die beiden Magistralen Duisburg – Mülheim (Ruhr) – Essen – Bochum – Dortmund und Duisburg – Oberhausen – Gelsenkirchen – Wanne-Eickel – Herne – Dortmund ausgedehnt wurde. 1935 wurden die Zugläufe bis Hamm und Düsseldorf und vereinzelt bis nach Köln verlängert. Zur gleichen Zeit schuf man die Querverbindungen Dortmund – Witten – Hagen, Wanne-Eickel – Witten und Oberhausen – Mülheim (Ruhr) und wenig später noch den Streckenabschnitt Duisburg – Krefeld – Mönchengladbach. 1938 folgte die Strecke Essen – Steele – Langenberg – Wuppertal-Vohwinkel. Ein ausgeklügeltes Fahrplansystem hatte neben dem Taktverkehr auch noch die Eil- und Schnellzüge zu berücksichtigen. Erst 1940 standen auf Teilstücken der Strecke Köln – Essen – Dortmund eigene Gleiskörper zur Verfügung, die eine Entlastung brachten. Zu diesem Zeitpunkt hatte der Ruhrschnellverkehr seine größte Ausdehnung erreicht, wobei der gesamte Verkehr ein Gleispaar benutzte.

Beim Fahrzeugpark mußte man auf vorhandene Betriebsmittel zurückgreifen. Wegen des raschen Fahrgastwechsels setzte man ausschließlich vierachsige preußische Abteilwagen ein. Ein Kurzzug ohne Gepäckwagen bestand aus Wagen der Gattungen C 4, BC 4 und C 4. Je nach Verkehrsaufkommen wurden weitere Wagen der Gattung C 4 beigestellt. Zur Unterscheidung vom normalen Personenverkehr erhielten die Wagen einen besonderen Anstrich. Die 3.-Klasse-Wagen bekamen im Fensterbereich einen elfenbeinfarbenen, ansonsten einen bordeauxroten Anstrich. Die 2./3.-Klasse-Wagen waren im Bereich der 2. Klasse hellblau und rot lackiert. Nach Kriegsbeginn wurde das auffällige Farbschema aus Tarngründen aufgegeben.

Neben lokbespannten Zügen kamen auch 60 Einheitstriebwagen (2'Bo') der BR VT 137 (Essen) mit je einem Steuerwagen zum Einsatz. Für die Hauptstrecken waren die Triebwagen jedoch viel zu schwach. Daher entschloß sich die DRG 1935, neue Triebwagen zu beschaffen, die ab 1938 ausgeliefert wurden. Zum Einsatz kamen probeweise fünf dreiteilige B'2'2'B'-Einheiten der Bauart Ruhr (VT 137 283–287) und acht zweiteilige 2'Bo'2'-Einheiten (VT 137 288–295). Doch die Triebwagen entsprachen nicht den Erwartungen. Während die dreiteiligen Einheiten keinen raschen Fahrgastwechsel ermöglichten, hatte die zweiteilige Bauart zu wenig Plätze. 1942 wurden die ersten Triebwagen an die Reichsbahndirektionen Berlin und Dresden abgegeben und der Betrieb mit dampflokbespannten Zügen fortgeführt. Von den verbliebenen Triebwagen wurde etwa die Hälfte 1944 bei einem Bombenangriff auf Köln vernichtet. Die DRG hatte jedoch parallel zur Triebwagenbeschaffung neue, leichte vierachsige Abteilwagen »englischer Bauart« mit durchgehendem Seitengang und offenen Übergängen entwickelt. Sie wurden als Gattung BC 4i und C 4i eingereiht. Ab 1933 lieferten Linke-Hofmann in Breslau fünf 2./3.-Klasse-Wagen und Fuchs in Heidelberg zwölf 3.-Klasse-Wagen. Von diesem Wagentyp gab es keinen Nachbau, so daß es bei den 17 Einzelgängern blieb. Wie bei den Triebwagen verschlug es die Wagen in die verschiedensten Direktionen, u. a. bis nach Sachsen.

Ab 21. Juli 1941 standen dem Ruhrschnellverkehr auf Teilstücken der Strecke Köln – Essen – Dortmund endlich eigene Gleiskörper zwischen Düsseldorf und Duisburg zur Verfügung. Der weitere Ausbau unterblieb jedoch infolge des Krieges. Zudem beeinträchtigten die Luftangriffe auf das Ruhrgebiet den Eisenbahnverkehr, und der Ruhrschnellverkehr verlor an Bedeutung.

Bis 1944 wurden folgende Triebfahrzeuge eingesetzt:
Dampfloks: BR 17¹⁰⁻¹² (pr. S 10¹), 38¹⁰⁻⁴⁰ (pr. P 8), 62, 74⁴⁻¹³ (pr. T 12), 78⁰⁻⁵ (pr. T 18), 93⁵⁻¹² (pr. T 14¹)
Triebwagen: VT 137 (Essen), VT 137 (Ruhr), ETA 177, ETA 178 und ETA 179.

Bei den Dampflokomotiven dominierten die BR 38¹⁰⁻⁴⁰ und 78⁰⁻⁵. Die BR 74⁴⁻¹³ und 93⁵⁻¹² kamen lediglich im Berufsverkehr auf Kurzstrecken zum Einsatz.

Nach dem Zweiten Weltkrieg mußten die Bahnanlagen und Bahnhöfe wiederherge-

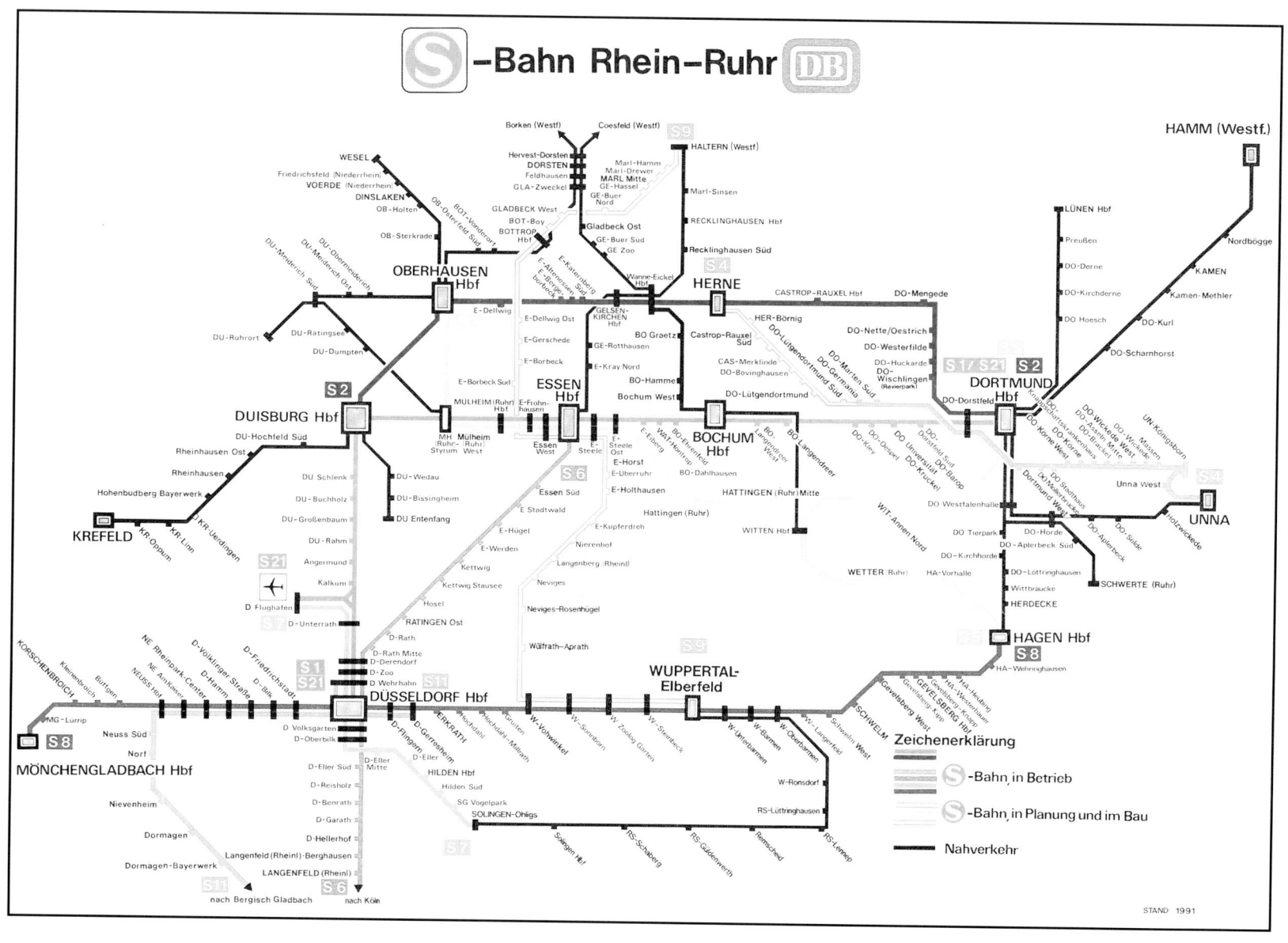

S-Bahn-Netz Rhein-Ruhr

richtet werden. Schon am 6. Dezember 1948 lief der Ruhrschnellverkehr wieder an. Zwischen Düsseldorf und Duisburg verkehrten 22 Nahverkehrszüge. Führten die Lokomotiven vor 1945 ein Schild mit der Aufschrift »Ruhr-Schnellverkehr« an der Rauchkammertür, so brachte man jetzt Schilder mit der Aufschrift »Nah-Schnellverkehr« an. Der Wagenpark war nicht mehr einheitlich. Alles was Räder hatte, fand Verwendung. In der BD Essen begannen 1951 auf der Strecke Essen – Kettwig Versuche, einen Wendezugbetrieb mit Lokomotiven der BR 74[4-13] und Doppelstockwagen aufzunehmen. Hierbei fanden die Doppelstockwagen der Lübeck-Büchener Eisenbahn Verwendung. Bei geschobe-

nen Zügen saß der Lokführer im Steuerwagen und zeigte dem auf der Lok verbliebenen Heizer mittels eines Telegrafen an, ob beschleunigt oder verzögert werden sollte. Den Bremsvorgang leitete der Lokführer vom Steuerwagen ein. Das System war so erfolgreich, daß die DB im Jahre 1953 insgesamt 50 Mitteleinstiegwagen zu Wendezugsteuerwagen herrichten ließ. Jedoch wurde dabei übersehen, daß die Loks der BR 74[4-13] die Steigung bei Werden nur mit einer zweiteiligen Doppelstockeinheit schafften. Daher blieb es beim Probebetrieb. Erst 1957 lief der Wendezugbetrieb wieder an, und zwar mit Maschinen der BR 78[0-5] und 65. Insgesamt zwölf Loks der BR 78[0-5] und sieben der BR 65 vom Bw Essen

wurden für die Strecke umgerüstet. Als Wagen standen die 3yg-Umbauwagen und die 1953 beschafften Mitteleinstieg-Steuerwagen zur Verfügung. In den späteren Jahren waren bis zu 40 Wendezugloks auch auf anderen Strecken im Einsatz. Ab 1964 lösten »Silberlinge« die Umbauwagen ab. Andere Wege beschritt man in Wuppertal. Dort wurden im Nahverkehr ab 1953

S-Bahn-Netz Rhein-Sieg

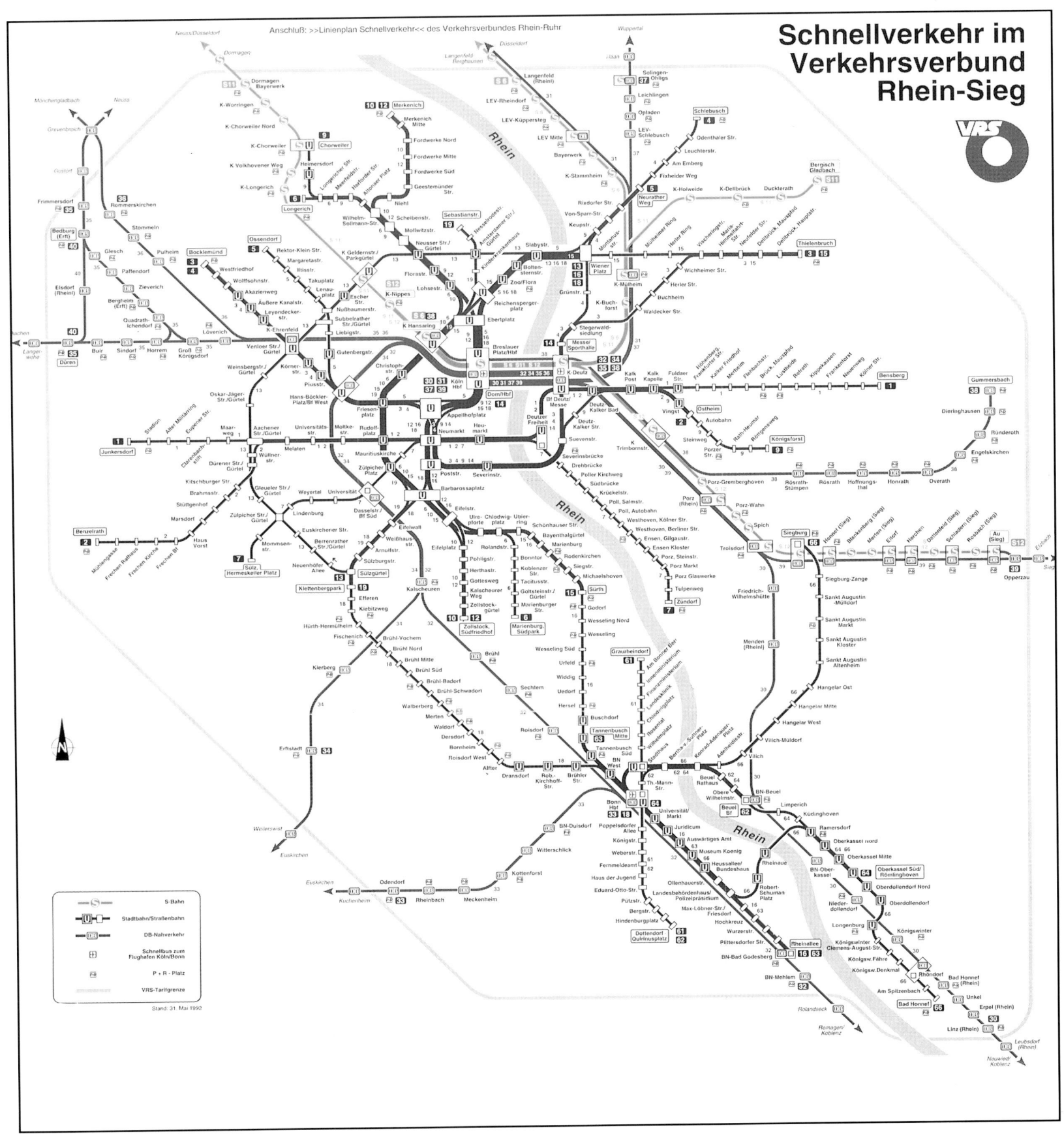

Schnellverkehr im Verkehrsverbund Rhein-Sieg

Dieselloks der BR V 36 eingesetzt. Als Steuerwagen dienten umgebaute »Donnerbüchsen« (C 2i/B 2i) oder VS 145. Doch die Dieselloks reichten schon bald nicht mehr aus, den steigenden Verkehr zu bewältigen. Daher setzte die DB wieder Dampfloks der BR 38[10-40] und 78[0-5] ein, versuchsweise auch Loks der BR 64, die aber am Gevelsberger Berg scheiterten. Von 1958 ab verkehrten nur noch Wendezüge mit der BR 78[0-5]. Gelegentlich konnten an den Wochenenden auch Loks der BR 44 und 50 beobachtet werden.

Eine entscheidende Verbesserung der Verkehrsbedingungen brachte die sog. Inselelektrifizierung zwischen Düsseldorf und Hamm. Bis dahin hatte die DB lediglich Strecken in Süddeutschland elektrifiziert. Am 2. Juni 1957 konnte der elektrische Nahverkehr auf der späteren S 1 aufgenommen werden. Hierfür hatte die DB Triebwagen der BR ET 30 beschafft. Die Elektrotriebwagen erbrachten eine durchschnittliche Reisegeschwindigkeit von 58 km/h, während die Dampfzüge immerhin 57 km/h schafften. 1958 wurde das bereits 1941 geschaffene zweite Gleispaar zwischen Düsseldorf und Duisburg wieder in Betrieb genommen. Im gleichen Jahr kamen die ersten E-Loks der BR E 41 zum Bw Dortmund Bbf, die nun zusammen mit den ET 30 eingesetzt wurden. Schon ein Jahr später folgten Maschinen der BR E 10, die jedoch nur in Spitzenzeiten eingesetzt wurden.

Am 14. Juli 1964 beschlossen das Land Nordrhein-Westfalen, die Stadt Düsseldorf und die DB den Ausbau der Strecke Ratingen – Langenfeld im Umfang von 50 Mio. DM. Ein Jahr später, am 30. August 1965, kam es zwischen Nordrhein-Westfalen und der DB zum Rahmenabkommen über den Ausbau eines S-Bahn-Netzes im Rhein-Ruhr-Wupper-Gebiet. Ausschlaggebend war der Gedanke, Ballungsräume mit S-Bahn- und Stadtbahn-Linien zu erschließen. Damit für die Planung exakte Daten zugrunde gelegt werden konnten, führte die DB am 27. April 1965 eine tarif- und fahrplanunabhängige Verkehrsstromzählung durch. Rund 772 500 Reisende wurden nach dem Beginn und dem Ziel ihrer Reise befragt. Die Daten wurden nach dem kürzesten Fahrweg geordnet, unabhängig vom bestehenden Fahrplan. Die so

Übersicht Rhein-Ruhr/Rhein-Sieg

S-Bahn-Linien

S 1	KBS 450.1	Düsseldorf Hbf – Duisburg Hbf – Essen Hbf – Bochum Hbf – Dortmund Hbf (79 km)
S 2	KBS 450.2	Dortmund-Mengede – Dortmund Hbf (11 km)
S 3	KBS 450.3	Oberhausen Hbf – Mülheim Hbf – Essen Hbf – Hattingen(Ruhr)Mitte (33 km)
S 4	KBS 450.4	Dortmund-Germania – Unna-Königsborn – Unna (31 km)
S 6	KBS 450.6	Köln Hansaring – Langenfeld (Rheinl) – Düsseldorf – Ratingen Ost – Essen Hbf (76 km)
S 7	KBS 450.7	Solingen-Ohligs – Düsseldorf Hbf – Düsseldorf Flughafen (29 km)
S 8	KBS 450.8	Mönchengladbach Hbf – Düsseldorf Hbf – Wuppertal Hbf – Hagen Hbf (82 km)
S 11	KBS 450.11	Düsseldorf-Gerresheim (Düsseldorf-Wehrhahn) – Neuss Hbf – Köln Hbf – Bergisch Gladbach (69 km)
S 12	KBS 460	Köln-Nippes – Köln Hbf – Hennef – Au (Sieg) (68 km)
S 21	KBS 450.21	Düsseldorf Flughafen – Duisburg Hbf – Essen Hbf – Bochum Hbf – Dortmund Hbf (82 km)

Ergänzungsstrecken

KBS 411, 412, 414	Dortmund Hbf – Lünen Hbf (14 km)
KBS 415	Köln Hbf – Kamen (133 km)
KBS 419	Wanne-Eickel Hbf – Dortmund Hbf (27 km)
KBS 420	Duisburg Hbf – Dinslaken (22 km)
KBS 424	Oberhausen Hbf – Lembeck (37 km)
	Essen Hbf – Rhade (41 km)
KBS 425	Essen Hbf – Sythen (46 km)
KBS 426	Dorsten – Wanne-Eickel Hbf (26 km)
KBS 427	Essen Hbf/Dortmund Hbf – Hagen Hbf (45/31 km)
KBS 428	Wanne-Eickel Hbf – Bochum Hbf (11 km)
KBS 431, 432	Dortmund Hbf – Unna (23 km)
KBS 433	Dortmund Hbf – Schwerte (Ruhr) (18 km)
KBS 434	Dortmund Hbf – Rummenohl (40 km)
KBS 435, 436	Hagen Hbf – Schwerte (Ruhr) (14 km)
KBS 440	Hagen Hbf – Hohenlimburg (17 km)
KBS 446	Haltern – Wuppertal-Vohwinkel (82 km)
KBS 447	Oberhausen Hbf – Duisburg-Meiderich Süd (8 km)

gefundenen Fahrtrouten waren die Grundlage für das künftige Liniennetz.

Der Rahmenvertrag sah vor, die wichtigen Strecken viergleisig auszubauen und zu elektrifizieren. Einen S-Bahn-Verkehr mit Dampfloks hielt die DB für unzeitgemäß, so daß mit Beginn des Sommerfahrplans 1966 die Dampflokomotiven schrittweise durch Diesel- oder E-Loks abgelöst wurden, zunächst durch Loks der BR V 100[20].

Am 28. September 1967 konnte das bereits elektrifizierte Teilstück Ratingen Ost – Düsseldorf-Garath als S-Bahn-Linie 6 mit 24 km Streckenlänge eröffnet werden. Am 26. Mai 1968 wurde die Strecke nach Norden bis Essen Hbf und am 12. Dezember 1968 nach Süden bis Langenfeld auf insgesamt 53 km erweitert. Loks und Steuerwagen erhielten auf den Stirnseiten eine runde, grüne Tafel mit einem weißen S.

Mit einem Festakt auf den Ruhrwiesen zwischen Duisburg und Mülheim (Ruhr) am 16. Juli 1968 wurde der erste Ausführungsvertrag auf der Basis des Rahmenvertrags abgeschlossen und sofort mit den Bauarbeiten begonnen.

KBS 448	Duisburg-Ruhrort – Mülheim (R)-Styrum (9 km)
KBS 449	Duisburg Hbf – Duisburg Entenfang (7 km)
KBS 451	Essen West – Esse-Steele Ost (8 km)
KBS 453	Köln-Mülheim – Kalscheuren (16 km)
KBS 454	Köln-Ehrenfeld – Troisdorf (25 km)
KBS 455	Köln Hbf – Unna (102 km)
KBS 456	Düsseldorf Hbf – Mettmann (16 km)
KBS 457	Wuppertal-Vohwinkel – Wuppertal-Oberbarmen (12 km)
KBS 458	Wuppertal Hbf – Solingen-Ohligs (42 km)
KBS 459	Köln Hansaring – Gummersbach (59 km)
KBS 465	Köln Hbf – Linz (Rhein) (53 km)
KBS 467	Bad Honnef – Siegburg
KBS 470	Köln-Deutz – Bonn-Mehlem (44 km)
KBS 472	Mülheim – Rheinallee
KBS 473	Bonn – Köln-Mülheim
KBS 474	Köln-Deutz – Erftstadt (23 km)
KBS 475	Bonn Hbf – Odendorf (34 km)
KBS 480	Köln-Deutz – Düren (40 km)
KBS 481	Neuss Hbf – Horrem (42 km)
KBS 482	Düren – Bedburg (21 km)
KBS 485	Hagen Hbf – Herrath (94 km)
KBS 486, 488	Mönchengladbach Hbf – Duisburg Hbf (45 km)
KBS 487, 488	Mönchengladbach Hbf – Genhausen (14 km)
KBS 489	Krefeld Hbf – Duisburg Hbf (21 km)
KBS 490	Kaldenkirchen – Köln-Deutz (85 km)
KBS 495	Kempen – Köln-Deutz (68 km)
KBS 496	Düsseldorf Hbf – Neuss Hbf (11 km)
KBS 497	Kaarst – Neuss Hbf (6 km)
KBS 498	Duisburg Hbf – Moers (17 km)

Verkehrsverbund Rhein-Ruhr (VRR) seit 1. Januar 1980
Verkehrsverbund Rhein-Sieg (VRS) seit 1. September 1987.

Fahrzeuge:
Wendezüge mit BR 111 und 143

Der Vertrag sah den Ausbau folgender Linien vor:
– Linie S 1 (westlicher Teil) zwischen Duisburg-Großenbaum und Bochum Hbf über Duisburg Hbf – Mülheim (Ruhr) Hbf – Essen Hbf,
– Linie S 3 zwischen Oberhausen Hbf und Hattingen (Ruhr) über Essen Hbf.
Der zweite Ausführungsvertrag vom 28. Juni 1972 sah vor:
– Linie S 1 (östlicher Teil) zwischen Bochum Hbf und Dortmund Hbf über DO-Universität und DO-Dorstfeld,
– Linie S 4 (östlicher Teil) zwischen DO-Germania und Unna über DO-Dorstfeld,
– Linie S 3 Verlängerung von Hattingen (Ruhr) bis Hattingen-Mitte.
Am 26. Mai 1974 wurden die Strecken nach dem ersten Ausführungsvertrag mit insgesamt 85 km Länge eröffnet. Mit der seit 1968 in einem Vorlaufverkehr befahrenen S-Bahn-Linie 6 umfaßte das S-Bahn-Netz im Ruhrgebiet eine Streckenlänge von 114 km.
Gleichzeitig wurde ein Ergänzungsverkehr, der anfangs auch als S-Bahn bezeichnet wurde, in Betrieb genommen: Bottrop – Essen-Steele – Essen-Kupferdreh – Langenberg – Wuppertal.
Seit dem 27. Oktober 1975 fährt die S 7 von Düsseldorf Hbf nach Düsseldorf-Flughafen. Die Linie wurde am 28. September 1980 von Düsseldorf Hbf bis nach Solingen-Ohligs verlängert. Die Linie S 1, die bedeutendste Linie, wurde am 25. September 1977 um 19 km von Düsseldorf Hbf bis nach Duisburg-Großenbaum verlängert. Ein weiterer Abschnitt der S 1 von Bochum Hbf bis nach Dortmund Hbf wurde am 25. September 1983 feierlich eröffnet. Dort verkehrt auch seit dem 3. Juni 1984 die S 4 von Dortmund-Germania nach Unna.
Am 18. März 1978 wurde der dritte Ausführungsvertrag zwischen der DB und Nordrhein-Westfalen geschlossen, der den Bau der Ost-West-S-Bahn regelte. Der Baubeginn fand gleichzeitig in Mönchengladbach, Wuppertal-Barmen und Hagen-Wehringhausen statt. Der 29. Mai 1988 war nach fast 25jähriger Vorbereitungszeit der krönende Abschluß des Bauvorhabens Ost-West-S-Bahn. An diesem Tag ging die S 8 Hagen – Wuppertal – Düsseldorf – Neuss – Mönchengladbach in Betrieb. Sie ist mit 85 km die längste S-Bahn-Strecke in Deutschland.
Am 25. Mai 1991 nahm die jüngste S-Bahn-Strecke im Rhein-Ruhr-Gebiet den Betrieb auf. Die S 2 beginnt in Dortmund Hbf und führt über Dortmund-Dorstfeld nach Dortmund-Mengede. Der Abschnitt Dorstfeld – Mengede ist eine Neubaustrecke. In Mengede trifft die Trasse auf die alte Strecke. Im Stundentakt werden die S-Bahn-Züge montags bis freitags weiter über Castrop-Rauxel, Herne, Gelsenkirchen nach Essen Hbf bzw. über Oberhausen nach Duisburg (KBS 416) geführt.
Die S 4 Unna – Dortmund-Germania wurde am 23. Mai 1993 um 2 km nach Dortmund-Lütgendortmund verlängert und endet dort in dem unterirdischen Bahnhof. Kernstück des Abschnitts ist ein 1411 m langer Tunnel. Für 1997 ist die Verlängerung der S 4 bis nach Herne vorgesehen. In der Planung ist seit langem die S 5. Sie soll von Dortmund über Witten nach Hagen führen. Ebenfalls seit 25 Jahren angekündigt wird die S 9, die von Haltern über Gladbeck, Essen, Langenberg nach Wuppertal führen und das Ruhrgebiet in Nord-

Zeittafel Rhein-Ruhr und Rhein-Sieg

2.10.1932	Einführung des Ruhrschnellverkehrs auf der Strecke Essen – Dortmund
2.6.1957	Aufnahme des elektrischen Nahverkehrs auf der Strecke Düsseldorf – Hamm
30.8.1965	Abschluß des Rahmenabkommens zum Ausbau eines S-Bahn-Netzes Rhein-Ruhr
28.9.1967	Inbetriebnahme der ersten S-Bahn-Strecke der DB zwischen Düsseldorf-Garath und Ratingen Ost
26.5.1968	Ratingen Ost – Kettwig – Essen Hbf
16.7.1968	Unterzeichnung des ersten Ausführungsvertrags auf der Basis des Rahmenvertrags zum Ausbau der S 1 und der S 3
29.9.1968	Düsseldorf-Garath – Langenfeld (Rheinl)
30.1.1970	Abschluß eines Rahmenabkommens zum Ausbau des S-Bahn-Netzes Rhein-Sieg
19.11.1971	Unterzeichnung des Ausführungsvertrags zum Ausbau des S-Bahn-Netzes in Köln
26.5.1974	Duisburg-Großenbaum – Essen – Bochum Hbf; Oberhausen Hbf – Essen – Hattingen (Ruhr)
1.6.1975	Bergisch Gladbach – Köln-Chorweiler
27.10.1975	Düsseldorf Hbf – Düsseldorf Flughafen
22.5.1977	Köln-Chorweiler – Köln-Chorweiler Nord
25.9.1977	Duisburg-Großenbaum – Düsseldorf Hbf
28.9.1980	Düsseldorf Hbf – Solingen-Ohligs
25.9.1983	Bochum Hbf – Dortmund Hbf
3.6.1984	Dortmund-Germania – Unna
2.6.1985	Köln-Chorweiler Nord – Neuss
3.7.1987	Hattingen (Ruhr) – Hattingen Mitte
29.5.1988	Hagen – Wuppertal – Neuss – Mönchengladbach
27.5.1990	Fertigstellung der Stammstrecke in Köln
25.5.1991	Dortmund Hbf – Dortmund-Mengede
2.6.1991	Langenfeld (Rheinl) – Köln-Hansaring
23.5.1993	Dortmund-Germania – Dortmund-Lütgendortmund
vsl. Mai 1994	Hagen – Witten – Dortmund

Süd-Richtung bedienen soll. Im Juli 1993 wurde der entsprechende Vertrag zwischen Bund, Land und DB unterzeichnet. Bis 1998 soll die 90 km lange Verbindung ausgebaut werden. Die Baukosten werden auf 352 Mio. DM veranschlagt.

Das **Kölner S-Bahn-Netz** ist im Gegensatz zum S-Bahn-Netz Rhein-Ruhr monozentrisch gestaltet. Es ist im Verkehrsverbund Rhein-Sieg (VRS) integriert.

Köln ist seit jeher Schnittpunkt wichtiger Verkehrslinien in Nord-Süd- sowie Ost-West-Richtung. Seit 1910 gehen von Köln elf Strecken für den Personenverkehr und eine Strecke für den Güterverkehr ab. Die Zahl der von Köln abfahrenden Züge hat im Laufe der Jahre stetig zugenommen. Verließen 1955 noch täglich 417 Züge die Stadt, so waren es 1991 717 Züge. In den fünfziger und sechziger Jahren zeichnete

sich durch die zunehmende Motorisierung eine Verstopfung der Innenstadt ab. Die Stadt Köln versuchte, dem durch die Verlegung der Straßenbahn unter die Erde zu begegnen. Zur gleichen Zeit gab es bei der DB Überlegungen zur Gestaltung eines S-Bahn-Netzes. Die Stadt konnte sich eine S-Bahn-Strecke quer durch die Stadt jedoch nicht vorstellen und versuchte daher, die Probleme mit innerstädtischen Verkehrsmitteln zu lösen. Erst mit den Vorarbeiten für den Generalverkehrsplan des Landes Nordrhein-Westfalen und dem daraus resultierenden Rahmenabkommen zwischen Land und DB zur Verbesserung des Nahverkehrs im Raum Rhein-Ruhr-Wupper Süd vom 30. Januar 1970 wurde die Lösung der Probleme durch innerstädtische Verkehrsmittel verworfen. Das Rahmenabkommen sah u. a. den Ausbau der

Strecken Düsseldorf – Langenfeld – Köln – Euskirchen, Bergisch Gladbach – Köln – Chorweiler – Neuss, Siegburg – Köln – Horrem vor. Der erste Ausführungsvertrag vom 19. November 1971 umfaßte den Ausbau der Strecke Chorweiler – Köln Hbf – Bergisch Gladbach als Teilstück der Gesamtstrecke Neuss – Dormagen – Köln Hbf – Bergisch Gladbach. Im Jahr 1973 entschloß man sich, die Strecke von Chorweiler Mitte bis nach Chorweiler Nord zu verlängern. Die Bauarbeiten an der Strecke begannen im Sommer 1972. Am 1. Juni 1975 nahm die S 11 den Betrieb auf.

An einer Gesamtkonzeption S-Bahn-Köln wurde unterdessen weitergearbeitet. Am 3. November 1980 wurde die »Betriebliche Konzeption für die S-Bahn Köln« veröffentlicht. Danach sollte das Kölner S-Bahn-Netz aus folgenden Strecken bestehen:
- Köln – Neuss als Verlängerung der bestehenden Strecke bis Chorweiler,
- Köln – Langenfeld und Anschluß an die dort endende S-Bahn-Strecke Düsseldorf – Langenfeld,
- Köln – Bergisch Gladbach (bereits in Betrieb),
- Köln – Siegburg (– Hennef/Sieg),
- Köln – Euskirchen,
- Köln – Horrem.

In die Überlegungen sollte ein Anschluß an die Strecken nach Opladen - Solingen-Ohligs sowie zum Flughafen Köln/Bonn mit einbezogen werden.

Die Verlängerung der S 11 über Köln-Chorweiler bis nach Köln-Worringen und die Ausdehnung bis nach Neuss im 30-min-Rhythmus wurden schließlich im vierten Ausführungsvertrag vom 12. März 1980 vereinbart und zum 2. Juni 1985 als zweite Baustufe verwirklicht.

Der fünfte Ausführungsvertrag vom 13. Februar 1985 zwischen dem Land Nordrhein-Westfalen und der DB als dritter Baustufe der S-Bahn Köln beinhaltete im wesentlichen den Ausbau der Stammstrecke von Köln-Nippes bis Köln-Mülheim für zwei S-Bahn-Gleise und den Anschluß an das S-Bahn-Netz Rhein-Ruhr auf der rechten Rheinseite von Langenfeld bis nach Köln Hansaring (S 6). Am 8. März 1985 war der erste Rammschlag zur Verbreiterung der Hohenzollernbrücke für zwei zusätzliche Gleise. Gleichzeitig war dies

der Beginn für den Ausbau der Stamm-strecke und der Strecken nach Neuss und Bergisch Gladbach. In die dritte Baustufe wurden die Strecken Köln – Siegburg/Hen-nef – Au (Sieg) und Köln – Overath – Gum-mersbach (City-Bahn) mi teinbezogen.

Mit der Fertigstellung der Stammstrecke und ihrer Inbetriebnahme am 27. Mai 1990 war eine wichtige Voraussetzung für das S-Bahn-Grundnetz in Köln geschaffen wor-den. Mit gleichem Datum war nun auch der S-Bahn-Betrieb im 20-min-Takt bis Neuss möglich. Ein wichtiges Datum in der Kölner S-Bahn-Geschichte ist der 2. Juni 1991. An diesem Tag hat die Stammstrecke ihren vollen Verkehrswert erhalten:

– Inbetriebnahme der neuen S-Bahn-Linie S 6 von Essen oder Düsseldorf über Lan-genfeld kommend bis Köln Hansaring.
– Inbetriebnahme der S-Bahn-Linie S 12 im Vorlaufbetrieb von Au (Sieg) über Hennef – Siegburg – Troisdorf bis Köln Hansaring. Bis Hennef wird die Strecke im 30-min-Takt, bis Au (Sieg) im 60-min-Takt bedient. Zusätzlich verkehrt ein Eil-zug zwischen Au (Sieg) und Köln im 60-min-Takt.
- Die City-Bahn (CB) Gummersbach – Ove-rath – Köln Hbf wird im 30-min-Takt über die Stammstrecke bis nach Köln Hansa-ring geführt.

Mit dem Ausbau einer S-Bahn-Linie auf der Strecke Aachen – Köln zwischen Düren und Köln über Horrem als S13 erhält der Rhein-Ruhr-/Rhein-Sieg-Raum eine neue S-Bahn-Linie. Sicherlich wird es auch eines Tages eine Anbindung an den Flughafen Köln/Bonn geben.

Mit der S-Bahn-Planung wurden auch Überlegungen nach geeigneten Triebzügen angestellt. Gute Erfahrungen machte die DB mit dem ET 30, der am 1. Juni 1957

Wuppertaler Schwebebahn um 1957.
Foto: Werner Uhlmann

Über viele Jahre ein typisches Bild bei der S-Bahn Rhein-Ruhr: Steuerwagen BDnrzf 740 mit S-Bahn-Symbol, Bonn Hbf am 18. Februar 1978.
Foto: Thomas Faber

430 101 am 18. Juni 1980 in Essen Hbf.
Foto: Klaus Lamm

141 248 mit S-Bahn-Zug in einer Versuchslackierung am 10. September 1981 in Essen.
Foto: Klaus Lamm

111 436 (Bw Nürnberg 1) am 16. Juli 1987 vor
S 3 nach Hattingen Mitte in Essen Hbf.
Foto: Wolfgang Schmidt

Die Hohenzollernbrücke in Köln. 3. März 1983.
Foto: Hubertus Ametsbichler

erstmals eingesetzt wurde. Im Jahre 1964 stellte sie fünf Prototypen der BR ET 27 in Dienst, die von den Firmen MAN, AEG und BBC entwickelt wurden. Drei Triebzüge erhielt die BD Stuttgart und zwei Triebzüge, ET 27 002 und 003, bekam das Bw Dortmund Bbf. Die Erprobung der Triebzüge verlief erfolgreich, jedoch erreichten sie nicht die Leistungen des ET 30. Für das auszubauende S-Bahn-Netz war die Reisegeschwindigkeit viel zu gering. Nach eingehenden Versuchen wurden die beiden Triebzüge schließlich an die BD Stuttgart abgegeben, wo sie im Stuttgarter Vorortverkehr Verwendung fanden. In der Planung war bereits ein weiteres Triebfahrzeug, nämlich der ET 20, der ab 1970 als BR 420/421 *das* S-Bahn-Fahrzeug der nächsten Jahrzehnte werden sollte. Bei der S-Bahn-Eröffnung am 1. Oktober 1967 begnügte man sich noch mit »Silberling«-Wendezuggarnituren und E-Loks der BR E 41 (141). Am 3. März 1970 wurde erstmalig ein fabrikneuer Triebzug der BR 420/421 im Ruhrgebiet vorgestellt. Es dauerte noch zwei Jahre, bis die ersten Garnituren beim Bw Düsseldorf stationiert wurden.

Bei den neuen Triebzügen wurden jedoch die fehlenden Toiletten und Durchgangsmöglichkeiten zwischen den einzelnen Wagen bemängelt. Die DB unternahm daher ab 1976 Versuche mit umgebauten Nahverkehrswagen, von denen heute noch einige im IC-Dienst zwischen Wiesbaden und Mainz oder Frankfurt (Main) eingesetzt werden. Einen weiteren Versuch gab es mit dem sog. Karlsruher-Wendezug, der 1977 im AW Karlsruhe neu gebaut wurde. Der Wendezug bestand aus zwei Wagen der Gattung Bnrzb 729, einem Wagen der Gattung ABnrzb 708 und dem Steuerwagen der Gattung Bnrzf 734. Ungewöhnlich war die ozeanblau-beige Lackierung der Wagen. Die für den Zug vorgesehene Lokomotive 141 248 erhielt die gleiche Lackierung. Das blaue Fensterband der Wagen setzte sich bis zur Lokomotive fort und endete dort in einer pfeilförmigen Spitze. Der Karlsruher Wendezug blieb jedoch ein Einzelstück. Mit dessen Indienststellung hatte die DB die Firmen MBB und DUEWAG beauftragt, einen weiteren Wendezug zu entwickeln. Ende 1978 wurden zehn Wagen, als Bauserie x bezeichnet, ausgeliefert.

Zuglokomotive sollte die Baureihe 111 werden. Von der Lokomotive 111 111-1 ab lieferte der Hersteller die Maschinen in der orange-grauen S-Bahn-Lackierung. Der neue S-Bahn-Zug »Rhein-Ruhr« wurde der Öffentlichkeit am 2. Februar 1979 vorgestellt. 1981 begann die Serienlieferung von 215 Wagen. Die nun überflüssigen Triebzüge der BR 420/421 wurden nach München, Stuttgart und Frankfurt (Main) abgegeben.

In den Folgejahren kam es immer wieder zu Fahrzeugengpässen, so daß 1987 eine zweite und 1989 eine dritte Serie folgte. Der Engpaß konnte jedoch bis heute nicht behoben werden. So kommt es immer wieder zu kurzfristigen Einsätzen der BR 420.

Der S-Bahn-Wendezug mit der E-Lok 111 178 benutzt hier noch die Ferngleise der Hohenzollernbrücke in Köln. Im Hintergrund ist der dritte Brückenträger erkennbar, über den heute der S-Bahn-Verkehr rollt. Köln Hbf am 28. April 1988.

S-Bahn-Zuglok 111 184 am 9. August 1988 bei der Ausfahrt aus Essen Hbf.

111 159 im S-Bahn-Netz Rhein-Sieg in Köln-Deutz am 7. Juni 1988.

Im April 1991 wurden versuchsweise die DR-Lokomotiven der BR 143 vor S-Bahn-Zügen eingesetzt. Hierfür wurden die Maschinen bei der AEG Schienenfahrzeuge GmbH (vormals LEW Hennigsdorf) mit einer zeitmultiplexen elektronischen Wendezug- und Doppeltraktionssteuerung versehen. Die Lokomotiven haben sich im S-Bahn-Betrieb so gut bewährt, daß noch weitere Maschinen in Hennigsdorf für den S-Bahn-Verkehr umgerüstet wurden. Der Wendezug Rhein-Ruhr mit den E-Loks der BR 111 und 143 wird sowohl im S-Bahn-Netz Rhein-Ruhr als auch im S-Bahn-Netz Rhein-Sieg eingesetzt.

S-Bahn-Wendezug Rhein-Ruhr mit 111 185 am 16. September 1991 in Mülheim/Ruhr.
Fotos: Gerhard Lieberz

Rhein/Ruhr-Steuerwagen 508027-33159-6 Bxf weilte am 9. September 1992 bei der AEG Schienenfahrzeuge GmbH in Hennigsdorf, um mit 143 605 Versuchsfahrten ausführen zu können.

Die S-Bahn-Station des Kölner Hauptbahnhofs wurde neben der Bahnsteighalle des Fernverkehrs errichtet. 30. September 1992.
Fotos: Jörg Ott

DR-Lok 143 652 befördert einen S-Bahn-Zug mit Pop-Werbung am 3. Januar 1993 in Düsseldorf.
Foto: Klaus Lamm

Halle

Zur Verbesserung der Wohnungssituation der Stadt Halle wurde für 70 000 Einwohner die Satellitenstadt Halle-West geplant. Die Grundsteinlegung war am 15. Juli 1964. Auf Erlaß des DDR-Staatsrats vom 12. Mai 1967 entstand der selbständige Stadtkreis Halle-Neustadt. Mit der Bildung der neuen Stadt war die DR gefordert, ein leistungsfähiges Stadtschnellbahn- und Berufsverkehrssystem zu schaffen. Von der Strecke Halle – Kassel zweigte man eine neue Strecke zum Haltepunkt Zscherbener Straße ab. Im April 1967 nahmen zwei gekuppelte Triebwagen der BR VT 2.09 (heute 772) den Pendelverkehr zwischen Halle (S) Hbf und Halle-Neustadt Zscherbener Straße auf.

Die ständig anwachsende Einwohnerzahl zwang zum Weiterbau der Strecke von Halle-Neustadt über einen Tunnelbahnhof nach Halle-Nietleben. Die Verkehrsplanung für die S-Bahn in Halle sah vor, eine ringförmige Strecke von Halle (S) Hbf über Halle-Neustadt, Nietleben, Dölau und Trotha nach Halle (S) Hbf auszubauen.

Am 27. September 1969 konnten bei der Eröffnung des S-Bahn-Betriebes zunächst zwei Teilstrecken genutzt werden:
- Halle (S) Hbf – Zscherbener Straße – Halle-Neustadt – Halle-Nietleben im elektrischen Betrieb bei einer Streckenlänge von 13,2 km,
- Halle (S) Hbf – Dessauer Brücke – Zoo – Wohnstadt Nord – Halle-Trotha im Dieselbetrieb bei einer Streckenlänge von 6,2 km.

Mit Inkrafttreten des Winterfahrplans 1970/71 wurde der elektrische Betrieb über Halle-Nietleben nach Halle-Dölau, dem heutigen Endpunkt, aufgenommen. Gleichzeitig gingen auf dem Streckenabschnitt Halle (S) Hbf – Halle-Dölau zwei neue Zugangsstellen in Betrieb: Halle Heidebahnhof und Rosengarten. Am 1. Februar 1972 war dann der elektrische S-Bahn-Betrieb auf der Gesamtstrecke möglich.

Weitere Zugangsstellen waren Steintorbrücke (1. Februar 1972), Südstadt (30. Mai 1976) und Brühlstraße (30. Juni 1979).

Die S-Bahn-Strecke besteht aus einer U-förmigen Linie an der Peripherie der Stadt. Von Halle-Trotha bis zum Haltepunkt Dessauer Brücke benutzt die S-Bahn einen eigenen Gleiskörper parallel zur Fernbahnstrecke Halberstadt – Halle (KBS 330). Vom Bahnhof Halle (S) Hbf benutzt sie die Ferngleise der Strecke Halle – Kassel (KBS 590) bis hinter den Haltepunkt Rosengarten, um hier wieder auf eigenem Gleis den Weg über den Haltepunkt Brühlstraße und den Bahnhof Südstadt fortzusetzen. Am ehemaligen Abzweig Saalebrücke mündet sie wieder in die Fernbahnstrecke Halle – Kassel bis kurz vor dem Bahnhof Angersdorf. Von hier schwenkt die Strecke nach Halle-Neustadt ab. Von Halle-Neustadt besteht ein Gemeinschaftsbetrieb mit der Berufsverkehrsstrecke Buna Werke Pbf – Halle-Neustadt – Halle-Nietleben. Vom Bahnhof Nietleben bis zum Endpunkt Halle-Dölau benutzt die S-Bahn einen eigenen Gleiskörper. Die Gesamtlänge der Strecke beträgt 22,8 km, davon 9,9 km auf eigenem Gleiskörper.

Eingleisige Abschnitte:
Halle-Trotha – Halle (S) Hbf
Rosengarten – Silberhöhe
Südstadt – Zscherbener Straße
Halle-Nietleben – Halle-Dölau

Zweigleisige Abschnitte:
Halle (S) Hbf – Rosengarten
Silberhöhe – Südstadt
Zscherbener Straße – Halle-Nietleben

Fahrplanmäßig sind als Kreuzungspunkte
- Steintorbrücke,
- Rosengarten,
- Zscherbener Straße und
- Halle-Nietleben
und außerplanmäßig
- Halle (S) Hbf und
- Südstadt
vorgesehen.

Zur Eröffnung der S-Bahn am 27. September 1969 wurden auf den beiden Teilabschnitten Wendezüge eingesetzt. Auf dem Abschnitt nach Halle-Nietleben kamen vier bis fünf vierachsige Personenwagen der Baureihe 505028-14850 sowie der Steuerwagen mit Wendezugeinrichtung der Bau-

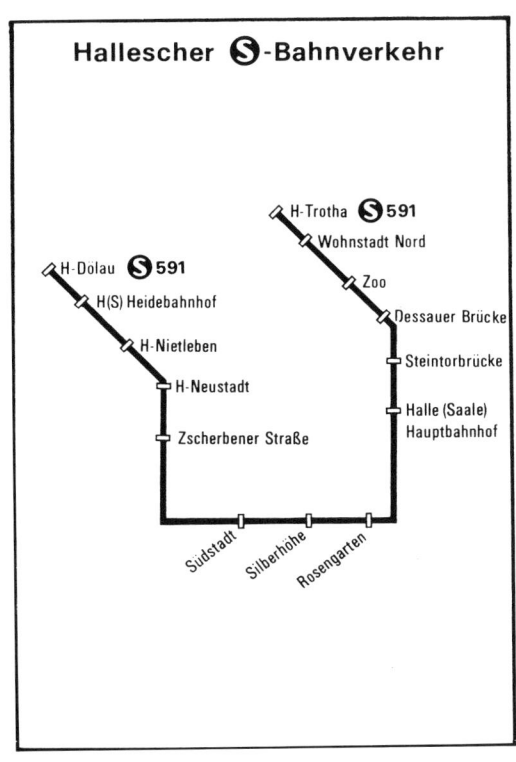

S-Bahn-Strecke Halle

reihe 505080-15190 zum Einsatz. Als Triebfahrzeuge dienten E-Loks der BR E 11 und E 42. Auf dem nicht elektrifizierten Abschnitt nach Trotha wurden zwei Mitteleinstiegwagen und ein Steuerwagen mit Wendezugeinrichtung für Dieselloks eingesetzt. Als Triebfahrzeuge verkehrten Dieselloks der BR V 100 und V 180. Zeitweilig kamen auch Mittelgang-Eilzugwagen, dreiachsige Reko- und andere Personenwagen zum Einsatz. Zur Verdichtung des Verkehrs auf dem Abschnitt Halle (S) Hbf – Halle-Trotha wurden teilweise Personenzüge der Relation Halle – Halberstadt über das S-Bahn-Gleis geleitet.

Mit der Aufnahme des durchgehenden elektrischen Betriebs kamen fünfteilige Doppelstockgliederzüge mit Steuerabteil der Gattung DGB zum Einsatz, die von den E-Loks der BR 242 gezogen bzw. geschoben wurden.

Um den Fahrplan einheitlich zu gestalten, wurde ein Taktfahrplan mit folgendem Rhythmus eingerichtet:
- Stunden 5 – 9 und 13 – 19: 20 min
- Stunden 9 – 13 und 19 – 2: 40 min
- Stunden 2 – 4: Betriebsruhe.

Mit dem Fahrplanwechsel im Mai 1992 wurde werktags, bis auf wenige Ausnahmen, von 4 Uhr morgens bis 1 Uhr nachts durchgehend der 20-min-Takt eingeführt.

Doch bald reichte der Wagenpark nicht mehr aus, und es kamen vierachsige Doppelstock-Standard-Sitzwagen der Gattung DBm zum Einsatz. Die Aufenthaltszeiten an den Zugangsstellen konnten verkürzt werden, weil die neuen Wagen ein schnelleres Ein- und Aussteigen zuließen. Seit dem Fahrplanwechsel 1993/94 sind die neuen Doppelstocksteuerwagen der Gattung DABgbuzf im Einsatz, und die elektrischen Lokomotiven der BR 143 haben die BR 142 abgelöst.

Bis 1982 nahm die Zahl der beförderten Personen ständig zu (1973 3 487 243, 1982 6 010 224). Ab 1983 ging sie jedoch spürbar zurück. 1989 benutzten nur noch

Übersicht Halle

S-Bahn-Linie

KBS 591 Halle-Dölau – Halle (Saale) Hbf – Halle-Trotha (23 Km)

Verkehrs- und Tarifgemeinschaft Halle (VTG) seit September 1991

Fahrzeuge

Wendezüge mit BR 143

3 938 627 Fahrgäste die hallesche S-Bahn, 1990 waren es 3 364 957, 1991 3 058 897 und 1992 3 769 917.

Für die Zukunft sind folgende Maßnahmen geplant:
– zweigleisiger Ausbau des Streckenabschnitts Halle (S) Hbf – Steintorbrücke,
– Bau eines dritten Bahnsteiggleises im Bahnhof Zscherbener Straße,
– Bau eines dritten und vierten Streckengleises zwischen den Abzweigstellen At und Aw zur Trennung der S-Bahn und der Fernbahn und Errichtung des Haltepunkts Dieselstraße (zwischen Halle (S) Hbf und Rosengarten),
– Schließung des S-Bahn-Ringes im Zusammenhang mit dem Neubaugebiet Heide-Nord bis zum Jahr 2000.

Zeittafel Halle

27.4.1967	Einrichtung eines Pendelverkehrs zwischen Halle (S) Hbf und Halle-Neustadt Zscherbener Straße
27.9.1969	Eröffnung des S-Bahn-Betriebs auf zwei Teilstücken Halle (S) Hbf – Halle-Nietleben (mit E-Loks) und Halle (S) Hbf – Halle Trotha (mit Dieselloks)
25.9.1970	Verlängerung der Strecke von Halle-Nietleben nach Halle-Dölau
1.2.1972	durchgehender elektrischer S-Bahn-Betrieb
31.5.1992	Einführung eines Taktfahrplans

143 636 schiebt ihren Doppelstockzug aus dem Bf Zscherbener Straße nach Halle-Neustadt. 10. Juni 1993.

143 353 mit S-Bahn-Doppelstockzug in Halle Heidebahnhof am 10. Juni 1993.

Ein S-Bahn-Wendezug fährt in den unterirdischen Bf Halle-Neustadt ein. 10. Juni 1993.
Fotos: Jörg Ott

Leipzig

Aufgrund der städtischen Entwicklung mußte Mitte der sechziger Jahre ein Verkehrskonzept für den Nahverkehr erarbeitet werden. Zu dieser Zeit verkehrten zwischen den Ballungsrandzonen und dem Ballungskern täglich 85 000 Pendler, davon 45 000 allein im Berufsverkehr. Die Verkehrsströme sollten auf einige leistungsfähige Trassen konzentriert werden, ohne jedoch den Zeitaufwand der Fahrgäste im Berufsverkehr unnötig zu erhöhen. Hinzu kamen die Sonderverkehre zu den Messen, zur agra und zu Massenveranstaltungen. Ferner sollten Teile des Individualverkehrs auf öffentliche Verkehrsmittel verlagert werden. Industriegebiete und Wohnstandorte sollten in gleichem Maß erschlossen werden, ohne durch komplizierten und teuren Neubau eine Eröffnung hinauszuschieben. Es boten sich daher die vorhandenen Eisenbahnstrecken an. Gewählt wurde der herzförmige Rundkurs von Gaschwitz über Connewitz, Stötteritz, Leipzig Hbf, Leutzsch, Plagwitz nach Gaschwitz. Die Strecken berührten ausgesprochen dicht besiedelte Wohngebiete und ausgeprägte Industriekomplexe.

Zur Entlastung des Individualverkehrs zur Frühjahrsmesse 1968 wurde am 3. März 1968 eine Verbindung von Leipzig Hbf zum Messegelände eingerichtet. Am 13. Juli 1969 folgte die Inbetriebnahme des Leipziger Ringes als Linie A mit 22 Zugangsstellen und einer Streckenlänge von 36,4 km. Fünf Jahre später, am 26. Mai 1974, ging die S-Bahn-Linie B von Leipzig Hbf über Borsdorf nach Wurzen in Betrieb. Die Linie hat elf Zugangsstellen und ist 25,8 km lang. Der Bau einer Satellitenstadt in Leipzig-Grünau machte einen Streckenneubau erforderlich. Die Linie C fährt seit dem 25. September 1977 von Plagwitz zum neuen Haltepunkt Grünauer Allee (bis Sep-

tember 1990 Hermann-Matern-Allee). Im Dezember 1980 wurde die Linie C über Grünauer Allee hinaus bis zum Haltepunkt Wilhelm-Pieck-Allee (heute: Stuttgarter Allee) verlängert. Im Juni 1983 folgte der Haltepunkt Ho-Chi-Minh-Straße (heute: Karlsruher Straße) und im Dezember 1983 der heutige Endpunkt Miltitzer Allee. Der Streckenneubau war insgesamt 4,6 km lang, das Gesamtnetz umfaßte nun insgesamt 66,8 km. Am 3. Juni 1984 wurden die Endpunkte der Linien A und C getauscht. Die Linie A führte nun von Gaschwitz über Leipzig-Connewitz, Leipzig Hbf, Leipzig-Plagwitz nach Miltitzer Allee, während die Linie C zwischen Leipzig-Plagwitz und Gaschwitz pendelte.

Mit dem Fahrplanwechsel am 31. Mai 1992 wurde die Linie A in S 1 umbenannt und von Gaschwitz über Neukieritzsch nach Borna (18,8 km) verlängert. Die Linie C wurde zur S 2 und von Plagwitz zur Miltitzer Allee verlängert.

Die S-Bahnen verkehren ausschließlich im Gemeinschaftsverkehr mit Fernzügen. Eine Ausnahme bildet die Neubaustrecke Plagwitz – Grünau. Elektrifizierungsarbeiten und Streckenausbau waren vor Inbetriebnahme des S-Bahn-Verkehrs nicht erforderlich, weil die Linien über vorwiegend zweigleisige und schon elektrifizierte Strecken führten. Lediglich neue Zugangsstellen waren zu schaffen, wie die Halte-

punkte Messegelände, Coppiplatz, Industriegelände, Lindenau, Anger-Crottendorf, Marienbrunn, Sellershausen oberer Bahnsteig und Markkleeberg West, ein bereits geschlossener Bahnhof.

Mit der Eröffnung der Linie B wurden die Haltepunkte Sellershausen unterer Bahnsteig und Industriegelände Ost in Betrieb genommen. Die Linie B benutzt eine der bedeutendsten Magistralen der Deutschen Reichsbahn, die Strecke Leipzig – Dresden. Zur Erhöhung der Durchlaßfähigkeit im Abschnitt Engelsdorf – Borsdorf wurde ein drittes Gleis vom Abzweig Althen bis Borsdorf gelegt und elektrifiziert.

Die Bahnsteige aller Linien sind zwischen 130 bis 150 m lang und zwischen 3 und 3,5 m breit. Überwiegend wurden Betonfertigteile benutzt.

Da die S-Bahn-Strecken von Anfang an elektrifiziert waren, konnte der S-Bahn-Betrieb mit E-Loks der BR 242 und 211 und Mitteleinstiegwagen der Gattung E5, Bghu(e) aufgenommen werden. Die Wagen waren blau-gelb lackiert und entsprachen damit den Stadtfarben von Leipzig. Zur Sicherheit der Fahrgäste rüstete man die Wagen mit Klingelsignalen und zentral zu schließenden Türen aus. Ab Dezember 1977 verkehrten Doppelstockwagen vom Typ DBm. Jeder Zug hat vier Doppelstockwagen (beige/cremeweiß) mit pneumatischer Türschließeinrichtung. In verkehrs-

S-Bahn-Netz Leipzig

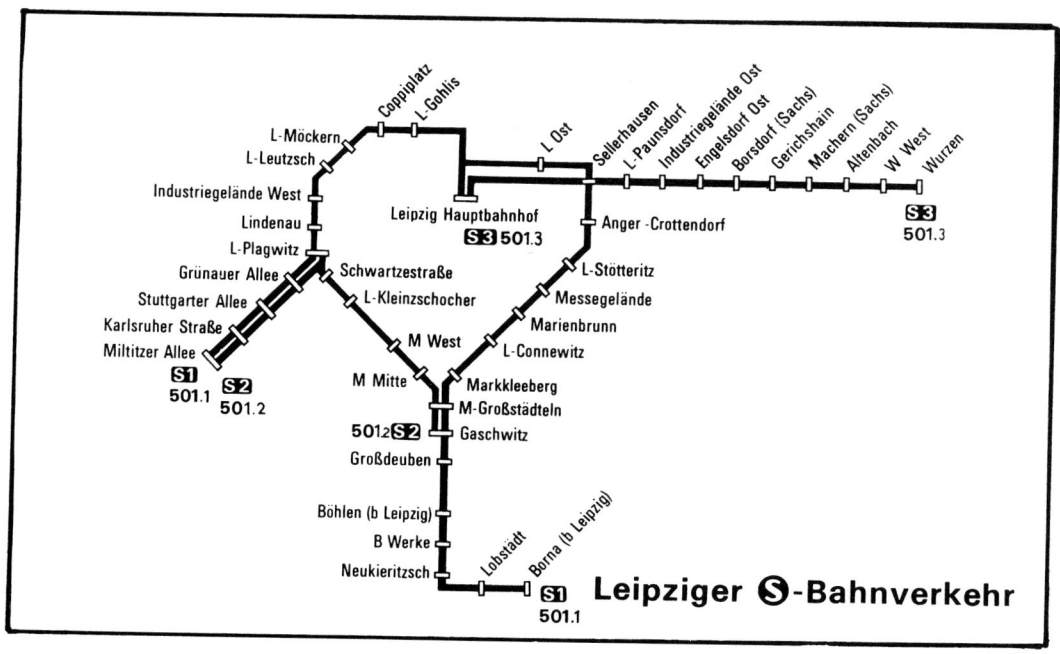

Zeittafel Leipzig

3.3.1968	Verbindungsbahn Leipzig Hbf – Messegelände zur Leipziger Frühjahrsmesse eröffnet
13.7.1969	Inbetriebnahme des Leipziger Ringes als Linie A
26.5.1974	Inbetriebnahme der Linie B von Leipzig Hbf nach Wurzen
25.9.1977	Inbetriebnahme der Strecke Plagwitz – Grünauer Allee; Inbetriebnahme der Linie C zwischen Plagwitz und Grünauer Allee
18.12.1980	Verlängerung Grünauer Allee – Wilhelm-Pieck-Allee (heute: Stuttgarter Allee)
29.5.1983	Verlängerung Wilhelm-Pieck-Allee – Ho-Chi-Minh-Straße (heute: Karlsruher Straße)
16.12.1983	Verlängerung Ho-Chi-Minh-Straße – Miltitzer Allee
3.6.1984	Tausch der Linien: A Gaschwitz – Connewitz – Leipzig Hbf – Plagwitz – Miltitzer Allee B Leipzig Hbf – Wurzen C Plagwitz – Gaschwitz
31.5.1992	Einführung der Bezeichnung S 1 für die bisherige Linie A, S 2 für die Linie C und S 3 für die Linie B; Verlängerung der S 1 von Gaschwitz nach Borna und der S 2 von Plagwitz zur Miltitzer Allee

gehende 20-min-Takt eingeführt, wobei zwischen Gaschwitz und Borna nur stündlich gefahren wird. Die S 2 Miltitzer Allee – Plagwitz – Gaschwitz erhielt werktags ebenfalls einen 20-min-Takt, lediglich in den Vormittags- und Abendstunden wird im Stundentakt gefahren. Samstags und sonntags wird nur zwischen Plagwitz und Gaschwitz im Stundentakt gefahren. Auf der S 3 wurde der Stundentakt eingeführt. Nahverkehrs- und Eilzüge dürfen mitbenutzt werden.

Anfang 1965 bekam die DR den Triebzug ET 25 201 als Einzelfahrzeug zur Betriebserprobung. Der Triebzug entstand durch den Umbau vorhandener Schadfahrzeuge. Erst 10 Jahre später folgten die Prototypen der BR 280. Foto: Zentrale Bildstelle der DR

schwachen Zeiten genügen auf einzelnen Linien zwei DBm. Die Wendezüge werden heute mit der BR 143 gefahren.

Ab April 1975 fand auf der S-Bahn-Linie B ein Probebetrieb mit der Triebzugbaureihe 280 statt. Die Prototriebwagen waren im Bw Leipzig Hbf West beheimatet. Die Triebzüge bewährten sich jedoch nicht und wurden 1983 ausgemustert.

Auf der Linie A wurde der 20-min-Verkehr eingeführt. In den Vormittagsstunden fuhren die Züge alle 60 min, in den späten Abendstunden im 40-min- bzw. 60-min-Abstand. Auf der Linie B Leipzig – Wurzen ließ sich dagegen kein starrer Fahrplan einrichten. Die S-Bahn mußte sich dem Fernfahrplan anpassen, weil kein eigener Gleiskörper zur Verfügung stand. Trotzdem verkehrten die Züge etwa im Stundentakt, wobei Fernzüge nach Dresden, Glauchau, Riesa, Meißen, Trebsen, Rochlitz und Großbothen zwischen Leipzig Hbf und Borsdorf mitbenutzt werden konnten. Auch die Linie C erhielt einen individuellen Fahrplan mit zusätzlichen Zügen in den Morgen- und Nachmittagstunden. In der übrigen Zeit bestand annähernd 60-min-Verkehr. In den verkehrsschwachen Zeiten fuhren die Züge nur zwischen Markkleeberg-Mitte und Leipzig-Plagwitz.

Mit der Umstellung der Linien zum Fahrplanwechsel 1992 wurde auf der S 1 Miltitzer Allee – Leipzig Hbf – Borna der durch-

Übersicht Leipzig

S-Bahn-Linien

S 1	KBS 501.1	Miltitzer Allee – Leipzig Hbf – Borna (50 km)
S 2	KBS 501.2	Miltitzer Allee – Leipzig-Plagwitz – Gaschwitz (14 km)
S 3	KBS 501.3	Leipzig Hbf – Borsdorf – Wurzen (26 km)

Fahrzeuge

Wendezüge mit BR 143

Streckenlänge

87 km

Anfangs verkehrten bei der Leipziger Schnellbahn Mitteleinstiegwagen. 1969.
Foto: Zentrale Bildstelle der DR

280 005 bei der Ausfahrt aus Leipzig Hbf im
Jahre 1975.
Foto: Zentrale Bildstelle der DR

S-Bahn-Doppelstockzug vor der Kulisse des
Kraftwerkes Connewitz am 22. April 1990.
Foto: Sven Klein

Zwei Wendezüge mit den neuen Doppelstock-steuerwagen des Typs DABgbuzf im Endbahn-hof Miltitzer Allee am 10. Juni 1993.

S-Bahnhof Grünauer Allee. Ein S-Bahn-Doppelstockzug auf dem Weg zum Endbahnhof Miltitzer Allee, 10. Juni 1993.

Der Triebwagenführer erhält vom Schaffner den Abfahrauftrag. Die alte Bahnsteigüberdachung erinnert an das Berliner S-Bahn-Netz, Leipzig-Plagwitz am 10. Juni 1993.
Fotos: Jörg Ott

Die Leipziger S-Bahn beförderte
1973   6 557 214 Personen,
1975   8 641 145 Personen,
1980   6 049 747 Personen,
1985   8 966 640 Personen,
1989   7 901 164 Personen,
1990   5 699 282 Personen,
1991   3 724 390 Personen,
1992   3 133 171 Personen.

420 145 vor der Kulisse des Kölner Doms.
Foto: Andreas Janikowski

Bahnhofsgebäude des Endbahnhofs Schöne-beck-Salzelmen, 23. April 1993.

Die S-Bahn-Züge der S 5 enden in Dresden Hbf (Kopfbahnhof). Die Linie S 1 führt über den höher gelegenen Durchgangsbahnhof, 7. Juni 1993.

420 203 überquert am 2. Januar 1993 die Rheinbrücke bei Mainz Süd. Fotos: Jörg Ott

*420 532 als S 6 nach Starnberg im Königswie-
ser Forst südlich Mühlthal am 20. Mai 1989.*

*S 5 Ostbahnhof – Herrsching bei der Ausfahrt
aus Weßling am Einfahrsignal E des Bf Weßling.
420 598 am 1. November 1984.*

*420 538 bei der Einfahrt in den Bf Fürstenfeld-
bruck, 10. Juni 1989.*
Fotos: Andreas Janikowski

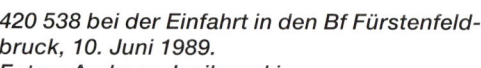

Münchner S-Bahn in Farbe

420 003 in rot-kieselgrau.
Foto: BZA München

420 511 am 24. Juni 1992 bei Grafrath.

S-Bahn-Kurzzug auf dem Weg nach München
zwischen Türkenfeld und Grafrath (S 4) am 20.
April 1992.
Fotos: Andreas Janikowski

470 126 auf der S 2 in Bergedorf im Jahre 1978.
Foto: Klaus Lamm

ET 170 (470) in der Ursprungsausführung bei der Ausfahrt aus dem Bf Friedrichsberg, Dezember 1980.

Triebzüge 471 114 und 470 112 in der ozean-blau-beigen Farbgebung am 26. Mai 1982 im Bf Poppenbüttel.
Fotos: Andreas Janikowski

Triebzug BR 471 in alter und neuer Farbgebung
bei der Ausfahrt aus dem Hamburger Hauptbahnhof, Gleis 5, im September 1980.

AKN-Triebwagen VT 2 37 B bei der Ausfahrt aus
dem Gemeinschaftsbahnhof Eidelstedt am 26.
Juli 1980.
Fotos: Andreas Janikowski

Dresden

Dresden gilt durch seine geographische Lage und seinen Reichtum an Kunstschätzen als eine der schönsten Städte in Europa. Es wird auch liebevoll »Elbflorenz« genannt. Dresden wurde am 13. und 14. Februar 1945 durch amerikanische und englische Luftverbände schwer zerstört. Mittlerweile weitgehendst aufgebaut, zählt Dresden 520 000 Einwohner. Dresden ist ein Industrie-, Wissenschafts-, Kultur-, Verwaltungs- und Verkehrszentrum. Die wichtigsten Industriezweige sind die Elektrotechnik und Elektronik, die Feinmechanik und Optik, der Maschinenbau, die Nahrungs- und Genußmittelindustrie, die Arzneimittelherstellung, die Möbelindustrie und die Kältetechnik. Viele Hochschulen sind in Dresden anzutreffen, von denen die bedeutendste die Technische Universität ist. Zu erwähnen sind noch die zahlreichen Kunst- und Kulturschätze der Stadt sowie das Verkehrsmuseum.

In Dresden kreuzen sich die Strecken Berlin – Prag und Görlitz – Chemnitz. Eine stark ausgelastete Eisenbahnstrecke ist die Verbindung Leipzig – Dresden.

In der Altstadt, in der Nähe des Altmarkts, befindet sich der seit 1978 unter Denkmalschutz stehende Dresdner Hauptbahnhof. Er wurde 1898 dem Betrieb übergeben. Der Dresdner Hauptbahnhof entstand als Kopfbahnhof und als Durchgangsbahnhof. Die Durchgangsgleise liegen 4,5 m höher zur rechten und linken Seite der Kopfgleise.

Der 1967 veröffentlichte Generalverkehrsplan der Stadt Dresden sah ein S-Bahn-Netz vor, das bis heute nur zum Teil verwirklicht wurde. Als erste Ausbaustufe einer S-Bahn wurde am 30. September 1973 ein verdichteter Vorortverkehr auf den

471 183 am 10. Juli 1992 im Bf Hamburg-Blankenese.
Foto: Andreas Janikowski

Übersicht Dresden

S-Bahn-Linien

S 1 KBS 241.1 Meißen-Triebischtal – Coswig – Dresden Hbf – Pirna – Schöna (78 km)
S 5 KBS 510.5 Dresden Hbf – Tharandt (14 km)

Ergänzungsstrecken

KBS 239 Königsbrück – Dresden-Klotzsche (20 km)

KBS 243 Weinböhla – Cossebaude – Dresden Hbf (20 km)

KBS 244 Dresden Hbf – Dresden-Klotzsche – Arnsdorf (26 km)

KBS 246 Heidenau – Dohna (3 km)

KBS 513 Freital-Hainsberg – Freital-Coßmannsdorf (1 km) Schmalspurbahn

Fahrzeuge

Wendezüge mit BR 143

Strecken Dresden Hbf – Pirna, Dresden Hbf – Tharandt und Dresden Hbf – Meißen-Triebischtal mit annähernd starrem Fahrplan eingerichtet. Ein S-Bahn-Tarif gilt seit dem 29. September 1974 im gesamten Vorortbereich auf den Strecken von Dresden Hbf nach Meißen-Triebischtal, Niederau, Weinböhla, Ottendorf Okrilla Nord, Arnsdorf, Pirna und Tharandt. Die Züge verkehrten ausschließlich im Gemeinschaftsverkehr mit den Fernzügen. Die Elektrifizierung war vor der Einführung des verdichteten Vorortverkehrs bis auf den Abschnitt Dresden Hbf – Pirna abgeschlossen. Lediglich auf den in Dresden Hbf beginnenden Strecken nach Königsbrück (KBS 239) und Arnsdorf (KBS 244) verkehren auch noch heute Vorortzüge mit Dieselloks. Auf der Strecke Dresden Hbf – Pirna konnte 1976 der elektrische Betrieb aufgenommen werden.

Es dauerte fast 20 Jahre, bis erste Änderungen an dem bis dahin starren Gefüge eines verdichteten Vorortverkehrs eintraten. Bis zum Fahrplanwechsel am 2. Juni 1991 verkehrten die Züge noch bis Pirna. Fortan wurden die Züge bis Schöna verlängert und das S-Bahn-Tarifgebiet ab 1. Mai

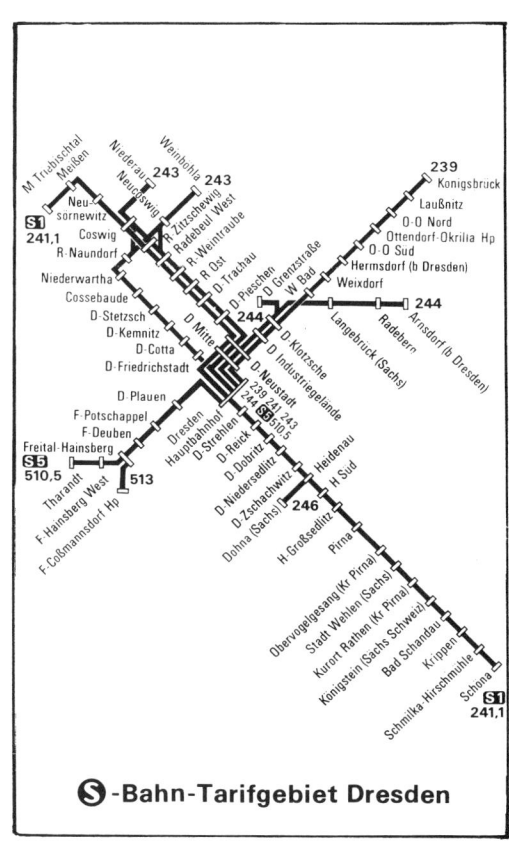

Ⓢ-Bahn-Tarifgebiet Dresden

S-Bahn-Netz Dresden

Zeittafel Dresden

30.9.1973	Einführung eines verdichteten Vorortverkehrs zwischen Dresden Hbf – Pirna, Dresden Hbf – Tharandt und Dresden Hbf – Meißen-Triebischtal
29.9.1974	Einführung eines S-Bahn-Tarifs im gesamten Vorortbereich
2.6.1991	Erweiterung des Vorortverkehrs von Pirna nach Schöna
31.5.1992	Einführung der Bezeichnungen S 1 für die Strecke Schöna – Meißen-Triebischtal und S 5 für die Strecke Dresden Hbf – Tharandt; Erweiterung des S-Bahn-Tarifgebiets

1991 bis Schöna erweitert. Mit Beginn des Jahresfahrplans am 31. Mai 1992 gab es grundlegende Änderungen. Die Strecken Ottendorf Okrilla Nord – Königsbrück, Heidenau – Dohna und Freital – Hainsberg – Freital – Coßmannsdorf Hp wurden in den S-Bahn-Tarif einbezogen. Bei der zuletzt genannten Strecke handelt es sich um ein 1 km langes Teilstück der mit Dampfloks geführten Schmalspurbahn Freital-Hainsberg – Kurort Kipsdorf. Einen S-Bahn-Tarif hatte es bis dahin auf einer Schmalspurbahn noch nie gegeben. Gleichzeitig wurde die Bezeichnung S-Bahn eingeführt. Die Strecke von Schöna nach Meißen-Triebischtal erhielt die Bezeichnung S 1 und die Strecke Dresden Hbf – Tharandt die Bezeichnung S 5. Auf der S 1 verkehren seitdem die Züge nicht mehr im Stunden-, sondern im 30-min-Takt. Auf der S 5 gab es schon vorher einen annähernd 30-min-Takt, im Berufsverkehr sogar 15-min-Takt. Mit der Einführung als S 5 verkehren die S-Bahn-Züge nun in einem starren Fahrplan.

Die S 1 fährt fast ausschließlich durch das wunderschöne Elbtal. Von Meißen-Triebischtal über Meißen, bekannt durch das Meißner Porzellan, mündet sie in die am 7./8. April 1839 in ihrer ganzen Länge eröffnete Leipzig-Dresdener-Bahn. Weiter über Radebeul Ost, wo die Schmalspurbahn nach Radeburg abzweigt, wird Dresden Hbf über die Bahnhöfe Dresden-Neustadt und Dresden-Mitte erreicht. Die S 1 benutzt dabei die 4,5 m höher liegenden Durchgangsgleise des Hauptbahnhofs. Im Abschnitt Dresden – Pirna sind beiderseits des Bahnkörpers große Industrieanlagen angesiedelt. Hier entstanden das Sachsenwerk Niedersedlitz, das Druckmaschinenwerk Heidenau sowie die Kunstseidenfabrik und das Zellstoffwerk in Pirna. Zu erwähnen ist noch, daß in Pirna vermutlich das älteste Bahnhofsgbäude der Säch-

Triebwagen der BR VT 137 waren 1957 im Vorortverkehr Dresden – Bad Schandau anzutreffen, wie hier im Bf Kurort Rathen.

242 002 im Jahr 1977 im Bf Kurort Rathen.
Fotos: Zentrale Bildstelle der DR

S-Bahn-Zug im Bf Königstein im Juli 1992.
Foto: Klaus Einbeck

Dresden

142 005 am 21. Mai 1992 kurz vor dem Hp Dresden-Plauen, im Hintergrund die Brauerei Felsenkeller.
Foto: Sven Klein

Ein S-Bahn-Zug auf der S 1 nach Meißen-Triebischtal am 7. Juni 1993 in Dresden Hbf.

Die Aufnahme mit dem neuen Doppelstock-Steuerwagen DABgbuzf entstand nicht etwa im Orient, sondern vor der Kulisse des Dresdner Tabakkontors, 7. Juni 1993.
Fotos: Jörg Ott

sisch-Böhmischen Eisenbahn steht. Es befindet sich etwa 600 m östlich des heutigen Bahnhofs und beherbergt die Bahnmeisterei. Der am 31. Juli 1848 eröffnete Bahnhof ist jedoch nicht vollständig erhalten geblieben. Das Empfangsgebäude wurde im spätklassizistischen Stil mit einigen Zügen der römischen Renaissance errichtet. Als Baumaterial dienten Elbsandsteinquader.

Im weiteren Verlauf der Strecke von Pirna nach Schöna zwängt sich die Bahn durch das enge Elbtal. Industrieanlagen gibt es hier nicht, stattdessen durchquert die Linie das Naturschutzgebiet »Sächsische Schweiz«. Noch vor dem Kurort Rathen erhebt sich zur linken Seite die weltbekannte Bastei und wenig weiter in Fahrtrichtung rechts die 360 m hoch liegende Festung Königstein und links der Strecke der 451 m hohe Lilienstein. In diesem Abschnitt verläuft die Strecke auf Kunstbauten, die den Bahnkörper über dem Ufer tragen. Die Fahrleitung mußte mit Sonderkonstruktionen an den Stützmauern befestigt werden. Der Bahnhof Bad Schandau ist Grenzbahnhof zur Tschechischen Republik. Weitere touristische Anziehungspunkte liegen hinter dem Haltepunkt Krippen: das Schrammsteinmassiv zur linken Seite und auf der rechten Seite die 355 m hohe Kaiserkrone. 2 km vor der Grenze liegt der Endpunkt der S 1, der Bahnhof Schöna.

Die 13,6 km lange Strecke der S 5 beginnt im Kopfbahnhof des Dresdner Hbf. Die sog. Albertsbahn zwischen Dresden und Tharandt wurde am 28. Juni 1855 in Betrieb genommen. Nachdem der S-Bahn-Zug den Hauptbahnhof verlassen hat, beginnt das Gelände anzusteigen, und schon auf den ersten Kilometern trägt die Strecke den Charakter einer Gebirgsbahn. Nach etwa 3 km wird der Plauensche Grund erreicht.

Hier gestaltete sich der Bahnbau wegen der schroffen Felswände sehr schwierig. Bis Freital-Hainsberg reihen sich mehrere Industriebetriebe aneinander. In den Felsen des Hohen Steins befinden sich die Keller der Felsenkellerbrauereien. Freital war früher das Zentrum des Steinkohlenbergbaus und hat sich in den letzten 50 Jahren zu einer bedeutenden Industriestadt entwickelt. Im Bahnhof Freital-Hainsberg zweigt die Schmalspurbahn nach dem Kurort Kipsdorf ab. Bevor der Bahnhof Tharandt erreicht wird, erhebt sich rechts der Strecke ein geologisches Naturdenkmal, der sog. »Backofen«, eine fast senkrecht stehende Wand. Tharandt ist der Endbahnhof der S 5.

Auf den elektrifizierten Strecken kamen zu Beginn des verdichteten Vorortverkehrs E-Loks der BR 242 (heute 142) mit den Doppelstockwagen der Gattung DGB 12 zum Einsatz. Auf den nicht elektrifizierten Strecken verkehren noch heute Dieselloks der BR 201 (ex 110). Seit Beginn des Sommerfahrplans am 23. Mai 1993 werden in der elektrischen Traktion nur noch Loks der BR 143 und Steuerwagen der Gattung DABgbuzf eingesetzt.

Die Anzahl der beförderten Personen im S-Bahn-Tarifbereich betrug 1992 rund 7 924 100 und 1993 rund 8 917 000.

Zwischen Dresden Neustadt und Dresden Hbf überquert die S-Bahn-Trasse die Elbe, 7. Juni 1993.
Foto: Jörg Ott

142 004 und 005 mit S-Bahn-Zug in Dresden Hbf, 24. März 1993.
Foto: Hubertus Ametsbichler

Frankfurt (Main)

Frankfurt am Main ist einer der wirtschaftlichen Brennpunkte Deutschlands und ein Zentrum des Schienenverkehrs, auch auf der Verwaltungsebene, da hier und in Mainz Hauptverwaltung und zahlreiche Zentrale Stellen der Deutschen Bundesbahn zu finden sind. In der Region Rhein-Main, einem Konglomerat der Städte Mainz, Wiesbaden, Frankfurt, Offenbach, Hanau, Darmstadt und Rüsselsheim, wohnen etwa 3 Mio. Menschen. Gewerbe und Industrie dieses nicht genau abgrenzbaren Gebietes sind fast unüberschaubar, ebenso gewaltig ist der Bedarf an Dienstleistungen und verkehrstechnischen Einrichtungen. Durch die Vielzahl der Kommunen potenzieren und verwischen sich verkehrliche, wirtschaftliche, raumordnerische, ökologische wie auch soziale Konflikte, erschwerend für Planung und politische Entscheidung kommen »Grenzen« hinzu, da im Radius von nur 40 km die vier Bundesländer Hessen (Wiesbaden, Frankfurt, Offenbach, Hanau, Rüsselsheim, Darmstadt), Rheinland-Pfalz (Mainz, Worms, Ludwigshafen), Baden-Württemberg (Mannheim/Heidelberg) und Bayern (Aschaffenburg) benachbart sind. Die Einwohnerdichte des Rhein-Main-Gebiets beträgt heute etwa 1140 Personen/km² (Ruhrgebiet: 1610, Stuttgart: 570, München: 450). Um so größer ist die Bedeutung eines einheitlichen Verkehrskonzepts, wie es sich mit der Bundesbahn und dem Frankfurter Verkehrs- und Tarifverbund für den ÖPNV verwirklichen läßt.

Frankfurt (Main) hatte 1925 467 520 Einwohner, die Bevölkerungszahlen steigerten sich bis 1950 auf 532 037 und 1970 auf 669 635, nach kurzem Rückgang (Ausbreitung in die Region) steigt sie heute weiter (1989: 635 151). Das Frankfurter S-Bahn-Netz trug ursprünglich den Charakter eines monozentrischen Netzes mit dem Mittelpunkt Frankfurt Hbf bzw. der anschließenden Tunnelstrecke. Die große Zahl der Frankfurt umgebenden Mittel- und Unterzentren und der zwei Bundesländer-Haupt-

städte Wiesbaden und Mainz weist der S-Bahn jedoch auch eigene Verkehrsaufgaben der anderen Städte zu; die wachsende Netzgröße erforderte den Bau von tangentialen Verbindungsstrecken. Treffenderweise wird die Frankfurter S-Bahn auch als »S-Bahn Rhein-Main« bezeichnet. Der Frankfurter Verkehrs-Verbund, FVV, besteht seit 1974, er umfaßt heute ein Einzugsgebiet von 2182 km² Fläche mit 2 477 055 Einwohnern (deren tatsächliche Zahl noch darüber liegt). Die Gesamt-Linienlänge im FVV beträgt 1986,7 km, davon 664,7 km Schienennetz.

Die ersten Eisenbahnen im Rhein-Main-Gebiet waren die Taunus-Eisenbahn (1839/40 Frankfurt – Castel [mit Dampffähre nach Mainz] – Wiesbaden), die Rhein-Neckar-Bahn (1846 Frankfurt – Heidelberg, 1848/49 Frankfurt – Offenbach), die Main-Weser-Bahn (1850 Frankfurt – Friedberg), die Hessische Ludwigsbahn (1853 Mainz - Oppenheim, 1858 Mainz – Darmstadt, Darmstadt – Aschaffenburg, 1859 Mainz – Bingen, 1863 Bischofsheim – Frankfurt, 1880 Frankfurt – Höchst), die Nassauische Eisenbahn (1856/57 Rüdesheim – Wiesbaden) und die Frankfurt-Bebraer Eisenbahn (1873 Frankfurt – Hanau, vormals Bebra-Hanauer Bahn). Diese Eisenbahngesellschaften gingen auf die Preußische Staats-

bahn (1878 Frankfurt-Bebraer Bahn an KED Frankfurt, 1880 Nassauische Eisenbahn an KED Frankfurt und Main-Weser-Bahn an KED Hannover) bzw. die Preußisch-Hessische Eisenbahn-Gesellschaft über (1896 Hessische Ludwigsbahn an ED Mainz und ED Frankfurt, 1902 Main-Neckar-Bahn an ED Mainz). Die Taunus-Eisenbahn war schon 1872 in die Hessische Ludwigsbahn übergegangen. Der Großteil des Schienennetzes kam somit schon sehr früh an Preußen, zumindest hinsichtlich der Betriebsführung, was den weiteren Ausbau und den Betrieb mit bewährter Technik und Verwaltung mit sich brachte. Die »Königlich Preußischen und Großherzoglich-Hessischen Staatseisenbahnen«, gegründet 1896, hatten eine gemeinsame Verwaltung nur bei der KED Mainz, alle übrigen Direktionen der KPEV blieben rein preußisch; die Selbständigkeit der Direktionen wurde ab 1880 (einheitliche Geschäftsführung) bzw. 1906 (Eisenbahn-Zentralamt) eingeschränkt, so daß sich auch im Rhein-Main-Dreieck ein typisch preußisches Bild hinsichtlich der Fahrzeuge ergab. Besonders bekannt wurde die pr. T 10 (BR 76⁰), die 1909 für die Verbindung Frankfurt (Main) Hbf – Wiesbaden Hbf entstand. Die zwölf Maschinen wurden vor allem zwischen Frankfurt und Darmstadt im

Zeittafel Frankfurt (Main)

1962	Planungsbeginn eines Nahverkehrsnetzes unter Einbeziehung der Deutschen Bundesbahn mit einer Tunnelstrecke im Citybereich
1969	Baubeginn der S-Bahn
28.5.1972	Flughafenbahn Frankfurt Hbf (oben) – Flughafen mit Anbindung Richtung Schwanheim und Kelsterbach
1974	Regionalbahnlinien
26.5.1974	Inkrafttreten des FVV
1975	Beheimatung der ersten Triebzüge BR 420 beim Bw Frankfurt 1
30.6.1977	S-Bahn-Gleise Frankfurt West – Frankfurt Hbf
28.5.1978	Tunnelstrecke Frankfurt Hbf – Hauptwache; Aufnahme des S-Bahn-Betriebes mit den Linien S 1 bis S 6
30.9.1979	S-Bahn-Gleise Frankfurt Hbf – Sportfeld – Abzw. Schwanheim; S 3 S-Bahn-Vollbetrieb
28.5.1983	Verlängerung Tunnelstrecke Hauptwache – Konstablerwache
31.5.1987	Frankfurt-Königsteiner Eisenbahn im FVV, Zugläufe Königstein – Frankfurt Hbf (Linie K)
27.5.1990	Verlängerung Konstablerwache – Ostendstraße – Frankfurt Süd (S 3 bis S 6, S 14)
30.9.1990	Verlängerung Frankfurt Süd – Stresemannallee (S 5, S 6)
31.5.1992	Verlängerung Ostendstraße – Mühlberg (S 1, S 2)
23.5.1993	Taunusbahn im FVV

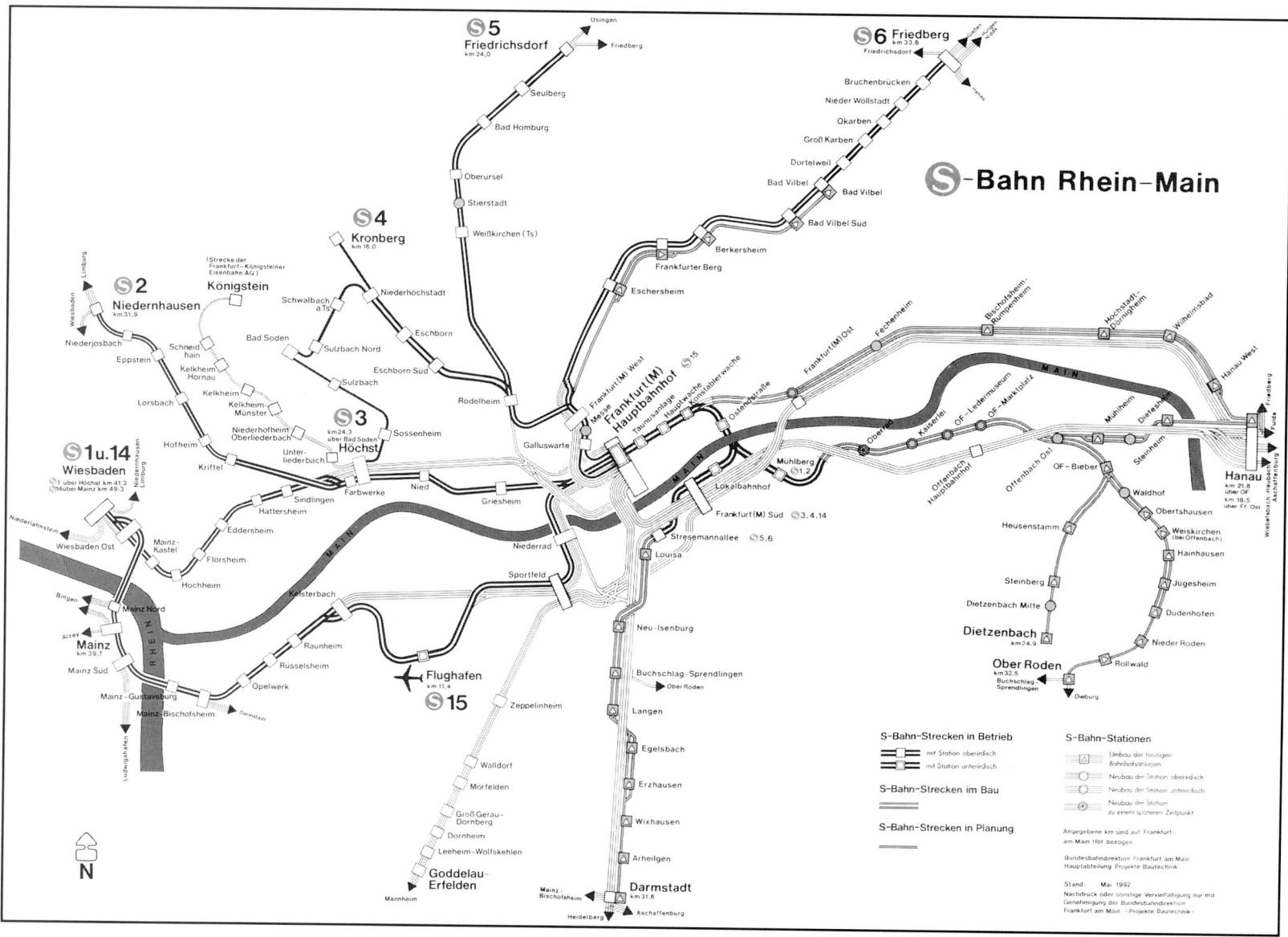

S-Bahn-Netz Frankfurt (Main)

Vorortverkehr eingesetzt. Sie wurden bis 1948 ausgemustert; sieben Loks standen noch bis 1964 bei den Osthannoverschen Eisenbahnen im Einsatz. Der schnelle Vorortverkehr mit preußischen Tenderlok-Baureihen konzentrierte sich auf die Verbindungen nach Wiesbaden, Darmstadt und Offenbach/Hanau sowie auf den Ausflugsverkehr in die nördlich Frankfurts gelegenen Taunus.

In der Nachkriegszeit prägten beim zunächst steigenden Schienennahverkehr zunehmend Umbauwagen (B 4y, B 3y) und »Silberlinge« (B 4n) das Bild der Personenzüge. Im Frankfurter Nah- und Bezirksverkehr kamen neben den bewährten älteren Dampflokbaureihen 38$^{10-40}$, 39$^{0-2}$, 41 und

78$^{0-5}$ auch moderne Neukonstruktionen der Deutschen Bundesbahn zum Einsatz, neben der BR 23 auch die 66 001 und 002 vom Bw Gießen, die BR V 80 (Bw Frankfurt-Griesheim) und die BR E 41 auf den neu elektrifizierten Streckenabschnitten.

Der zentrale Dreh- und Angelpunkt des Schienenpersonenfern- und Nahverkehrs, der Frankfurter Hauptbahnhof, erhielt 1957 sein neues, markantes Zentralstellwerk in Dr-Technik. Der Hauptbahnhof in heutiger Lage und Form wurde im Dreikaiserjahr 1888 eröffnet. Vorher bestanden nebeneinanderliegend auf diesem Areal die Bahnhöfe der Taunusbahn (1839), der Main-Neckar-Bahn (1846) und der Main-Weser-Bahn (1852). Etwas stadtauswärts hiervon, im

Bogen der damaligen Verbindungsgleise - heute noch an der Bebauung des Bahnhofsvorplatzes zu erahnen – wurde von 1879 bis 1888 der neue zentrale Kopfbahnhof mit drei Hallenschiffen errichtet. Zwei weitere angesetzte, kleinere Hallenbauten ersetzten zwei Seitenbauten für die hessischen und preußischen Bahnen, so daß der Kopfbahnsteig Aus- und Eingang nach drei Seiten ermöglichte. Ursprünglich hatte der Frankfurter Hauptbahnhof 18 Bahnsteiggleise, jeweils sechs Kopfgleise in jeder Bahnsteighalle. Heute befinden sich in den Bahnsteighallen die Gleise 1 bis 24, im S-

Bahn-Tunnelbahnhof darunter weitere vier Bahnsteiggleise. Kaum ein Eisenbahnknotenpunkt in Deutschland hat eine solche Bedeutung für den Fern-, Bezirks- und Nahverkehr; nur einzelne Urlaubs-Fernzüge umfahren bzw. umfuhren zeitweise den Hauptbahnhof auf der Südspange Offenbach – Frankfurt Süd – Darmstadt. Fernzüge, die über Mainz nach Mannheim fahren, haben im Mainzer Hauptbahnhof S-Bahn-Anschluß nach Frankfurt bzw. Wiesbaden. Zwischen Wiesbaden Hbf und Frankfurt Hbf besteht für Frankfurt nicht berührende Intercitys eine Zwischenverbindung in Form einer Pendelverbindung mit IC-Wagen und je einer 141 an den Zugenden (»Wiesbaden-City«, seit 1988). IC- und Schnellzugstation ist auch der an der Verbindung Mainz – Frankfurt gelegene Tun-nelbahnhof Frankfurt Flughafen (Parallelspange Kelsterbach – Schwanheim). Der bedeutendste Flughafen Deutschlands wurde über zwölf Jahre auch von den Lufthansa-Airport-Expreß-Zügen aus Düsseldorf (BR 403) bzw. Stuttgart (BR 111, dann 103) angefahren. Auch nach Darmstadt verkehrten zeitweise Flughafen-Zubringerzüge, jedoch mit normalem Wagenmaterial und der Baureihe 111.

Das Nahverkehrsnetz der Deutschen Bundesbahn wurde 1962 in die Verkehrsplanungen der Stadt Frankfurt (Main) einbezogen. Vorgesehen war eine Tunnelstrecke in der Innenstadt, ausgehend vom Frankfurter Hauptbahnhof als Kernstück des S-Bahn-Netzes mit Umsteigebahnhöfen zum städtischen U-Bahn- bzw. Stadtbahnnetz. Der Frankfurter Verkehrs- und Tarifverbund trat am 26. Mai 1974 in Kraft. Als erste Strecke mit S-Bahn-ähnlichem Verkehr wurde im März 1972 die Flughafenbahn in Betrieb genommen. Die ersten neuen Triebzüge der Baureihe 420 wurden ab 1975 beim Bw Frankfurt beheimatet, sie verkehrten zunächst neben der Flughafenlinie auch auf den Regionalbahnlinien R 1 bis R 8 und R 11 bis R 14. Zur Errichtung eines Tarifverbundes war 1972 ein Vertrag zwischen der Bundesregierung, dem Land Hessen und der Stadt Frankfurt (Main) geschlossen worden. Mit Inkrafttreten des FVV gab es zum Frühjahr 1974 die ersten Strecken im Verbundtarif, die ab Sommer 1978 zu den ersten S-Bahn-Linien wurden:

S 1 Hauptwache – Hauptbahnhof – Höchst – Wiesbaden,

S 2 Hauptwache – Hauptbahnhof – Höchst – Niedernhausen,

S 3 Hauptwache – Hauptbahnhof – Westbahnhof – Rödelheim – Niederhöchstadt – Bad Soden,

S 4 Hauptwache – Hauptbahnhof – Westbahnhof – Rödelheim – Niederhöchstadt – Kronberg,

S 5 Hauptwache – Hauptbahnhof – Westbahnhof – Rödelheim – Friedrichsdorf und

S 6 Hauptwache – Hauptbahnhof – Westbahnhof – Friedberg.

Die Ergänzungslinien S 7, S 8, S 11, S 12, S 13 und S 14 gingen vom Frankfurter Hauptbahnhof nach Hanau (über Ostbahnhof), Hanau (über Offenbach), Ober Roden, Darmstadt, Goddelau-Erfelden und Wiesbaden (über Mainz), die S 9 von Offenbach nach Ober Roden, die S 3 von Bad Soden nach Höchst (ab 1979 S-Bahn-Vollbetrieb). Auf der S 14 gab es zwischengeschobene Fahrten Hauptbahnhof – Flughafen (und Kelsterbach) mit Triebzügen der BR 420. Der volle S-Bahn-Betrieb Frankfurt – Flughafen – Mainz – Wiesbaden wurde zum Sommerfahrplan 1980 aufgenommen.

Der im Januar 1969 begonnene erste Bauabschnitt der Frankfurter S-Bahn war mit der Tunnelverlängerung Hauptwache – Konstablerwache 1983 abgeschlossen. Im ersten Bauabschnitt war das Grundgerüst des S-Bahn-Netzes entstanden: der Schnellbahntunnel vom Hauptbahnhof zur Hauptwache, Umbau der Außenstrecken auf S-Bahn-Standard und Einfädelung der Strecken in den neuen Tunnelbahnhof

Übersicht Frankfurt (Main)

S-Bahn-Linien

S 1	KBS 645.1	Wiesbaden – Ffm-Höchst – Frankfurt (M) Hbf – Ffm-Mühlberg (47 km)
S 2	KBS 645.2	Niedernhausen – Ffm-Höchst – Frankfurt (M) Hbf – Ffm-Mühlberg (37 km)
S 3	KBS 645.3	Ffm-Höchst – Bad Soden – Frankfurt (M) Hbf – Frankfurt (M) Süd (30 km)
S 4	KBS 645.4	Kronberg – Frankfurt (M) West – Frankfurt (M) Hbf – Frankfurt (M) Süd (21 km)
S 5	KBS 645.5	Friedrichsdorf – Frankfurt (M) West – Frankfurt (M) Hbf – Ffm-Stresemannallee (31 km)
S 6	KBS 645.6	Friedberg – Frankfurt (M) West – Frankfurt (M) Hbf – Ffm-Stresemannallee (41 km)
S 14	KBS 645.14	Wiesbaden – Mainz – Ffm-Flughafen – Frankfurt (M) Hbf – Frankfurt (M) Süd (56 km)
S 15	KBS 645.15	Ffm-Flughafen – Frankfurt (M) Hbf (11 km)

Ergänzungsstrecken

DB	S 7	KBS 640	Frankfurt (M) Hbf – Frankfurt Ostbahnhof – Hanau (24 km)
	S 8	KBS 615	Frankfurt (M) Hbf – Offenbach – Hanau (23 km)
	S 9	KBS 647	Offenbach – Ober Roden (22 km)
	S 11	KBS 647	Frankfurt (M) Hbf – Ober Roden (26 km)
	S 12	KBS 650	Frankfurt (M) Hbf – Darmstadt Hbf (28 km)
	S 13	KBS 655	Frankfurt (M) Hbf – Goddelau-Erfelden (35 km)
FKE	K	KBS 646	Königstein – Ffm-Höchst – Frankfurt (M) Hbf (25 km)

Frankfurter Verkehrs- und Tarifverbund (FFV) seit 26. Mai 1974

Fahrzeuge

DB Triebzüge BR 420
Wendezüge mit BR 141
FKE Diesel-Doppeltriebwagen NE 81

Streckenlängen

S-Bahn	195 km
U-Bahn	51 km
Regionalbahn	168 km

66 002 (Bw Gießen) 1962 vor Bezirkseilzug im
Frankfurter Hauptbahnhof.
Foto: R. Juling

Rechte Seite:
420 748 befährt den sehr stark frequentierten
Tunnelabschnitt zwischen Mainz-Süd und
Mainz Hbf am 26. März 1990.

Der S-Bahn-Zug auf der S 14 verläßt am
26. Dezember 1980 Wiesbaden Hbf, um nach
Frankfurt Hbf zu fahren.
Fotos: Gerhard Lieberz

420 725 auf dem Weg nach Mühlberg fährt in
die Tunnelstrecke am Frankfurter Hbf ein,
7. Juli 1993.
Foto: Jörg Ott

420 717 in der S-Bahn-Station Frankfurt (M)-
Flughafen.
Foto: DB, Mantel

Hauptbahnhof. Für die Inbetriebnahme der Flughafen-S-Bahn bzw. deren zweiseitige Anbindung an Frankfurt und Mainz/Wiesbaden mußte bei Niederrad eine neue Mainbrücke errichtet werden. Der zweite Bauabschnitt umfaßt vor allem die Weiterführung des Stammstreckentunnels und die weitere Verästelung von Südbahnhof (Konstablerwache – Südbahnhof seit 1990) bzw. Mühlberg aus (Konstablerwache – Mühlberg seit 1992), was den vollen S-Bahn-Betrieb Frankfurt Hauptbahnhof – Südbahnhof – Darmstadt bzw. Frankfurt Hauptbahnhof – Mühlberg – Offenbach – Hanau ermöglicht. Die größten Bauvorhaben hierbei waren die Untertunnelung des Mains zwischen Ostendstraße und Lokalbahnhof sowie der Umbau des Südbahnhofs mit zwei Fern- und zwei S-Bahn-Bahnsteigen und des U-Bahn-Endbahnhofs in kreuzender Tunnellage (U 1 bis U 3). Für die Streckenverlängerungen nach Hanau und Darmstadt wurde im Dezember 1986 ein gemeinsamer Finanzierungsvertrag abgeschlossen, der neben dem Streckenausbau auch Stromversorgungs- und Fahrzeugbehandlungsanlagen (Griesheim) sowie die Erweiterung der Betriebsleitzentrale S-Bahn mit Mikroprozessoranlage vorsieht. Nach Fertigstellung der südmainischen Verbindung nach Offenbach (– Hanau) 1994 soll eine weitere S-Bahn-Linie nördlich des Mains von Konstablerwache über Ostbahnhof nach Hanau gebaut bzw. ausgebaut werden. Ferner soll die stark belastete S 6 auf dem Abschnitt Westbahnhof – Bad Vilbel auf eigenem Gleis verkehren. Nach diesen Bauvorhaben wird es elf S-Bahn-Bahnhöfe in Tunnellage geben.

420 259 und 420 306 am 6. Juli 1993 in Bad Homburg.

Triebwagen VS 2 216 der Taunusbahn auf der S 5 als E 3590 am 6. Juli 1993 in Bad Homburg.

420 294 auf der S 5 nach Friedrichsdorf im derzeitigen Endbahnhof Stresemannallee. Später soll die S-Bahn bis Darmstadt weiterfahren. Links im Hintergrund die Abstellanlage für die aussetzenden Züge vom Bf Frankfurt-Süd. 13. April 1993. Fotos: Jörg Ott

Heimatdienststelle der bei der Frankfurter S-Bahn eingesetzten Triebzüge ist das Bw Frankfurt 1, zugleich Heimat-Bw aller Frankfurter elektrischen Triebfahrzeuge. Am 1. Januar 1992 waren hier 106 Triebzüge der Baureihe 420/421 (2. bis 4. Bauserie) beheimatet, das ist ein Viertel der gesamten 420-Flotte der DB. Züge der S-Bahn-Ergänzungslinien werden in der Regel mit Wendezügen und E-Loks der BR 141 gefahren. 1987 kam die Frankfurt-Königsteiner Eisenbahn (FKE) als neuer FVV-Gesellschafter hinzu; ab 31. Mai 1987 nahm diese nichtbundeseigene Bahn ihre Linie K Königstein – Höchst – Frankfurt Hbf in Betrieb, die mit dieselelektrischen Gelenktriebwagen von Linke-Hofmann-Busch (entwickelt in Anlehnung an die Fahrzeuge der AKN beim Hamburger Verkehrsverbund) betrieben wird. Erneut wurde hier die Weiterführung von nichtbundeseigenen Fahrzeugen auf Bundesbahngleisen praktiziert, erstmals im Rahmen eines großen Verkehrsbundes. Für die 29 km lange DB-Strecke Friedrichsdorf – Grävenwiesbach (KBS 637, ex 545; Anschluß an die S 5) wurde ein ebenso zukunftsweisender Schritt unternommen: Der Hochtaunuskreis (1988 gegründeter Verkehrsverband Hochtaunus) kaufte 1989 die von der DB vernachlässigte, mit Schienen- oder Straßenbussen betriebene Strecke, um sie fortan (Vorlaufbetrieb ab September 1992 im Auftrag der DB) mit neuen Diesel-Triebzügen und neuem Bedienungskonzept selbst zu betreiben. Die elf beschafften TSB-Triebzüge sind an die FKE-Fahrzeuge angelehnt. Die Taunusbahn fährt seit dem 26. September 1993 in Eigenregie mit S-Bahn-ähnlichem Zeittakt (20-min-Takt im Berufsverkehr, sonst 40-min-Takt) und FVV-Angliederung auch an Wochenenden (ab Sonnabend nachmittag stündlich, sonntags zweistündlich). Bei der Gestaltung der Tarifzonen im Hochtaunus wurde darauf geachtet, Tarifgrenzen nicht innerhalb von Gemeinden zu legen. Durchgehende Züge zwischen Grävenwiesbach und dem Frankfurter Hauptbahnhof sind in der Hauptverkehrszeit vorgesehen.

Die Frankfurter S-Bahn besitzt sowohl einen Stammstreckentunnel als Netzmittelpunkt als auch den Mittelpunkt umfassende Tangentiallinien oder Verstärkungsabschnitte. Zum engmaschigen S-Bahn-Netz kommt als zweite Schnellbahn die U-Bahn hinzu, die im Oberleitungsbetrieb (600 V Gleichstrom) befahren wird. Baubeginn der U-Bahn (Linie A) war 1963, der erste Frankfurter U-Bahn-Zug verkehrte am 4. Oktober 1968. Sieben U-Bahn-Linien durchqueren das Stadtgebiet mit Stammstreckenabschnitten in Nord-Süd-Richtung – die S-Bahn in der Hauptsache in Ost-West-Richtung – und haben vier Umsteigebahnhöfe zur S-Bahn und sechs U-Bahn-Umsteigestationen. Die U 1 bis U 4 werden als reine U-Bahnen betrieben, die U 6 und U 7 als U-Bahn-Vorlaufbetrieb, die U 5 als Stadtbahn. Hinzu kommt ein (noch) umfangreiches Straßenbahnnetz mit 14 Linien.

Im Frankfurter Verkehrs- und Tarifverbund werden 67,5 Prozent der Beförderungsleistung von der DB erbracht, was die Bedeutung des S-Bahn-Netzes deutlich macht. Der am stärksten belastete S-Bahn-Abschnitt liegt südlich des Frankfurter Hauptbahnhofs, wo täglich etwa 202 000 Fahrgäste gezählt werden. Am zweitstärksten ist der Knoten Südbahnhof belastet, dessen Bedeutung noch zunimmt. Die Linienführung der FVV-Verkehrsmittel ermöglicht immerhin 70 Prozent der Regel-Fahrgäste eine umsteigefreie Verbindung. Die am meisten frequentierten S-Bahn-Stationen waren 1989 Frankfurt Hbf (239 500 Fahrgäste/Tag), Hauptwache (197 000) und Konstablerwache (160 300). Bei den S-Bahn-Zeitkarten entfallen nur 0,6 Prozent auf die 1. Klasse. Die Bedeutung des FVV-Tarifgebiets auch für die Außenbereiche zeigt ein Vergleich der räumlichen Gültigkeit der verkauften Einzelfahrscheine des Regelangebotes: 42,6 Prozent beschränkten sich auf Frankfurt (Main), 42,5 Prozent Region plus Frankfurt und 14,9 Prozent waren nur außerhalb Frankfurts gültig (Einzelfahrscheine Erwachsene, alle Angaben für 1990). In Frankfurt werden Fahrten in die Innenstadt zu 69 Prozent mit den öffentlichen Verkehrsmitteln vorgenommen, selbst von den möglichen Pkw-Benutzern wählen 55 Prozent den ÖPNV. Am 1. Januar 1990 wurde der Zeitkartentarif entscheidend vereinfacht (»Fahr bunt«), indem statt der früheren 61 Tarifteilgebiete nur noch vier bestehen und der Gültigkeitszeitraum der übertragbaren Karten frei gewählt werden kann.

Ein Triebzug der BR 420 überquert den Main in Frankfurt auf dem Weg zum Flughafen, 7. Juli 1993.
Foto: Jörg Ott

Nürnberg

Wie in manch anderen mittleren oder größeren Städten Deutschlands spielte auch in Nürnberg und Fürth der eigentliche Vorortverkehr der Staatsbahn anfangs eine eher untergeordnete Rolle – er lief neben dem Bezirks- und Fernverkehr »so mit«. Im Nürnberger Raum kam als Besonderheit die private Ludwigsbahn Nürnberg (Plärrer) – Fürth (Ludwigsbahnhof) dazu, die im Gegensatz zu den Staatsbahnstrecken ausschließlich dem Nahverkehr diente. Jedenfalls konnte in und um die »Noris« bis weit in die 1880er Jahre hinein kaum von einem besonderen Personennahverkehr der Bayerischen Staatsbahn gesprochen werden.

Das sollte sich erst ab 1. Oktober 1894 allmählich ändern. Die Staatsbahn führte, wie wir heute sagen würden, als »Pilotprojekt« eine Reihe von speziellen Vorortzügen zusätzlich ein. Diese – mit Halt an allen Stationen - konnten mit verbilligten III.-Klasse-Fahrkarten benutzt werden und erfreuten sich bald großer Beliebtheit. Während anfangs die Relationen von Nürnberg nach Erlangen, Lauf (rechts Pegnitz), Röthenbach, Feucht, Schwabach und Stein von der Neuerung profitierten, erfuhr das Netz bis 1914 eine weitere Ausdehnung. Nach dem Sommerfahrplan jenes Jahres gab es folgende von Vorortzügen befahrene Streckenabschnitte:
Nürnberg – Fürth – Siegelsdorf,
Nürnberg – Fürth – Erlangen,
Nürnberg – Hersbruck (rechts Pegnitz),
Nürnberg – Hersbruck (links Pegnitz),
Nürnberg – Ochenbruck,
Nürnberg – Nürnberg Rbf,
Nürnberg – Schwabach – Roth und
Nürnberg – Heilsbronn.

Parallel zur Erweiterung der Nahverkehrsfahrpläne kamen auch neue Haltestellen bzw. Haltepunkte dazu, wie etwa Erlenstegen, Katzwang, Neusündersbühl, Reichelsdorfer Keller, Rothenburger Straße oder Sandreuth.

Nach dem Übergang der deutschen Länderbahnen auf das Reich im Jahre 1920 wurden die speziellen Vorortzüge im Nürnberger Raum nicht wieder eingeführt; den Nahverkehr bewältigten normale Personenzüge. Seit 1935 betrieb die DRG die Strecke Treuchtlingen – Roth – Nürnberg Hbf elektrisch, und im Mai 1939 kamen die Linien Nürnberg Hbf – Dutzendteich – Rbf Ausfahrt sowie Nürnberg Hbf – Fürth – Erlangen – Bamberg dazu. Allerdings sah man auf den elektrifizierten Strecken nach wie vor auch dampflokbespannte Züge.

Der schwierige Neubeginn nach dem Zweiten Weltkrieg erforderte erst einmal die Behebung der zahlreichen Schäden, bevor an Fahrplanverbesserungen im Nahverkehr zu denken war. Es spricht für den Aufbauwillen der noch jungen DB, daß bereits 1950 die Strecke Nürnberg-Dutzendteich – Feucht – Regensburg elektrifiziert wurde und wenig später eine neue Zuggattung, die Nahschnellverkehrszüge, auftauchte. Indes bildeten diese Züge kein echtes zusätzliches Nahverkehrssystem, sondern ergänzten in höchst unterschiedlicher Zahl das Personenzugangebot auf verschiedenen Streckenabschnitten.

Von Nahschnellverkehrszügen wurden im Sommerfahrplan 1953 folgende Abschnitte befahren:
Nürnberg Hbf – Markt Bibart,
– Forchheim,
– Pegnitz,
– Neukirchen (b. Sulzbach–Rosenberg),
– Feucht,
– Pleinfeld,
– Ansbach.
Bis Ende der sechziger Jahre änderte sich hieran wenig; nur der Abschnitt Feucht – Neumarkt kam als »N-Strecke« dazu.

1969 führte die BD Nürnberg auf den Linien Erlangen – Fürth – Nürnberg – Altdorf, Roßtal – Nürnberg – Neunkirchen am Sand sowie Nürnberg – Hersbruck (l. P.) einen verdichteten rhythmischen Fahrplan mit ungefährem Halbstunden- bzw. Stundentakt ein; auf den Abschnitten nach Siegelsdorf und Roth war dies wegen des dort stärkeren Fernverkehrs nicht möglich. 1972 kam es für die Relation Erlangen – Nürnberg – Schwabach zu einem sog. EN-Tarif, um die Fahrgastrückgänge im Schienennahverkehr zu stoppen. Dies gelang allerdings auf Dauer nicht – der Nahverkehr bedurfte einer grundlegenden Verbesserung.

Nachdem die Hauptverwaltung der DB bereits 1971 den Planungsauftrag dafür erteilt hatte, legte im August 1973 die Arbeits- und Planungsgemeinschaft (APÖN) eine Denkschrift »S-Bahn Nürnberg« vor. Das Grundnetz umfaßte die Strecken von Nürnberg nach Erlangen, Lauf (links Pegnitz), Altdorf, Roth und Siegelsdorf.

Die »Rahmenplanung für die S-Bahn Nürnberg« vom März 1975 sah den Einsatz der BR 111 vor Wendezügen vor. Zur Kostenminderung erhielt die BD Nürnberg im September 1975 den Auftrag, u. a. einen Fahrplan-Grundtakt von lediglich 30 bzw. 60 min vorzusehen, die Betriebszeiten zu kürzen und als Triebfahrzeuge Loks der Reihe 141 einzuplanen. Die Streckung des Takts wurde allerdings bald wieder verworfen und stattdessen der Netzumfang reduziert. Die erste Baustufe sollte schließlich 1979 nur die Abschnitte nach Lauf (links Pegnitz), Altdorf und Roth umfassen – bei geschätzten zuwendungsfähigen Kosten (also damals noch ohne Fahrzeuge) von 725 Mio. DM. Nun gab es schwierige Finanzierungsverhandlungen zwischen Bund, Land und Stadt Nürnberg. Es schälte sich heraus, daß sich auch Nürnberg mit einem nicht unbedeutenden Betrag am S-Bahn-Bau beteiligen mußte: Einmalig für deutsche Verhältnisse sollte die Stadt für den ersten Bauabschnitt 20 Prozent des vom Freistaat Bayern zu leistenden Finanzierungsanteils übernehmen. In absoluten Zahlen ausgedrückt: Bund 435 Mio. DM, Bayern 272 Mio. DM und Nürnberg 68 Mio. DM.

Mit der Unterzeichnung des Finanzierungsvertrags am 2. November 1981 begann endlich der »offizielle« Einstieg in die S-Bahn-Ära im Großraum Nürnberg-Fürth-Erlangen. Planung und Bau konnten nunmehr rascher vorangetrieben werden.

Als erste zu realisierende Strecke wählte man die Linie Nürnberg Hbf – Lauf (links Pegnitz). Gleichzeitig mit deren geplanter Inbetriebnahme im Herbst 1987 sollte der Gemeinschaftstarif des zu gründenden »Verkehrsverbundes Großraum Nürnberg« (VGN) in Kraft treten, was dann auch zum 27. September 1987 geschah.

S-Bahn-Netz Nürnberg

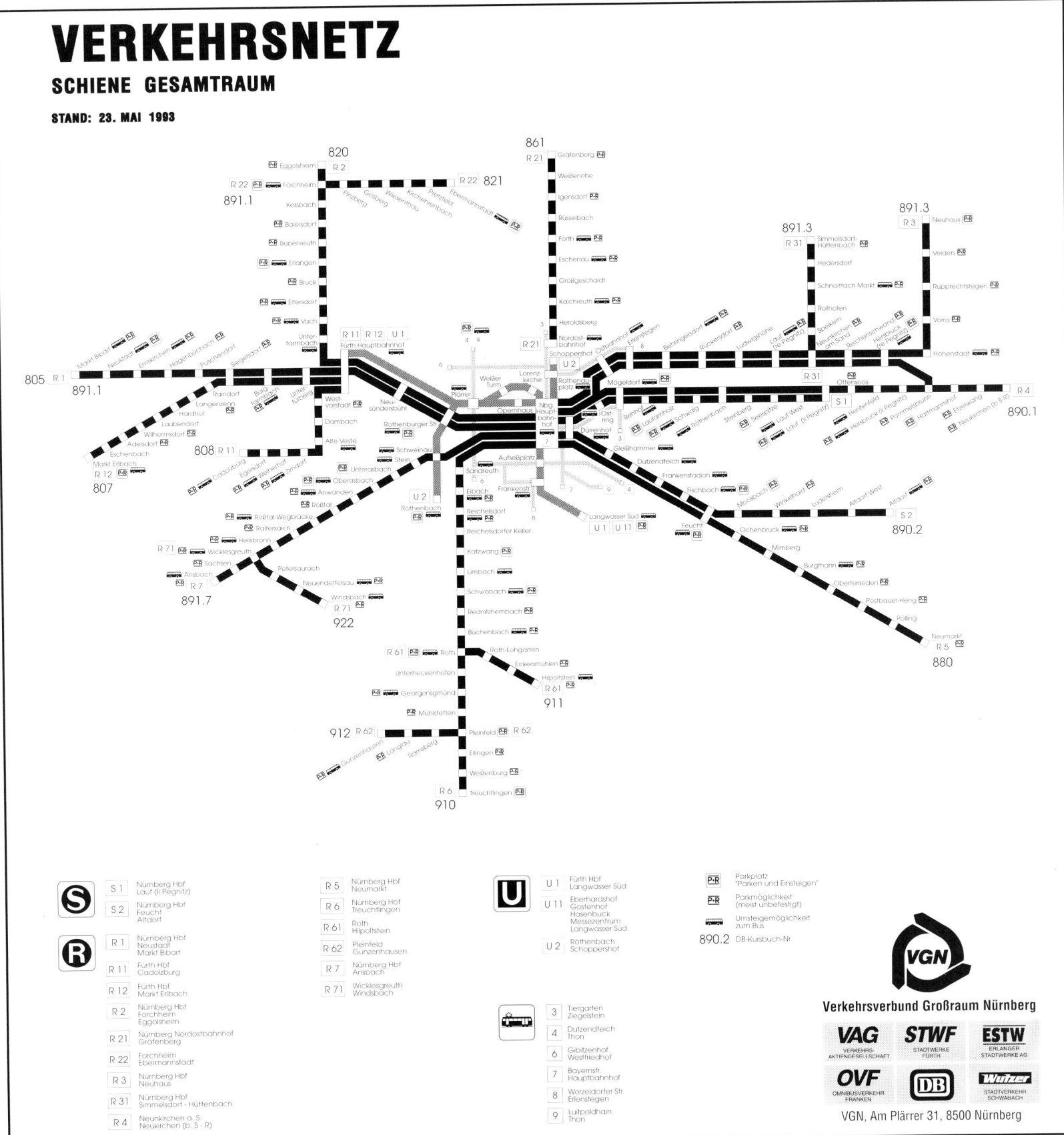

VERKEHRSNETZ

SCHIENE GESAMTRAUM

STAND: 23. MAI 1993

S 1	Nürnberg Hbf	Lauf (li Pegnitz)
S 2	Nürnberg Hbf	Feucht Altdorf
R 1	Nürnberg Hbf	Neustadt Markt Bibart
R 11	Fürth Hbf	Cadolzburg
R 12	Fürth Hbf	Markt Erlbach
R 2	Nürnberg Hbf	Forchheim Eggolsheim
R 21	Nürnberg Nordostbahnhof	Gräfenberg
R 22	Forchheim	Ebermannstadt
R 3	Nürnberg Hbf	Neuhaus
R 31	Nürnberg Hbf	Simmelsdorf - Hüttenbach
R 4	Neunkirchen a. S.	Neukirchen (b. S - R)

R 5	Nürnberg Hbf	Neumarkt
R 6	Nürnberg Hbf	Treuchtlingen
R 61	Roth	Hilpoltstein
R 62	Pleinfeld	Gunzenhausen
R 7	Nürnberg Hbf	Ansbach
R 71	Wicklesgreuth	Windsbach

U 1	Fürth Hbf	Langwasser Süd
U 11	Eberhardshof Gostenhof Hasenbuck Messezentrum	Langwasser Süd
U 2	Röthenbach	Schoppershof

3	Tiergarten Ziegelstein
4	Dutzendteich Thon
6	Gibitzenhof Westfriedhof
7	Bayernstr. Hauptbahnhof
8	Worzeldorfer Str. Erlenstegen
9	Luitpoldhain Thon

P·R	Parkplatz "Parken und Einsteigen"
P·R	Parkmöglichkeit (meist unbefestigt)
	Umsteigemöglichkeit zum Bus
890.2	DB-Kursbuch-Nr.

VGN

Verkehrsverbund Großraum Nürnberg

VAG VERKEHRS-AKTIENGESELLSCHAFT   **STWF** STADTWERKE FÜRTH   **ESTW** ERLANGER STADTWERKE AG

OVF OMNIBUSVERKEHR FRANKEN   **DB**   **Wuizer** STADTVERKEHR SCHWABACH

VGN, Am Plärrer 31, 8500 Nürnberg

Die Einführung des VGN-Tarifs ging mit einer kaum beachteten Stillegung einer DB-Linie für den Reiseverkehr einher: Zwischen Nürnberg-Dutzendteich und Nürnberg Rbf Ausfahrt wurden die seit 1904 verkehrenden Reisezüge für den öffentlichen Verkehr aus dem Fahrplan gestrichen; nur die Dienstreisezüge für Bundesbahn-Personal verblieben noch einige Jahre (bis Frühsommer 1992).

Die S-Bahn-Linie S 1 Nürnberg Hbf – Lauf (links Pegnitz) stellt einen Teil der alten »Ostbahn«-Verbindung von der Noris über Amberg und Schwandorf nach Regensburg dar; die Eröffnung Nürnberg – Lauf – Hersbruck war am 9. Mai 1859.

Nachdem die Bayerische Ostbahn 1875 von der Staatsbahn übernommen worden war, folgte im Jahr darauf der doppelgleisige Ausbau bis Mögeldorf. Dieses 4,1 km lange Teilstück wies insbesondere seit den 1890er Jahren ein starkes Fahrgastaufkommen im Nahverkehr auf. Dies sollte sich erst ab 4. Juli 1914 ändern, als Mögeldorf eine Straßenbahnverbindung mit dem Nürnberger Hauptbahnhof erhielt und viele Reisende des Nahverkehrs zur »Elektrischen« abwanderten. Fortan diente die Bahnlinie Nürnberg Hbf – Lauf l. P. (– Hersbruck l. P. – Amberg) dem nicht-innerstädtischen Nah- sowie dem Bezirksverkehr. Höherwertige Reisezüge in/aus Richtung Oberpfalz gab es auf der alten Ostbahnstrecke kaum, vielfach leitete man sie zwischen Pommelsbrunn und Nürnberg über die parallel verlaufende rechte Pegnitzstrecke.

Auf Weisung der NS-Regierung mußte 1943 das noch in den Jahren vor dem Ersten Weltkrieg erbaute zweite Streckengleis Nürnberg-Mögeldorf – Amberg zwischen Nürnberg-Laufamholz und Hersbruck l. P. (21 km) demontiert und das Material an die Ostfront abgefahren werden.

In die sechziger Jahre fiel die Eröffnung des neuen Haltepunkts Röthenbach Ost, ansonsten spielte die Bahnlinie eine eher untergeordnete Rolle im Nürnberger Nahverkehr. Dies sollte sich erst gegen Ende der siebziger Jahre ändern.

Die infrastrukturellen Voraussetzungen für einen künftigen S-Bahn-Verkehr zwischen Nürnberg Hbf und Lauf l. P. ließen umfangreiche Ausbauarbeiten erwarten.

Übersicht Nürnberg

S-Bahn-Linien

S 1	KBS 890.1	Nürnberg Hbf – Lauf (l. Pegn.) (17 km)
S 2	KBS 890.2	Nürnberg Hbf – Feucht – Altdorf (25 km)

Ergänzungsstrecken

R 1	KBS 805/891.1	Nürnberg Hbf – Rothenburger Straße – Fürth Hbf – Siegelsdorf – Markt Bibart (56 km)
R 2	KBS 820/891.1	Nürnberg Hbf – Rothenburger Straße – Fürth Hbf – Forchheim – Eggolsheim (45 km)
R 3	KBS 891.3	Nürnberg Hbf – Neunkirchen a. S. – Hersbruck (r. Pegn.) – Neuhaus (51 km)
R 4	KBS 890.1	Nürnberg Hbf – Lauf (l. Pegn.) – Neukirchen (b. S-R) (45 km)
R 5	KBS 880	Nürnberg Hbf – Feucht – Neumarkt (36 km)
R 6	KBS 910	Nürnberg Hbf – Roth – Pleinfeld – Treuchtlingen (62 km)
R 7	KBS 891.7	Nürnberg Hbf – Schweinau – Wicklesgreuth – Ansbach (44 km)
R 11	KBS 808	Fürth Hbf – Cadolzburg (13 km)
R 12	KBS 807	Fürth Hbf – Siegelsdorf – Markt Erlbach (27 km)
R 21	KBS 861	Nürnberg Nordostbahnhof – Gräfenberg (28 km)
R 22	KBS 821	Forchheim – Ebermannstadt (15 km)
R 31	KBS 891.3	Neunkirchen a. S. – Simmelsdorf-Hüttenbach (10 km)
R 61	KBS 911	Roth – Hilpoltstein (11 km)
R 62	KBS 912	Pleinfeld – Gunzenhausen (17 km)
R 71	KBS 892	Wicklesgreuth – Windsbach (12 km)

Verkehrsverbund Großraum Nürnberg (VGN) seit 26. September 1987

Fahrzeuge

Wendezüge mit BR 143
Ergänzungsstrecken:
Dieseltriebzüge BR 614,
Wendezüge mit BR 140, 141, 143, 211, 212

Streckenlängen

S-Bahn	42 km
U-Bahn	22 km
Regionalbahn	425 km

Wenn die Entscheidung trotzdem gerade auf diese Strecke als erste Nürnberger S-Bahn-Linie fiel, hatte das vor allem zwei Gründe: Zum einen kam die »bänderförmige« Siedlungsstruktur der auf der linken Pegnitzseite gelegenen Orte einer Schnellbahnerschließung sehr entgegen, und zum anderen konnte der Streckenausbau unabhängig von den seinerzeit noch offenen Fragen bezüglich der Linienführung der neuen Fernbahntrasse Nürnberg – München betrieben werden.

Um einen Taktverkehr zu ermöglichen,

mußte vor allem der Abschnitt Nürnberg-Laufamholz – Lauf l. P. wieder doppelgleisig ausgebaut werden. Weiterhin waren zur besseren Erschließung der vorhandenen bzw. geplanten Wohnbebauung zusätzliche Stationen notwendig, und schließlich bildete die Elektrifizierung eine Grundvoraussetzung. Zur Sicherung der Stromversorgung war eine zusätzliche 110-kV-Speiseleitung entlang der Bahnlinie erforderlich. Deren hohe, etwas plumpe Betonmasten stießen dann allerdings auf nicht unberechtigte Kritik mancher Anwohner.

ET 26 001, ex Isartalbahn ET 182 01, ex Peenemünde, im Jahre 1965 im Nürnberger Hauptbahnhof.
Foto: Albert Kauper

432 502 am 13. Februar 1978 im Nürnberger Hauptbahnhof.
Foto: Klaus Lamm

Bei den Stationslagen plante die DB folgende Änderungen: drei neue Haltepunkte auf Nürnberger Gebiet (Dürrenhof, Ostring, Rehhof), einer in Lauf (Lauf West) sowie zwei in Röthenbach (Steinberg, Seespitze). Dafür entfiel der Haltepunkt Röthenbach Ost.

Am 1. Oktober 1983 war der offizielle Baubeginn an der künftigen Linie S 1, und als erste der umzubauenden Stationen wurde Nürnberg-Laufamholz im Herbst 1984 fertiggestellt. Im selben Jahr begann der Umbau des Haltepunkts Schwaig. Weitere Baubeginn-Daten: 1985 Rehhof, Röthenbach, Steinberg, Seespitze; 1986 Mögeldorf und Lauf.

Nicht unproblematisch gestaltete sich die Einführung der neuen S-Bahn in den Nürnberger Hauptbahnhof. Da die Gleisanlagen in dessen Ostkopf völlig umzugestalten waren, mußte die Linie S 1 von Herbst 1987 (Betriebseröffnung) bis Herbst 1990 zunächst die Bahnsteiggleise 18 und 19 benutzen, was ziemlich lange Umsteigewege zu U-Bahn, Straßenbahn und Bussen bedeutete. Ebenso konnte der neue Haltepunkt Dürrenhof erst 1990 in Betrieb genommen werden.

Im Sommer 1990 waren die Bauarbeiten im östlichen Gleisvorfeld des Hauptbahnhofs so weit gediehen, daß ab 29. September 1990 die neue S-Bahn-Station Dürrenhof eröffnet werden konnte. Gleichzeitig wurde die Linie S 1 in Nürnberg Hbf auf die wesentlich stadtnäheren Bahnsteiggleise 2 und 3 verlegt und bescherte den Fahrgästen kürzere Umsteigewege von und zu den innerstädtischen Verkehrsmitteln. Allerdings gingen durch die Verlegung der S-Bahn-Gleise im Hauptbahnhof mehrere Reisezugwagenabstellgleise verloren (Ersatz durch im Bau befindliche Abstellanlage »Baggerloch« südlich der Tullnau). Außerdem war vom östlichen Gleisvorfeld des Hauptbahnhofs über Dürrenhof bis

Zeittafel Nürnberg

1969	Taktfahrplan zwischen Nürnberg und Erlangen, Altdorf, Roßtal, Neunkirchen a. S. und Hersbruck (l.P.)
1975	S-Bahn-Rahmenplanung
1.10.1983	S-Bahn-Baubeginn (Elektrifizierung, Hochbauten S 1)
1984	Vorbereitung der Strecke Feucht – Altdorf für den S-Bahn-Verkehr (bis 1990)
26.9.1987	Verkehrsverbund Großraum Nürnberg tritt in Kraft; S 1 Nürnberg Hbf – Lauf (l.P.) mit Wendezügen und Lokomotiven der BR 141
1988	Vorbereitung der Strecke Nürnberg – Feucht für den S-Bahn-Verkehr
1989	Rauchverbot in den S-Bahn-Zügen
1990	Umgestaltung des Ostkopfes Nürnberg Hbf mit Einfädelung der S-Bahn über Dürrenhof und Führung auf die Gleise 2 und 3
30.5.1992	S 2 Nürnberg Hbf – Feucht – Altdorf mit Wendezügen und Lokomotiven der BR 141 und 143

westlich der Station Ostring vorläufig nur ein S-Bahn-Gleis benutzbar (nördliches Bahnsteiggleis in Dürrenhof).

Trotz des zusätzlichen Haltes konnte die fahrplanmäßige Gesamtfahrzeit zwischen Nürnberg Hbf und Lauf um 2 min verkürzt werden.

Bei Betriebsaufnahme der Linie S 1 zum Winterfahrplan 1987/88 sah man einen Grundtakt von 40 min vor, der werktags außer samstags während der Hauptverkehrszeiten auf 20 min verdichtet wurde. Schon bald zeigte sich, daß die Fahrgäste das neue Angebot gut annahmen. Neben der erwarteten Verkehrsverlagerung von der Straßenbahnlinie 3 zwischen Mögeldorf und Nürnberg Hbf sowie von der Buslinie 40 zwischen Schwaig und Laufamholz auf die S-Bahn gab es auch einen nicht unbeträchtlichen echten Neuverkehr. Eine Fahrplanverdichtung schien daher nur eine Frage der Zeit.

Die Linie S 2 setzt sich aus zwei völlig unterschiedlichen Teilabschnitten zusammen: Bis Feucht folgt sie der Hauptbahntrasse Nürnberg – Regensburg, und ab Feucht wurde die eingleisige Nebenstrecke nach Altdorf zu einer modernen S-Bahn-Linie umgebaut.

Obschon es die heutigen Fernverkehrsströme nicht vermuten lassen, ist die Linie Nürnberg – Feucht – Neumarkt (Oberpf) – Regensburg über 13 Jahre jünger als die Verbindung Nürnberg – Lauf l. P. – Amberg – Schwandorf – Regensburg (durchgehend befahrbar ab 1. Juli 1873 verglichen mit 11. Dezember 1859). Erbauer der Strecke über Neumarkt war ebenfalls die Bayerische Ostbahn-Gesellschaft, die dann 1876 in Staatsbahneigentum überging.

Beim Bau der vorgenannten Hauptstrecke war das Städtchen Altdorf wohl nicht zuletzt aus Kostengründen ohne Schienenanschluß geblieben. Auf Initiative Altdorfs begann die Ostbahn zwar 1874 mit Vermessungsarbeiten für eine Stichbahn Feucht – Altdorf, doch die bald darauf erfolgte Auflösung der Privatgesellschaft verzögerte die Planungen. Nun sollte Altdorf eine staatliche »Vizinalbahn« erhalten. Im Oktober 1877 begann die öffentliche Vergabe der Baulose, und bereits am 15. Oktober 1878 fand die Betriebseröffnung statt. Von Anfang an lag die Bedeutung der Strecke stärker im Reise- als im Güterverkehr.

Recht ungewöhnlich verlief das Schicksal der Altdorfer Bahn nach dem Zweiten Weltkrieg. Nachdem auf der Hauptstrecke Nürnberg-Dutzendteich – Feucht – Regensburg der elektrische Fahrbetrieb am 15. Mai 1950 aufgenommen wurde (Nürnberg Hbf – Dutzendteich – Rbf war schon 1939 elektrifiziert worden), gab es noch finanzielle Mittel zur Elektrifizierung eines weiteren kurzen Abschnitts. Aus betrieblichen Gründen – u. a. Möglichkeit durchgehender Züge von/nach Nürnberg Hbf – fiel die Wahl auf die Nebenbahn Feucht – Altdorf. Seit dem 3. September 1952 kann hier elektrisch gefahren werden, obwohl wegen Mangels an elektrischen Triebfahrzeugen während der Hauptverkehrszeiten noch jahrelang auch Dampfloks planmäßig nach Altdorf gelangten.

Während die Linie S 1 unabhängig von den Fernstreckenplanungen der DB verwirklicht werden konnte, traf dies für die S 2 nicht zu. Für den Abschnitt Nürnberg Hbf (Ostkopf) bis westlich von Feucht war es nötig, den Verlauf einer etwaigen Neubaustrecke Nürnberg – Ingolstadt (– München) bzw. einer eventuellen »Fernbahnspange« Fischbach – Roth zu berücksichtigen. Daher begann man 1984 zunächst mit dem sukzessiven Umbau der Strecke Feucht – Altdorf: Untergrundsanierung, Bahnkörperentwässerung sowie Erneuerung von Oberbau und Oberleitung zogen sich bis 1990 hin. Außerdem mußten die Stationen Winkelhaid, Ludersheim und Altdorf umgestaltet werden.

Den ehemaligen Haltepunkt Hahnhof ersetzte die DB durch den weiter westlich und damit günstiger zur Bebauung gelegenen neuen Haltepunkt Moosbach. In Altdorf wurde am Schnittpunkt der Bahnlinie mit einer Kreisstraße der weitere Haltepunkt Altdorf West vorgesehen, der im Mai 1992 in Betrieb ging. Schließlich konnten am 15. Juni 1988 auch für den Abschnitt Nürnberg – Feucht nach Genehmigung der neuen Detailplanung die Bauarbeiten beginnen. Im Gegensatz zu früheren Überlegungen entschloß man sich, zwischen Dürrenhof und Dutzendteich die S-Bahn nicht ein-, sondern doppelgleisig auszubauen, um ein betriebliches »Nadelöhr« zu vermeiden. Nach dieser Planung wies die Strecke nun lediglich zwischen Fischbach (einschließlich) und Feucht (ausschließlich)

einen etwa 2,8 km langen eingleisigen Abschnitt auf – abgesehen vom Teilstück Feucht – Altdorf. Östlich von Fischbach wird die S 2 nach Baubeginn der Neubaustrecke Nürnberg – Ingolstadt nochmals geringfügig verlegt werden müssen; auch der geplante Haltepunkt Altenfurt zwischen Fischbach und Feucht ist erst nach jener Umgestaltung realisierbar.

Am 21. November 1992 fand die feierliche Inbetriebnahme der Linie S 2 statt; ab dem frühen Nachmittag begann der planmäßige S-Bahn-Verkehr. Wegen des unerwartet großen Andrangs (Freifahrt an jenem Samstag!) mußte der 40-min-Takt bereits nachmittags teilweise auf 20 min verdichtet werden.

Die Strecke Feucht – Altdorf ist derzeit noch als Nebenbahn, deren Streckenhöchstgeschwindigkeit großteils 60 km/h beträgt, eingestuft. Eine Umstellung zur Hauptbahn (Höchstgeschwindigkeit 100 km/h) ist erst möglich, wenn acht noch vorhandene Bahnübergänge entweder beseitigt oder zumindest technisch gesichert worden sind.

Der Fahrplan der Linie S 2 weist einen Grundtakt von 40 min auf. Werktags außer samstags findet bis gegen 20 Uhr zwischen Nürnberg Hbf und Feucht ein 20-min-Takt statt, während der Hauptverkehrszeiten morgens, mittags und abends wird auch Altdorf alle 20 min bedient. Die Nahverkehrszüge in/aus Richtung Neumarkt (Oberpf) fahren zwischen Feucht und Nürnberg Hbf grundsätzlich ohne Verkehrshalt durch.

Leider konnten die Anschlüsse zwischen den Linien S 1 und S 2 an der Haltestelle Dürrenhof im Winterfahrplan 1992/93 noch nicht aufeinander abgestimmt werden, so daß sich für Umsteiger im »Eckverkehr« (Richtung Lauf – Richtung Feucht und umgekehrt) längere Wartezeiten ergeben.

Kurz vor Betriebseröffnung der Altdorfer S-Bahn ging am 25. Oktober 1992 das neue elektronische Stellwerk Fif in Fischbach nach knapp zweijähriger Bauzeit »ans Netz«. In der ersten Betriebsstufe wird von hier aus der S-Bahn-Abschnitt zwischen Dürrenhof und Altdorf ferngesteuert.

Bei Eröffnung der Linie S 1 im Herbst 1987 hatte man sich aus Kostengründen für den Einsatz von – in die S-Bahn-Farben umlackierten – Elloks der Baureihe 141 ent-

schieden, und der Wagenpark bestand zunächst aus S-Bahn-Wagen vom Rhein-Ruhr-Netz. Erst im Herbst 1989 rollten für die Nürnberger S-Bahn 15 fabrikneue Reisezugwagen, darunter fünf Steuerwagen, an. Mit dem Einsatz dieser modernen Fahrzeuge gehörten die Raucherabteile in S-Bahn-Zügen der Vergangenheit an.

Wegen ihres lauten metallischen Klikkens beim Anfahren gerieten die Loks der Reihe 141 bald ins Kreuzfeuer der Kritik. Nachträgliche Einbauten besonderer Schallschutzhauben verminderten zwar die Geräusche, konnten insgesamt jedoch nicht völlig überzeugen.

Nachdem seit Oktober 1990 verstärkt DR-Lokomotiven auf DB-Gleise gelangten und sich die (heutige) DR-Baureihe 143 bereits im Ruhrgebiet bewährt hatte, boten diese Loks eine echte Alternative zur viel älteren 141. Mit Betriebsaufnahme der Linie S 2 kamen zunächst vier umgerüstete bzw. umlackierte 143er zum Einsatz; seit Januar 1994 ist die Baureihe 141 im S-Bahn-Dienst vollständig von der Reihe 143 abgelöst.

Auf zahlreichen Strecken im Nürnberger Raum sind die Dieseltriebzüge der BR 614 des Bw Nürnberg 1 eingesetzt. 614 050 am 4. Mai 1985 im Bf Mügeldorf.
Foto: Ulrich Rockelmann

141 438 im S-Bahn-Anstrich. Bw Nürnberg Hbf am 9. Juli 1989.
Foto: Gerhard Lieberz

Die DR-Lok 143 621 hat soeben den Endbahnhof Altdorf erreicht, 7. Februar 1993.
Foto: Klaus Lamm

Ende 1990 legte die BD Nürnberg eine veränderte Planung für die S-Bahn-Strecke über Schwabach nach Roth vor. Nunmehr soll die S-Bahn unabhängig von den Fernbahngleisen geführt werden und – im Grundsatz eingleisig – drei doppelgleisige Begegnungsabschnitte aufweisen. Ursprüngliche Pläne hatten hingegen eine dreigleisige Mischbetriebsstrecke (S-Bahn/Fernbahn) vorgesehen.

In Zusammenhang mit der vorgesehenen Aus- bzw. Neubaustrecke Nürnberg – Erfurt ist auch die S-Bahn-Verbindung Nürnberg – Fürth – Erlangen – Forchheim in greifbare Nähe gerückt. Zwischen Fürth-Stadeln und Großgründlach ist eine Verschwenkung der Bahnlinie durch das Gewerbegebiet »Knoblauchsland« im Gespräch.

Zur Verbesserung des Verkehrsangebots werden weitere Strecken untersucht:
– Lauf (l. P.) – Hersbruck (l. P.) – Neukirchen,
– Feucht – Neumarkt (Oberpf)
– Nürnberg Hbf – Ansbach;
– Nürnberg Hbf – Fürth Hbf – Siegelsdorf – Neustadt/Aisch bzw. Markt Erlbach,
– Fürth Hbf – Cadolzburg.
Dabei ist jedoch nicht in allen Fällen ein »klassischer« S-Bahn-Betrieb das Ziel.

Stuttgart

Der Großraum Stuttgart als bedeutende Kultur-, Verwaltungs- und Wirtschaftsmetropole Württembergs ist schon vor Beginn des industriellen Zeitalters dicht besiedelt gewesen. Unmittelbar an den auch wegen der geographischen Lage (Talkessel von etwa 1 km Breite und 6 km Länge) dicht bebauten Stuttgarter Kernbereich reichen in nördlicher, südöstlicher und südwestlicher Richtung weitere mittelgroße Kommunen wie Ludwigsburg, Bietigheim, Marbach, Esslingen und Böblingen heran. Neben zahlreichen Kleinbetrieben sind hier die feinmechanische, maschinentechnische und chemische Industrie sowie der Fahrzeugbau anzutreffen. Hinzu kommt der stetige Ausbau des Dienstleistungsgewerbes. Im Jahr 1964 wies der mittlere Neckarraum, ohne Stuttgart, schon so viel industrielle Arbeitsplätze auf wie Frankfurt (Main) und München zusammen. Die fortschreitende Entwicklung des Wirtschaftsraums machte auch zwingend den Ausbau des Nahverkehrsnetzes und die Schaffung eines Schnellbahnnetzes erforderlich.

Der S-Bahn-Verkehr in der Region Mittlerer Neckar geht auf den Vorortverkehr der DRG bis in die dreißiger Jahre zurück. Zwei der heutigen S-Bahn-Strecken erreichten schon zur damaligen Zeit S-Bahn-Qualität. Die beiden Strecken von Stuttgart Hbf nach Ludwigsburg und Esslingen wurden zuerst viergleisig ausgebaut und dann elektrifiziert. Während der viergleisige Ausbau nach Ludwigsburg bereits 1929 abgeschlossen war, gingen das dritte und vierte Gleis nach Esslingen erst am 14. Oktober 1931 in Betrieb. Die Voraussetzungen für einen separat geführten Vorortverkehr waren damit geschaffen. Ab 15. Mai 1933 war der elektrische Vorortverkehr nach Ludwigsburg und Esslingen möglich. Zum Einsatz kamen die eigens für den Stuttgarter Vorortverkehr entwickelten Triebwagen der Baureihe ET 65, die 45 Jahre lang hier ihren Dienst verrichteten. Die übrigen Strecken im Vorortverkehr wurden mit Dampfzügen bedient und erst nach 1949

elektrifiziert. Die Elektrifizierung wurde 1980 bei der Aufnahme des S-Bahn-Verkehrs von Ludwigsburg nach Marbach abgeschlossen.

Die Eröffnung der S-Bahn in Stuttgart fand am 29. September 1978 statt, und zwar mit der Inbetriebnahme der unterirdischen Strecke von Stuttgart Hbf nach Schwabstraße. Die Planungen hierzu reichen bis in die dreißiger Jahre zurück. Der Ingenieur Karl Schaechterle schlug schon 1930 in einem Aufsatz »Die Ausgestaltung der Verkehrsanlagen in und um Stuttgart«, der in der »Verkehrstechnischen Woche« erschien, den Bau einer unterirdischen Wendeschleife für Vorortzüge vor. Danach sollten die Vorortzüge über den Hauptbahnhof hinaus bis zum Schloßplatz geführt werden. Nach dem Krieg griff der Eisenbahningenieur und Verkehrswissenschaftler Carl Pirath diesen Gedanken wieder auf, änderte ihn ab und veröffentlichte 1946 sein Gutachten »Generalplanung Stuttgart«. Die Hochschulgruppe Pirath beschäftigte sich mit Verkehrsfragen und der Innenstadtplanung, die 1948 in der Veröffentlichung »Die Verkehrsplanung – Grundlagen und Gegenwartsprobleme« erschienen. Darin wird erstmals von einer durchgehenden Schnellbahn zwischen den Fildern und der Kesselstadt gesprochen. Damit würde eine neue direkte Trasse zwischen Vaihingen und Stuttgart Hbf um ca. 7 km kürzer werden als die vorhandene 15 km lange Strecke

Vaihingen – Westbahnhof – Hauptbahnhof. Die Fahrzeit würde sich um 30 Prozent verringern. Die S-Bahn nach Vaihingen sollte dem Nesenbachtal folgen, die Untergrundbahnschleife den Innenstadtkern zwischen Hauptbahnhof und Wilhelmsbau, Hegelplatz und Eberhardstraße umschließen. Der Oberbürgermeister Klett unterbreitete den Planungsvorschlag als »Stadtbahn Stuttgart« am 11. Juli 1949 der Hauptverwaltung der Deutschen Reichsbahn (West) im Vereinigten Wirtschaftsgebiet. Die Hauptverwaltung wiederum beauftragte die Eisenbahndirektion Stuttgart am 6. März 1950, die allgemeinen Planarbeiten auszuführen und eine technisch günstige und wirtschaftliche Linienführung zu finden. Das Ergebnis war die »Denkschrift über die Stadtbahn Stuttgart«, die 1956 in der Zeitschrift »Die Bundesbahn« vorgestellt wurde. Darin wurden zwei Grundgedanken herausgestellt:

– Verlegung der Endstation des Vorortverkehrs vom Hauptbahnhof am nördlichen Citybereich in die Stadtmitte,

Die Triebwagen ET 65 wurden 1933 in Dienst gestellt, Anfang der sechziger Jahre modernisiert und im September 1978 abgestellt. Sie wurden ausschließlich im Stuttgarter Vorortverkehr eingesetzt.
Foto: DB

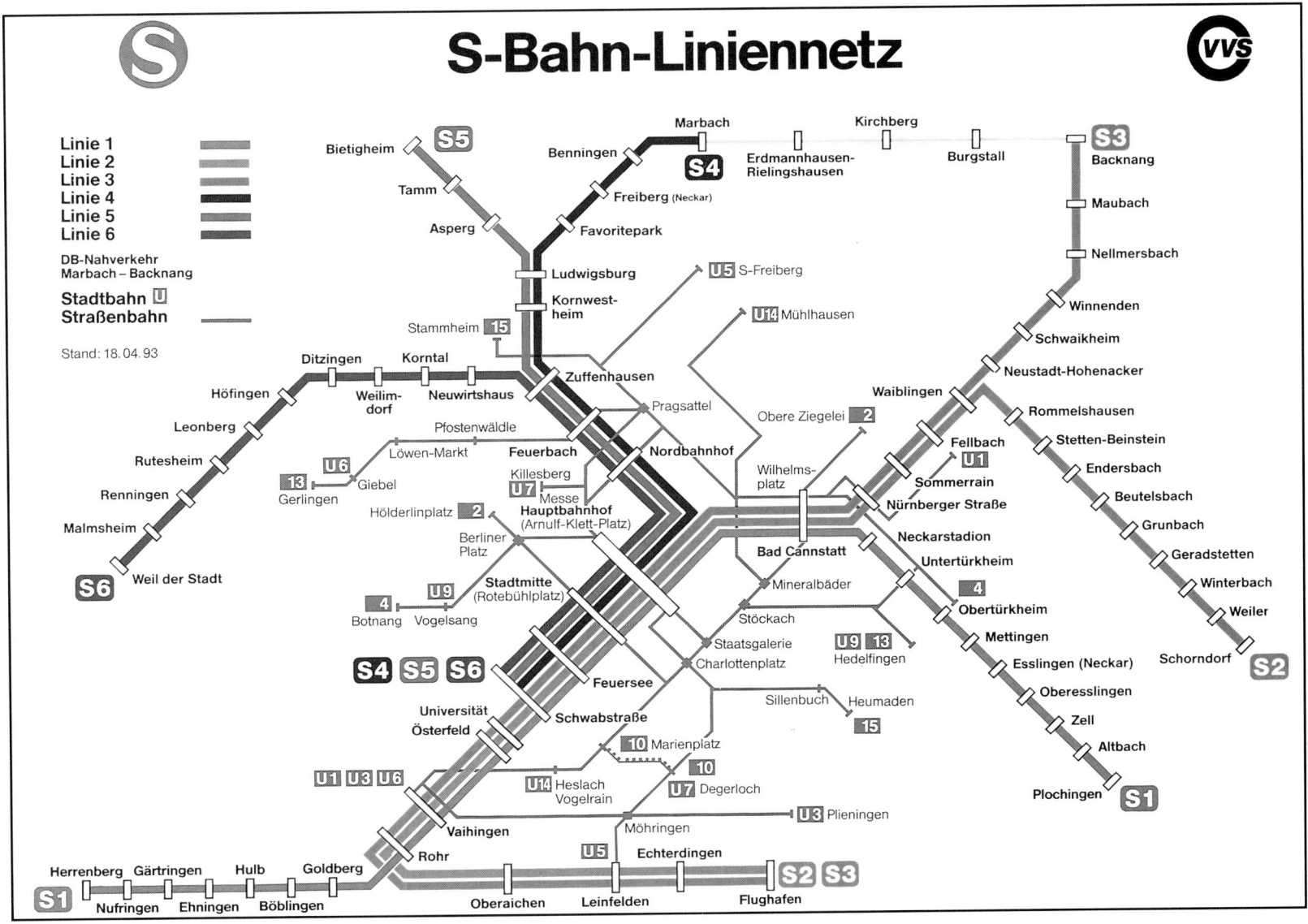

S-Bahn-Liniennetz

S-Bahn-Netz Stuttgart

– Anschluß aller zum Wirtschaftsraum Stuttgart gehörenden Gemeinden und Schaffung eines Zeit-Raum-Systems, so daß Reisezeiten zwischen Arbeitsstelle und Wohnung von mehr als 60 min vermieden werden.

In der Studie kam man zu der Auffassung, daß der Süden und Südwesten (Fildergebiet) schlecht erschlossen seien und Abhilfe nur durch den Bau einer Neubaulinie geschaffen werden könnte. Beim Einsatz der ET 30 könnte sich die Fahrzeit nach Vaihingen von 33 auf 14 min verringern. Für

den Streckenverlauf zwischen Hauptbahnhof und Vaihingen wurden drei Varianten geprüft, wobei die Variante mit der Station Schwabstraße favorisiert wurde. Die Hälfte der Vorortzüge sollte in der Innenstadt enden, die andere Hälfte nach Vaihingen fortgeführt werden. Der Gedanke einer Ringlinie durch die Innenstadt wurde nicht weiter verfolgt.

Die Denkschrift wurde in ihrer Endfassung der Hauptverwaltung der Deutschen Bundesbahn am 20. September 1955 vorgelegt, jedoch blieb eine Reaktion aus. Gerade in dieser Zeit wurden die Möglichkeiten des Autoverkehrs diskutiert. Doch die Stadtverwaltung blieb nicht untätig. In den Folgejahren gab es noch weitere Planungen zum Nahverkehr. Im Jahre 1961

stellte der Generalbaudirektor Hoss dem Gemeinderat ein neues Planungskonzept vor. Darin sollten neue Verkehrswege geschaffen werden, die zur Entflechtung des öffentlichen Verkehrs und des Individualverkehrs in der Innenstadt beitragen. Hoss dachte dabei an eine Fortführung der Straßenbahn als U-Strab. Nach seinen Vorstellungen sollte die U-Strab bis 1975 verwirklicht und erst danach, von 1975 bis 1980, die S-Bahn gebaut werden. Tatsächlich wurde das innerstädtische Untergrundbahnnetz für die Stadtbahn zwischen 1967 und 1983 verwirklicht.

Am 20. April 1961 wurde das Bürgermeisteramt vom Gemeindeamt beauftragt, die Verhandlungen mit Bund, Land und Bundesbahn aufzunehmen, um die finanziellen, wirtschaftlichen und sonstigen Voraussetzungen zu prüfen. Die Bundesbahn und die Stadt gründeten einen gemeinsamen Arbeitsausschuß, der in der Zeit von 1962 bis 1972 rund vierzigmal zusammentraf. 1963 hatten sich jedoch die Prioritäten gegenüber 1961 geändert. Der Bau der S-Bahn sollte nun vorgezogen werden. Am 8. Dezember 1964 legte die Bundesbahndirektion Planungsergebnisse der Hauptverwaltung in Frankfurt vor: »Vorschlag für den Bau einer Verbindungsbahn (V-Bahn) in Stuttgart«. Die Planungen sahen vor, daß die Station Stadtmitte weiterhin als Wendebahnhof für einen Teil der Züge bestehenbleiben soll. Um einen Taktfahrplan einführen zu können, waren für das vorhandene Streckennetz noch folgende Maßnahmen vorgesehen:

– viergleisiger Ausbau der Strecken Ludwigsburg – Bietigheim, Bad Cannstatt – Waiblingen,
– zweigleisiger Ausbau der Strecke Renningen – Weil der Stadt,
– Bahnsteigunterführungen auf der Strecke Zuffenhausen – Weil der Stadt,
– Kreuzungsbauwerke in Zuffenhausen, Waiblingen – Fellbach, Ludwigsburg,
– Abstellanlagen und Fahrzeugbehandlungsanlagen in Böblingen oder Plochingen.

Die Strecken von Rohr zum Flughafen und von Ludwigsburg nach Marbach waren im Planungsergebnis noch nicht enthalten.

Mit Schreiben vom 6. Juli 1965 erteilte die Hauptverwaltung der Deutschen Bundesbahn der Bundesbahndirektion Stuttgart den Planungsauftrag für die V-Bahn Stuttgart. In den Jahren 1966 und 1967 ergaben sich nochmals Änderungen in der Tunnelplanung und in der U-Strab-Führung zugunsten der V-Bahn. So wurde anstelle von Wendegleisen eine Wendeschleife mit einem Radius von 190 m im Anschluß an die Station Schwabstraße geplant, die mit einer Geschwindigkeit von 50 bis 60 km/h befahren werden und eine zusätzliche Überholmöglichkeit für eine Zuglänge bieten sollte. Die Lösung mit der Wendeschleife wurde lange Zeit vom Vorstand und der Hauptverwaltung der DB in Frage gestellt, wobei sich die Befürworter letztendlich durchsetzen konnten.

Am 3. Dezember 1968 wurde das Rahmenabkommen zwischen Land und DB

Übersicht Stuttgart

S-Bahn-Linien

S 1	KBS 790.1	Plochingen – Esslingen – Stuttgart Hbf – Vaihingen – Böblingen – Herrenberg (60 km)
S 2	KBS 790.3	Schorndorf – Waiblingen – Stuttgart Hbf – Vaihingen – Flughafen (50 km)
S 3	KBS 790.3	Backnang – Waiblingen – Stuttgart Hbf – Vaihingen – Flughafen (51 km)
S 4	KBS 790.5	Marbach – Ludwigsburg – Zuffenhausen – Stuttgart Hbf – Schwabstraße (28 km)
S 5	KBS 790.5	Bietigheim-Bissingen – Ludwigsburg – Zuffenhausen – Stuttgart Hbf – Schwabstraße (26 km)
S 6	KBS 790.6	Weil der Stadt – Zuffenhausen – Stuttgart Hbf – Schwabstraße (35 km)

Ergänzungsstrecken

KBS 790.4	Marbach (S 4) – Backnang (S 3) (14 km)
KBS 790.7	Korntal – Weissach (22 km)
KBS 790.8	Kornwestheim – Stuttgart-Untertürkheim (12 km)

Verkehrs- und Tarifverbund Stuttgart GmbH (VVS) seit 1. Oktober 1978

Fahrzeuge

Triebzüge BR 420

---

unterzeichnet, womit der stufenweise Ausbau des Nahverkehrsnetzes beschlossen wurde. Nach dem Rahmenvertrag sollte mit dem Bau einzelner Abschnitte alsbald begonnen werden. Es folgten drei Ausführungsverträge. Der erste vom 18./22. Oktober 1970 beinhaltete den Bau der Tunnelstrecke vom Hauptbahnhof zur Schwabstraße. Die Bauarbeiten begannen am 5. Juli 1971. Der zweite Ausführungsvertrag von 1975 sah den Ausbau der Außenstrecken vor, und die DB verpflichtete sich, die S-Bahn über den Haltepunkt Schwabstraße hinaus nach Böblingen und nach Echterdingen weiterzubauen. Einzelheiten sollten im dritten Ausführungsvertrag geregelt werden. Am 29. September 1978 war es dann soweit. Der S-Bahn-Verkehr wurde mit der Inbetriebnahme der Tunnelstrecke Hauptbahnhof – Schwabstraße aufgenommen. Die Linien S 1 von Plochingen, S 4 von Ludwigsburg und S 6 von Weil der Stadt endeten fortan in Schwabstraße. Wenn auch nur drei der vorgesehenen sechs Linien verlängert werden konnten, so wurde wenigstens das Bahnbetriebswerk Plochingen rechtzeitig zum S-Bahn-Start fertig. Bei der feierlich S-Bahn-Eröffnung wurde dann auch der dritte Ausführungsvertrag unterzeichnet, der Einzelheiten über

den Weiterbau der Strecke über Schwabstraße hinaus nach Böblingen und zum Flughafen und damit die Fertigstellung der Verbindungsbahn nach Vaihingen festlegte. Seit dem 1. Oktober 1978 gilt der Verkehrs- und Tarifverbund Stuttgart (VVS).

Als Ergebnis des zweiten Ausführungsvertrags konnte am 27. September 1980 die Linie Ludwigsburg – Marbach (S 4) als erste S-Bahn-Erweiterung in das Netz integriert werden. Marbach, Benningen und Freiberg (Neckar) erhielten damit eine ganztägig durchgehende Verbindung nach Stuttgart. Am 31. Mai 1981 wurde der S-Bahn-Verkehr bis Bietigheim (S 5) ausgedehnt. Es folgte am 26. September 1981 der Anschluß des Rems-Murr-Kreises mit den Linien S 2 und S 3 nach Schorndorf und Backnang.

Am 2. April 1979 begannen die Bauarbeiten im Pfaffenwald zur Fortführung der S-Bahn über die Station Schwabstraße nach Vaihingen. Die Tunnelvortriebsarbeiten waren am 21. Oktober 1983 mit dem Durchschlag zur Gäubahn beendet. Kernpunkt der dritten Ausbaustufe war der Hasenbergtunnel mit 5,5 km Länge. Der Tunnel besteht aus zwei eingleisigen Röhren und mündet hinter der Station Universität in die Gäubahn. Seine größten

Die Triebwagen der BR ET 51 waren für den Betrieb in Schlesien bestimmt. Die Wagen ET 51 01, ES 51 11 sowie EB 51 01 und EB 51 04 wurden nach dem Krieg in den Bestand der DB übernommen und nach einer Grundüberholung als Triebwagen 465 031 und Steuerwagen 865 631 bis 633 im Stuttgarter Vorortverkehr eingesetzt.

ET 55 04b, Indienststellung 1939/40. Die Triebwagen wurden im Stuttgarter Vorortverkehr eingesetzt. Der Umbau erfolgte in den Jahren 1964/66.
Fotos: DB

Steigungen betragen 37,8 ‰ hinter der Station Schwabstraße und 38 ‰ am Tunnelende. Die Gebirgsüberdeckung beträgt bei km 3,9 125 m. Bis zur Fertigstellung der Neubaustrecke Würzburg – Fulda galt der Hasenbergtunnel als längster Tunnel im DB-Netz.

Die Streckeneröffnung der S 1 nach Böblingen war am 28. September 1985. Nach 14jähriger Bauzeit wurde das Kernstück der S-Bahn Stuttgart, die Verbindungsbahn zwischen den nördlichen und südlichen Ästen des S-Bahn-Netzes mit der gleichzeitigen Erschließung der Innenstadt, in vollem Umfang seiner verkehrlichen Bestimmung übergeben. Seitdem bedienen die Linien S 1, S 2 und S 3 die schon zu den Fildern gehörenden Stuttgarter Stadtteile Vaihingen und Rohr. Die Netzlänge betrug nun 150 km. Ursprünglich sollte zum gleichen Zeitpunkt die Filder S-Bahn von Rohr zum Flughafen fertiggestellt sein, was aber aus finanziellen und planerischen Gründen verschoben werden mußte. Ende 1988 war die 2 km lange Teilstrecke Rohr – Oberaichen fertiggestellt. Da der Betriebsbeginn zum Flughafen nicht absehbar war, wurde die Teilstrecke vorzeitig in Betrieb genommen. Seit dem 27. Mai 1989 verkehrt die S 2 bis Oberaichen.

Am 1. Juli 1988 wurde der vierte Ausführungsvertrag unterzeichnet, nach dem die S-Bahn von Böblingen nach Herrenberg weitergeführt werden sollte. Die S-Bahn benutzt dabei gemeinsam mit der Fernbahn die bestehende zweigleisige Trasse der Gäubahn. Als neue Station wurde der Bahnhof Hulb gebaut. Die bestehenden Bahnhöfe mußten entsprechend den Bedürfnissen eines S-Bahn-Verkehrs umge-

Zeittafel Stuttgart

15.5.1933	Aufnahme des elektrischen Vorortverkehrs nach Ludwigsburg und Esslingen
3.12.1968	Unterzeichnung des Rahmenabkommens zum stufenweisen Ausbau eines Nahverkehrsnetzes
5.7.1971	Beginn der Bauarbeiten für die Tunnelstrecke Stuttgart Hbf – Schwabstraße
29.9.1978	Inbetriebnahme der Tunnelstrecke und Aufnahme des S-Bahn-Verkehrs
1.10.1978	Einführung des Verkehrs- und Tarifverbunds Stuttgart
2.4.1979	Beginn der Bauarbeiten für die Strecke Schwabstraße – Vaihingen
27.9.1980	Verlängerung des S-Bahn-Netzes von Ludwigsburg nach Marbach
31.5.1981	Verlängerung des S-Bahn-Netzes von Ludwigsburg nach Bietigheim
26.9.1981	Erweiterung des Netzes von Waiblingen nach Backnang und Schorndorf
28.9.1985	Verlängerung von Schwabstraße nach Böblingen
27.5.1989	Verlängerung von Rohr nach Oberaichen
5.12.1992	Verlängerung von Böblingen nach Herrenberg
18.4.1993	Verlängerung von Oberaichen zum Flughafen Stuttgart

baut werden. Die Arbeiten waren 1992 beendet, und die S 1 konnte auf dem 16 km langen Teilstück am 5. Dezember 1992 den Betrieb aufnehmen. Das Gesamtnetz verfügte somit über eine Länge von 174 km.

Zu diesem Zeitpunkt stand auch die Verlängerung des Teilstücks Oberaichen – Flughafen kurz vor der Vollendung. Das ursprüngliche Ziel, 1990 mit dem neuen Fluggastabfertigungsgebäude auch die S-Bahn im unterirdischen Bahnhof in Betrieb nehmen zu können, ließ sich allerdings nicht realisieren. Erst am 18. April 1993 konnte der Betrieb aufgenommen werden. Seitdem verkehren die Linien S 2 und S 3 bis zum Flughafen. Im August 1993 wurde der Vertrag über die Weiterführung der S 2 und S 3 über die Station Flughafen hinaus bis nach Bernhausen unterzeichnet. Des weiteren ist eine Verlängerung der S 1 von Plochingen bis nach Kirchheim (Teck) geplant.

Die DRG hatte eigens für den Stuttgarter Vorortverkehr neue Trieb- und Steuerwagen beschafft. Als Beiwagen fanden die 44 von der Württembergischen Staatsbahn für den Vorortverkehr beschafften zweiachsigen Personenwagen Verwendung, wobei zwei kurzgekuppelte Wagen eine Einheit bildeten. Die Wagen dienten als Vorbild für die Trieb- und Steuerwagen. Somit wurde ein einheitliches Zugbild geschaffen. Die Höchstgeschwindigkeit der ersten Serie mit den Betriebsnummern 1201 bis 1217 betrug 75 km/h. Die Triebwagen der zweiten Lieferung aus dem Jahr 1936 hatten schon eine Höchstgeschwindigkeit von 85 km/h. Sie wurden mit den Betriebsnummern 1218 bis 1221 eingereiht. Die Triebwagen der dritten Lieferung im Jahr 1938 erhielten die Betriebsnummern 1222 bis

455 105 (ex ET 55 05) am 14. Juni 1977 in Stuttgart Hbf. Der Triebzug ET 55 05 entstand im Jahre 1942 durch Umbau aus dem ET 25 024.
Foto: Martin Kaul

427 105 am 13. Juni 1977 im Bf Herrenberg.
Fotos: Klaus Lamm

465 009 und 465 013 im Februar 1978 in Tübingen als Nahverkehrszug nach Stuttgart.
Foto: Martin Kaul

1225. Im Jahr 1941 bekamen die Triebwagen bei der großen Umnummerung die Betriebsnummern ET 65 001 bis 025, die Steuerwagen ES 65 001 bis 025 und die Beiwagen EB 65 001 bis 044. Als kleinste Einheit wurden ein Trieb- und ein Steuerwagen eingesetzt. Zur Vergrößerung des Platzangebots konnten ein oder zwei Garnituren württembergischer Doppelwagen dazwischengestellt werden. Die nach dem Krieg noch vorhandenen 23 Trieb- und Steuerwagen modernisierte man in den Jahren 1961 bis 1963 im AW Bad Cannstatt. Die alten Beiwagen wurden durch adaptierte B 4yg-Umbauwagen ersetzt. Gleichzeitig wurden die ET 51 01, ES 51 11, EB 51 01 und EB 51 04 überholt und als ET 65 031 sowie ES 65 031 bis 033 eingereiht.

Die DRG hatte 1939 noch vier Triebzüge der Baureihe ET 55 für die RBD Karlsruhe beschafft. 1942 entstanden durch den Umbau aus den beiden Triebzügen ET 25 024 und ET 25 028 die Triebzüge ET 55 05 und ET 55 06. Die Deutsche Bundesbahn baute 1951 bzw. 1955 zwei weitere Triebzüge ET 25 004 und ET 25 027 zu den Triebzügen ET 55 07 und ET 55 08 um. Die Triebzüge wurden ebenfalls im Stuttgarter Vorortverkehr eingesetzt und in den Jahren 1962 bis 1964 im AW Bad Cannstatt modernisiert. Zuletzt waren sie beim Bw Heidelberg stationiert. Sie wurden dort 1983/84 ausgemustert. Die von der DRG in den Jahren 1935 bis 1938 beschafften Triebzüge der Baureihe ET 25 kamen ebenfalls im Vorortverkehr in Stuttgart zum Einsatz. 17 Triebzüge verblieben nach dem Zweiten Weltkrieg bei der DB. Sie wurden gleichfalls in den Jahren 1962 bis 1966 modernisiert und zu dreiteiligen Triebzügen

455 407 steht abfahrbereit im Stuttgarter Hbf, 2. Juni 1978.

425 410 hat den Abfahrauftrag erhalten. Stuttgart Hbf am 11. Juni 1978.

465 025 am 2. Juni 1978 in Plochingen. Fotos: Klaus Lamm

ET 420 in Stuttgart-Zuffenhausen am 14. Mai 1991.

420 901 in Stuttgart-Feuerbach am 14. Mai 1991.
Fotos: Gerhard Lieberz

Bahnhof Echterdingen mit 420 916 am 19. April 1993.
Foto: Klaus Lamm

*Streckeneröffnung nach Stuttgart-Flughafen
am 17. April 1993. Der Eröffnungszug hier bei
Echterdingen.
Foto: Klaus Lamm*

umgebaut. Die Triebzüge wurden in den Jahren 1983 bis 1986 ausgemustert.

Zur Verbesserung des S-Bahn-Verkehrs entschloß sich die DB im Jahre 1961, neue Wechselstromtriebwagen zu bauen. Es wurden zunächst fünf dreiteilige Probetriebzüge in Auftrag gegeben. Die Probezüge befuhren die Strecke Plochingen – Tübingen, später folgte auch ein kurzer Einsatz im S-Bahn-Verkehr Rhein-Ruhr. Zuletzt waren alle Triebzüge im Stuttgarter Vorortverkehr beim Bw Tübingen beheimatet, wo sie 1986 ausgemustert wurden. Zu einer Serienfertigung der Baureihe ist es nie gekommen. Sie kann jedoch als Vorläufer der späteren Baureihe 420 betrachtet werden. Mit Beginn des S-Bahn-Verbunds am 1. Oktober 1978 verkehrten nur noch Triebzüge der Baureihe 420. Für die neue Baureihe wurde in Plochingen ein neues Bahnbetriebswerk gebaut, das pünktlich zum Eröffnungsbeginn in Betrieb ging.

München

Das Münchener S-Bahn-Netz ist typisch monozentrisch. Die zwölf von der bayerischen Landeshauptstadt in alle Richtungen führenden Fern- bzw. Vorortbahnen stammen sämtlich aus der Länderbahnzeit. Die S-Bahn-Linien durchqueren radial die Innenstadt durch den Stammstreckentunnel vom Hauptbahnhof zum Ostbahnhof, was einerseits die direkte Verbindung des Umlands mit dem Stadtkern darstellt, andererseits aber wegen der daraus resultierenden Linienbündelung auch bei kleineren Störungen betriebliche Probleme mit sich bringt. Weitere die Innenstadt querende oder tangierende Schnellbahnverbindungen sind nach der S-Bahn-Eröffnung im Jahre 1972 durch den Ausbau des U-Bahn-Netzes (erste Linie 1971) vorhanden, dessen Linienstruktur in Nord-Süd-Richtung verläuft und mit insgesamt sieben Umsteigebahnhöfen mit der S-Bahn verknüpft ist. Die S-Bahn durchquert die Innenstadt in West-Ost-Richtung, wobei im Westen ein Übergewicht des Verkehrsaufkommens besteht.

Münchens Eisenbahngeschichte beginnt am 1. September 1839 mit der Eröffnung der ersten oberbayerischen Fernbahn, der München-Augsburger Eisenbahn, die zunächst bis Lochhausen, dann bis Olching, Maisach, Nannhofen, Althegnenberg und im Oktober 1840 schließlich bis Augsburg verkehrte. Endpunkt in München war der ob seiner langgestreckten Holzkonstruktion mit Spitzgiebel und Rosettenfenster eher an eine Scheune oder eine nordische Stabkirche erinnernde Bahnhof auf dem Marsfeld. Schon 1849 wurde er vom ersten Centralbahnhof, näher an der Stadt in der Lage des heutigen Hauptbahnhofs, abgelöst. Die Königlich Bayerische Staatsbahn hatte die München-Augsburger Eisenbahn und die Bayerische Ostbahn 1844 bzw. 1875 übernommen, so daß schon früh, eher als im Berliner Raum, nur die Staatseisenbahn für den Aufbau des Schienennetzes verantwortlich war. Die Ostbahn

von Regensburg und Landshut endete in einem eigenen Münchener Bahnhof an der Stelle des heutigen Starnberger Flügelbahnhofs, sie verlief im Zuge der jetzigen Landshuter Allee Richtung Nordwesten. Schon zur Länderbahnzeit gab es in München Vorortzüge, die nur die dritte Wagenklasse führten und einen eigenen Tarif besaßen. Im Jahre 1914 bestanden die Linien a bis i von München nach (Markt) Schwaben, Grafing, Gauting, Sauerlach, Röhrmoos, Fürstenfeldbruck, Schleißheim, Maisach und Neuaubing. Einige Züge verkehrten im Sonntagsausflugsverkehr bei schönem Wetter nach Bedarf auch über die Zielbahnhöfe hinaus (Grafrath, Weßling, Herrsching, Starnberg, Tutzing). Zur Entlastung der Fernbahngleise – München hatte sich zur Drehscheibe des Fernverkehrs in Richtung Süden und Südosten entwickelt –

wurden ab 1900 die ersten Vorortbahngleise parallel zu Fernbahnstrecken gelegt, zunächst auf dem Abschnitt Pasing – Gauting.

Nach der Jahrhundertwende entwickelte sich Bayern zum Zentrum der Streckenelektrifizierungen, und so kamen auch viele Münchener Vorortbahnen bald unter Fahrdraht: 1925 die Strecken nach Tutzing und Freising, 1927 nach Grafing (Bahnhof), 1931 nach Nannhofen und Herrsching. Die Stadtentwicklung Münchens verlief weniger stürmisch als in anderen deutschen Ballungsräumen, so daß man am sternförmigen Netzaufbau festhielt. In der Innenstadt war der traditionelle Knotenpunkt für

Die sternförmig von München ausgehenden Strecken

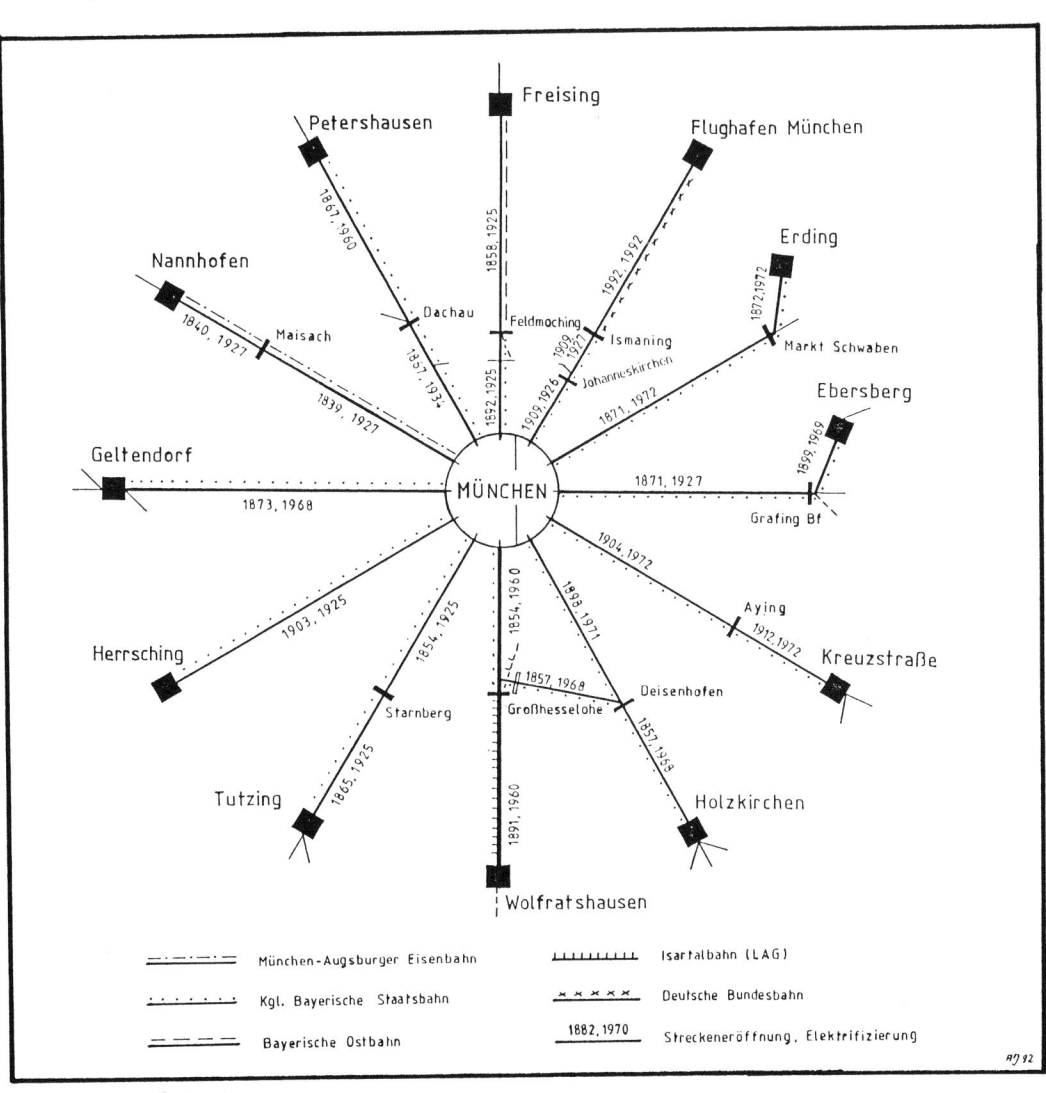

Schnellbahnen im Münchner Verkehrs- und Tarifverbund

MVV

S-Bahn-Anschlußverkehr im MVV
S1 Freising — Moosburg
S2 Dachau — Altomünster
S2 Holzkirchen—Kreuzstraße S1
S3 Nannhofen — Althegnenberg

MVV - HA 1 / Stand: Mai 1992

S-Bahn-Netz München

den Ost-West- und Nord-Süd-Fernverkehr der Hauptbahnhof, während der Bezirksverkehr den Hauptbahnhof für die westlichen und den Ostbahnhof für die östlichen Strecken benutzte. Am Hauptbahnhof entstanden bis 1921 im Norden der Starnberger Flügelbahnhof für die Strecken nach Freising, Dachau, Maisach, Geltendorf, Herrsching und Tutzing, im Süden der Holzkirchener Flügelbahnhof für die Strecken nach Deisenhofen und Holzkirchen. Verbunden sind Haupt- und Ostbahnhof durch die Schleife über München-Süd. Eine direkte Linie durch die Altstadt oder gar eine Schnellbahnverbindung als Ringstrecke wurde zwar diskutiert, aber nie in Angriff genommen. Auch an ein U-Bahn-Netz war in der bayerischen Residenz noch nicht zu denken. Allerdings war 1938 in der Lindwurmstraße der erste Rammschlag für

den Bau einer Tunnel-Schnellbahn getan worden; das Vorhaben einer Ost-West- und Nord-Süd-Schnellbahnverbindung mit Kreuzungspunkt Karlsplatz wurde jedoch 1941 wieder eingestellt. Der Torso eines 600 m langen Tunnelstücks und der Rohbau des Bahnhofs Goetheplatz wurden ab 1965 beim Bau der Linie U 6 mit einbezogen. Dieser Tunnelabschnitt gehörte der DRG, denn das Schnellbahnkreuz sollte die sternförmig auf Haupt- und Ostbahnhof zulaufenden Vorortbahnen bündeln und der Hauptbahnhof als Durchgangsbahnhof nach Westen verlegt werden. Die Deutsche Bundesbahn verkaufte die Anlagen für 5

Mio. DM an die Stadt München. Mit Ausnahme der Strecke Richtung Ingolstadt war aber um München die Elektrifizierung so weit fortgeschritten, daß ein leistungsfähiges Nahverkehrsnetz für das stagnierende Fahrgastaufkommen ins Umland entstanden war.

Abgesehen von der bis 1939 privaten Isartalbahn (Localbahn AG München, bis 1955 Gleichstrombetrieb), kamen in München von Anfang an zahlreiche elektrische Triebwagen und lokbespannte Züge mit 16 $\frac{2}{3}$-Hz-Wechselstrom-Oberleitung zum Einsatz. 1924 wurden vier aus Dampftriebwagen M CCi umgebaute elektrische Triebwagen D 4i elT beschafft, die mit dreiachsigen Lokalbahnwagen (B 3i EB) verkehrten. Von 1927 bis 1932 wurden dann insgesamt 32 ET 85 in vier Bauserien als Neubauten in Dienst gestellt. Die Grundeinheit bestand aus vierachsigen Motor- und Steuerwagen mit einem zwischengestellten Regelpersonenwagen. In der Nachkriegszeit ließ die DB auch andere Fahrzeuge zu ES 85 (B Pw4 ES) bzw. EB 85 (B 3yg EB) umbauen. Die letzten ET 85 verkehrten bis 1975 zwischen München-Pasing und dem AW München-Neuaubing als Personalzüge.

Nach 1945 ergänzten andere Einheiten aus dem norddeutschen Raum den bayerischen Triebwagenpark, so daß beim Bw bzw. Bww München Hbf auch die Baureihen ET 25, ET 31 und ET 32 beheimatet waren. Im Jahre 1956 hatte die BD München 55 elektrische Triebwagen im Be-

stand. Auf der Isartalbahn (Bw München-Thalkirchen) waren für den Betrieb mit 750 V Gleichstrom bis zum 18. Mai 1955 die Fahrzeuge ET 182 01 (ex Peenemünde), ET 182 11 und 12 (1949 Aufbau-EB Wegmann/BBC), ET 182 21 (ex ET 165) und ET 183 01 bis 03 (LAG 1899) vorhanden. Alle ET 182 wurden 1955 von Wegmann/BBC für Einphasen-Wechselstrom-Oberleitungsbetrieb umgebaut und als ET/ES 26 (später BR 426/826) weiter in München eingesetzt. In den sechziger Jahren blieben von der Triebwagenvielfalt im Münchener Vorortverkehr schließlich nur die ET 85 übrig, die beim Bw München-Ost stationiert wurden.

Von hier aus wurden auch einige östliche Strecken mit dem modernen ETA 150 bedient; mehrere modernisierte, dreiteilige ETA 179.1 (DRG 1925/27) waren bis etwa 1958 im Betrieb.

Vor der Einführung des S-Bahn-Betriebs mit Triebzügen der BR 420 im Jahre 1972 ging man zunächst auf Wendezug-Traktion über. Zum Einsatz kamen neben den Baureihen 38^{10-40}, 78^{0-5} und V 100 (Holzkirchen, Geltendorf, Altomünster) vor allem die BR E 44 und E 41. Erste Einsätze von »Schiebezügen« aus E 44^G, preußischen Dreiachsern und ESG-Steuerwagen (Umbauten aus ES 85) fanden 1953 zwischen München und Dachau statt. Aus 3yg-, 4ym-Wagen und »Silberlingen« bestanden die Wendezuggarnituren in den nächsten zwei Jahrzehnten.

Die Untertunnelung der Münchner Innenstadt und der Isar in Form einer Schnellbahnverbindung vom Hauptbahnhof zum Ostbahnhof mit ihrem heutigen Verlauf geht auf Planungen von 1925, 1937 und schließlich den Generalverkehrsplan von 1964 zurück. Forciert wurde der Bau von S- und U-Bahn durch die Entscheidung, die XX. Olympischen Sommerspiele 1972 in München stattfinden zu lassen. Das Jahr 1972 wurde somit zum Geburtsjahr des Münchner Verkehrsverbunds und einer eigenständigen S-Bahn. Um das Grundnetz bis dahin in Betrieb nehmen zu können, mußten neben dem gewaltigen Bauvorhaben in der Innenstadt auch Außenstrecken elektrifiziert werden. Die Fernbahn war bereits in den dreißiger Jahren oder bis 1960 elektrifiziert worden. An allen zukünftigen S-Bahn-Stationen mußten Länge und Höhe der Bahnsteige entsprechend verändert und Abstellmöglichkeiten an den Endpunkten geschaffen werden. Nebenbahnabschnitte waren zu Hauptbahnen umzubauen. Auch ohne die Olympischen Spiele wäre das Vorortbahnnetz den nun sprunghaft steigenden Bevölkerungszahlen im Münchner Umland nicht mehr gewachsen gewesen. Die öffentlichen Verkehrsmittel hatten nur noch einen Anteil von 37 Prozent am Gesamtverkehr. Der 1972 plakatierte Slogan »Woanders baut man noch« gab wohl mehr die Freude kund, endlich Anschluß an vergleichbare deutsche Großstädte gefunden zu haben. Wie Ölkrise und Verkehrsinfarkt der Ballungsräume wenig

---

Übersicht München

S-Bahn-Linien

S 1	KBS 999.1	Freising – Laim – Hauptbahnhof – Ostbahnhof – Giesing – Kreuzstraße (75 km)
S 2	KBS 999.2	Petershausen – Laim - Hauptbahnhof – Ostbahnhof – Giesing – Deisenhofen – Holzkirchen (72 km)
S 3	KBS 999.3	Nannhofen – Pasing – Laim – Hauptbahnhof – Ostbahnhof (35 km)
S 4	KBS 999.4	Geltendorf – Pasing – Laim – Hauptbahnhof – Ostbahnhof – Giesing (48 km)
S 5	KBS 999.5	Herrsching – Westkreuz – Pasing – Laim – Hauptbahnhof – Ostbahnhof – Leuchtenbergring – Berg am Laim – Grafing Bahnhof – Ebersberg (76 km)
S 6	KBS 999.6	Tutzing – Westkreuz – Pasing – Laim – Hauptbahnhof – Ostbahnhof – Leuchtenbergring – Berg am Laim – Markt Schwaben – Erding (78 km)
S 7	KBS 999.7	Wolfratshausen – Solln – Donnersbergerbrücke – Hauptbahnhof – Ostbahnhof (35 km)
S 8	KBS 999.8	Pasing – Laim – Hauptbahnhof – Ostbahnhof – Leuchtenbergring – Flughafen (44 km)
S 27	KBS 955	Deisenhofen – Solln – Donnersbergerbrücke – München Hbf (18 km)

Ergänzungsstrecken

KBS 930	Freising – Moosburg (15 km)
KBS 948	Ebersberg – Tulling (8 km)
KBS 950	Grafing Bahnhof – Aßling (7 km)
KBS 958	Holzkirchen – Kreuzstraße (7 km)
KBS 984	Nannhofen – Althegnenberg (9 km)
KBS 998.1	Dachau – Altomünster (30 km)
KBS 998.2	Pasing – Siemenswerke – Deisenhofen (21 km)

Münchner Verkehrs- und Tarifverbund (MVV) seit 28. Mai 1972

Fahrzeuge

Triebzüge BR 420
Wendezüge mit BR 111, 140, 141 und 212

Streckenlängen

S-Bahn	401 km
U-Bahn	58 km
Regionalbahn	86 km

später zeigten, war die Entscheidung, die vernachlässigten öffentlichen Massenverkehrsmittel mit großen Bauvorhaben (Investition für die S-Bahn schon vor deren Inbetriebnahme 750 Mio. DM) wieder in den Vordergrund zu stellen, richtig. Der für die Eisenbahn bzw. jetzt S-Bahn wieder oder neu gewonnene Verkehr übertraf um ein Vielfaches die prognostizierten Werte.

Für die geplanten Verbindungsbahnen in München und Frankfurt (Main) sowie für den schnellen Nahverkehr im Ruhrgebiet wurde ab 1965 vom Bundesbahnzentralamt München ein neuer Oberleitungs-S-Bahn-Zug, Baureihe ET 20, entwickelt. Zunächst wurden drei Probebetriebzüge bestellt, die 1969/70 als Baureihe 420 (Endwagen) bzw. 421 (Mittelwagen) zur Auslieferung kamen. An der Konstruktion waren neben der DB die Firmen MAN, MBB und AEG/BBC/SSW (elektrischer Teil) beteiligt. Das Betriebskonzept des dreiteiligen Triebzugs mit den Betriebseinheiten Kurzzug, Vollzug und Langzug wurde von der Hamburger S-Bahn bzw. anderen elektrischen Schnellverkehrs-Triebzügen der Bundesbahn übernommen. Als erste Einheit des neuen Typs wurde der 420 001 + 421 001 + 420 501 am 23. September 1969 von MAN Nürnberg zum AW München-Freimann überführt und dann beim Bw München Hbf beheimatet (Abnahme: 11. Dezember 1969). In der Folge wurden die ersten drei Züge auf Fahrzeugausstellungen in München und anderen Städten vorgestellt. Im Jahre 1970 fanden in München die ersten öffentlichen Probefahrten statt, und mit der Anlieferung der ersten Bauserie kamen die neuen Fahrzeuge ab 1971 als Nahverkehrszüge auf bereits fertigen Streckenabschnitten, z. B. München Hbf – Starnberger Bf – Geltendorf, zum Einsatz. Diese Züge waren weiterhin mit Zugbegleitpersonal besetzt, die Zuglaufschilder hingen in den Seitenfenstern der Traglastenabteile.

Die ersten drei Züge waren in verschiedenen Farben gespritzt: Zum kieselgrauen Grundanstrich kamen Fensterband, Stirnband und Zierlinien am Rahmen und der Dachkante in orange (420 001), blau (420 002) oder rot (420 003). Die Farben und ihre Aufteilung entsprachen dem ab 1970 teilweise eingeführten Pop-Farbschema der Deutschen Bundesbahn, wobei

Zeittafel München

1964	Generalverkehrsplan München mit Tunnelstrecke Hauptbahnhof – Ostbahnhof
15.6.1966	S-Bahn-Baubeginn in der Arnulfstraße
11.12.1969	Ablieferung des ersten Triebzugs BR 420 an das Bw München Hbf
1972	Inbetriebnahme des S-Bahn-Betriebswerks München-Steinhausen; S-Bahn-Probebetrieb, Gründung des MVV und Eröffnung des S-Bahn-Grundnetzes (28.5.1972); verstärkter Verkehr zu den Olympischen Sommerspielen (26.8. – 11.9.)
1.12.1972	Freigabe der 1. Klasse in der BR 420 aus Kapazitätsgründen (ab 1983 endgültig)
1973	Rauchverbot in S-Bahnen BR 420
30.9.1973	Verlängerung Hohenbrunn – Kreuzstraße (S 1); S 3 nach Ismaning
1.6.1975	Verlängerung Deisenhofen – Holzkirchen (S 2)
1976	eigener Gleiskörper Lochhausen – Olching (S 3)
1979	eigener Gleiskörper Trudering – Haar (S 4)
1980	eigener Gleiskörper Olching – Maisach (S 3)
31.5.1981	Einführung der S 7 von Wolfratshausen über Donnersbergerbrücke in die Stammstrecke
1982	Fahrradmitnahme in S-Bahn-Zügen (auch BR 420)
1984	kreuzungsfreier Ausbau Leuchtenbergring (Vorfeld Ostbahnhof)
1985	Farbschema orange-kieselgrau statt blau-kieselgrau
1987	zweites Gleis Freiham – Weßling (S 5)
2.11.1987	Wendeanlage Bf Buchenau (S 4)
1988	neues Farbschema orange-weiß eigener Gleiskörper Haar – Zorneding (S 4)
8.7.1988	Einstellung der Sonderfahrten zum Olympiastadion
29.5.1988	Verlängerung Maisach – Nannhofen (S 3)
28.5.1989	Probebetrieb mit NS-Doppelstockwagen zug mit BR 120 auf der S 4 und im Regionalverkehr München – Augsburg (bis 24.6.)
17.5.1992	IInbetriebnahme der Flughafen-S-Bahn Ismaning – Flughafen München II (S 8) mit adaptierter BR 420, danach Lieferung von Nachbauten (Airport-S-Bahn)
12.9.1993	erster Einsatz von Doppelstockwagengarnituren mit BR 111 im Regionaleilzugverkehr München – Augsburg (– Treuchtlingen)

aber nur das Orange (für Nahverkehr) in dieses Schema paßte. Bei einer Fahrgast-Befragung 1970 entschieden sich die Münchner für die blaue Farbgebung, entsprechend den traditionellen bayerischen Landesfarben. 1984 wurde aus Kosten- und Einheitlichkeitsgründen von den Kundenwünschen Abstand genommen und die orange-kieselgraue Farbgebung, in der schon alle neueren Garnituren geliefert worden waren, generell eingeführt. Erster umlackierter Zug war der 420 058 (23. November 1984). 1986 gab es dann das nach ozean-blau (ab 1974) nächste Farbschema, bei dem für den Wagenkasten bei der »Produktgruppe« Nahverkehr die Farben orange, grau und gelbocker vorgesehen waren. Erster Zug im neuen Erschei-

nungsbild wurde der 420 060 (17. Februar 1988). Das Fensterband ist weiterhin orange, jedoch nicht mehr auf der Stirnfront, darunter ein Streifen in gelbocker. Die beiden Zierstreifen entfallen. Seit einigen Jahren werden auch zunehmend Mittelwagen oder ganze Züge mit Totalwerbung versehen.

Als die Münchner S-Bahn am 28. Mai 1972 ihren Betrieb aufnahm, gab es erst 100 Einheiten des Triebzugs 420. Mit einem Schlag wurde ein etwa 400 km langes Netz in Betrieb genommen, dessen Kernstück der 4,2 km lange Tunnel vom Hauptbahnhof zum Ostbahnhof mit den Tunnelbahnhöfen Hauptbahnhof, Karlsplatz (Stachus), Marienplatz (Übergang zur U-Bahn), Isartor und Rosenheimer Platz wurde. Das Netz umfaßte zunächst die folgenden Linien:

S 1   Freising – Hohenbrunn (Anschluß Wendezüge Kreuzstraße),
S 2   Petershausen – Holzkirchen,
S 3   (Anschluß Wendezüge Nannhofen) Maisach – Ostbahnhof (Anschluß Bus Ismaning),
S 4   Geltendorf – Ebersberg,
S 5   Herrsching – Ostbahnhof,
S 6   Tutzing – Erding und
S 10   München Hbf – Wolfratshausen (Wendezüge) sowie die Berufsverkehrslinien
S 12/S 22 Pasing/Hauptbahnhof – Deisenhofen (Wendezüge).

Während der Olympischen Spiele verkehrten zusätzlich die S 11 Ostbahnhof – Hauptbahnhof – Moosach – Olympiastadion – Allach – Hauptbahnhof – Ostbahnhof (BR 420) und S 25 Ostbahnhof – Johanneskirchen – Olympiastadion (Wendezüge). Die

S 3 war bis Riem, die S 5 bis Olympiastadion verlängert.

Das Bw München Hbf war nur vorübergehend Heimat der Baureihe 420 gewesen. Für den alltäglichen Betrieb und die laufenden Neulieferungen von S-Bahn-Zügen eignete es sich nicht, da es zu wenig Werkstattgleise und Abstellmöglichkeiten bot und zudem nicht direkt von der Stammstrecke aus anzufahren ist. Für kurze Zeit wurden einige der 420-Einheiten beim Bw München-Ost beheimatet, bis dann Anfang 1972 das neue S-Bahn-Bahnbetriebswerk München-Steinhausen in Betrieb genommen werden konnte. Das heutige Betriebswerk München 6 beheimatet 191 Triebzüge der Baureihe 420 (1. Januar 1991).

Der Münchner Verkehrs- und Tarifverbund (MVV) richtete in der Region München einen Zonentarif ein, die Zonen sind ringförmig um die Innenstadt angeordnet. Gesellschafter des MVV waren zunächst die Deutsche Bundesbahn, die Deutsche Bundespost (seit 1976 die Regionalverkehr Oberbayern, RVO) und die Verkehrsbetriebe der Stadt München. Nach und nach traten ab 1978 die acht angrenzenden Landkreise (München, Ebersberg, Bad Tölz/Wolfratshausen, Starnberg, Fürstenfeldbruck, Dachau, Freising, Erding) dem Verbund bei, so daß einheitliche Fahrpreise in allen ÖPNV-Verbindungen des Münchner Umlands – einem Kreis mit durchschnittlich 65 km Durchmesser – verwirklicht werden konnten. Schon kurze Zeit nach Inbetriebnahme der S-Bahn übertraf das Verkehrsaufkommen alle Erwartungen: 1973, im ersten vollen Jahr des Münchner Verkehrs-Verbunds, wurden 358 Mio. Fahrgäste befördert, 1991 wurden 522 Mio. gezählt. Der Wert ohne Verbund vor 1972 lag knapp unter 1 Mio.

1991 betrug der Anteil des ÖPNV in der Innenstadt 77 Prozent, im Stadtrandgebiet 52 Prozent. Überfüllte Züge waren besonders zu den Stoßzeiten die Folge, und sie sind es auch heute noch. Erst nach und nach konnten weitere Triebzüge beschafft werden. Unzureichend war auch die Stromversorgung, die in Spitzenzeiten noch dem Fernverkehr ausreichen muß. In den ersten Jahren des MVV wurden außerdem noch viele stark belastete Netzteile im Mischbetrieb mit Güter-, Bezirks- und Fernzügen

54 1717 (Bw München Hbf) zieht eine Wendezuggarnitur nach Dachau an den Bahnsteig. München Hbf am 21. Januar 1963.
Foto: Helge Hufschläger

betrieben, was viele betriebliche Zwangs-punkte mit sich brachte und die Einführung eines 20-min-Takts verzögerte. Als eine kleine Entlastungsmaßnahme wurde im Dezember 1972 die 1. Klasse in der S-Bahn für alle Fahrgäste freigegeben, bis sie im Sommer 1983 (nur in 420-Triebzügen) ganz abgeschafft wurde. Neben dem Innen-stadtabschnitt Hackerbrücke – Hauptbahn-hof – Karlsplatz – Marienplatz sind die S 1 und S 4 im westlichen Bereich die am stärksten frequentierten Strecken.

Die Strukturveränderung der Verkehrs-daten seit 1972 zeigt, daß sich der Kosten-deckungsfehlbetrag weniger erhöht hat als die Kosten selbst. Der Anteil der S-Bahn an allen Verkehrsleistungen des MVV konnte sich trotz des U-Bahn-Ausbaus erhöhen und zeigt, daß sie das wichtigste öffentli-che Verkehrsmittel im Großraum München geworden ist. Die Zuschüsse der Landes-hauptstadt München und der Deutschen Bundesbahn haben sich von 1980 (273 Mio. DM) bis 1991 (444 Mio. DM) um 62,2 Prozent gesteigert. Das tägliche Fahrgast-aufkommen stieg mit der Inbetriebnahme der S-Bahn allein von 1971 (160 000 Fahr-gäste auf den Vorortbahnen) bis 1973 (erstes volles MVV-Jahr, 430 000 Fahrgäste S-Bahn) um 168 Prozent, von 1973 bis 1991 (täglich 650 000 S-Bahn-Benutzer) nochmals um 51 Prozent. Die am stärksten belasteten MVV-Bahnhöfe der S-Bahn waren 1976 Marienplatz (183 400 Fahrgä-ste pro Tag), Hauptbahnhof (128 300) und Karlsplatz (97 300), den niedrigsten Wert hat der Haltepunkt Stumpfenbach an der Nebenbahn nach Altomünster (16 Fahrgä-ste). Außerhalb des Stadtgebiets haben die Bahnhöfe Neubiberg (10 750) und Unter-

Preußische T 18, 78 301, vor Personenzug nach Geltendorf, Ausfahrt Hp Eichenau um 1964.
Foto: Lorenz

Die meisten S-Bahn-Strecken um München wurden vor 1971/72 mit Lokomotiven der BR 141 und Wendezügen befahren. 141 011 am 29. Dezember 1968 im Bf Herrsching.
Foto: Andreas Janikowski

420 002 auf Probefahrt in den bayrischen Alpen 1971.
Foto: BZA München

pfaffenhofen-Germering (10 100) die größte Belastung. Die Bahnhöfe der Außenstrecken haben im Schnitt 1000 bis 2000 Fahrgäste pro Tag. An den S-Bahn-Endpunkten mit Übergang zum Bezirksverkehr wurden in Tutzing 1100, in Holzkirchen 1000 und in Geltendorf 550 Fahrgäste pro Tag gezählt. Besonders diese Werte steigen stetig an, da einerseits der Individualverkehr in der Innenstadt immer mehr eingeschränkt wird, andererseits sich Siedlungstätigkeit und Infrastruktur verstärkt in das Umland verlagern, wo an den S-Bahn-Bahnhöfen deswegen auch ausgedehnte Parkmöglichkeiten entstanden sind.

Nach dem Olympiajahr ging der weitere Ausbau der S-Bahn zügig voran, denn die Engpässe durch nicht ausreichende Fahrzeuge, Mischbetrieb mit dem übrigen Schienenverkehr auf vielen Streckenabschnitten, zu geringe Kapazität in der Stromversorgung und fehlende Park-& Ride-Möglichkeiten hätten den starken Fahrgastzuwachs auf Dauer nicht verkraftet. Zudem mußte auch der regionale Omnibusverkehr der Landkreise in den MVV integriert werden, um den Autofahrer als Alternative ein flächendeckendes Verkehrsangebot auch im Fahrplan- und Tarifwesen zu geben.

Im Jahre 1973 wurde das von der BR 420 befahrene Netz durch die Abschnitte Hohenbrunn – Kreuzstraße (Verlängerung S 1) und Ostbahnhof – Ismaning (S 3) erweitert. 1975 folgte die Verlängerung der S 2 von Deisenhofen bis Holzkirchen. Besonders dringlich war der Bau eigener S-Bahn-Gleise auf der Fernstrecke Augsburg – München – Salzburg auf den Abschnitten Lochhausen – Olching (S 3 West, 1976), Olching – Maisach (S 3 West, 1980) und Trudering – Haar (S 4 Ost, 1979). Die Inbetriebnahme der S 7 als vollwertige S-Bahn mit Triebzugverkehr und ihre Verknüpfung mit der Stammstrecke machten umfangreiche Kreuzungs- und Einfädelungsbauwerke am Bahnhof Donnersbergerbrücke (S 7 und S 27) erforderlich, die 1981 beendet wurden. Vor der Olympiade hatten hierfür Zeit und Geld nicht ausgereicht. Damit war eine bedeutende Systemlücke geschlossen und das letzte Mittelzentrum direkt mit der S-Bahn angebunden.

Alle nach Süden verlaufenden Linien in Richtung Ammersee, Starnberger See, ent-

Vor 1972 beherrschten viele Jahre die Baugruben für den S-Bahn-Tunnel die Münchner Innenstadt. Im Bild der westliche Teil des Bahnhofs Marienplatz in der Kaufingerstraße, dahinter das Rathaus.
Foto: BD München

lang der Isar und in die weiten Stadtforste weisen traditionell einen hohen Wochenend-Ausflugsverkehr auf. Bei der S 5 Richtung Herrsching wurde der zweigleisige Betrieb 1984 bis Unterpfaffenhofen-Germering, 1987 bis Weßling verlängert. Auf dem westlichen Streckenast der S 4 wurde 1987 eine neue Wendeanlage in (Fürstenfeldbruck –) Buchenau in Betrieb genommen, um bis hier einen 20-min-Takt zu ermöglichen. Ein Jahr später wurde die S 3 auf eigenem Bahnkörper von Maisach bis Nannhofen verlängert, womit die Magistrale München – Augsburg (täglich etwa 150 Zugfahrten je Richtung) weiter entlastet wurde. Wie auf anderen Ausbauabschnitten auch entfielen Überholungen und Sägefahrten von Bezirks- und Fernzügen.

Zudem entstanden Überleitungsmöglichkeiten für Fernzüge auf die S-Bahn-Gleise, die teilweise – auf bestimmte Abschnitte und Zeiten begrenzt – sogar planmäßig erfolgen. Ebenfalls 1988 wurden auf der S 4 Ost eigene S-Bahn-Gleise zwischen Haar und Zorneding in Betrieb genommen.

Für den reibungslosen Betriebsablauf, insbesondere im Tunnelabschnitt, wo in der Hauptverkehrszeit Zugfolgezeiten bis zu 90 s bestehen, ist die Betriebssteuerzentrale im BD-Gebäude mit einer rechnergesteuerten Überwachung ausgerüstet. Auf dem Abschnitt Ostbahnhof – Pasing ist ein Linienleiter installiert, der ein Fahren auf elektrische Sicht ermöglicht. Die von der Fernbahn abgeleitete S-Bahn-LZB berücksichtigt Streckenneigungswechsel, Ein- und Ausfahrten auch innerhalb des LZB-Abschnitts, Kennlichtschaltung der Reservesignale, reduzierte Schutzwege zum nachfolgenden Zug, Leerzugkennung und Bahnhofsblock. Die Triebzüge wurden erst nach der Ablieferung mit der LZB-Einrichtung (erkenntlich an einem roten Punkt im Anschriftenfeld) ausgerüstet. Da in München zunehmend 420-Triebzüge der anderen S-Bahnen (ohne LZB) zum Einsatz kamen, außerdem zahlreiche nicht mehr lieferbare Teile für die LZB der Baureihe 103 dringender benötigt wurden, ist der S-Bahn-LZB-Betrieb zum Sommerfahrplan 1982 zunächst wieder eingestellt worden.

Größtes Bauvorhaben der letzten Jahre war der Streckenneubau für die Anbindung des neuen Großflughafens München II. Im Gegensatz zum Flughafen München-Riem,

der nur über eine Busverbindung vom Hauptbahnhof oder vom Bahnhof Riem aus zu erreichen war, ist der neue Flughafen – knapp 40 km vom Stadtkern entfernt – direkt an die S-Bahn angeschlossen. Der Großflughafen »Franz Josef Strauß« ist nördlich von München zwischen Erding und Freising im Erdinger Moos gelegen. Um ihn an das S-Bahn-Netz anzuschließen, wurde die Strecke Ostbahnhof – Ismaning (S 3) über ihr nördliches Ende mit einer Neubaustrecke (einschließlich Neubau Bahnhof Ismaning) von rund 20 km Länge ergänzt. Die Bauarbeiten begannen 1988 und erforderten einen Kostenaufwand von 620 Mio. DM. Die Flughafen-Linie S 8 von Pasing verkehrt seit dem 7. März 1992, seit der Flughafeneröffnung am 17. Mai 1992 im 20-min-Takt. Der Bahnhof Flughafen München liegt direkt unter dem Terminal, die Fahrzeit zum Stadtmittelpunkt beträgt 36 min, was mit dem Pkw nur bei günstigsten Voraussetzungen zu erreichen wäre.

Für den Betrieb waren weitere Triebzugeinheiten notwendig, um die angespannte Fahrzeuglage, trotz laufender Beschaffung neuer 420-Bauserien, nicht weiter zu verschärfen. Bei der DÜWAG Krefeld wurden sechs Triebzüge bestellt, die im Innenraum übersichtlicher und komfortabler gestaltet sind und auch mehr Raum für das (Flug-)Gepäck bieten. Vorab wurden zudem einige Züge älterer Bauserien in gleicher Weise umgebaut. Auch das Äußere dieser Züge weicht vom üblichen Anstrich ab: Grundfarbe der Wagen ist ein blasses Hellblau,

Kennfarbe des neuen Flughafens, auf der ein großes M und der Schriftzug »Munich Aiport Line« aufgebracht sind.

Die Flughafen-S-Bahn ermöglicht neben der Anbindung durch die Fernbahn den Aufbau eines nördlichen S-Bahn-Ringes. Um die Stammstrecke in der Innenstadt zu entlasten, wurde bereits in den siebziger Jahren die Einbeziehung der schon bestehenden Ringstrecken, Nordring und Südring, diskutiert. Die Planungen wurden nicht weiter verfolgt, da beide Strecken hauptsächlich durch industriell strukturiertes Gelände führen und die vorhandene oder mögliche Wohnbebauung zu weit abseits der Gleisanlagen liegt. Eine Nutzungsänderung dieser Gebiete wäre aber Voraussetzung für ein ausreichendes Fahrgastaufkommen. Die Gleisanlagen, vom Fern- bzw. Güterverkehr benutzt, müßten bei diesem »inneren« Ring außerdem in großem Ausmaß erweitert werden, um Verkehrsspitzen bewältigen zu können. Der »relativ geringe Verkehrswert« (Münchner Stadtentwicklungsplan 1983) berücksichtigt die kleinere Flächenausdehnung der Stadt im Vergleich zu anderen deutschen und europäischen Metropolen und steht damit im Einklang mit dem Münchner Schnellbahnkonzept, nach dem der S-Bahn die Erschließung der Region, der U-Bahn die Durchquerung der Stadt zugedacht sind. Die Flughafen-S-Bahn ermöglicht nun aber eine Ringverbindung weiter außerhalb Münchens, nämlich eine Streckenführung Hauptbahnhof – Ostbahnhof – Erding – Flughafen – Neufahrn – Laim

MVV - Entwicklungsdaten

	Kosten	Einnahmen	Kostendeckungsfehlbetrag	Einwohner Verkehrsraum	Pkw-Bestand Verkehrsraum	Beförderungsfälle MVV	S-Bahn
	Mio. DM	Mio. DM	Mio. DM	Mio.	Mio.	Mio.	Mio.
1971/72 (vor MVV)	-	-	-	2,10	0,60	(32,85)	-
1973	493	213	275	2,15	0,63	358,100	128,271 (35,82%)
1977	604	296	277	2,21	0,72	417,190	156,404 (37,49%)
1980	705	395	274	2,27	0,83	451,291	177,291 (39,29%)
1985	839	459	329	2,30	0,96	484,678	195,526 (40,34%)
1990	1000	536	409	2,32	1,18	507,213	211,440 (41,69%)
1991	1055	553	444	2,33	1,21	521,482	217,666 (41,74%)
1973-1991	+114%	+160%	+61%	+8%	+92%	+46%	+70%

Massenansturm auf dem Bf Olympiastadion im Sommer 1972 zur Olympiade.
Foto: DB

Mit den Baureihen 211 + 815, 515, 627 oder 628 verkehrte über einige Jahre für eine schon in Grafrath wendende S 4 ein Anschluß (die „Rutschn") von und nach Geltendorf. 515 023 (Bw Augsburg) am 31. Juli 1979 als N 4716 bei der Ausfahrt aus Grafrath.
Foto: Andreas Janikowski

144 184 als N 4335 in Groß Helfendorf am 29. September 1973.
Foto: Helge Hufschläger

– Hauptbahnhof, die dem Schnellbahnkonzept eher entspräche, der S-Bahn aber nicht die dringend notwendige zweite Ost-West-Stadtdurchquerung brächte. Vorgesehen ist, die Verbindungsspange von Pasing nach Mittersendling auszubauen und die Leistungsfähigkeit der S-Bahn-Stammstrecke bei notfalls zeitweilig eingleisigem Betrieb zu erhöhen, da hier sechs Züge je Stunde und Richtung nicht ausreichend sind. Durch die Inbetriebnahme der Flughafen-Linie wurde das nächtliche Schnellbahn-Angebot in der Innenstadt erheblich verbessert.

Für den Bezirksverkehr Richtung Augsburg und Mühldorf ist der Einsatz von Doppelstock-Zuggarnituren vorgesehen. Ein Probebetrieb mit einer fabrikneuen Doppelstockgarnitur (AB + B + AB + AB) der Niederländischen Staatsbahnen (NS) fand 1989 statt. Um den Zug bei den öffentlichen Fahrten im normalen Fahrplan laufen zu lassen, war es notwendig, die Traktionsleistung entsprechender 420-Garnituren zu installieren, weswegen der Doppelstockzug an jedem Ende mit einer E-Lok der Baureihe 120 (120 151 und 153) bespannt wurde. Vom 28. Mai bis zum 21. Juni 1989 verkehrte dieser Zug auf der S 4 zwischen Geltendorf und Ebersberg in einem 420-Umlauf, also auch durch die Tunnelstrecke. Vom 22. bis 24. Juni 1989 lief er als Regionaleilzug zwischen München Hbf und Augsburg Hbf.

Der Planeinsatz der ersten DB-Doppelstockgarnitur im Eilzugverkehr begann am 13. September 1993. 55 2.-Klasse-Wagen (DBz 750) und 20 1./2.-Klasse-Wagen (DABz 755) werden nach und nach von der Waggonbau Görlitz GmbH ausgeliefert. Die Züge fahren mit je einer E-Lok an den Zugenden. Die Loks der BR 111 mußten dafür mit einer zeitmultiplexen Doppeltraktionssteuerung (ZDS) ausgerüstet werden. Weitere Einsätze werden mit Dieselloks der BR 217 und 218 gefahren.

An einem Nachfolgemodell für den Triebzug 420/421 arbeitet das Bundesbahnzentralamt München. Die als 423 bis 426 bezeichneten Baureihen sollen als Gelenktriebzüge gebaut werden. Der Gelenktriebzug soll durchgängig sein. Die Baureihen 423, 424 und 425 sind als vierteilige Gliederzüge, die Baureihe 426 ist als zweiteiliger Gliederzug geplant. Unterschiedlich ist

die Fußbodenhöhe von 1000 bzw. 760 mm über SO. Die BR 423 bis 425 werden fünf Drehgestelle, die BR 426 wird drei Drehgestelle haben. Die Länge der Züge beträgt 67400 bzw 36950 mm, die Höchstgeschwindigkeit 140km/h.

Im Mai und Juni 1989 verkehrte versuchsweise ein Zug aus niederländischen Doppelstockwagen im Münchner S-Bahn- und Bezirksverkehr. 120 151 am 20. Juni 1989 in Schöngeising.

420 060 bei der Einfahrt in den Bahnhof Feldafing, 8. Juni 1989.

Auf der MVV-Strecke Dachau – Altomünster, Vorbild für Ludwig Thomas Localbahngeschichten, verkehren Wendezüge mit BR 212 vom Bw Mühldorf im Taktverkehr. Die Bahn wird im signalisierten Zugleitbetrieb mit Impulsgebern betrieben. 212 089 am 16. Oktober 1991 vor dem Birgittinenkloster Altomünster mit N 8365. Fotos: Andreas Janikowski

Vorortschnellverkehr in anderen Städten

Die Deutschen Bahnen sind heute außerhalb der S-Bahn-Netze an zahlreichen Verkehrsverbünden beteiligt. Die frühen Eisenbahnanlagen des 19. Jahrhunderts wurden meist vor den Toren der Städte angelegt. Die durch sprunghaftes Bevölkerungswachstum sich ausbreitenden Kommunen orientierten sich in ihrer Wohn- und Gewerbesiedlung an dem modernen Verkehrsmittel Eisenbahn, das in seiner Leistungsfähigkeit bis weit nach der Jahrhundertwende konkurrenzlos blieb. Durch die oft bewußt geplante räumliche Trennung von Wohn- und Gewerbe- oder Fabrikregionen entstand ein Verkehrsbedürfnis, der »Berufsverkehr«, das bis dahin vom Ausmaß her unbekannt war und, besonders bei größeren Entfernungen, kaum von rein lokalen Verkehrsmitteln – die sich technisch erst in der Entwicklung befanden – befriedigt werden konnte. Nicht alle Städte waren finanziell in der Lage, eigene Verkehrsbetriebe schnell aufzubauen oder zu erweitern. Privaten Betreibern wiederum erschien dieser Verkehr als nicht lohnend genug, so daß gern und zwangsläufig auf die sich bildenden Staatseisenbahnen und deren Daseinsvorsorge in Form betrieblicher und tariflich tragbarer Verkehrsleistungen zurückgegriffen wurde. Bis auf die Mecklenburgische Friedrich-Franz-Eisenbahn richteten alle deutschen Länderbahnen bestimmte Streckenabschnitte für den Vorortverkehr ein, die mit Fahrzeugen befahren und Anlagen ausgerüstet wurden, welche ein erhöhtes Fahrgastaufkommen verkraften konnten. Vororttarife und starrer Fahrplan hingegen blieben zunächst auf die Großstädte begrenzt. In der Regel wiesen auch die nach Bevölkerung oder Netzdichte kleineren Direktionssitze der DRG, wie Danzig, Oldenburg, Breslau oder Regensburg, Vorortschnellverkehr auf.

Mit dem anwachsenden Straßenverkehr, dem Ausbau der städtischen Verkehrsmittel und – ab der fünfziger Jahre – der Individualmotorisierung wurden zahlreiche Vorortbetriebe der Bahn eingestellt, aus Gründen des schwindenden Verkehrsaufkommens oder der veränderten Siedlungsentwicklung. Andere Streckenabschnitte führten lange Zeit ein Schattendasein als Personenzug-, Nahverkehrs- oder Nahschnellverkehrsstrecken mit Zughalten vor allem in den Morgen- und Abendstunden der Werktage. In Ballungsräumen, die vom Ausmaß her für ein S-Bahn-Netz nicht geeignet sind, wurden in den siebziger und achtziger Jahren nach und nach kleinere Verkehrsverbünde eingerichtet. Auch einzelne Streckenabschnitte können hier in das regionale Verkehrskonzept einbezogen werden. An der verkehrlichen Infrastruktur sind die Kommunen finanziell beteiligt, d. h. auch an Hochbauten, Umsteigeanlagen und in jüngster Zeit auch an der Beschaffung von Fahrzeugen. Kennzeichen solcher Bahnen, die sich meist als CityBahnen oder RegionalSchnellBahnen neu etablieren, sind ein Grundtaktfahrplan mit Verdichtungszeiten, schnelle Beförderung (z. T. auf eigenen Gleisen), S-Bahn-ähnliche Bahnanlagen, Anschlüsse an den Flächenverkehr und geeignete, möglichst nur auf den fraglichen Strecken eingesetzte Fahrzeuge.

Die meisten Bahnen mit Vorortschnellverkehr finden sich außer in den Randgebieten der S-Bahn-Städte vor allem in den Regionen am Rande des Ruhrgebietes, im sächsischen Industriedreieck und im Rhein/Ruhr/Neckar-Gebiet.

Ein vorbildlicher Vorortschnellverkehr besteht seit 1970 in Hannover. Im Verkehrsverbund Großraum Verkehr Hannover mit fünf Gesellschaftern sind die DB-Strecken bis Hagen (Han.), Bennemühlen, Ehlershausen/Großburgwedel, Hämelerwald, Sehnde/Sarstedt und Springe eingebunden, im Süden wird eine Halb-Ringlinie Hannover Hbf – Hannover-Linden – Weetzen – Wennigsen – Barsinghausen – Bad Nenndorf – Haste (Anschluß Wunstorf – Hannover Hbf) mit CityBahn-Zügen befahren. Das DB-Nahschnellverkehrsnetz wurde schon 1965/66 eingerichtet und wird im Oberleitungsbetrieb und mit starrem Fahrplan betrieben. In Hannover sind auch die Prototypen der »Silberling«-Nahverkehrswagen, Bauarten 58 und 59, und die 1976 neu entwickelten Nahverkehrswagen mit gesickten Außenwänden, letztere mit modernen Steuerwagen, eingesetzt. Für den Großraum Hannover sind beim Bw Seelze

89 E-Loks der BR 141 (1992) beheimatet. Die niedersächsische Landeshauptstadt ist Sitz der größten Bundesbahndirektion und hat 513 000 Einwohner (1990). Das Netz der DB wird ergänzt durch ein ausgedehntes Stadtbahnnetz.

Am 5. Oktober 1993 fand der erste Rammschlag für den Bau der S-Bahn Hannover statt. Das Konzept sieht folgende Linienführungen vor:

S 1 Stadthagen – Wunstorf – Hannover Hbf – Weetzen – Haste

S 2 Nienburg – Wunstorf – Hannover Hbf – Weetzen – Haste

S 3 Hannover Hbf – Lehrte – Celle

S 4 Bennemühlen – Hannover Hbf – Hameln

S 5 Flughafen Langenhagen – Hannover Hbf – Hameln

Im Gemeinschaftstarif Bremen/Niedersachsen (1989) wird die Nahschnellverkehrslinie Bremen Hbf – Bremen-Vegesack betrieben. In Erfurt besteht eine 9 km lange Stichbahn von Erfurt Hbf zum Wohngebiet Berliner Straße, die S-Bahn-ähnlich mit Dieselzügen befahren wird. Verdichteter elektrischer Wendezugbetrieb besteht seit 1965 in Chemnitz zwischen Hohenstein-Ernstthal und Flöha. In Erfurt und Chemnitz gilt seit langem ein Vorortverkehr-S-Bahn-Tarif.

Zahlreiche DB-Strecken im Großraum Ludwigshafen/Mannheim/Heidelberg sind in den Verkehrsverbund Rhein-Neckar eingebunden, während im Saarland um den Knoten Saarbrücken CityBahn-Linien (Homburg/Merzig-Saarhölzbach) bzw. Regionalbahnen eingerichtet werden. Dieser Nahverkehrsbereich reicht bis ins französische Sarreguemines, wo bis 1973 neben den DB-Dampfloks der BR 23 auch die letzten französischen Dampflokomotiven 141 R zu beobachten waren.

Verkehrsverbünde von Städten in der Größenordnung Augsburgs (1990 256 877 Einwohner) integrieren Streckenabschnitte in den regionalen Verkehr (hier bis Dinkelscherben, Donauwörth, Radersdorf, Nannhofen, Schmiechen, Klosterlechfeld und Schwabmünchen im Augsburger Verkehrsverbund), die dann im Takt, auch am Wochenende, betrieben werden. Wie auf der Strecke München – Augsburg ergeben sich des öfteren Berührungspunkte, an denen bei den Zügen des Nahverkehrs zwei Verbundtarife direkt ineinander übergehen.

In den dichtbesiedelten Talzügen im Süden von Thüringen und Sachsen, im Bogen Suhl – Erfurt – Weimar – Jena – Rudolstadt – Gera – Zwickau – Chemnitz, gibt es traditionell eine vielfältige Kleinindustrie und ein sehr engmaschiges Eisenbahnnetz, das in den nächsten Jahren besonders im Personennahverkehr und Bezirksschnellverkehr auszubauen ist.

Wendezuggarnitur mit BR 141 als CB 5840 von Saarbrücken Hbf nach Merzig (Saar) am 3. Oktober 1991 in Luisenthal.
Foto: Wolfgang Goy

Die S-Bahn als Teil von Verkehrsverbünden

Alle deutschen S-Bahnen sind heute in unterschiedlich strukturierten Verkehrs- und Tarifverbünden eingebunden. Nachdem sich im Bereich der Deutschen Bundesbahn die S-Bahnen in die regionalen Verbundgesellschaften eingefügt hatten, entstanden auch in den kleineren Ballungsräumen Verkehrsgemeinschaften, um den Kunden wurde auch hier »im Verbund« geworben. Bei der Deutschen Reichsbahn hielten sich in den kleineren S-Bahn-Netzen eigene S-Bahn-Tarife länger, ihre bewußt niedrig gehaltenen Preise machten das Problem des Tarif-Verbunds lange Zeit jedoch weniger dringlich. Verkehrsverbund wurde allerorten schon aufgrund der geringeren Individualmotorisierung durch die enge Verzahnung von Reichsbahn, Verkehrsbetrieben und Kraftverkehr praktiziert.

Die Notwendigkeit von Verkehrsverbünden zeigte sich in den sechziger Jahren in den nicht mehr beherrschbaren Verkehrsproblemen der Ballungszentren. Nun ist ein Verkehrsverbund ja nicht das Gegenteil von Individualverkehr, er versucht nur, den öffentlich zu betreibenden und zu finanzierenden Verkehr in eine für Benutzer, Betreiber und Umwelt tragbare Form zu bringen. Auch muß Individualverkehr = Pkw nicht ein Gegner sein, sondern ist, wo er nicht vermieden werden kann oder soll, ein Partner, was die immer zahlreicheren Park-&-Ride-Anlagen, die erst mit den Verkehrsverbünden und einer derartigen komplexen Betrachtungsweise der Verkehrs- und Siedlungsentwicklungsproblematik entstanden sind, zeigen. Auch das Fahrrad ist in diesem Zusammenhang ein Individualverkehrsmittel, ein günstiges, vernünftiges

und praktisches noch dazu. Beim Hamburger Verkehrsverbund werden überdachte Fahrradabstellanlagen im »F + R-Ausbauprogramm« an Schnellbahnstationen errichtet. Aber gerade für einfachste Lösungen bedarf es offensichtlich Werbekampagnen, um ein Umdenken auszulösen. Betrachtet man den Verkehrsanteil der S-Bahnen an den Verkehrsverbünden, wird deutlich, daß sie meist das Hauptverkehrsmittel in Beförderungszahlen und Beförderungsleistung sind.

Die Struktur der Verkehrsverbünde als Gesellschaften bürgerlichen Rechts weicht nicht wesentlich von der vergleichbarer Unternehmensgruppen in der freien Wirtschaft ab. In den Entscheidungsgremien sitzen Mitglieder der Verbundgesellschaften, die Hauptabteilungen arbeiten unabhängig von den einzelnen Verkehrsträgern. Der Verbundvertrag regelt die Aufgabenabgrenzung zwischen den Betreibern und der Dachorganisation, ein Einnahmenaufteilungsvertrag regelt die prozentuale Verteilung entsprechend der erbrachten Verkehrsleistung (nicht unbedingt identisch mit dem Wert der verkauften Fahrausweise), ein Organisationsvertrag regelt Struktur und Arbeitsweise des Unternehmens. In der Regel wird ein Teil des Verwaltungspersonals von den Verkehrsgesellschaften abgeordnet. Für die S-Bahnen werden somit Entscheidungen über Leistungsangebot, Netzplanung, Absatzplanung und Finanzwesen an die Dachorganisation abgegeben, während Ablauf und Planung des Betriebs, Personalgestellung, Unterhaltung und Eigentum der Anlagen bei den Bundesbahndirektionen bzw. deren Geschäftsbereichen verbleiben.

Verknüpfung mit anderen Schienenverkehrsmitteln

Schienenverkehrsmittel des ÖPNV außerhalb von Bundes- und Reichsbahn sind bisher nur in wenigen Fällen direkt betrieblich mit den S-Bahn-Netzen verknüpft, da sie oft mit anderer Spurweite (Straßenbahnen), anderer Technik (U-Bahn- und Straßenbahn-Stromsysteme) und nicht nach den Grundsätzen der EBO betrieben werden. Auch das Bedienungskonzept dieser Bahnen, U-Bahn- oder Straßenbahnverkehr in den Innenstädten, Stichbahnen und Anschlußverkehr in die Region, stimmt nicht immer mit der S-Bahn-Netz- und Tarifstruktur überein, so daß es in erster Linie auf leistungsfähige Umsteigeanlagen zu diesen Stadt- oder Regional-Verkehrsmitteln ankommt. In einigen Fällen sind jedoch in jüngster Zeit auch betriebliche Verknüpfungen hergestellt worden, wenn sich die Anschlußbahnen aufgrund ihrer Verkehrsstruktur, der Siedlungsentwicklung, der Technik und des Tarifs integrieren lassen. Neben den betrieblichen Voraussetzungen analog zu Gemeinschafts- und Übergangsverkehren zwischen DB/DR und Privatbahnen in anderen Bereichen ist eine Anpassung von Fahrzeugen, Haltestellenausstattung, Fahrplan und (Gemeinschafts-) Tarif notwendig.

In der Nachkriegszeit gab es in der Bundesrepublik zahlreiche nichtbundeseigene Bahnen, die im Personenverkehr auf DB-Strecken übergingen und z. T. auch bis in Großstadt-Hauptbahnhöfe weitergeführt wurden, wie in Bremen die Bremervörde-Osterholzer Eisenbahn, in Frankfurt (Main) die Kleinbahn Frankfurt – Königstein, in München die Tegernseebahn. Wegen sinkenden Fahrgastaufkommens in den Außenbezirken, fehlender technischer Weiterentwicklung des nichtbundeseigenen Fahrzeugparks und aus verrechnungstechnischen Gründen der Bahnen untereinander wurden diese Zugdienste meist in den sechziger Jahren eingestellt. Mit der Bildung von Verkehrs- und Tarifverbünden paßten sich einige nichtbundeseigene Eisenbahnen an das neue Verkehrskonzept

an und wurden, nach entsprechender Modernisierung, in die Schnellbahnnetze integriert, wobei die oft ziemlich kleinen und finanzschwachen Eisenbahngesellschaften nach Unterstützung durch die Gebietskörperschaften dann auch MitGesellschafter der Verkehrsverbünde werden konnten.

In Hamburg ist die Eisenbahn Altona – Kaltenkirchen – Neumünster (AKN) an drei Punkten mit dem Schnellbahnnetz verbunden. Die AKN-Linie A 1 von Kaltenkirchen endet in Hamburg-Eidelstedt in einem Gemeinschaftsbahnhof mit der S-Bahn, die Linie A 3 von Barmstedt hat in Elmshorn ihren Endbahnhof neben dem DB-Bahnhof, Endpunkt der Ergänzungsstrecke S 5 Pinneberg – Elmshorn. Die AKN-Linie A 2 nach Ulzburg Süd nimmt ihren Ausgang am U-Bahn-Endpunkt Garstedt. Zwischen U- und S-Bahn besteht an insgesamt acht Bahnhöfen direkte Umsteigemöglichkeit. In Frankfurt (Main) wurde die Kleinbahn von Königstein wieder in den Frankfurter

Hauptbahnhof eingeführt; zur U-Bahn kann auf fünf S-Bahn-Bahnhöfen umgestiegen werden. In Nürnberg ist der Hauptbahnhof zentraler Umsteigepunkt zwischen S- und U-Bahn; in München bestehen derzeit acht S-/U-Umsteigebahnhöfe.

Auf den Bahnhofsvorplätzen großer Stadtbahnhöfe beherrschte Jahrzehnte lang die Straßenbahn das Bild. Aus den zunächst einfachen Schleifen der Bahnhofslinien wurden im Laufe der Entwicklung vielerorts größere Haltestellenanlagen mit Bahnsteigen, Verkehrsinseln und Verkaufs- und Informationspavillons. Wegen der enormen Zunahme des Oberflächenverkehrs in den Innenstädten wird die Straßenbahn an den Brennpunkten des Verkehrs seit den siebziger Jahren zunehmend auf

Bf Frankfurt-Süd, Anschluß an U-, S- und Straßenbahn sowie Bus. 7. Juli 1993. Foto: Jörg Ott

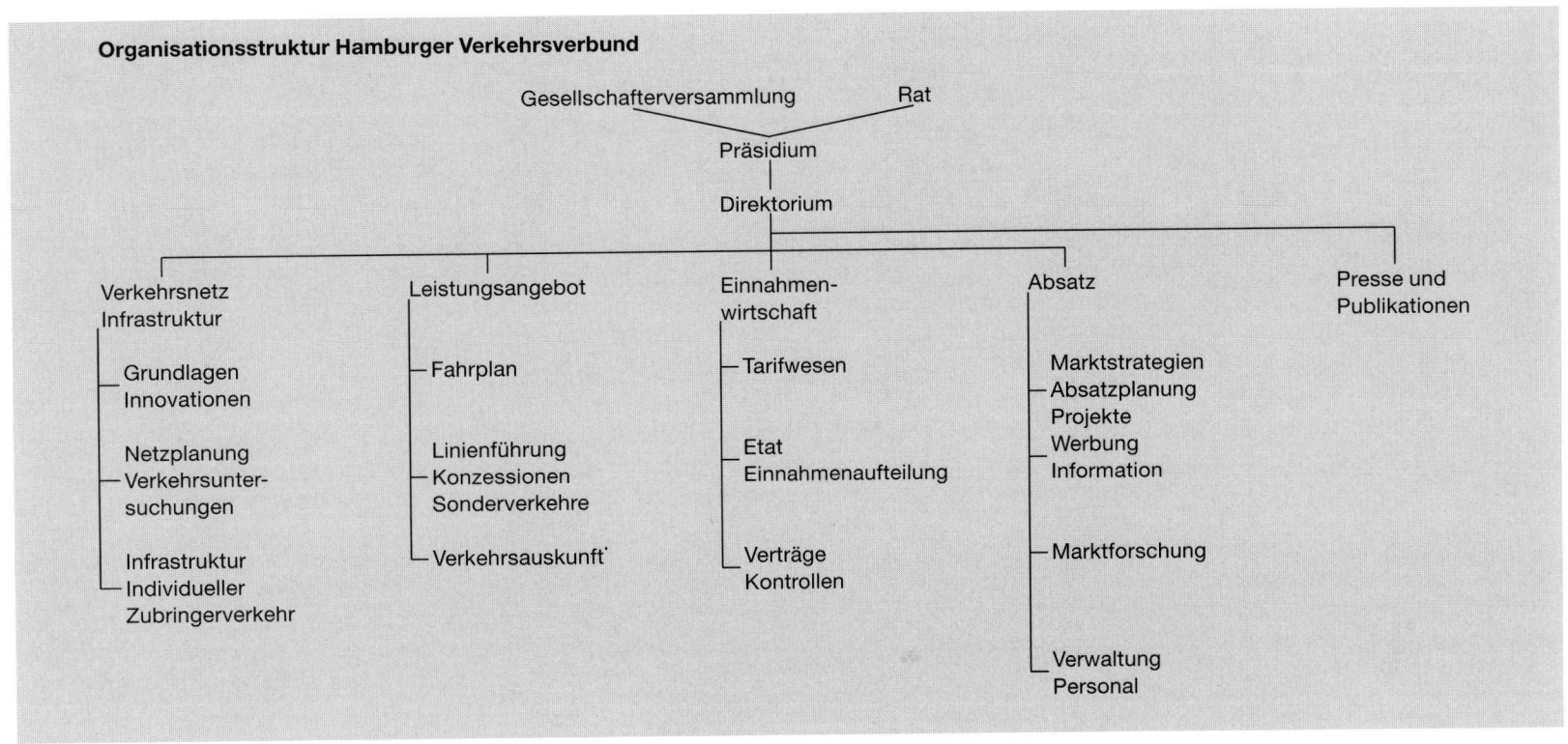

Organisationsstruktur Hamburger Verkehrsverbund

Teilstrecken unterirdisch geführt, es entstand die sog. Stadtbahn, deren bauliche Anlagen oft so ausgeführt werden, daß später ein Umbau auf U-Bahn-Betrieb möglich ist. Typische Verkehrskreuze zwischen Eisenbahn und Straßenbahn dieser Art finden sich in Hannover Hbf, Köln Hbf und Stuttgart Hbf.

Die Übergangsmöglichkeit von modernen Stadtbahn-Straßenbahnfahrzeugen auf die Eisenbahn hängt neben der Spurweite, der Ausgestaltung des Einstiegbereichs und der Zugsicherungstechnik vor allem von ihrer elektrotechnischen Anlage ab. Allein in Karlsruhe wurde hierfür ein innovativer und vorbildlicher Weg eingeschlagen: Die Zweisystem-Stadtbahn-Triebwagen der Karlsruher Verkehrsbetriebe bzw. der Albtalbahn verkehren seit September 1992 vom Stadtnetz (750 V Gleichstrom) aus über eine Verbindungskurve weiter auf der Kraichgaubahn (KBS 712) bis zur 25 000 Einwohner zählenden, 24 km entfernten Kleinstadt Bretten und weiter bis Gölshausen. Solche Verbindungen sind nach Wörth (Pfalz), Rastatt und Pforzheim (Vorlaufbetrieb auf DB-Strecke seit 1991) geplant. Das Fahrgastaufkommen der Strecke nach Bretten hat sich innerhalb des ersten Monats verdreifacht.

Im Norden von Karlsruhe befahren Straßenbahnzüge Richtung Neureut bereits seit mehreren Jahren anschließende, ansonsten nur im Güterverkehr betriebene DB-Gleise, die mit Straßenbahnoberleitung, Sicherungsanlagen und Haltestellen ausgerüstet wurden. Fahrten der Straßenbahnzüge vom Karlsruher Hauptbahnhof aus (Strecken nach Bretten, Pforzheim und in die Pfalz) fanden bisher nur in den Erprobungsphasen statt, im Endausbau sind als Übergangsbahnhöfe Karlsruhe-Knielingen, -Durlach und -Grötzingen geplant. Die Karlsruher Verkehrsbetriebe haben zu den zehn vorhandenen Zügen weitere zwanzig Garnituren bestellt. Für den Fahrgast ergeben sich in der Relation Karlsruhe - Bretten 15 min Fahrzeitgewinn, trotzdem aber auch eine vergrößerte Haltestellenanzahl und die Möglichkeit, mit einem Tarif (weit unter dem bisherigen) in die Karlsruher Innenstadt zu gelangen. Besonders in der Bedienung der Randzonen polyzentrischer S-Bahn-Netze ist ein derartiger Mischbetrieb in vielen deutschen Städten denkbar. In Saarbrücken, Hagen und anderen mittleren Großstädten sind ähnliche Betriebsformen geplant.

Vor der Bildung der deutschen Vorortbahn- und S-Bahn-Netze war in den Innen-

städten die Straßenbahn das beherrschende öffentliche Verkehrsmittel. Die ersten U-Bahn-Betriebe entstanden, zunächst meist als Hoch- oder Einschnittbahnen, kurz nach der Jahrhundertwende in Berlin und Hamburg. Die steigende Verkehrsdichte machte die U-Bahnen schnell zu einem wichtigen Verkehrsmittel, da Beförderungskapazität und Schnelligkeit in jedem Fall den Straßenbahnen überlegen sind. Die radial die Innenstädte durchquerenden Linien erforderten jedoch ungleich höhere Investitionskosten, so daß die U-Bahnen noch heute auf nur wenige Städte beschränkt sind. Ihrer Verkehrsstruktur und Technik nach ähneln sie den S-Bahnen und sind in gleichem Maße Verkehrsmittel ersten Grades des ÖPNV; entsprechend eng ist die verkehrliche Verzahnung der Schnellbahnen untereinander. U-Bahnen beschränken sich in der Regel auf die am dichtesten besiedelten Innenstadtbereiche und sind somit eine sinnvolle Ergänzung der S-Bahnen und keine Konkurrenz. Von Anfang an bestanden bei der Berliner U-Bahn zahlreiche Umsteigebahnhöfe zur Fern- bzw. S-Bahn, 1913 waren es sechs, heute sind es bereits zwölf U-Bahn-Bahnhöfe, von denen aus zur Fern-, S- oder Regionalbahn direkt umgestiegen werden

*Hamburg. Gemeinsame Einfahrt von S- und U-Bahn in den Bahnhof Barmbek. Links DB 470 129 (Baujahr 1969) als S 11 Blankenese – Barmbek, rechts HHA-DT 2 (Baujahr 1961 – 1966) als U 2 Hagenbecks Tierpark – Barmbek. 22. Februar 1983.
Foto: Andreas Janikowski*

*Zweisystem-Straßenbahntriebwagen 803 der Karlsruher Verkehrsbetriebe als N 6011 nach Pforzheim im nördlichen Gleisvorfeld des Karlsruher Hauptbahnhofs am 28. Februar 1992.
Foto: Martin Kaul*

kann. Einige weitere sind z. Z. keine Umsteigebahnhöfe, da im Westteil der Stadt noch nicht alle S-Bahn-Strecken wieder in Betrieb genommen sind. Ein typischer kleiner Verkehrsknoten in der Berliner Innenstadt ist der S-Bahn-Bahnhof Hermannstraße an der südlichen Ringbahn. Bis in die fünfziger Jahre konnte hier auch zur privaten Neukölln-Mittenwalder Eisenbahn umgestiegen werden. Die Hermannstraße ist neben der Karl-Marx-Straße eine Verkehrsachse von Neukölln, auf der auch reger Straßenbahn- und Busverkehr herrschte. Die schon in den dreißiger Jahren geplante Verlängerung der in unmittelbarer Nähe endenden U-Bahn-Linie (Bf Leinestraße) wird in den nächsten Jahren einen weiteren Umsteigebahnhof zwischen U- und S-Bahn schaffen.

Tarifgestaltung

Entsprechend den vom übrigen Eisenbahnverkehr abweichenden Kriterien gibt es besondere S-Bahn-Tarife. Das Kosten-Nutzen-Verhältnis im Öffentlichen Personennahverkehr ist besonders schlecht, der Betrieb ist defizitär, und hoch sind die Zuschüsse, die von verschiedenen Seiten geleistet werden müssen. Andererseits hat die Tarifbildung gerade im Nahverkehr der Großstädte die Konkurrenz des Individualverkehrs zu berücksichtigen, um mit preislichen Anreizen und auch Koordination mit

anderen Verkehrsarten zahlende Fahrgäste zu halten, wiederzugewinnen und neu zu werben. Auch der Anteil der unbedingt auf öffentliche Verkehrsmittel angewiesenen Bevölkerung ist im Nahverkehr höher. Um diese komplexen Beziehungen in einen größtmöglichen Einklang zur Verkehrslenkung in den Ballungsräumen zu bringen, wird die Tarifbildung der deutschen S-Bahnen heute den regionalen Verkehrsverbünden übertragen, wobei der normale Eisenbahntarif am Beginn und Ende einer Fernfahrt überlagernd auch auf den S-Bahnen zur Anwendung kommt. Im Verkehrsverbund ist außerdem Tarifpartner immer das Verkehrsunternehmen, dessen Verkehrsmittel im konkreten Fall benutzt wird. Wegen der großen Unterschiede der einzelnen Verbundsysteme wäre es wünschenswert, wenn ein gleichartiger ÖPNV-Tarif in allen deutschen Großstädten über 500 000 Einwohner und eine wechselseitige Gültigkeit bestimmter Fahrausweise oder Preisgruppen bestünden, wie es ansatzweise bei Messen oder Pauschalreisen schon praktiziert wird.

Zur allgemeinen Eisenbahnaufsicht, die der Bundesverkehrsminister ausübt, gehören auch die Tarifaufsicht und die Tarifhoheit. Im Rahmen der eigenen Wirtschafts- und Rechnungsführung des Bundeseisenbahnvermögens ist die Selbständigkeit in der Tarifgestaltung durch die DB und die DR in den letzten Jahren gewachsen. Der Bundesminister für Verkehr kann theoretisch eine Änderung von Tarifen verlangen, wenn es aus Gründen des allgemeinen Wohls erforderlich ist. Bei den Verkehrsverbünden findet allein schon durch

Tarifgestaltung

Statistische Daten 1960 –1990

	S-Bahn-Fahrkarte 2.Kl. Hamburg Hbf –Hamburg-Altona DM	DB-Tarif 7km einfach 2.Kl. DM	Preisindex für die Lebenshaltung (alte Bundesländer)	Pkw-Bestand alte Bundesländer	Pkw-Bestand neue Bundesländer	Straßennetz (alte Bundesländer) km	Schienennetz DB km	Ausgaben der öffentlichen Haushalte (alte Bundesländer) Mio. DM	Bevölkerung Gesamt-Deutschland
1960	0,40	0,60	187,9	4 489 000	313 000	368 300	36 019	95 275	72 674 000
1970	0,50	0,80	241,7	13 941 000	1 166 000	432 300	33 010	196 330	77 709 000
1980	1,20	1,80	391,8	23 192 000	2 678 000	479 521	31 497	498 088	78 275 000
1990	2,10	2,80	504,8	30 685 000	4 817 000	498 861	29 700	748 005	79 671 000
	+ 425%	+ 367%	+ 169%	+ 584%	+ 1439%	+ 35%	-18%	+ 685%	+ 10%

die Vielzahl der Gesellschafter eine betrieblich und kommunalpolitisch tragbare Tarifbildung statt. Die Fahrpreisgestaltung öffentlicher Verkehrsmittel bleibt aber immer ein Kompromiß, wobei der Maßstab leider nicht immer von den Möglichkeiten und Wünschen des Menschen, für den das Verkehrsmittel ja letztlich da ist, ausgeht.

Grundsätzlich unterscheidet man zwei Tarifarten: Einheitstarif und Leistungstarif. Beim Einheitstarif ist der Fahrpreis in jedem Fall gleichbleibend, egal, wie weit die zurückgelegte Strecke innerhalb des Tarifgebiets ist. Solche Tarife finden daher nur in kleinen Verkehrsgebieten oder aus sozialpolitischen Gründen Anwendung. Der Leistungstarif berücksichtigt auch die verkehrlich-wirtschaftlichen Aspekte. Beim reinen Entfernungstarif steigt der Fahrpreis linear mit der gefahrenen Strecke. Beim Entfernungstarif mit Mindestfahrpreis wird der unverhältnismäßig hohe Kostenaufwand bei Kurzstreckenfahrten abgefangen. Ein Entfernungsdegressionstarif begünstigt Langstreckenfahrten, ein Entfernungsprogressionstarif Kurzstreckenfahrten. Beim Teilstreckentarif steigt der Fahrpreis mit der Anzahl der zurückgelegten Streckenabschnitte oder Entfernungszonen. Der reine Zonentarif richtet sich nach dem Durchfahren bestimmter Flächenzonen. Kombinationen dieser Tarifarten sind ebenso möglich, wie verschiedene Tarifarten für Einzelfahrten und Zeitkarten. Einheitstarif, »Nulltarif« und erhöhtes Beförderungsentgelt für Schwarzfahrer sind keine Tarife im eigentlichen Sinn, da sie kaum betriebswirtschaftlich-rechnerische Grundlagen haben. Ein Tarif im tarifrechtlichen Sinne umfaßt allerdings nicht nur das Beförderungsentgelt für Personen, sondern auch Bedingungen und Preise für den Transport von Tieren und Sachen und legt Einzelheiten über Fahrausweise, Zahlungsmittel, Geltungsbereich u. a. fest.

Vor dem Entstehen der klassischen S-Bahn-Betriebe in Berlin und Hamburg gab es dort und in anderen deutschen Städten besondere Nahverkehrstarife auf bestimmten Strecken der Innenstadt- und Vorortbahnen. Den ersten Tarif dieser Art gab es ab 1886 in Hamburg. Nachdem der preußische Staat die Altona-Kieler und die Berlin-Hamburger Eisenbahn übernommen hatte, war er auch für die »Verbindungsbahn« von Hamburg nach Altona zuständig und führte auf ihr einen ermäßigten Fahrpreis für Einzelfahrten und für Zeitkarten ein. Die ursprüngliche Fernverkehrsverbindungsbahn zwischen Berliner Bahnhof bzw. Klosterthorbahnhof und dem Bahnhof Altona wurde zur Keimzelle der Hamburger S-Bahn. Die Verbindungsbahn wurde ab 1. Juni 1886 in zwei Preiszonen geteilt, die erste Zone galt bis zum zweiten erreichten Bahnhof oder auf der Relation Sternschanze – Hannoverscher (Berliner) Bahnhof, die zweite Zone darüber hinaus. In der dritten Wagenklasse war der Preis für die Gesamtstrecke von 24 Pfennig auf 15 Pfennig gesunken. Ein neuer Vororttarif trat 1906 mit Fertigstellung des neuen Hauptbahnhofs und der Strecke Hauptbahnhof – Hasselbrook – Ohlsdorf in Kraft und galt nun zwischen Altona und Hasselbrook. Die Vororttarife wurden weiter ausgeweitet, und 1922 wurde der Kilometertarif der Außenstrecken auch in einen Zonentarif umgewandelt; beide Tarifgebiete wurden 1925 zusammengefaßt. Dieser Tarif der »Hamburg-Altonaer Stadt- und Vorortbahnen« galt bis 1938, als S-Bahn-Tarif dann weiter bis 1966. Aus den zehn Fahrpreiszonen (1925 Zone 1: 1 bis 8 km, 2. Klasse 0,25 M) waren bis 1950 neun Zonen geworden (1950 Zone 1: 1 bis 15 km, 2. Klasse 0,40 DM), die weiteste Entfernung auf über 65 km gestiegen. Mit Bildung des Hamburger Verkehrsverbunds trat dann ab 1. Dezember 1966 (Einzelfahrten) bzw. 1. Januar 1967 (Zeitkarten) ein neuer Gemeinschaftstarif in Kraft. Schon drei Jahr zuvor hatte die Hamburger Hochbahn (U-Bahn, Straßenbahn, Autobus) ein gemeinsames Flächenzonensystem mit der Hafendampfschiffahrt HADAG gebildet.

Der Berliner S-Bahn-Tarif hat seine Vorgänger in den Tarifen der Ring- und Stadtbahn. Die 1877 vollständig in Betrieb genommene Ringbahn war, wie in Hamburg (Verbindungsbahn 1866), zunächst als Verbindung zwischen den Fernbahnhöfen gedacht, jedoch auch in die Bebauungsplanung einbezogen. Auf Ring- und Stadtbahn galten zunächst Entfernungstarife. Die historische Fahrkarte mit der Nummer 0001 der »Berliner Stadtbahn« wurde am frühen Morgen des 7. Februar 1882 von einem als »sehr anmutig« beschriebenen Fräulein Minna Neumann am Schalter des Schlesischen Bahnhofs dem Likörfabrikanten Hermann Tegge verkauft. Aus Stadtbahn und Ringbahn sollte später der Begriff S-Bahn entstehen. Ab 1886 galt auf beiden Strecken ein einheitlicher Entfernungstarif, bis dann im Jahre 1890 der erste Zonentarif – ein Jahr später auf zwei Zonen vereinfacht – eingeführt wurde. Schon zu dieser Zeit war aber auch – im Gegensatz zu Hamburg – auf fast allen Vorortstrecken der Entfernungstarif der Fernbahn für den Nahverkehr ermäßigt, es war ein Stadt- und Vorortbahn-Tarif entstanden, der sich ab 1894 auch auf Zeitkarten ausdehnte.

Die ständige Fortentwicklung des Tarifs brachte 1944 den Zoneneinheitstarif mit acht Preisstufen, die eine mit der Entfernung abnehmende Fahrpreisermäßigung aufwiesen. Bei diesem Flächenzonentarif mit Entfernungsprogression blieb praktisch der gesamte Innenstadtbereich in der Zone 1 mit weniger als 2 Pfennig Fahrpreis pro Kilometer. Die Zonen bildeten etwa konzentrische Kreise um den Stadtkern (Bahnhof Friedrichstraße) bzw. die Ringbahn, die Preisstufen 1 bis 8 waren 20, 30, 50, 70, 100, 110, 120 und 130 Pfennig. Dieser Tarif galt bis 1984 und wurde nur auf den Außenstrecken der Ost-Berliner S-Bahn und im Netz von West-Berlin geändert. Im Westen wurde am 1. September 1972 ein eigener Tarifbereich gebildet, der stetige Fahrpreiserhöhungen – immer aber unter den BVG-Fahrpreisen liegend – und einen höheren Fahrpreis in Gebiete außerhalb West-Berlins brachte. Ab 9. Januar 1984 galt auf der S-Bahn in West-Berlin mit Übernahme durch die BVG der BVG-Tarif, und zwar gleichermaßen für S-Bahn, U-Bahn und Autobus. Am 1. Juni 1984 war auch in Ost-Berlin der S-Bahn-Tarif in seiner bisherigen Form abgeschafft und durch einen »Tarif für Personenbeförderung im S-Bahn-Verkehr« ersetzt worden, womit Ost- und West-S-Bahnen nun eigenständige Tarifgebiete darstellten (das war lange Jahre während der Spaltung der Stadt nicht der Fall!), obwohl vom Ost-Netz, seit 1984 dann nur noch vom Bahnhof Friedrichstraße aus, auch noch Fahrkarten nach Bahnhöfen in West-Berlin gelöst werden konnten.

Die Deutsche Reichsbahn hat im Ost-Teil Berlins den S-Bahn-Fahrpreis von 20 Pfennigen (Preisstufe 1) für eine Fahrt von bis zu 15 km unverändert von 1944 bis 1991 gehalten! Es handelte sich nicht um einen Einheitstarif, und trotz der geringen Einnahmen wurden Streckennetz und Fahrzeuge ausgebaut und modernisiert. Eine solche kompromißlose Tarifpolitik ist in der freien und sozialen Marktwirtschaft leider unmöglich. U-Bahn, Straßenbahn und Autobus in

Ost-Berlin (ehemals BVG, ab 1969 BVB, seit 1992 wieder BVG) waren in das Preisgefüge durch die Gültigkeit der Fahrkarten für »BVB oder S-Bahn« eingebunden. Ab 1989 gab es auch kombinierte Fahrkarten, gültig auf S-Bahn und BVB-U-Bahn in verschiedenen Preisstufen. Nach dem Fall der Berliner Mauer wurden die Tarife im Ost-Teil schrittweise denen im Westen angepaßt, wobei es Übergangsregelungen, beschränkt auf bestimmte Verkehrsgebiete oder Personengruppen gab. Seit 1991 galten sämtliche BVB-Fahrausweise auch bei der BVG (West), jedoch nur für ehemalige DDR-Einwohner. Der Regeltarif der BVB und S-Bahn (DR) änderte sich von den traditionellen »Zwanzich Fennjen« auf 1 DM.

Die anderen, kleineren S-Bahn-Betriebe oder Stadtschnellbahnen der Deutschen Reichsbahn (Leipzig, Halle, Dresden, Magdeburg, Rostock) erhielten ebenfalls einen eigenen S-Bahn-Tarif, sofern nicht ohnehin Fahrpreisermäßigungen oder ein Fahren auf Betriebsausweis in Anspruch genommen wurden. Bemerkenswert ist auch, daß ab 1. Oktober 1989 in der DDR die Regelung bestand, daß alle im ÖPNV der DDR gelösten Karten – also auch Berliner S-Bahn-Fahrkarten – in der gesamten DDR gültig waren, wobei lediglich der entrichtete Fahrpreis übereinstimmen mußte.

Im Bereich der Deutschen Bundesbahn gingen die S-Bahn- bzw. Vorortbahntarife in den Verbundtarifen der regionalen Tarifgemeinschaften auf. Als erster Zusammenschluß bildete sich 1965 der Hamburger Verkehrs- und Tarifverbund, HVV, der ein einheitliches Fahrpreisschema für S-Bahn, U-Bahn, Straßenbahn, Autobus, nichtbundeseigene Bahnen und verschiedene Schiffslinien entstehen ließ. Er wurde zum Vorbild für die danach auch andernorts gebildeten Tarifgemeinschaften, die für die neu eingerichteten S-Bahnen in München, Rhein-Ruhr, Frankfurt (Main), Stuttgart und Nürnberg dann von Anfang an galten. Tarife in Verkehrsgemeinschaften berücksichtigen aufgrund der unternehmensneutralen Zusammenarbeit die Belange aller öffentlichen Verkehrsträger, sind also keine reinen S-Bahn-Tarife mehr. Sie sind meist Entfernungszonen- oder Flächenzonentarife, der Fahrpreis richtet sich nach durchfahrenen Regionen oder nach der Entfernung vom Ausgangspunkt.

S-Bahn und Verkehrsentwicklung

Die Gesamtverkehrsentwicklung im zusammenwachsenden Europa ist in ihrem Ausmaß und ihren Auswirkungen bedrohlich. Doch das waren neue Verkehrsmittel und Verkehrsströme fast immer. Bedrohlich freilich wäre eine vollkommen unreglementierte, planlose Entwicklung, eine nicht umweltverträgliche ebenso. Die Zukunft des Verkehrswesens unterliegt aber heute Kontroll- und Planungsinstanzen, sie wird berechen- und planbar. S-Bahnen werden in Deutschland im organisatorischen und planerischen Sinne im Rahmen von ÖPNV-Verkehrsverbünden betrieben. Ihr Betrieb obliegt den Staatsbahnen, die Finanzierung dem Betreiber, den Kommunen und dem Bund. Diese funktional-organisatorische Struktur kann jedoch zeitweilig einem Wandel unterworfen sein. S-Bahnen können allein oder im Verbund von den Staatsbahnen betrieben werden, zwingend ist das für Stadtschnellbahnen nicht. Die städtisch betriebenen U-Bahnen erfüllen ähnliche Verkehrsaufgaben ebenso gut. Die S-Bahn kann auch immer nur ein Teil des Verkehrswesens einer bestimmten Region sein. Sollte der gut ausgebaute ÖPNV in und um München den Individualverkehr zur Gänze zusätzlich aufnehmen, müßte das Liniennetz mindestens verdoppelt werden, was nicht ohne weiteres machbar und auch keine Ideallösung wäre.

In den letzten 25 Jahren flossen 46 Mrd. Mark durch das Gemeindeverkehrsfinanzierungsgesetz in Ausbaumaßnahmen des Öffentlichen Personennahverkehrs, davon nur 20 Prozent in Schienenvorhaben. Außerhalb der S-Bahnen waren die letzten Jahre eher von einem Rückzug des Schienenverkehrs aus der Fläche gekennzeichnet, was sicher auch den S-Bahnen in ihrer Entwicklung geschadet hat. Mit CityBahn (CB), RegionalSchnellBahn (RSB) und RegionalBahn (RB) sind in den letzten Jahren stufenweise neue »Produkte« der Bahn geschaffen worden, die einen entsprechenden Anschlußverkehr an die S-Bahn-Netze gewährleisten. Veränderte Investitions-Trägerschaften sind bei S-Bahnen und ähnlichen Netzen festzustellen. In Hannover werden die Umbaukosten für neue City-Bahn-Wagen zu 75 Prozent durch das Land Niedersachsen getragen (Lieferung 1993/94). Neben den S-Bahn-Städten selbst werden auch zunehmend die umliegenden Kommunen an den laufenden Kosten beteiligt, um eine dichte Zugfolge aufrechterhalten zu können. 1992 hat die Bundesregierung beschlossen, daß neue S-Bahn-Bauvorhaben das Wirtschaftsergebnis von Bundesbahn und Reichsbahn nicht verschlechtern dürfen. In Zukunft werden daher die Investitionsfolgekosten breiter verteilt werden und neben Planung und Organisation auch der Betrieb mehr in die Regie der Verbundgesellschaften bzw. Bundesländer übergehen, zumindest, was die (Mit-)Finanzierung angeht. Nach den Länderverfassungen ist der örtliche Verkehr bereits heute Aufgabe der Gemeinden, Finanzierungshilfen dafür geben die Bundesländer, die wiederum finanziellen Ausgleich durch den Bund verlangen. Eine neue gesetzliche Regelung wird mit der angelaufenen Strukturreform der Deutschen Bahnen erwartet.

Planungs- und Rechnungsintervalle sind kürzer geworden, längere Instanzenwege sind hinderlich. Planerische Weitsicht beim Aufbau von Schnellbahnnetzen vor der Siedlungstätigkeit scheint zu oft auf den Straßenbau beschränkt zu sein, der eine andere Finanzierungscharakteristik und wohl auch Einflußmöglichkeiten seiner gewerblichen Nutzer hat. Zumindest die Absichtserklärungen der Politiker, hervorgerufen durch Verkehrsüberlastung allerorten, geben jedoch dem ÖPNV einen hohen Stellenwert, wie er vor 20 Jahren höchstens von Kommunen oder der DB ungehört propagiert wurde. Auch die Verbundgesellschaften sind keine starren Verwaltungsgebilde, sondern unterliegen Organisationsuntersuchungen, um das Kosten-Nutzen-Verhältnis so günstig wie möglich zu halten. Eine Umstrukturierung von Aufgaben und Kapazitäten findet z. B. beim Frankfurter Verkehrsverbund statt, wo Organisationsvertrag und Geschäftsführung 1990 geändert wurden. Der Geschäftsführung, gewählt aus Gebietskörperschaften und Verkehrsträgern, unterstehen fünf Hauptabteilungen (Service,

Marketing, Betriebs- und Netzgestaltung, Betreuung der Verbundpartner und Controlling, Verwaltung und EDV) sowie eine Stabsstelle Presse und Öffentlichkeitsarbeit. Innerhalb der Hauptabteilung Marketing gibt es ein Kundengruppenmanagement für die verschiedenen Verkehrsbereiche (drei Unterabteilungen). Die Effizienz des Verbunds soll durch einen ständigen Innovationskreis beflügelt werden, ganz wie in der Führung freier, nichtöffentlicher Wirtschaftsunternehmen auch.

Eine Reihe der heute bestehenden S-Bahn-Linien wäre früher als Fern-S-Bahnen klassifiziert worden. Die Siedlungsdichte der Ballungsräume erfordert Linien von bis zu 80 km Länge und Fahrzeiten von weit über einer Stunde. Wenn solche Linien auch meist vom Verkehrsaufkommen und von der Richtung her gebrochen sind – was den Fahrzeugeinsatz auf Teilstrecken zusätzlich erfordert – sind für eine S-Bahn-Linie Streckenlänge und Fahrtdauer nicht beliebig zu verlängern, da bei längerer Fahrzeit – abgesehen davon, daß dann Toilettenanlagen in den Zügen vorhanden sein müssen – sich die Verspätungsanfälligkeit häuft und somit das wichtige Kriterium der Pünktlichkeit verlorengehen kann.

Der Triebzug der Baureihe 420/421 hat in seinem langen Lieferzeitraum eine Reihe technischer Verbesserungen erfahren. Auch die Triebzüge der Nachfolgegeneration für die Baureihe 420 bzw. 472 werden sich an die Drehstrom-Technik der Streckentriebfahrzeuge anlehnen. Auch an Wagenübergänge innerhalb der Wagen einer Garnitur (BR 423 bis 426) ist gedacht. Die Steigerung der Leistungsfähigkeit der S-Bahn wird vor allem der Betrieb mit Linienleiter, ohne ortsfeste Signale, ermöglichen.

Zwar wird von 95 Prozent der Stadtbevölkerung dem ÖPNV eine »sehr große Bedeutung« zuerkannt, die Leistungsfähigkeit wird aber nicht in gleichem Maße wahrgenommen und genutzt. Schon allein die Sicherheit öffentlicher Verkehrsmittel (Relation der Unfalltoten Straßenbahn : Bus : Pkw 1 : 2 : 33) spräche für sich, bei Einbeziehung der Stadtschnellbahnen und der DB ergibt sich sogar eine 40mal höhere Sicherheit gegenüber dem Pkw. Bei den Emissionsfaktoren im Vergleich Pkw : Bahn im Personennahverkehr ergibt sich folgendes Bild: Stickoxid 1,5 : 0,2, Kohlenmon-

oxid 21 : 0,01, Kohlenwasserstoff 2,8 : 0,004 und Kohlendioxid 240 : 80 g/Pkm. Das IFEU-Institut hat im Auftrag des nordrhein-westfälischen Verkehrsministeriums 1988 nachgewiesen, daß eine Verlagerung von nur 24 Prozent der Pkw-Verkehrsleistung auf den ÖPNV eine Schadstoffminderung im Verkehr von bis 30 Prozent brächte.

Das Automobil in seiner heutigen Form ist technisch nicht mehr zeitgemäß. Mit ungeheurem volkswirtschaftlichem Aufwand und den daraus resultierenden Unwägbarkeiten werden zum größten Teil dem Erzeuger gewinnbringende Wegwerf-Vehikel produziert, die die Umwelt in Produktion, Betrieb und Entsorgung belasten, konstruiert für ein de facto nicht existentes Wildwest-Straßennetz (»freie Fahrt für alle«). Zur Wirklichkeit des Systems Auto, besser des vom Menschen gefahrenen Systems Auto, gehören nicht zuletzt auch die etwa 10 000 jährlichen Verkehrstoten auf deutschen Straßen. Im Zeitalter der komplexen Massengesellschaft zeitgemäß ist dennoch der ursprüngliche Zweck und Reiz des Automobils, nämlich die individuelle Bewegungsfreiheit, die aber auf andere Weise zu verwirklichen wäre. Sie kann mit dem System Eisenbahn und S-Bahn nur bedingt erreicht werden, es bedarf der persönlichen und gesellschaftlichen Einsicht, daß es das ideale Verkehrsmittel nicht gibt, daß aber z. B. das System S-Bahn in dem ihm zugedachten Verkehrssektor das zum gegenwärtigen Zeitpunkt ideale, vernünftigste und verträglichste Verkehrsmittel zur Lösung der Verkehrsprobleme in den Ballungszentren ist. Beim Vergleich der heutigen Verkehrsmittel muß auch berücksichtigt werden, daß das System des ÖPNV sehr viele organisatorische wie technische Formen haben kann, je nachdem, welcher Verkehrsraum zu bedienen ist. Und vor allem: Viele ÖPNV-Vorhaben, besonders die S-Bahn, werden nicht konsequent ausgebaut, weil es zu lange an der Bereitschaft großer Anfangsinvestitionen der Öffentlichen Hand gefehlt hat, wodurch planerische Möglichkeiten vertan und daraus resultierende, nicht zufriedenstellende Interimslösungen nötig geworden sind. In Ballungszentren ab 250 000 Einwohnern ist die alte und bewährte S-Bahn noch immer auch die Neue Bahn.

Literaturverzeichnis

Arbeitsgruppe Berliner S-Bahn: Die Berliner S-Bahn. – Berlin, 1982

Armanski, Gerhard und Wolfgang Hebold-Heitz (Hrsg.): Züge aus der Vergangenheit: Die Berliner S-Bahn. – Berlin, 1981

Benzenberg, Manfred u. a.: 100 Jahre Elektrische Eisenbahn 1879 – 1979. – Starnberg, 1979

Berliner Verkehrsbetriebe BVG (Hrsg.): 5 Jahre S-Bahn bei der BVG. – Berlin, 1989

Berliner Verkehrsbetriebe BVG (Hrsg.): Typisch Berlin – Ein BVG-Porträt. – Berlin, 1987.

Bley, Peter: Berliner S-Bahn. – Düsseldorf, 1980, 1982, 1985, 1989, 1991.

Borchert, Fritz u. a.: Berlin und seine S-Bahn. – Berlin, 1987.

Borchert, Fritz und Hans-Joachim Kirsche: Lokomotiven der Deutschen Reichsbahn. – Berlin, 1986.

Bräunlein, Manfred: 150 Jahre Eisenbahn in Nürnberg. – München, 1985

Bräunlein, Manfred: Von der Ostbahnstrecke zur S-Bahn-Linie. – Nürnberg, 1987

Bröhan, Margrit: Hans Baluschek 1870 – 1935. – Berlin, 1985

Bundesbahn-Ausbesserungswerk München-Freimann (Hrsg.): Hundert Jahre elektrische Eisenbahn 1879 – 1979. – Starnberg, 1979

Bundesbahndirektion Hamburg (Hrsg.): 100 Jahre Eisenbahn Direktion Hamburg. – Hamburg, 1984

Bundesbahndirektion Köln (Hrsg.): Die Ost-West-S-Bahn. – Darmstadt, 1988

Bundesbahndirektion München (Hrsg.): Flughafen-S-Bahn München: – München, 1992

Bundesbahndirektion Nürnberg (Hrsg.): S-Bahn Nürnberg: Netz '92. – Darmstadt, 1992

Bundesbahndirektion Stuttgart (Hrsg.): Der Tunnel: Verbindungsbahn der S-Bahn Stuttgart. – Stuttgart, 1985

Cornelius, C.: Eisenbahn-Hochbauten. Handbibliothek für Bauingenieure, II. Teil: Eisenbahnwesen, 6. Band. – Berlin, 1921

Debuschewitz, Peter: Nahverkehrssystem der Deutschen Bundesbahn. – In: Jahrbuch des Eisenbahnwesens 1987. – Darmstadt, 1988

Deutsche Bundesbahn (Hrsg.): S-Bahn München. – In: Die Bundesbahn April 1972 (Sdr.)

Deutsche Reichsbahn (Hrsg.): Biographie des Berliner Nord-Süd-S-Bahn-Tunnels. – Berlin, 1992

Deutsche Reichsbahn (Hrsg.): Kennzeichnung der Triebfahrzeuge der DR. – Berlin, 1991

Eisenbahn-Lehrbücherei der Deutschen Bundesbahn: Band 183. Einrichtungen für elektrische Zugförderung. – Starnberg, 1956

Elsner, Harald u. a.: Der Bahnhof Altona im Wandel der Zeit. Nr. 7 Verkehrshistorische Reihe, Verein Verkehrsamateure und Museumsbahn. – Hamburg, 1985

Endmann, Karl: 50 Jahre S-Bahn-Symbol – Markenzeichen und Qualitätsbegriff. – In: Die Bundesbahn, Heft 12/1980.

Fiedler, Joachim: Grundlagen der Bahntechnik. 3. Aufl. – Düsseldorf, 1991

Freie und Hansestadt Hamburg, Baubehörde, in Zusammenarbeit mit der Deutschen Bundesbahn, Bundesbahndirektion Hamburg, und dem Hamburger Verkehrsverbund HVV (Hrsg.): Die Harburger S-Bahn. – Hamburg, 1983

Götz, Günter u. a.: Die Berliner S-Bahn. 2. Auflage. – Berlin, 1968

Gottwaldt, Alfred B.: Deutsche Reichsbahn 1935. – Stuttgart, 1975

Gottwaldt, Alfred B.: Die Lübeck-Büchener Eisenbahn. – Düsseldorf, 1975

Gottwaldt, Alfred B.: Eisenbahn-Brennpunkt Berlin: Die Deutsche Reichsbahn. – Stuttgart, 1976

Gottwaldt, Alfred B.: Berliner Fernbahnhöfe. – Düsseldorf, 1982

Gottwaldt, Alfred B.: Der Anhalter Bahnhof und seine Lokomotiven. – Düsseldorf, 1987

Gottwaldt, Alfred B. und Stefan Nowak: Berliner Bahnhöfe einst und jetzt. – Düsseldorf, 1991

Gottwaldt, Alfred B., Hermann Kuom und Karsten Risch: Die S-Bahn in Berlin: Ende und Neubeginn eines legendären Verkehrsmittels. – Stuttgart, 1984

Grohs, Walter u. a.: 50 Jahre Berliner S-Bahn 1924 – 1974. – Reichsbahndirektion Berlin (Hrsg.). – Berlin, 1974

Guhl, Detlef: Schnellverkehr in Ballungsräumen. – Düsseldorf, 1975

Häger, Joachim und Hans-Jürgen Simmersbach: Hammonia und ihre U-Bahn. – Hamburg, 1986

Handke, Stefan: Die Eisenbahn Berlin – Potsdam. – Berlin, 1988

Heise, Herbert u. a.: City-S-Bahn Hamburg. – In: Die Bundesbahn 3/1979 (Sdr.)

Herb, Knipping und Wenzel: Die Triebfahrzeuge der Deutschen Bundesbahn im Jahr 1950. – Freiburg/Brsg., 1978

Hierl, Konrad: Die Gleichstromtriebwagen für Oberleitungsbetrieb der deutschen Staatsbahnen. – In: Straßenbahn Magazin 31. – Stuttgart, 1979

Historischer Verein Coeln-Mindener Eisenbahn (Hrsg.): Dokumente zur Elektrifizierung von Berlins Stadt-, Ring- und Vorortbahnen. – Lübbecke, 1977

Interessengemeinschaft Eisenbahn und Nahverkehr Berlin (Hrsg.): Nord-Süd-Bahn, Vom Geistertunnel zur City-S-Bahn. – Berlin, 1992

Janikowski, Andreas: Die Stammbahn Berlin-Potsdam. – In: Lok Magazin 148. – Stuttgart, 1988

Janikowski, Andreas: Die Entwicklung der S-Bahn-Netze in Deutschland. – In: Eisenbahnen und Museen Folge 38. – Karlsruhe, 1990

Janikowski, Andreas: Die Wiederinbetriebnahme der Schnellbahn-Bahnhöfe im Zentrum von Berlin. – In: DGEG-Nachrichten 99. – Karlsruhe, 1991

Kerl, Uwe und Günter Schulz: Wesentliche Daten zur Berliner Verkehrsgeschichte. – In: Berliner Verkehrsblätter 7/1988.

Kirsche, Hans-Joachim und Hans Müller: Eisenbahnatlas DDR. – Berlin, 1987

Kirsche, Hans-Joachim: Bahnland DDR. – Berlin, 1981

Knipping, Andreas: Die Triebfahrzeuge der Deutschen Bundesbahn und ihre Heimatbetriebswerke Stand 31.12.1958. – Krefeld, 1976

Kobschätzky, Hans: Streckenatlas der deutschen Eisenbahnen 1835 – 1892 und 1893 – 1935. – Düsseldorf, 1971 und 1975

Königlich Preußischer Minister für öffentliche Arbeiten (Hrsg.): Berlin und seine Eisenbahnen 1846 – 1886. Band 1 und 2. – Berlin, 1896

Kubinszky, Mihaly: Bahnhöfe Europas. – Stuttgart, 1969

Kubinszky, Mihaly: Architektur am Schienenstrang: Hallen, Schuppen, Stellwerke; Architekturgeschichte der Eisenbahnzweckbauten. – Stuttgart, 1990

Lemke, Ulrich und Uwe Poppel: Berliner U-Bahn. – Düsseldorf, 1974 und 1985

Lichte, Ernst-Günter: Mit Dampf und Diesel: Kleine Geschichte der Eisenbahn in Schleswig-Holstein. – Lübeck, 1979

Messerschmidt, Wolfgang: Eisenbahnen in Deutschland. – Stuttgart, 1979

MVV Verkehrsforschung. Münchner Verkehrs- und Tarifverbund (Hrsg.): Hefte 5 und 10. – München, 1974 und 1976

Obermayer, Horst J.: Taschenbuch Deutsche Triebwagen. – Stuttgart, 1973

Obermayer, Horst J.: Taschenbuch Deutsche Reisezugwagen. – Stuttgart, 1978

Obermayer, Horst J. und G. Scheingraber: Baureihe ET/ES 85. Sonderausgabe Eisenbahn Journal. – Fürstenfeldbruck, 1984

Pierson, Kurt: Dampfzüge auf Berlins Stadt- und Ringbahn. 2. Auflage. – Augsburg, 1971

Pierson, Kurt: Die Königl. Preußische Militär-Eisenbahn. – Stuttgart, 1979

Pierson, Kurt: Hundert Jahre Eisenbahnlandschaft im Berliner Süden. – In: Lok Magazin 102. – Stuttgart, 1980

Prinz, Gerhard: Hans Baluschek der Eisenbahnmaler. – In: Lok Magazin 144. – Stuttgart, 1987

Reichard, Hans D. u. a.: Berliner S-Bahn. – Düsseldorf, 1974

Reichsbahndirektion Altona (Hrsg.): 50 Jahre Eisenbahndirektion Altona 1884 – 1934. – Altona, 1934

Reichsverkehrsministerium (Hrsg.): Hundert Jahre deutsche Eisenbahnen. 2. Auflage. – Leipzig, 1938

Repetzki, K. R.: Elektrische Schienenfahrzeuge in Glasers Annalen 1930 – 1953. – Solingen, 1990

Röhr, Gustav: Die Triebfahrzeuge der Deutschen Bundesbahn und ihre Heimat-Betriebswerke Stand Ende 1967; Umzeichnungsplan der Deutschen Bundesbahn 1968. – Krefeld, 1983

Rossberg, Ralf Roman: Von der Altmühl bis zur Zugspitze: Die Bahn in Südbayern. – Freiburg/Brsg., 1987

Rossberg, Ralf Roman: Deutsche Eisenbahnfahrzeuge von 1838 bis heute. – Düsseldorf

Sauter, Albert: Die Königlich Preußischen Staatseisenbahnen: Ihre Geschichte, Lokomotiven und Wagen in Wort und Bild. – Stuttgart, 1974

Scheidmann, Bernd: Berliner S-Bahn – 60 Jahre ET 165. – In: Lok Magazin 144. – Stuttgart, 1987

Schipporeit, Reiner: Berlin-Potsdamer Eisenbahn: Bau, Technik, Betrieb. – Berlin, 1988

Schmidt, Hartwig und Jürgen Tomisch: Die Bauwerke der Berliner S-Bahn: Die Vorortstrecke nach Zossen. – Berlin, 1985

Schmiedeke, Carl W.: Wagenpark der Berliner S-Bahn. – Berlin, 1982

Schmiedeke, Carl W.: Wagenpark der Berliner S-Bahn 1983 – 1986. – Berlin, 1987

Schmiedeke, Carl W.: Berliner S-Bahn: Fahrzeugbestände und Fahrzeugverbleib. – Berlin, 1991

Schreck, Meyer und Strumpf: S-Bahnen in Deutschland. – Düsseldorf, 1979

Schwab, C.: Hochbauten der Bahnhöfe. Sammlung Göschen. – Berlin und Leipzig, 1918

Spieth, Hans-Joachim: Die Signale der deutschen Eisenbahnen. – Düsseldorf, 1974

Staisch, Erich: Die Hamburger S-Bahn. – Hamburg, 1979

Staisch, Erich: Hauptbahnhof Hamburg: Geschichte der Eisenbahn in Norddeutschland. – Hamburg, 1981

Ücker, Bernhard: 150 Jahre Eisenbahn in Bayern. – Fürstenfeldbruck, 1985

Usbeck, W.: Hamburger S-Bahn. – In: Elektrische Bahnen, Heft 8/1941. – Berlin, 1941

Valtin, Wolfgang: Verzeichnis aller Lokomotiven und Triebwagen. Band 1 Numerierungssysteme bei den deutschen Bahnen, Band 2 Dampflokomotiven und Dampftriebwagen, Band 3 Elektrische Lokomotiven und Triebwagen, Diesellokomotiven und -triebwagen. – Berlin, 1992

Verein Verkehrsamateure und Museumsbahn Hamburg (Hrsg.): Die Fahrzeuge der Hamburger Hochbahn. – Hamburg, 1975

Werler, Rolf: Die S-Bahn – das Massenverkehrsmittel für Ballungsräume. – In: Jahrbuch des Eisenbahnwesens 1978. – Darmstadt, 1979

Zimmermann, Karl: Bahnhof: Geliebt und erforscht (Frankfurt Hbf). – Frankfurt am Main, 1954

Zschech, Rainer: Triebwagen-Archiv. 4. Auflage. – Berlin, 1979

Abkürzungsverzeichnis

AEG	Allgemeine Elektrizitäts Gesellschaft
AKN	Eisenbahn AG Altona – Kaltenkirchen – Neumünster
AW	Ausbesserungswerk
BBC	Brown, Boverie & Cie, Mannheim
Bbf	Betriebsbahnhof
BD	Bundesbahndirektion
Bf	Bahnhof
BLZ	Betriebsleitzentrale
BR	Baureihe
BVB	VEB Berliner Verkehrs-Betriebe
BVG	Berliner Verkehrs-Betriebe
Bw	Bahnbetriebswerk
Bww	Bahnbetriebswagenwerk
CB	CityBahn
DB	Deutsche Bundesbahn (ab 1945)
DGB	Deutscher Gewerkschafts Bund
Dr	Drucktasten
DR	Deutsche Reichsbahn (ab 1945)
DRG	Deutsche Reichsbahn-Gesellschaft (bis 1945)
DUEWAG	Düsseldorfer Waggon Fabrik
EB	Elektrobeiwagen
EBO	Eisenbahn-Bau- und Betriebsordnung
EBOE	Elmshorn-Barmstedt-Oldesloer Eisenbahn
ED	Eisenbahndirektion
EDV	Elektronische Datenverarbeitung
E-Lok	Elektrische Lokomotive
EMB	Einmannbetrieb
ES	Elektrosteuerwagen
ET	Elektrotriebwagen
EVB	Eisenbahn- und Verkehrsbetriebe Elbe-Weser GmbH
FKE	Frankfurt-Königsteiner Eisenbahn
Fv	Fahrdienstvorschrift
FVV	Frankfurter Verkehrsverbund
GSB	Gleichstrom-S-Bahn
GVFG	Gemeindefinanzierungsgesetz
HADAG	Hafendampfschiffahrt AG
Hbf	Hauptbahnhof
HHA	Hamburger Hochbahn AG
HI	Hauptlichtsignal
Hp	Haltepunkt
HT	Heißdampf-Tenderlok
HVB	Hauptverwaltung der Bundesbahn
HVV	Hamburger Verkehrsverbund
IC	InterCity
ICE	InterCity-Express
KBS	Kursbuchstrecke
KED	Königliche Eisenbahndirektion
KPEV	Königlich Preußische Eisenbahn-Verwaltung
Ks	Kombinationssignal
KVG	Kraftverkehr GmbH
LAG	Localbahn AG
LBE	Lübeck-Büchener-Eisenbahn
LEW	VEB Lokomotivbau - Elektrotechnische Werke »Hans Beimler«, Hennigsdorf
LHW	Linke-Hofmann-Werke AG
LZB	Linienzugbeeinflussung
MAN	Maschinenfabrik Augsburg-Nürnberg
MBB	Messerschmidt Bölkow Blohm
mod.	modernisiert
MVV	Münchener Verkehrsverbund
NAR	Nördlicher Außenring
NVA	Nationale Volksarmee
ÖPNV	Öffentlicher Personennahverkehr
Pbf	Postbahnhof
PVG	Pinneberger Verkehrsgesellschaft
Raw	Reichsbahnausbesserungswerk
RB	RegionalBahn
Rbd	Reichsbahndirektion
RSAG	Rostocker Straßenbahn AG
RSB	RegionalSchnellBahn
RTV	Rostocker Tarifverbund
SAR	Südlicher Außenring
S-Bahn	Schnellbahn
SSW	Siemens Schuckert Werke
Sv	Signalverbindung
SVT	Schnellverbrennungstriebwagen
T	Tenderlokomotive
Twh	Triebwagenhalle
U-Bahn	Untergrundbahn
V-Bahn	Verbindungsbahn
VdZ	van der Zypen
VGN	Verkehrsverbund Großraum Nürnberg
VHH	Verkehrsbetriebe Hamburg Holstein AG
V-Loks	Verbrennungslokomotiven (Dieselloks)
VRR	Verkehrsverbund Rhein-Ruhr
VRS	Verkehrsverbund Rhein-Sieg
VT	Verbrennungstriebwagen
VTG	Verkehrs- und Tarifgemeinschaft Halle
VVM	Verein Verkehrsfreunde und Museumsbahnen
VVS	Verkehrs- und Tarifverbund Stuttgart
Vz	Viertelzug
WF	Weiße Flotte